MARIA-LUISE KREUTER
Wo liegt Ecuador?

Marielliselheule
Jan. 96

Reihe
DOKUMENTE, TEXTE, MATERIALIEN
Veröffentlicht vom Zentrum für Antisemitismusforschung der
Technischen Universität Berlin
Band 18

Die Serie ist Themen der deutsch-jüdischen Geschichte, der Antisemitis-
mus- und Holocaustforschung gewidmet; sie dient der Veröffentlichung
von Texten aller wissenschaftlich-literarischen Gattungen: Quellen von
der Autobiographie, dem Tagebuch, dem subjektiven Bericht bis zur
Edition amtlicher Akten. Hilfsmittel wie Bibliographien sind ebenso eingeschlossen wie Essays zu aktuellem Anlaß oder wissenschaftliche Mono-
graphien, aber auch Materialsammlungen, die einen ersten Überblick oder
Annäherung an komplexe Fragestellungen erleichtern sollen.
Das Anliegen der Reihe ist die Förderung des deutsch-jüdischen Diskurses
in Wissenschaft und Öffentlichkeit.

Maria-Luise Kreuter

Wo liegt Ecuador?

Exil in einem unbekannten Land
1938 bis zum Ende der fünfziger Jahre

METROPOL

Die Deutsche Bibliothek – CIP-Einheitsaufnahme

Kreuter, Maria-Luise:
Wo liegt Ecuador?: Exil in einem unbekannten Land
1938 bis zum Ende der fünfziger Jahre / Maria-Luise Kreuter.
– Berlin: Metropol-Verl., 1995
(Reihe Dokumente, Texte, Materialien / Zentrum für
Antisemitismusforschung der Technischen Universität Berlin; Bd. 18)
Zugl.: Berlin, Techn. Univ., Diss., 1995
ISBN 3-926893-27-3

NE: Zentrum für Antisemitismusforschung
   <Berlin>; Reihe Dokumente, Texte, ...

Bildnachweis
Die Vorlage für die Karte von Ecuador wurde dem Reiseführer
Mais' Weltführer Nr. 22: Ecuador mit Galapagos-Inseln mit
freundlicher Genehmigung des Mai Verlages entnommen.

Die meisten Abbildungen wurden von Privatpersonen
zur Verfügung gestellt:

Groner/Gedalius (Umschlagbild, 1, 8, 9, 10, 25)
Ilse Grossmann (5, 34)
Werner Gumpel (15)
Vera Kohn-Kagan (13, 16, 26, 27, 28, 29)
Gertrud Tietz (31, 32)
Suse Tugendhat (19, 20, 22)
Arthur Weilbauer (3, 4, 21, 23, 33)
Gustav Zanders (6, 12, 14, 30)
Die Genehmigung zum Abdruck aus den
»Informaciones« erteilte Miguel A. Schwind (2, 7, 11, 24)
Friedrich-Ebert-Stiftung (17)
Die Deutsche Bibliothek Frankfurt a.M. (18)

© 1995 Metropol Verlag
Kurfürstenstraße 135 · 10785 Berlin
Alle Rechte vorbehalten
Druck: MIKADA

Inhalt

Einleitung

Zum Stand der Exilforschung und zur Einordnung dieser Arbeit

Exil und Emigration hat es in allen historischen Epochen gegeben. Im zwanzigsten Jahrhundert wurde »Auswanderung« zu einem massenhaften und weltweiten Phänomen, und zunehmend stehen die Migrationsströme unter dem Zeichen von Verfolgung, Vertreibung und Flucht.

Bei der vorliegenden Arbeit handelt es sich um eine Studie über Flüchtlinge, die vorwiegend in der Zeit von 1938 bis 1941 Deutschland und die unter dem Macht- oder Einflußbereich des Nationalsozialismus stehenden Länder Europas verlassen mußten und als einzige Zuflucht Ecuador fanden. Die Menschen, deren Schicksal hier nachgezeichnet wird, gehörten zu der Masse der Flüchtlinge, die bis zum Zeitpunkt ihrer Flucht bereits vielfacher Diskriminierung und Verfolgung ausgesetzt waren, anders als ihre meist prominenten Schicksalsgenossen, die schon vor oder kurz nach der Übernahme der Regierung durch Hitler auswanderten. Die meisten waren ihrer materiellen Existenz beraubt, nicht wenige im Zusammenhang mit dem Novemberpogrom 1938 verhaftet worden oder zumindest von Verhaftung bedroht. Der Weg ins Exil war für sie letztlich eine Flucht, um das eigene Leben zu retten. Das Exilland konnten sie sich nicht aussuchen, sie mußten im Gegenteil froh sein, wenn irgendein Land sie noch aufnahm. Fluchtmotiv und Verfolgungsgrund, der nationalsozialistische Rassenwahn, unterscheiden diese Emigration weitgehend von der Auswanderungsbewegung des vorigen Jahrhunderts, die man noch als eine begrenzt freiwillige ansehen kann.

So versteht sich diese Arbeit als ein Beitrag zur Exilforschung, der sich mit dem »gewöhnlichen Exil« während des Nationalsozialismus auseinandersetzt, das erst mit den achtziger Jahren in das Blickfeld dieser Forschungsdisziplin geriet. Bis dahin hatte sich die Exilforschung in der Bundesrepublik Deutschland weitgehend auf das Schicksal der deutschsprachigen politischen, wissenschaftlichen, literarisch-künstlerischen Intelligenz in den zentraleuropäischen Ländern und den USA konzentriert, während die lateinamerikanischen Staaten kaum Beachtung fanden. Diese geographische Beschränkung war nicht zuletzt Folge der inhaltlichen Fixierung auf die Emigrantenprominenz, die vorwiegend in die europäischen Staaten und in die USA flüchtete.

Exil als Forschungsgegenstand fand zunächst in der Nachkriegszeit wenig Interesse. Die Auseinandersetzung mit dem Nationalsozialismus, mit Verfolgung, Emigration und politischer Gegnerschaft war angesichts der restaurativen Entwicklung in der Bundesrepublik kein zentrales Thema. Beachtung in der Öffentlichkeit fanden nicht die Exilanten, die ihre Erinnerungen niederschrieben, sondern die »Innere Emigration«, Personen, die in Deutschland geblieben waren und nun ihre Haltung zu legitimieren suchten. Während im Osten des geteilten Deutschlands Remigranten erwünscht waren, sofern sie als linientreu galten, und sich die Forschung dort schon früh, aber einäugig auf den politischen Widerstand der Kommunisten festlegte, konzentrierte man sich im Westen auf den militärischen und konservativ-bürgerlichen Widerstand innerhalb der Reichsgrenzen. Der eher »linke« Widerstand im Reich sowie der des politischen Exils blieben von Ausnahmen abgesehen unbeachtet. Eine ähnlich selektive Wahrnehmung zeigte sich in der Germanistik, die zwar einzelne Schriftsteller der Emigration für sich vereinnahmte, Exilliteratur als Gattung jedoch nicht wahrnahm.[1]

Diese Abstinenz im Bereich der Emigrationsgeschichte und der Exilliteratur wird rückblickend allerdings nicht nur auf sozio-politische und psychologische Kategorien zurückgeführt, sondern auch auf sachimmanente Gründe. Angesichts der Uneinheitlichkeit des Forschungsgegenstandes und der Vielfalt der Schauplätze war die Quellenlage unüberschaubar und das Quellenstudium für den Einzelforscher ein kaum zu bewältigendes Problem. Mit dem Wandel des politischen Bewußtseins in den sechziger Jahren wuchs die Bereitschaft öffentlicher Institutionen, finanzielle Mittel für eine systematische Erschließung von Quellen auf breiter Basis zur Verfügung zu

1 Vgl. Helmut Peitsch, »Deutschlands Gedächtnis an seine dunkelste Zeit«. Zur Funktion der Autobiographik in den Westzonen Deutschlands und den Westsektoren von Berlin 1945 bis 1949, Berlin 1990. Gerhard Roloff, Exil und Exilliteratur in der deutschen Presse 1945 – 1949. Ein Beitrag zur Rezeptionsgeschichte, Worms 1976 (hier S. 149 ff.). Sven Papcke, Exil und Remigration als öffentliches Ärgernis, in: Exilforschung. Ein Internationales Jahrbuch, Bd. 9 (1991), S. 9 – 24; Hans Georg Lehmann, Wiedereinbürgerung, Rehabilitation und Wiedergutmachung nach 1945, ebenda, S. 90 – 103. Zur Entwicklung der Exilforschung im Überblick vgl. Werner Röder, Zur Situation der Exilforschung in der Bundesrepublik Deutschland, in: Exil und Innere Emigration. II. Internationale Tagung in St. Louis, hrsg. von Peter Uwe Hohendahl und Egon Schwarz, Frankfurt a.M. 1973, S. 141 – 153 (hier S. 142 f.). Egon Schwarz, Was ist und zu welchem Ende studieren wir Exilliteratur?, ebenda, S. 155 – 164. Biographisches Handbuch der deutschsprachigen Emigration nach 1933, Bd. I: Politik, Wirtschaft, öffentliches Leben, hrsg. von Werner Röder u. Herbert A. Strauss, München, New York, London, Paris 1980, S. XIII – LVIII (Einleitung). Wolfgang Frühwald u. Wolfgang Schieder, Gegenwärtige Probleme der Exilforschung, in: Leben im Exil. Probleme der Integration deutscher Flüchtlinge im Ausland 1933 – 1955, hrsg. v. Wolfgang Frühwald u. Wolfgang Schieder, Hamburg 1981, S. 9 – 27 (hier S. 11 f. u. 17 f.). Michael Winkler, Exilliteratur – als Teil der deutschen Literaturgeschichte betrachtet. Thesen zur Forschung, in: Exilforschung. Ein Internationales Jahrbuch, Bd. 1 (1983), S. 359 – 366. Richard Albrecht, Exil-Forschung. Eine Zwischenbilanz (I), in: Neue Politische Literatur, Heft 2, 1983, S. 174 – 201 (hier S. 175). Sven Papcke, Fragen an die Exilforschung heute, in: Exilforschung. Ein Internationales Jahrbuch, Bd. 6 (1988), S. 13 – 27 (hier S. 17). Ernst Loewy, Zum Paradigmenwechsel in der Exilliteraturforschung, in: Exilforschung. Ein Internationales Jahrbuch, Bd. 9, (1991), S. 208 – 217 (hier S. 209). Die deutsche Exilliteratur 1933 – 1945 , hrsg. v. Manfred Durzak, Stuttgart 1973 , S. 1 u. 13 ff. (Durzak). Vgl. auch: Wolfgang Benz (Hrsg.), Das Exil der kleinen Leute. Alltagserfahrungen deutscher Juden in der Emigration, München 1991, S. 7 ff. (Benz).

stellen und Forschungsvorhaben zu unterstützen. In der Folgezeit nahm die Exilforschung einen bemerkenswerten Aufschwung, Anfang der siebziger Jahre wurden die ersten großen internationalen Kolloquien zur Erforschung des Exils durchgeführt.

Die Forschung widmete sich vor allem zwei Themenbereichen: Die Geschichts- und Politikwissenschaft befaßte sich mit den politischen Gruppierungen und ihren Bestrebungen im Exil sowie mit der akademischen Emigration. Die Literaturwissenschaft konzentrierte sich auf Biographien und Werkdarstellungen einzelner Schriftsteller, wobei allerdings dem Leben und Werk exilierter Schriftstellerinnen erst in jüngster Zeit Beachtung geschenkt wurde. Allmählich fanden in diese meist werkimmanenten Interpretationen Überlegungen Eingang, die sie in den Zusammenhang mit den politischen, ideologischen und sozioökonomischen Bedingungen ihrer Zeit stellten. Es traten neben die autoren- und gattungsbezogene Literaturforschung übergreifende Gesamtdarstellungen, die sich mit Literatur, Kunst und Presse befaßten. Es entstanden Regional- und Länderstudien für die USA und einige europäische Länder, in denen die unterschiedlichen Exilorganisationen, ihre Aktivitäten und die sie tragenden Einzelpersönlichkeiten in den Zusammenhang mit den im jeweiligen Exilland vorgefundenen gesellschaftlichen Rahmenbedingungen gestellt wurden.[2]

Dieser Art der Exilforschung lag die Unterscheidung zwischen »Exil« und »jüdischer Massenemigration« zugrunde. Die weitgehende Beschränkung auf das politische und literarische Exil wurde nicht nur mit dem Hinweis auf die hier wesentlich bessere Quellenlage erklärt, sondern hing auch mit der Definition dessen zusammen, was unter »Exil« überhaupt zu verstehen sei. Die Festlegung auf ein vor allem »antifaschistisches« Exil sah als Exilierte nur diejenigen an, die sich weiterhin mit dem Herkunftsland identifizierten,

2   Zu den genannten Werken zählen: die von einem Autorenkollektiv in der DDR erarbeitete siebenbändige Reihe über Kunst und Literatur im antifaschistischen Exil 1933 – 1945, 1978 ff. Lieselotte Maas, Handbuch der deutschen Exilpresse, hrsg. v. Eberhard Lämmert, Bde. 1 bis 4, München, Wien 1976, 1978, 1981, 1990. Dies., Deutsche Exilpresse in Lateinamerika, Frankfurt a.M. 1978. Hans-Albert Walter, Deutsche Exil-Literatur 1933 – 1950, Bd. 1: Bedrohung und Verfolgung bis 1933, Bd. 2: Asylpraxis und Lebensbedingungen in Europa, Darmstadt, Neuwied 1972 (Taschenbuchausgabe). Ders., Deutsche Exil-Literatur 1933 – 1950, Bd. 2: Europäisches Appeasement und überseeische Asylpraxis, Stuttgart 1984, Bd. 3: Internierung, Flucht und Lebensbedingungen im Zweiten Weltkrieg, 1988, Bd. 4: Exilpresse, 1978. Zum Forschungsstand vgl. Röder, Zur Situation, S. 144 ff. Loewy, Zum Paradigmenwechsel, S. 209 f. Biographisches Handbuch, Bd. I, S. L. Frühwald, Schieder, Gegenwärtige Probleme, S. 10 ff. Vgl. hier die in den Anmerkungen angeführten Publikationen im Rahmen der Exilforschung. Einen bibliographischen Überblick über die frühe Forschungsliteratur bieten: Wilhelm Sternfeld, Eva Tiedemann, Deutsche Exil-Literatur. Eine Bio-Bibliographie. Mit einem Vorwort von Hanns W. Eppelheimer, Heidelberg 1970, 2. verb. u. stark erw. Aufl. Vgl. auch Richard Albrecht, Exil-Forschung. Studien zur deutschsprachigen Emigration nach 1933, Frankfurt a. M., Bern, New York, Paris 1988. Ders., Exil-Forschung, (I), S. 176 ff. Zur Erforschung des weiblichen Exils vgl. z.B. Frauen und Exil. Exilforschung. Ein Internationales Jahrbuch, Bd. 11 (1993).

ihre Rückkehr planten und in diesem Kontext sich politisch und literarisch mit dem Deutschen Reich, mit Ursachen, Bedingungen und Konsequenzen des Exils auseinandersetzten. Es gab aber gerade auf dem Gebiet der Exil-Literatur viele Veröffentlichungen, die diese Kriterien nicht erfüllten. Auch wenn sich seit dem Ende der siebziger Jahre ein Paradigmenwandel in der Exilforschung abzuzeichnen begann, wobei die Bevorzugung des Exils im engeren Sinne zugunsten einer Berücksichtigung der gesamten Fluchtbewegung aufgegeben wurde, besteht nach wie vor keine einheitliche Definition dessen, was unter Exil zu verstehen und wie der Forschungsgegenstand thematisch und zeitlich einzugrenzen sei. Die Forderung nach Unterscheidung von Exilierten und Flüchtlingen oder Emigranten im strengen Sinne verweist die Masse der jüdischen Flüchtlinge als Gegenstand von Wissenschaft spätestens nach 1945, als der Fluchtanlaß beseitigt war, in den Bereich der Migrationsforschung des jeweiligen Landes.[3]

So ist vor allem in den USA, aber auch in Israel eine Reihe von Arbeiten entstanden, die sich mit den Problemen der Akkulturation auseinandersetzen und die in den USA zum Teil auf eine Nutzenbilanz im Sinne von Intelligenz- und Talenttransfer hinauslaufen, deren Ergebnisse in letzter Zeit wieder in Zweifel gezogen werden. Die besondere Sozialstruktur eines Teils der Emigranten, die vor dem Nationalsozialismus flüchteten, im Vergleich mit den historischen europäischen Auswanderungsschüben führte in der Forschung in den USA wie auch in der Bundesrepublik zu einer stark wirkungsgeschichtlich geprägten Sichtweise. Der vergleichsweise hohe Anteil von Personen aus Politik, Literatur, Wissenschaft und Kunst, die sich von den »namenlosen« Emigranten abhoben, ließ die Vertreibung der Eliten als Kulturträger für das Herkunftsland als besonderen Verlust und für das Aufnahmeland als intellektuellen Zugewinn erscheinen.[4]

Abgesehen davon, daß es sich bei der Definition dessen, was als Exil zu gelten habe, um ein Problem der Abgrenzung von Wissenschaftsdisziplinen untereinander handelt, erweist sich der Begriff der »jüdischen Massenemigration« als nur bedingt brauchbar, auch wenn er nicht wertend gemeint sein, sondern nur auf die große Zahl hinweisen sollte. Es handelt sich um eine komplexe Bevölkerungsgruppe mit unterschiedlicher Nähe zur jüdischen Religion und Tradition und unterschiedlichem politischen Selbstverständnis. Damit zusammenhängend gab es die verschiedensten

---

3   Vgl. Papcke, Fragen, S. 16 ff, Loewy, Zum Paradigmenwechsel, S. 212, Schwarz, Was ist, S. 156 ff.
    Zur Kritik an mangelnder theoretischer Fundierung im Bereich der Exilforschung vgl. auch
    Theo Stammen, Exil und Emigration – Versuch einer Theoretisierung, in: Exilforschung. Ein
    Internationales Jahrbuch, Bd. 5 (1987), S. 11 – 27.
4   Vgl. Biographisches Handbuch, Bd. I, S. XIV u. XXXII f. Loewy, Zum Paradigmenwechsel, S. 212.
    Zur kritischen Betrachtung des »Kulturtransfers« vgl. insb. Papcke, Fragen, S. 13 ff. u. 20 ff.

Überlappungen in den Lebensläufen: Auch wer als »rassisch« Verfolgter im Rahmen der Massenemigration floh und nicht ins »Exil ging«, konnte sich im Asylland politisch und kulturell für ein zukünftiges Deutschland einsetzen. Auch für diejenigen Flüchtlinge, die ihr Schicksal notgedrungen als Emigration erlebten, galt: »Die Heimat war fremd geworden und die Fremde nicht heimisch.«[5] Der Zwiespalt war eher kennzeichnend, auch wenn vordergründig ein Bekenntnis zum Bruch mit dem Heimatland und zum Neubeginn im Aufnahmeland stand. Gerade für Lateinamerika ist diese Differenzierung von Bedeutung.

In dem Maße, wie die Trennung von Exil und Emigration und die Beschränkung auf motivations- oder tätigkeitsbezogene Teilbereiche als problematisch begriffen wurde, wandte sich die Exilforschung jener Fluchtbewegung zu[6], die nach Schätzungen nahezu eine halbe Million Menschen aus dem deutschsprachigen Raum zwischen 1933 und 1945 betraf und damit etwa ein Zehntel des Flüchtlingsstroms zwischen den Weltkriegen ausmachte. Gut die Hälfte von ihnen mußte wegen ihrer jüdischen Abstammung zwischen 1933 bis 1941 Deutschland verlassen. Die Zahl derjenigen, die als aktive Gegner des NS-Regimes flohen wird auf 30 000 bis 40 000 geschätzt. Ähnlich wie das politische Exil im engeren Sinne konzentrierte sich die jüdische Emigration in den ersten Jahren des NS-Regimes auf Zentraleuropa in der Hoffnung, die Heimat nur auf absehbare Zeit verlassen zu müssen. Ab 1937 begann in größerem Maßstab die Einwanderung in die USA, die mit rund 130 000 die meisten deutschen Juden aufnahmen. Ungefähr 55 000 gelangten nach Palästina. Weltweit führte die Emigration in rund 80 Länder, von denen nach den USA Großbritannien mit 75 000 die größte Zahl von Juden aus Deutschland, Österreich und der Tschechoslowakei aufnahm. Etwa 13 000 fanden in Shanghai Zuflucht. 80 000 bis 90 000 flüchteten aus dem deutschsprachigen Raum nach Lateinamerika, das in größerem Maßstab erst als Fluchtziel wahrgenommen wurde, als andere Grenzen geschlossen blieben bzw. der Verbleib in Europa aufgrund der deutschen Besatzungspolitik nicht mehr möglich war. Über 90 Prozent von ihnen waren jüdischer Herkunft, die übrigen nichtjüdische Ehepartner so-

5   Zitat bei Papcke, Fragen, S. 24. Vgl. Patrik von zur Mühlen, Jüdische und deutsche Identität von Lateinamerika-Emigranten, in: Exilforschung. Ein Internationales Jahrbuch, Bd. 5 (1987), S. 56 f. Herbert A. Strauss, Zur sozialen und organisatorischen Akkulturation deutsch-jüdischer Einwanderer der NS-Zeit in den USA, in: Leben im Exil, S. 235 – 259 (hier S. 235 u. 240).

6   Das seit 1983 von der Gesellschaft für Exilforschung herausgegebene und bereits mehrfach angeführte Jahrbuch bietet ein Forum für die verschiedensten Aspekte der Exilforschung. Vgl. Loewy, Zum Paradigmenwechsel, S. 213. Zur Kritik an den häufig »erinnerungsseligen« und die Realität wenig widerspiegelnden oder auf die Geschichte von Verfolgung und Flucht beschränkten Darstellungen vgl. Benz (Hrsg.), Das Exil, S. 9 ff. (Benz).

wie Menschen, die wegen ihrer politischen, religiösen, wissenschaftlichen und künstlerischen Überzeugung verfolgt wurden.[7] Charakteristisch für die Lateinamerika-Emigranten ist, daß die Länder, in die sie flüchteten, für die meisten nur zweite Wahl waren. Hierfür gab es vielfältige Gründe: Kaum jemand sprach Spanisch oder Portugiesisch. Man wußte wenig über Lateinamerika, dies gilt insbesondere für die kleinen Länder des Kontinents. Während die großen Länder wie Argentinien, Brasilien und Chile mit ihrer teilweise europäischen Prägung und ihrem wirtschaftlich höheren Entwicklungsstand von einer größeren Zahl als Emigrationsziel wahrgenommen wurden, zählten die Länder der Karibik, vor allem Cuba und die Dominikanische Republik, zu den »Wartesälen« für die USA. Aber auch die Andenrepubliken wie Kolumbien, Bolivien und Ecuador erfüllten diese Funktion, die sich nicht zuletzt an der starken Abwanderung in die USA oder in die ABC-Staaten in der Nachkriegszeit ablesen läßt.[8]

Inzwischen liegt eine Reihe von Veröffentlichungen über das Exil in Ländern Lateinamerikas vor, in denen die Autoren einzelne Aspekte zum politischen, kulturellen, zum Alltags- und Vereinsleben der Immigranten bearbeitet haben. Man beschäftigt sich mit den Fluchtwegen der Emigranten, der Einwanderungspolitik dieser Länder, mit den politischen Exilorganisationen der Emigranten und mit den beruflichen, sozialen und psychologischen Anpassungsproblemen und -prozessen der Immigranten unter den dort vorgefundenen sozioökonomischen Rahmenbedingungen, die unter dem Begriff der Akkulturation zusammengefaßt werden können. Am wenigsten fanden bislang die jüdischen Organisationen Beachtung, die die weitaus größte Zahl von Emigranten vereinigten und die für die Bewältigung des individuellen wie des Gruppenschicksals von großer Bedeutung waren.[9] Auch in einigen Exilländern, vor allem in Argentinien, sind Beiträge zur Geschichte deutsch-

7 Zu den Zahlenangaben vgl. Biographisches Handbuch, Bd. I, S. XIII u. XXVIII ff. Von zur Mühlen, Jüdische und deutsche Identität, S. 56. Vgl auch Klaus J. Bade, Homo Migrans. Wanderungen aus und nach Deutschland. Erfahrungen und Fragen, Essen 1994, S. 42.

8 Vgl. Von zur Mühlen, Jüdische und deutsche Identität, S. 56. Ders., Fluchtziel Lateinamerika. Die deutsche Emigration 1933 – 1945: politische Aktivitäten und soziokulturelle Integration, Bonn 1988, S. 39 ff. Günter Böhm, Jüdische Aspekte des Lateinamerikanischen Exils, in: Alternative Lateinamerika. Das deutsche Exil in der Zeit des Nationalsozialismus, hrsg. v. Karl Kohut u. Patrik von zur Mühlen, Frankfurt a.M. 1994, S. 81 – 88 (hier S. 81 f.)

9 Bei den Publikationen handelt es sich zum Teil um Vorträge, die auf Kongressen unter Beteiligung von Wissenschaftlern auch aus lateinamerikanischen Staaten gehalten und in Sammelbänden veröffentlicht wurden. Im November 1993 fand zum erstenmal eine internationale Tagung über das deutschsprachige Exil in einem lateinamerikanischen Land, in Mexiko, statt. Zu den Publikationen vgl. z.B. Alternative Lateinamerika. Europäische Juden in Lateinamerika, hrsg. v. Achim Schrader u. Karl Heinrich Rengstorf, St. Ingbert 1989. Von zur Mühlen, Fluchtziel. Ders., Fluchtweg Spanien-Portugal. Die deutsche Emigration und der Exodus aus Europa 1933 – 1945, Bonn 1992. Siegfried Kätsch, Elke-Maria Kätsch unter Mitarbeit von Henry P. David, Sosua – Verheissenes Land? Eine Dokumentation zu Adaptionsproblemen deutsch-jüdischer Siedler in der Dominikanischen Republik, Dortmund 1970. Fritz Pohle,

sprachiger Juden in Lateinamerika erarbeitet worden. Ebenfalls in Argentinien, in den USA und Israel entstanden Gesamtdarstellungen, die sich mit der jüdischen Emigration nach Lateinamerika beschäftigen und meist summarisch verschiedene Aspekte der Emigration von den historischen Anfängen, der Einwanderung sefardischer Juden über die NS-Zeit bis heute behandeln.[10] Es mangelt aber nach wie vor an Studien, die die spezifischen Aspekte der durch den Nationalsozialismus verursachten »Massenemigration« in den einzelnen Ländern bündeln, ergänzen oder überhaupt erst erschließen. Solche Gesamtdarstellungen würden die Voraussetzung für eine vergleichende Analyse der Emigration auf breiter Quellenbasis schaffen, die über die punktuelle Herausarbeitung von Unterschieden und Gemeinsamkeiten in den einzelnen lateinamerikanischen Ländern hinausgehen könnte.

Es seien hier einige Erläuterungen zum Begriff der Akkulturation gemacht, der in der Migrationsforschung eine zentrale Rolle spielt und der für die Exilforschung von Herbert A. Strauss am Beispiel der deutschsprachigen Emigration in den USA entwickelt wurde. In den USA haben die Sozialwissenschaften am ausführlichsten Akkulturations- und Assimilationsprozesse erforscht. In der Bundesrepublik wurde der Migrationsforschung erst in den siebziger Jahren größere Beachtung geschenkt, als sich langsam das Bewußtsein durchsetzte, daß auch Deutschland zu einem Einwanderungsland geworden ist und nicht nur vorübergehend »Gastarbeiter« beherbergt.[11]

Das mexikanische Exil. Ein Beitrag zur Geschichte der politisch-kulturellen Emigration aus Deutschland (1937 – 1946), Stuttgart 1986. Vgl. auch ders., Emigrationstheater in Südamerika. Abseits der »Freien Deutschen Bühne«, Buenos Aires. Mit Beiträgen von Hermann P. Gebhardt und Willy Keller, Hamburg 1989. Wolfgang Kießling, Exil in Lateinamerika. Kunst und Literatur im antifaschistischen Exil 1933 – 1945, Bd. 4, Frankfurt a.M. 1981. Ders., Alemania Libre in Mexiko, Bd. 1: Ein Beitrag zur Geschichte des antifaschistischen Exils (1941 – 1946), Bd. 2: Texte und Dokumente zur Geschichte des antifaschistischen Exils (1941 – 1946), Berlin (DDR) 1974. Exil in Brasilien. Die deutschsprachige Emigration 1933 – 1945, Leipzig, Frankfurt a. M., Berlin 1994. Irmtrud Wojak, Exil in Chile. Die deutsch-jüdische und politische Emigration während des Nationalsozialismus 1933 – 1945, Berlin 1994. Dies., Deutsch-jüdisches Exil in Uruguay, in: Zeitschrift für Geschichtswissenschaft, 43, 1995, Heft 11, S. 1009 – 1031.

10   Vgl. z. B.: Judith Laikin Elkin, Jews of the Latin American Republics, Chapel Hill 1980. J. L. Elkin, Gilbert N. Merkx (Ed.), The Jewish Presence in Latin America, Boston, London, Sydney, Wellington 1987. Rolf Italiaander, Juden in Lateinamerika, Tel Aviv 1971. Judaica Latinoamericana. Estudios Histórico-Sociales, ed. por AMILAT, Jerusalem 1988. Leon Trahtemberg Siederer, La Inmigración Judía al Peru 1848 – 1948. Una historia documentada de la inmigración de los judiós de habla alemana, Limà 1987. Haim Avni, Argentina and the Jews. A History of Jewish Immigration, Tuscaloosa, London 1991. Carlota Jackisch, El Nazismo y los Refugiados Alemanes en la Argentina 1933 – 1945, Buenos Aires 1989. Elena Levin, Historias de una Emigración (1933 – 1945), Alemanes Judíos en la Argentina, Buenos Aires 1991. Olga Elaine Rojer, Exile in Argentina 1933 – 1945. A Historical and Literary Introduction, New York, Bern, Frankfurt a.M. , Paris 1989.

11   Vgl. Friedrich Heckmann, Ethnische Minderheiten, Volk und Nation. Soziologie inter-ethnischer Beziehungen, Stuttgart 1992 (hier S. 1 ff.). Zum Begriff der Akkulturation vgl. ebenda, S. 162 ff. Vgl. auch: Das Manifest der 60. Deutschland und die Einwanderung, hrsg. v. Klaus J. Bade, München 1994. Einen kurzen Überblick über Deutschland als Ein- und Auswanderungs-

Strauss unterscheidet, wie dies auch in der Migrationsforschung der Fall ist, zwischen der funktionalen und der subjektiven Akkulturation. Die funktionale Akkulturation meint den Prozeß der wirtschaftlichen Eingliederung, dem sich die Emigranten notgedrungen anpassen mußten. Dieser Prozeß verlangte von ihnen, sich einen Fundus von Wissen und Sprachkenntnissen anzueignen, ihr Sozialverhalten zu ändern und von Wertvorstellungen insoweit abzugehen, als ihre Beibehaltung die Existenzsicherung gefährdet hätte. Durch berufliche und gesellschaftliche Erfahrungen und Kontakte verschiedenster Art entwickelte sich allmählich die subjektive und soziale Akkulturation, die schließlich zur Identifizierung mit dem Einwanderungsland führt, insofern der Emigrant ein Gefühl der Zugehörigkeit zu dessen Geschichte und Kultur entwickelt. Dieser Prozeß beinhaltet die Wandlung von Maßstäben, Wertvorstellungen und Perspektiven, die sich zum Teil unbewußt vollziehen, zum Teil bewußt angestrebt werden. Er ist aber nicht mit Assimilation gleichzusetzen, die die völlige Übernahme der fremden Kultur und die Aufgabe der eigenen beinhalten würde. Die Akkulturation stellt vielmehr nach Strauss ein »unstabiles Gleichgewicht« dar, in dem deutsche, jüdische und kulturelle Elemente des Aufnahmelandes zusammenfließen.[12]

Der Begriff der Akkulturation ist nicht unumstritten, einige Forscher verwenden Begriffe wie Anpassung, Integration, Adaption. Die inhaltliche Kritik am Akkulturationsbegriff zielt hierbei vor allem auf das Tempo und das Ausmaß der Kulturverschmelzung, die Strauss seinem Begriff zugrunde legt. Bereits in der ersten Generation sieht er die subjektive Akkulturation als typischen Vorgang für das Verhalten von Emigranten in den USA. Hieran werden erhebliche Zweifel geäußert, insbesondere gilt dies für die Übertragbarkeit auf andere Länder. Diese Einschränkungen in Rechnung gestellt, wird der Akkulturationsbegriff in der Exilforschung als mögliches theoretisches Instrumentarium akzeptiert, um die Beziehung von Minderheits- und Mehrheitskultur zu beschreiben. Dem Akkulturationsbegriff liegt in der Exilforschung wie in der Migrationsforschung der Begriff der »ethnicity« zugrunde, eine auf Selbst-Bewußtsein und Fremdzuweisung beruhende kollektive Identität und ein Solidarbewußtsein in Abgrenzung von anderen eth-

land bis hin zur heutigen Einwanderungssituation und den Problemen von Fremdenangst und -feindlichkeit bietet: Klaus J. Bade, Homo Migrans; vgl. ders., Migration und Migrationsforschung. Vom Kaiserreich bis zur Bundesrepublik, in: Westfälische Forschungen 39/1989, Sonderdruck, hrsg. v. Karl Teppe, S. 393 – 407. Vgl. auch Rassismus und Migration in Europa. Beiträge des Kongresses »Migration und Rassismus in Europa«, Hamburg, 26. bis 30. September 1990, hrsg. v. Institut für Migrations- und Rassismusforschung e.V., Hamburg 1992. Eine Literaturauswahl zu Neuerscheinungen in der Migrationsforschung findet sich im: Bulletin der Gesellschaft für Historische Migrationsforschung e.V. , Nr. 1 v. Februar 1994, S. 19 – 36.

12 Vgl. Strauss, Zur sozialen und organisatorischen Akkulturation, S. 237 ff. Ders., The Immigration and Acculturation of the German Jews in the United States of America, Leo Baeck Institute Yearbook XVI (1971), S. 63 – 94 (hier S. 70 ff., S. 90 ff.).

nischen Gruppen bzw. der Mehrheitsgesellschaft. Strauss definiert die deutschen Juden als zumindest potentiell ethnische Gruppe, deren Ethnizität nicht nur durch die Religion zum Ausdruck kam, sondern die auch durch gruppenspezifische Einflüsse die Funktion des Judentums in Kultur, Wirtschaft und Gesellschaft bestimmte. Die ethnische Sonderkultur blieb danach auch im 20. Jahrhundert nicht zuletzt durch die aus Osteuropa eingewanderten Juden erhalten, auch wenn gerade ihre Einwanderung unter den bereits hier lebenden Juden zum Teil zu betont nationaldeutschen Reaktionen und so zur Verdrängung des ethnischen Grundcharakters führte. Das Gruppenerlebnis der Diskriminierung, die kollektive Selbsthilfe, die weltweite Solidarität des Judentums und schließlich die Gründung des Staates Israel führten einerseits zur Stärkung bzw. zum Wiedererstehen ethnischen Identitätsbewußtseins, andererseits trug das Ausmaß der NS-Verbrechen dazu bei, daß der überwiegenden Mehrheit der Emigranten keine Möglichkeit mehr blieb, an eine Rückkehr zu denken, womit die Bereitschaft zu einer rascheren Akkulturation gefördert wurde. Sie verstanden sich nicht als Exilierte, sondern als Einwanderer in eine neue soziale und kulturelle Umwelt.[13] Schätzungen zufolge kehrten höchstens 4 % der emigrierten deutschen Juden wieder in die Bundesrepublik bzw. nach West-Berlin zurück.[14]

Soweit in dieser Arbeit der Akkulturationsbegriff in Anlehnung an Strauss verwendet wird, geschieht dies unter den angemerkten Einschränkungen. Wenn die Flucht zur »Journey of no return« (Carl Zuckmayer) wurde, bedeutet dies weder, daß der Akkulturationsprozeß geradlinig und ohne Widersprüche verlief, noch, daß er nur ein Problem der ersten und zweiten Generation der Emigranten ist. Es handelt sich hierbei um einen unterschiedlich weit gehenden Annäherungs- und Angleichungsprozeß. Je nach individueller Prägung und Veranlagung, nach den beruflichen und finanziellen Möglichkeiten, der politischen Einstellung und dem Alter hatte die Frage nach der Eingliederung für den einzelnen eine je eigene Qualität, waren Tempo und Intensität der Akkulturation verschieden. Auch die Größe der Gruppe,

---

13 Vgl. Strauss, Zur sozialen und organisatorischen Akkulturation, S. 236 f. Ders., Die jüdische Emigration nach 1933 als Epochenproblem der deutschen und jüdischen Zeitgeschichte, in: Europäische Juden, S. 35 – 46. Biographisches Handbuch, Bd. I, S. XXXI f. Achim Schrader, Spurlos verschwunden? Deutsche Juden in Lateinamerika, in: Europäische Juden, S. 15 – 34. Schrader verwendet den Begriff der »Assimilation unter Emanzipation«. Zur Kritik am Begriff der »ethnicity« vgl. Leben im Exil, S. 270 f. Zu den Einwänden gegen die Anwendbarkeit des Begriffs auf deutsche Juden gehören u.a.: Man ordne sie damit historisch auf einer Stufe ein, auf der sie in Deutschland nicht mehr standen, weil sie zumindest tendenziell den Charakter einer deklassierten Minderheit verloren hätten. Auch im eigenen Selbstverständnis machten gravierende Unterschiede zwischen Juden aus Mittel- und Westeuropa und denen aus Osteuropa es schwer, alle gemeinsam als »ethnics« zu verstehen. Zum Begriff der Ethnizität in der Soziologie vgl. Heckmann, Ethnische Minderheiten, S. 30 ff.
14 Vgl. Biographisches Handbuch, Bd. I, S. XLI f.

die in ein Land emigrierte, spielte eine Rolle und nicht zuletzt die Bedingungen des Aufnahmelandes. Je größer der Kulturunterschied vom Aufnahmeland zum Herkunftsland, um so schwieriger gestaltete sich dieser Prozeß.[15] Dies gilt selbstverständlich auch für Emigranten aus dem nicht-deutschsprachigen Raum, die in dieser Arbeit miteinbezogen werden, was sich in Ecuador allein schon aus sachlichen Gründen anbietet.

Die Quellenlage für die Erforschung des »gewöhnlichen Exils« ist für die Länder Lateinamerikas recht unterschiedlich. Besonders in den kleinen Ländern mit einer vergleichsweise geringen Zahl von Immigranten erweist sie sich als schwierig. Dies gilt auch für Ecuador. Hier ließen sich weder in den Beständen öffentlicher Archive noch in denen des Außenministeriums resp. der Immigrationsbehörde archivalische Quellen zum Thema finden. Das gleiche gilt für die jüdischen Gemeinden und für die Nachfolgeorganisation der einstigen Vereinigung deutscher, meist nichtjüdischer Flüchtlinge, die bis heute existiert. Die Bearbeitung erfolgte daher wesentlich auf der Grundlage von über fünfzig Interviews mit vorwiegend noch in Ecuador lebenden einstigen Flüchtlingen und der Auswertung von rund vierzig Jahrgängen der Zeitschrift der Jüdischen Gemeinde in Quito, von denen mir die frühen Jahrgänge aus einer Privatsammlung in New York zur Verfügung gestellt wurden; die Jahrgänge ab 1959 befinden sich im Besitz der Jüdischen Gemeinde Quito.

Die Interviews entstanden im Laufe eines mehrjährigen Aufenthalts in Ecuador. Die meisten meiner Gesprächspartner/innen kamen im Alter zwischen neun und vierzig Jahren nach Ecuador. Nicht wenigen, vor allem aus der älteren Generation, fiel es schwer, über die Vergangenheit zu sprechen. Daß sie es trotzdem taten, trug entscheidend zum Gelingen dieser Studie bei, weil so Einblicke in die Alltagswelt des Exils gewonnen werden konnten, für die es keine schriftlichen Zeugnisse gibt. Die individuellen Erfahrungen spiegeln nicht nur Einzelschicksale wider, sie erlauben auch Rückschlüsse auf kollektive soziale Prozesse und Strukturen.

Allen, die zu einem Gespräch bereit waren, möchte ich an dieser Stelle herzlich danken.

Neben die beiden genannten Hauptquellen treten als Materialbasis ergänzend hinzu: veröffentlichte wie unveröffentlichte Arbeiten von Immigranten und von ihnen gesammelte Dokumente, Informationen aus der ecuadorianischen Presse, aus den Publikationen jüdischer Organisationen anderer Länder, Quellen aus dem Bestand des Politischen Archivs des Auswärtigen Amtes, des Bundesarchivs der Bundesrepublik Deutschland und des Archivs der sozialen Demokratie/Friedrich-Ebert-Stiftung Bonn sowie einzelne Hinweise in den Publikationen zur Exilforschung.

15 Vgl. von zur Mühlen, Fluchtziel, S. 52 f., Frühwald, Schieder, Gegenwärtige Probleme, S. 20 f.

Die Darstellung des Schicksals der in ihrer Mehrzahl aus Deutschland stammenden Flüchtlinge spannt einen Bogen von der Situation im Heimatland und den Umständen der Flucht über das Leben in Ecuador bis hin zur Weiterwanderung oder Rückkehr in das Ursprungsland. Im Zentrum der Darstellung steht die Zeit in Ecuador. Auf dem Hintergrund der dort herrschenden politischen, gesetzlichen, wirtschaftlichen und sozialen Rahmenbedingungen werden vor allem folgende Themenbereiche untersucht:

1. Das Verhältnis von Immigranten und Gastland unter den Gesichtspunkten der beruflichen und sozialen Eingliederung, der Akkulturationsprobleme im Alltag, der gegenseitigen Beziehungen von Immigranten und einheimischer Bevölkerung, staatlichen Stellen und gesellschaftlichen Institutionen und der Beitrag von Immigranten zum wirtschaftlichen, künstlerischen und sozialen Leben im Gastland.

2. Das Gemeinde- und Vereinsleben im Spiegel der jüdischen Organisationen anhand ihrer religiösen, sozialen und insbesondere ihrer kulturellen Aktivitäten; ferner innergemeindliche Probleme und Kontroversen zwischen Personen und Organisationen, welche die Exilsituation, die Identitätsfindung und das Judentum wie das Zusammenleben dieser Immigrantengruppe schlechthin betreffen.

3. Das Verhältnis der jüdischen Organisationen zu nichtjüdischen Verfolgten des Nazi-Regimes, zu nach Herkunftsländern zusammengesetzten Organisationen von Immigranten und deren politischen und kulturellen Funktionen sowie die Beziehungen beider Immigrantengruppen zur alteingesessenen deutschen Kolonie.

Die zeitliche Begrenzung der Arbeit mit dem Ende der fünfziger Jahre wurde gewählt, weil bis zu diesem Zeitpunkt alle Weichen für die spätere Entwicklung gestellt waren. Wer Ecuador auf jeden Fall verlassen wollte, hatte dies inzwischen getan, auch wenn der Abwanderungsprozeß noch lange nicht beendet war, da er sich auch in den nachfolgenden Generationen fortsetzte, wie umgekehrt noch heute einzelne Menschen wieder nach Ecuador zurückgehen, wenn die einzigen noch lebenden Angehörigen sich dort befinden. Die Mehrheit derjenigen aus der älteren Generation, die im Land blieben, hatte bis Ende der fünfziger Jahre begonnen, sich auf ein Leben in Ecuador einzurichten. Der langsame Zerfallsprozeß der von Immigranten geschaffenen Organisationen bzw. die Veränderung ihres Stellenwerts im Leben der Immigranten zeigte bereits deutliche Spuren. Das Verhältnis zu Deutschland, dem Land, das sie zu Flüchtlingen gemacht hatte, änderte sich allmählich.

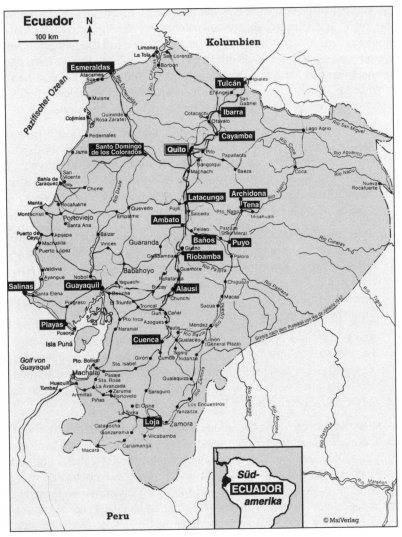

Karte von Ecuador

I. Der Weg ins Exil

1. Die letzten Jahre in Europa: Diskriminierung, Verfolgung, Ausplünderung, Vertreibung

»Mein Onkel, der ein Exportgeschäft in Hamburg hatte, sagte, als wir uns verabschiedeten: Wahrscheinlich werde ich ja auch eines Tages mal rausgehen müssen. Aber überallhin, nur nicht nach Ecuador! Zwei Jahre später war er hier.«[*][1] Wer kannte in Europa damals, 1936, außer einigen Geschäftsleuten und Abenteurern schon Ecuador. Lag es in Afrika oder in Amerika? Der eine oder andere wußte: Es liegt am Äquator, die Hauptstadt heißt Quito, die Landessprache ist Spanisch, und es gibt dort »Indianer«. Sicher war, es muß ein armes Land sein und ganz anders als europäische Länder. Wer sich genauer informieren wollte, konnte zum Beispiel in der 1936 vom *Hilfsverein der Juden in Deutschland* herausgegebenen Informationsschrift über die Einwanderungs- und Lebensbedingungen in Südamerika nachlesen. Dort wurden die Lebensverhältnisse in Ecuador als sehr primitiv gekennzeichnet, die Möglichkeit, wirtschaftlich Fuß zu fassen, skeptisch beurteilt und das Klima als überwiegend ungünstig für Europäer charakterisiert. Nur »kerngesunde Naturen« hätten hier auf Dauer Überlebenschancen.[2] Die *Reichsvertretung der Juden in Deutschland* warnte vor »gefährlichen Illusionen« über die Siedlungsmöglichkeiten in diesem Land.[3]

---

[*]   In den Anmerkungen verwendete Abkürzungen:
AsD   = Archiv der sozialen Demokratie/Friedrich-Ebert-Stiftung, Bonn.
BA ZA   = Bundesarchiv Zwischenarchiv, Dahlwitz-Hoppegarten.
PA AA   = Politisches Archiv des Auswärtigen Amtes, Bonn.
Informaciones = Informaciones para los Inmigrantes Israelitas.
Mai 40, 1   = Informaciones vom Mai 1940, S. 1.
15. 8. 45, 3 u. 7 = Informaciones vom 15. August 1945, S. 3 u. S. 7.
Sofern aus spanischsprachigen Interviews oder schriftlichen Quellen zitiert wird, habe ich diese ins Deutsche übertragen. Zitate in Englisch werden im Original wiedergegeben.

1   Gespräch Werner Gumpel.
2   Vgl. Jüdische Auswanderung. Korrespondenzblatt über Auswanderungs- und Siedlungswesen, hrsg. vom Hilfsverein der Juden in Deutschland e.V., Berlin 1936, S. 84 – 90; Jüdische Auswanderung nach Südamerika, hrsg. vom Hilfsverein der Juden in Deutschland e.V., Berlin 1939, S. 62 – 68. Vgl. auch die Berichte von Ecuador-Immigranten, in: *Jüdisches Nachrichtenblatt* v. 31. 1. 39, 4. 4. 39, 18. 7. 39; Mark Wischnitzer, Die Juden in der Welt. Gegenwart und Geschichte des Judentums in allen Ländern, Berlin 1935, S. 362 f.; Michael Traub, Die jüdische Auswanderung aus Deutschland. Westeuropa, Übersee, Palästina, Berlin 1936, S. 16 ff. u. 26 ff. Eine 1936 in Amsterdam erschienene Broschüre mit dem Titel »Süd-Amerika. Ein Ziel jüdischer Emigration« nennt Ecuador nicht als Einwanderungsland. Vgl. den Abdruck in der *Pariser Tageszeitung* v. 12. – 14. 6. u. 16. – 17. 12. 1936.
3   Vgl. Salomon Adler-Rudel, Jüdische Selbsthilfe unter dem Naziregime 1933 – 1939 im Spiegel der Berichte der Reichsvertretung der Juden in Deutschland, Tübingen 1974, S. 74; vgl. ebenda, S. 72 – 120 und Kap. III. 1.

21

Nur für eine kleine Zahl von Emigranten wurde Ecuador bereits zu Beginn oder Mitte der dreißiger Jahre zum Fluchtziel, um rassisch motivierter Diskriminierung und Verfolgung zu entgehen und Schlimmerem zuvorzukommen. Unter ihnen waren deutsche Wissenschaftler und Techniker jüdischer Herkunft, die das Glück hatten, von der ecuadorianischen Regierung noch im Heimatland unter Vertrag genommen zu werden, und Geschäftsleute, die durch Verwandte und Bekannte Verbindungen zu Ecuador hatten. Im Frühjahr 1936 meldete die Deutsche Gesandtschaft in Quito, daß die jüdische Einwanderung nach Ecuador zunehme und sich zur Zeit etwa 150 deutsche Emigranten im Land aufhielten.[4] Aber auch polnische oder rumänische Juden, die in kleinen Städten oder ländlichen Gegenden ihres Heimatlandes immer wieder Diskriminierungen ausgesetzt waren, gehörten zu den frühen Einwanderern. In Bessarabien, das vormals zu Rußland gehörte und nach dem Ersten Weltkrieg Rumänien zugesprochen worden war, erhielten die nationalistischen und antisemitischen Strömungen durch die Machtübernahme der Nationalsozialisten in Deutschland starken Auftrieb. Teils staatlich sanktioniert, teils der Initiative des antisemitischen Straßenmobs überlassen, gehörten soziale Ausgrenzung und gewalttätige Angriffe dort zum Alltag. Vor allem junge Männer oder Väter gemeinsam mit ihren jugendlichen Söhnen versuchten Mitte der dreißiger Jahre, jenseits des Ozeans eine neue Existenz aufzubauen und dann ihre Familienangehörigen nachzuholen. Sie hatten es ungleich schwerer als westeuropäische Juden, in einem anderen europäischen Land Unterschlupf zu finden.[5]

Für die meisten deutschen Juden aber, die die Mehrheit der Emigranten in Ecuador bilden sollten, wurde es ein Land der »späten Einwanderung«, in das man flüchtete, als andere Tore verschlossen waren und es keinen anderen Ausweg mehr gab. Wer von den Ecuador-Emigranten in Deutschland ab 1933 daran dachte, eine Auswanderung könnte notwendig werden, versuchte, wenn er die Mittel und Verbindungen hierfür hatte, zunächst seine Kinder ins Ausland, häufig nach England, die Schweiz oder Holland zu schicken. Sollte es unumgänglich werden, wollte man ihnen folgen und bis dahin noch die Zeit nutzen, um verschiedene Angelegenheiten zu erledigen und zum Beispiel nach und nach etwas Geld oder Wertsachen über die Grenze zu bringen. Wer sich entschloß, nach Übersee auszuwandern, hoffte

4   Vgl. das Schreiben der Gesandtschaft vom 24. 3. 36 an das Auswärtige Amt in Berlin. PA AA: Inland II A/B: (83 – 75) Deutsche Emigrantentätigkeit im Ausland, Bd. 7; vgl. auch die Zahlen zur Auswanderung in den Berichten der Reichsstelle für das Auswanderungswesen vom 5. 4. 37 u. 13. 7. 37. PA AA: Inland II A/B: (83 – 21 A) Auswanderung der Juden aus Deutschland, Bd. 1 u. Bd. 1a.

5   Vgl. die Gespräche Simon Prutchi, Sergio Solon. Vgl. auch Salomón Isacovici y Juan Manuel Rodríguez, A 7393. Hombre de Cenizas. El testimonio crudo y fiel de los campos nazis de concentración, México 1990; Hoy v. 6. 4. 91; Geschichte der Juden in der Bukowina, II. Ein Sammelband, hrsg. von Hugo Gold, Tel Aviv 1962.

auf ein Visum für Argentinien oder Brasilien, vor allem aber auf ein Affidavit für die USA. Allerdings waren die Visa für die USA entsprechend der Quoten-regelung für die einzelnen Länder mit so langen Wartezeiten verknüpft, daß Ecuador als Zwischenaufenthalt in Kauf genommen werden mußte. Viele aber warteten noch ab in der Hoffnung, daß der »Spuk«, der 1933 begonnen hatte, bald zu Ende sei.

An die Stelle des latenten Antisemitismus im Alltag trat die staatlich ver-ordnete Ausgrenzung und gewalttätige Verfolgung. 1941 resümierte Sieg-fried Schwind, Direktor der Zeitung der Jüdischen Gemeinde in Quito: »Man nannte den ersten April (1933) den ›Tag des Gelben Fleckes‹, von da an war sich die Mehrheit der deutschen Juden zum ersten Male des jüdischen Schicksals, das sie höchstens für eine geschichtliche Legende hielt, und der Zugehörigkeit zu diesem Schicksal bewußt. Wohl glaubten viele, es handle sich ›nur‹ um eine moralische Erniedrigung der Juden und Zurückdrängung ihres Einflusses auf gewisse Betätigungsgebiete, in denen sie eine zur Kritik herausfordernde Machtstellung eingenommen hatten, wie bei der Presse, Theater, Anwaltsberuf und andere. Sie zweifelten an der Ernstlichkeit der Durchführung des Judenprogramms, ebenso wie sie in den vorangegan-genen Jahren die in Deutschland immer größer werdende Bewegung baga-tellisierten und nichts zur Abwehr unternahmen. Für unzählige deutsche Juden waren die Aprilgesetze des Jahres 1933 das erschütterndste vor und nach dieser Zeit; sie sahen sich aus einem Kulturkreis ausgeschlossen, dem sie sich nicht nur aufs engste verbunden fühlten, sondern den sie zu Un-recht als den ihren betrachteten.«[6]

Die »Aprilgesetze«, wie sie Schwind nennt, waren nur der Anfang der beruf-lichen Diskriminierung, die sich gegen einen Teil der »nichtarischen« Beam-ten, Universitätsangehörigen, Juristen und Ärzte richtete. Nach und nach wurden diese Maßnahmen auf immer mehr Berufsgruppen ausgedehnt. Es folgten 1935 die sogenannten Nürnberger Gesetze, die den jüdischen Bür-gern ihre staatsbürgerlichen Rechte entzogen und die »rassische« Trennung von Juden und Nichtjuden staatlich verordneten.[7] Besonders unfaßbar wa-ren die Ereignisse für jene Menschen, die sich dem Judentum nicht mehr verbunden fühlten und völlig assimiliert in christlichen Ehen lebten. In der jüngeren Generation erfuhr manch einer erst jetzt, daß die Eltern oder ein

6 Siegfried Schwind, April 41, 1.
7 Zur Situation der Juden mit Beginn der nationalsozialistischen Herrschaft bis hin zu Ver-treibung und Deportation vgl. Wolfgang Benz (Hrsg.), Die Juden in Deutschland 1933–1945. Leben unter nationalsozialistischer Herrschaft, München 1993, 3. Aufl., hier S. 286 ff. (Plum); vgl. die Zeittafel S. 739 ff. Kennzeichen »J«. Bilder, Dokumente, Berichte zur Verfolgung und Vernichtung der deutschen Juden 1933–1945, Frankfurt a.M. 1979, S. 69 ff., S. 365 ff. Helmut Genschel, Die Verdrängung der Juden aus der Wirtschaft im Dritten Reich, Göttingen, Berlin, Frankfurt a. M., Zürich 1966. Avraham Barkai, Vom Boykott zur »Entjudung«. Der wirtschaft-liche Existenzkampf der Juden im Dritten Reich 1933–1945, Frankfurt a.M. 1988.

Elternteil jüdischen Ursprungs waren. »Eigentlich schien für uns mit dem Entschluß zur Assimilierung das ganze Judenproblem gelöst. Selbst nach der Machtübernahme durch die Nazis und die immer hemmungsloser werdende Judenhetze schien eine Klärung unserer Lage in günstigerem Sinne gesichert, als im Reichsgesetzblatt die Verordnung veröffentlicht wurde, derzufolge jüdischen Kriegsteilnehmern die Zulassung als Rechtsanwalt uneingeschränkt belassen wurde. Dadurch ließen wir uns trotz der drakonischen Nürnberger Gesetze täuschen und hofften und glaubten immer wieder, durchhalten zu können, bis der ganze, eigentlich unfaßbare Nazispuk eines Tages überstanden sei oder durch eine Militärrevolte sein Ende finden würde.«[8] Je mühsamer man sich den Weg zur Assimilierung erkämpft hatte, um so zäher glaubte man, an den errungenen Erfolgen festhalten zu müssen.

Daß jüdische Frontkämpfer von der beruflichen Diskriminierung zunächst ausgenommen waren, verführte auch bewußte Juden, hierin einen ersten Schritt zur Entradikalisierung zu sehen. Die oft mit Kriegsauszeichnungen Dekorierten, eher deutschnational Eingestellten vertraten den Standpunkt, es sei ein Ding der Unmöglichkeit, daß ein Gefreiter einen Hauptmann des Kaisers aus seinem Vaterland vertreiben könne. Auch gab mancher sich der Illusion hin, er sei eigentlich nicht gemeint, sondern vielmehr die nach Deutschland eingewanderten osteuropäischen Juden. Diese Glaubensbrüder waren dem deutschen Juden völlig fremd. Einige begegneten in Ecuador zum ersten Mal in ihrem Leben einem Juden mit Kaftan und Peies (Schläfenlocken).[9]

Es gibt verschiedene Beispiele dafür, wie sehr viele die Situation verkannten. So besuchte 1937 ein Vater seinen bereits 1935 nach Ecuador ausgewanderten Sohn. Mit keinem Argument war er zu bewegen, nicht mehr nach Deutschland zurückzukehren. Er stand kurz vor der Pensionierung. Die Rückkehr nach Deutschland bezahlte er mit seinem Leben. Auch noch nach der Pogromnacht 1938 nahmen einzelne die sich bietende Gelegenheit zur Auswanderung nicht wahr, sei es, weil sie das, was ihnen noch geblieben war, doch nicht zu verlieren hofften, weil sie sich zu alt und müde fühlten, noch einmal irgendwo neu zu beginnen, weil sie zermürbt waren vom bislang Erlebten, weil sie ihr Schicksal in die Hände Gottes legen oder aus Pflichtbewußtsein noch eine Hypothek abbezahlen wollten. Ein Breslauer Emigrant, der seinem Bruder anbot, für ihn die Ausreiseformalitäten mit-

8   Arthur Weilbauer, Ein weiter Weg. Lebensbericht eines deutschen Hitlerflüchtlings, (hekt.) Quito 1975, S. 7. Vgl. ebenda, S. 14. Vgl. auch Enzo Traverso, Die Juden in Deutschland. Auschwitz und die »Jüdisch-Deutsche Symbiose«, Berlin 1993 (hier S. 17 ff.). Wolfgang Benz, Marion Neiss (Hrsg.), Deutsch-jüdisches Exil: das Ende der Assimilation? Identitätsprobleme deutscher Juden in der Emigration, Berlin 1994, hier S. 7 ff. (Benz); Hajo Funke, Die andere Erinnerung. Gespräche mit jüdischen Wissenschaftlern im Exil, Frankfurt a.M. 1989 (hier S. 16 ff.).
9   Vgl. die Gespräche Ilse und Kurt Dorfzaun, Alfred Abrahamson.

zuerledigen, erhielt die Antwort: »Du bist wohl verrückt geworden. Es muß doch einer hier sein, der Euch empfängt, wenn ihr zurückkommt.«[10] Man wollte nicht glauben, was nicht sein durfte und nicht sein konnte. Es geschah Unfaßliches, und dies von Jahr zu Jahr in gesteigertem Maße. Nach jeder neuen gegen die Juden gerichteten Maßnahme hofften die Menschen, dies sei die letzte, denn das Maß des Vorstellbaren und Erträglichen schien voll. Sie lernten, die Belastungsgrenze immer höher hinaufzuschieben. Irgendwie ging das Leben noch weiter, wenn auch mit wachsenden materiellen Schwierigkeiten und Demütigungen. Es gab auch immer wieder Hoffnungsschimmer, wenn nichtjüdische Freunde und Bekannte sich solidarisch zeigten, wenn staatlich-bürokratische Anordnungen einander widersprachen, wenn Phasen offenen Terrors und Gesetze, die die gesamte Judenschaft diskriminierten, von einer schleichenden, in ihren Ausmaßen für den einzelnen unüberschaubaren Verfolgung abgelöst wurden. Die Wirklichkeit scheint nur dem nachträglich Betrachtenden klar und eindeutig, für die Betroffenen war sie viel komplizierter.[11]

Im Gegensatz zur Entwicklung in Deutschland traf die österreichischen Juden das ganze Ausmaß der Entrechtung und Verfolgung, das sich in Deutschland über Jahre gesteigert hatte, innerhalb weniger Wochen und Monate. Am Tag nach ihrem Einmarsch im März 1938 konfiszierten deutsche Truppen in Wien Waren aus jüdischen Geschäften, Rollkommandos drangen in die Wohnungen ein, transportierten die Männer ab, mißhandelten sie; Frauen wurden gezwungen, die politische Reklame der Schuschnigg-Regierung in den Straßen abzuwaschen oder Fenster von Kasernen zu putzen. Im Prater ließ man Juden mit Bärten auf Bänken auf- und abspringen, bis sie vor Erschöpfung umfielen. Was mit alltäglicher schikanöser Behandlung und Mißhandlung begann, ging in kurzer Zeit parallel zur Entwicklung in Deutschland nahtlos in die systematische, juristisch verbrämte Ausgrenzung in Gesellschaft und Wirtschaft über.[12]

Wer sich zur legalen Ausreise entschloß, sah sich, abgesehen von den Problemen der Beschaffung von Visa und Schiffspassagen, einer Fülle von büro-

10 Gespräch Suse Tugendhat; vgl. das Gespräch Dr. Helmut Wellisch. Zu denen, die vor der Pogromnacht nach Quito auswanderten, gehörten auch die Söhne aus einer Kaufmannsfamilie in Hettstedt bei Halle. Die Eltern folgten Anfang 1939. Im November des Jahres wurde ihnen die deutsche Staatsangehörigkeit aberkannt. Vgl. Stadtarchiv Hettstedt: Akte 2233.
11 Zu den unterschiedlichen Phasen judenfeindlicher Maßnahmen vgl. den Überblick im Biographischen Handbuch, Bd. I., S. XIX – XXI; ausführlich vgl. Genschel, Die Verdrängung, Kapitel 4. ff. Vgl. das Gespräch Gustav Zanders. Zu den Gründen, die deutsche Juden zum Ausharren in Deutschland veranlaßten vgl. am Beispiel chilenischer Flüchtlinge: Wojak, Exil in Chile, S. 28 ff., S. 41 ff., S. 47 f., S. 55. Auch für sie war Chile nur ein Land zweiter Wahl.
12 Vgl. die Gespräche Josefine Barasch, Erna Better, Käthe Kywi, Prof. Dr. Miguel A. Schwind. Benno Weiser, Yo era Europeo. Novela de una Generación, Quito/Ecuador 1943; Walter, Deutsche Exilliteratur, Bd. 2, S. 2 – 18.

kratischen Barrieren gegenüber. Diverse Papiere mußten erbracht werden, darunter die Unbedenklichkeitsbescheinigungen seitens des Auswärtigen Amtes, der Gestapo und der Finanzbehörden. Abgaben waren zu leisten, die zusammengenommen mit devisenwirtschaftlichen Bestimmungen einer Ausraubung gleichkamen.[13] Es galt zu überlegen, ob man sich beruflich auf den Aufenthalt im Ausland vorbereiten sollte. Die jüdischen Hilfsorganisationen rieten hierzu und boten Umschulungskurse für handwerkliche und landwirtschaftliche Berufe an, um den Betroffenen einen Ersatz für den verlorenen Beruf bzw. für die Existenzsicherung im Ausland zu verschaffen. Wer bislang kaufmännisch oder in einem akademischen Beruf tätig war oder die höhere Schule besuchte, sollte eine praktische Arbeit als Tischler, Schuster, Schlosser, Maurer, Landwirt usw. erlernen. Frauen, die in der Regel nicht berufstätig waren, versuchten in Schnellkursen zum Beispiel Grundkenntnisse in Schneiderei oder Kosmetik zu erwerben. Es scheint aber, daß nur eine Minderheit an solchen vorbereitenden Maßnahmen teilnahm, nicht zuletzt, weil keine Zeit mehr blieb und man andere Sorgen hatte, als sich den Luxus einer Umschulung oder eines Schnellkurses zu leisten. Es gab allerdings auch Fälle von Emigranten, die, frühzeitig und gezielt auf die Auswanderung in ein bestimmtes Land hin, eine Landwirtschaftsschule besuchten, zum Beispiel, um sich in der von Baron Rothschild ins Leben gerufenen Siedlung der Jewish Colonization Association in Argentinien niederzulassen. Da ihnen die avisierten Visa jedoch nicht ausgestellt wurden, blieb ihnen nur Ecuador als Fluchtpunkt.[14]

Für die meisten der Ecuador-Emigranten brachten die Ereignisse der Pogromnacht vom 9. November 1938 die Gewißheit, daß sie das Deutsche Reich schnellstens verlassen mußten. In jener Nacht wurden Väter oder Söhne vieler Familien von der Gestapo oder der Polizei verschleppt. Gelang den Angehörigen ihre Freilassung, weil zum Beispiel der Vater Frontkämpfer war oder einflußreiche Bekannte behilflich sein konnten, so war sie häufig an die Bedingung geknüpft, binnen einer bestimmten Frist das Land zu verlassen. Es begann die fieberhafte Suche nach dem Land, das zur Aufnahme bereit war.[15]

Anders als die deutschen und österreichischen Juden sah sich die kleine Gruppe italienischer Juden, die 1938/39 nach Ecuador auswanderte, keinen

13 Zu den Auswanderungsvorschriften vgl. Heinz Cohn, Friedrich Gotthelf, Die Auswanderungsvorschriften für Juden in Deutschland, Berlin 1938; von zur Mühlen, Fluchtziel, S. 16 ff.
14 Vgl. die Gespräche Hugo Deller und Dr. Helmut Wellisch. Zu den Umschulungsmöglichkeiten, die jüdische Einrichtungen boten vgl. z. B.:»Juden an der Drehbank«, in: *Jüdisches Nachrichtenblatt* v. 17. 1. 39; Adler-Rudel, Jüdische Selbsthilfe, S. 47 – 71.
15 Vgl. z.B. die Gespräche Dr. Gerhard Anker, Heinz Caminer, Hugo Deller, Ilse und Kurt Dorfzaun, Otto A., Gustav Zanders. Zur Pogromnacht und den folgenden Maßnahmen vgl. Benz (Hrsg.), Die Juden, S. 499 ff. (Benz). Genschel, Die Verdrängung, S. 177 ff.

so drastischen Verfolgungen ausgesetzt. Ihnen war auch der traditionelle, latente Antisemitismus anderer europäischer Ländern fremd. Unter deutschem Druck machten sich aber jetzt die Auswirkungen einer beginnenden Judenverfolgung bemerkbar. Sie verloren ihre Staatsbürgerschaft und ihre Stellungen in öffentlichen Einrichtungen und staatlichen Betrieben. Auch für nach Italien geflüchtete deutsche Juden hieß es weiterwandern, denn in der Krise, die mit der Entscheidung der »Münchener Konferenz« im September 1938 nur ein vorläufiges Ende fand, ordnete Mussolini die Ausweisung aller aus Deutschland stammenden Emigranten an.[16]

Mit der kriegerischen Ausdehnung des deutschen Machtbereichs bzw. der Besatzungspolitik gehörten auch Juden aus der Tschechoslowakei, Polen und Ungarn zu denen, die in Ecuador Asyl suchten. Eine Gruppe tschechischer Juden gelangte bereits vor der Besetzung des Sudetenlandes bzw. der Annexion der noch bis zum März 1939 freien Teile der Tschechoslowakei dorthin. Für sie bedeutete der »Anschluß« Österreichs das entscheidende Alarmsignal. Die Kriegsentwicklung im Jahr 1940 zwang diejenigen, die nach Holland, Belgien oder Frankreich emigriert waren, zur erneuten Flucht und Suche nach einem Aufnahmeland, diesmal unter ungleich schwereren Bedingungen als zuvor. Deutsche und auch österreichische Juden, die nach England hatten flüchten können, mußten erleben, daß sie im Asylland nun als »enemy alien« und als das betrachtet wurden, was sie im eigenen Land nicht mehr sein sollten bzw. im Falle der Österreicher nie waren, nämlich Deutsche. Sie wurden interniert, die Familien auseinandergerissen. Um dem zu entgehen, zogen es einige vor, nach Ecuador auszureisen. Auch die Bombardierung englischer Städte durch die deutsche Luftwaffe und die Befürchtung, deutsche Truppen könnten das Land besetzen, spielten hierbei eine Rolle. Was eine solche Besetzung für die Emigranten zur Folge hatte, erlebten die nach Frankreich Geflüchteten, die ebenfalls interniert worden waren und die bei dem jetzt ausbrechenden Chaos verzweifelt versuchten, nach Spanien zu entkommen, bevor sie von deutschen Truppen eingeholt wurden. »Es kamen Tausende und Tausende an, die wie wir zur Grenze strömten. Aber Weiterkommen war unmöglich. Keine Züge – keine Autos. Meine Frau sprach einen Franzosen an – und Wunder, er sah unsere Verzweiflung, erbarmte sich unser und nahm uns bis Hendaye mit. Unterwegs, bis zur Grenze, eine Karawane tausender Autos, beladen mit den letzten Habseligkeiten. Hendaye, internationale Brücke, auf der wir bange Stunden erlebten. Diese werde ich nie vergessen. Elend, Verzweiflung, Angst, ein Babylon Flüchtender, ein Lager geschlagener Armeen, weinender Männer.

---

16 Vgl. die Gespräche Dr. Alberto und Dr. Constanza Di Capua, Dr. Ilse Grossmann, Dr. Martin Rosenthal. Walter, Deutsche Exilliteratur, Bd. 2, S. 52 – 58.

Letztes Andenken Frankreichs!«[17] Während für diese Menschen Spanien zumindest zu einem vorläufigen Rettungsanker wurde, waren andere von dort längst nach Ecuador weitergewandert, um den Folgen des Spanischen Bürgerkrieges zu entgehen.

2. Auf der Suche nach dem rettenden Land: der Kampf um die Beschaffung von Visa und Schiffspassagen

»Wir wollten nicht nach Ecuador. Wir sind durch Zufall hierher gekommen. Es gab kein anderes Land, das uns aufnehmen wollte, höchstens noch Bolivien oder Shanghai.« So lauteten meistens die Antworten auf die Frage, wieso man gerade nach Ecuador emigriert sei. So oder ähnlich heißt es auch später in den rückblickenden Reden der Repräsentanten der Jüdischen Gemeinde in Quito. »Ich habe ihn [den Vater] mal gefragt: ›Wieso hast Du Ecuador ausgesucht?‹ Und er hat mir erzählt, daß es eigentlich sehr leicht war. Es gab in Genua zwei Konsulate, das eine war das Konsulat der Vereinigten Staaten, und das andere war das Konsulat von Ecuador. Anscheinend gab es noch andere Konsulate, aber nur diese zwei Länder hatten eine offene Tür für Emigranten. Aber vor dem Konsulat der USA stand eine lange Schlange von Anwärtern, zwei-, dreimal ringsherum um das Gebäude. Die Schlange vor dem ecuadorianischen Konsulat war viel kürzer. Also hat er sich die ecuadorianische Schlange ausgesucht.«[18]

Dieser »Zufall« spielte sich in vielen Städten Europas ab. In Genua, Rom, Antwerpen, Amsterdam, London, Berlin, Hamburg, Bremen, Paris und anderen. Zwei Familien erhielten nach langen Mühen Visa für Paraguay, die in Paris, der Zwischenstation ihrer Ausreise, noch einmal bestätigt werden mußten. Dort angekommen, stellten sie sich als gefälscht heraus. »In Paris waren wir in einem Hotel in Montmartre, wo es Wanzen gab in rauhen Mengen. Da kam dann die traurige Nachricht, daß die Visa gefälscht waren, und wir saßen in Paris ohne Visum, ohne Papiere. Das bißchen, was wir retten konnten, ging natürlich in diesem Hotel flöten. Daraufhin sind mein Vater und mein Onkel von Konsulat zu Konsulat gegangen, zehn, zwölf Stunden am Tag. Es hat vier Monate gedauert, bis sie eines Tages überglücklich zurückkamen: Sie haben Visa für uns alle. Da fragten wir: ›Wo?‹ Das wußten sie nicht. Da haben sie einen Taschenatlas genommen. Ich erinnere mich, als wäre es heute, wie wir uns alle darüber beugten und Ecuador gesucht haben.«[19]

17 Elias Rappaport, Januar 1941, 6. Vgl. auch die Gespräche Josefine Barasch, Helen Rothschild, Frank Seelig, Alice Kalhöfer. Walter, Deutsche Exilliteratur, Bd. 2, S. 19 – 52, Wilma Iggers (Hrsg.), Die Juden in Böhmen und Mähren. Ein historisches Lesebuch, München 1986, S. 338 – 372.
18 Gespräch Rolf Stern.
19 Gespräch Dr. Helmut Wellisch. Vgl. auch das Gespräch Suse Tugendhat.

Die bittere Erfahrung, daß die oft mühsam erworbenen und teuer bezahlten Visa gefälscht waren, machten nicht wenige. In jenen Tagen waren die Konsuln Gott am nächsten, sie konnten über Leben und Tod entscheiden, schreibt Benno Weiser in einer 1985 in der Quiteñer Tageszeitung *El Comercio* erschienenen Artikelserie »Recuerdos del Ecuador«.[20] Viele derjenigen, die jetzt an die Türen der ecuadorianischen Botschaften klopften, waren zermürbt von gescheiterten Versuchen bei den diplomatischen Vertretungen anderer Länder oder waren bereits einmal geflüchtet und wurden nun im fremden Land, in dem sie sich in Sicherheit geglaubt hatten, erneut zum Bittsteller für lebensrettende Papiere. Unter den Konsuln gab es solche, die diese Situation ausnutzten und die Vergabe von Visa als persönliche Einkommensquelle betrachteten, und solche, die nichts verlangten, wie Konsul Gándara in Genua oder Utreras in Amsterdam. Dieser griff im Gegenteil in Einzelfällen ein, wenn sein Kollege Andrade in Hamburg die Bestätigung von Visa verweigerte oder erst gar nicht zu sprechen war. »El Consul General en Hamburgo es un bruto«[21], hatte der Sekretär des Konsuls in Berlin einen Königsberger Emigranten gewarnt. Da das Konsulat in Berlin nur Ehrenkonsulat war, mußten die vom Berliner Konsul ausgestellten Visa stets vom Konsul des Abfahrtshafens gegengezeichnet werden. Andrade, ein ausgesprochener Antisemit, wurde so für viele zu einem Alptraum, indem er bestimmten Berufsgruppen die Visa verweigerte, die Visabegehrenden verächtlich behandelte, ihnen viel Aufregung, Kosten und Zeitverlust verursachte und sich auch nicht scheute, eigenhändig ein »J« in Pässe zu stempeln.

Das Verhalten Andrades, das die Visabegehrenden als rein schikanös erlebten, mußte nicht in allen Fällen ungesetzlich sein. Wenn er ein Visum verweigerte, weil der Betreffende die beruflichen Voraussetzungen hierfür nicht erfüllte, genügte er damit den Einwanderungsvorschriften, die ab Februar 1938 vorsahen, daß die Einwanderer in der Landwirtschaft oder in einer von der Einwanderungsbehörde genehmigten Industrie arbeiten sollten und für diesen Zweck ein Kapital von mindestens 1000 US-Dollar pro Familie plus ein Landungsgeld von 100 Dollar pro Person besitzen mußten. Während das Vorzeigegeld schon bald auf 400 Dollar gesenkt wurde, blieben die Bestimmungen über die wirtschaftliche Betätigung weiterhin in Kraft. Dementsprechend waren Berufsgruppen wie Rechtsanwälte, Ärzte und Kaufleute nicht gern ge-

20 Vgl. Benno Weiser, Recuerdos del Ecuador (II), in: *El Comercio* v. 20. 5. 1985. Vgl. auch das Gespräch Ernesto Lehmann und den Artikel von Martin Gester, in: *Frankfurter Allgemeine* v. 18. 6. 79.
21 Werner und Gert Aron, Der Heiligenschein des Urwalds. Ein Auswandererschicksal unter vielen. Mit einer Ergänzung von Margot Aron, (hekt.), Quito 1975, S. 48; vgl. auch ebenda, S. 49 ff.; Weilbauer, Ein weiter Weg, S. 12 f.; Jüdische Auswanderung, 1939, S. 62. B. Weiser, Recuerdos (II). Übereinstimmend positiv äußerten sich mehrere meiner Gesprächspartner/innen über Gándara wie über Utreras und ebenso eindeutig negativ über Andrade.

sehen, wenn die gesetzlichen Vorschriften sie auch nicht ausdrücklich aus-schlossen. Da aber diese Vorschriften oft nicht eingehalten oder großzügig in-terpretiert wurden, machten vor allem Angehörige kaufmännischer Berufe einen erheblichen Teil der Einwanderer aus. Die formale Zusicherung, sich nicht in einem im Exilland unerwünschten Beruf zu betätigen, wurde von den Konsuln mit oder ohne Bestechungsgeld meist zugunsten des Visumbe-gehrenden als Tatsache akzeptiert, auch wenn der Betreffende zum Beispiel keine Bescheinigung über seine Befähigung als Landwirt vorlegen konnte.[22]

Ecuador wie auch andere lateinamerikanische Staaten betrachteten die Emigranten nicht als Flüchtlinge, sondern als Einwanderer, die sich den In-teressen des Gastlandes unterzuordnen hatten. In der Praxis der Visaverga-be spielten humanitäre Beweggründe dennoch eine Rolle, besonders dann, wenn bereits in Ecuador Lebende bei den zuständigen Immigrationsstellen die lebensbedrohliche Situation ihrer in Europa verfolgten Verwandten oder Bekannten darlegten. Die Motive der Konsuln mögen verschiedener Natur gewesen sein, sei es, daß es sie wenig interessierte, wer mit welchem Beruf nach Ecuador einreiste, sei es, weil sie die Notlage der Menschen berührte und sie helfen wollten oder weil sich humanitäre Hilfe mit einer »propina« (Trinkgeld), dem landesüblichen Schmiergeld zur Realisierung oder Beschleunigung bürokratischer Vorgänge und auch privater Geschäfte, problemlos verbinden ließ. Belege für einen schwunghaften Handel mit Visa gibt es für viele lateinamerikanische Staaten.[23] In welchem Umfang ecuadorianische Konsuln hieran beteiligt waren und Flüchtlinge aufgrund ungedeckter Visa erst gar nicht nach Ecuador gelangten, läßt sich nicht in Zahlen ausdrücken. Daß Unregelmäßigkeiten bei der Vergabe der Visa vor-lagen, blieb auch in Quito nicht unbekannt. Es gab Skandale und Absetzun-gen, die, so scheint es, auch durch Konkurrenz und Mißgunst der Konsuln untereinander mit beeinflußt wurden. »Der in Berlin hat soviel kassiert, daß er Selbstmord begangen hat. Er ist entdeckt worden.«[24]

22 Zu den Bestimmungen der ecuadorianischen Immigrationsgesetzgebung siehe Kap. III. 1.
23 Zur Einwanderungsgesetzgebung und Asylpraxis verschiedener lateinamerikanischer Staaten vgl. im Überblick: von zur Mühlen, Fluchtziel, S. 42 ff.; Jüdische Auswanderung. Korrespon-denzblatt für Auswanderungs- und Siedlungswesen, hrsg. vom Hilfsverein der Juden in Deutschland, Berlin 1938, S. 80 – 86. Kap. III. 1., Anm. 11.
24 Gespräch Gustav Zanders. Ein Immigrant nannte mir die Summe von 30 000 Reichsmark, die er für vier Visa an Benalcázar zahlen mußte. Vgl. das Gespräch Bodo H. Vgl. auch Armin O. Huber, Raritätenjäger. Aus dem abenteuerlichen Leben eines Sammlers, Gütersloh 1966, S. 72. Aufbau v. 1. 3. 40, S. 2 u. v. 8. 3. 40, S. 4. Grossmann und Feingold zählen Ecuador zu den Ländern, die Visahandel in großem Maßstab betrieben. Vgl. Kurt Grossmann, Emigration. Geschichte der Hitler-Flüchtlinge 1933 – 1945, Frankfurt a.M. 1969, S. 152 f.; Henry L. Fein-gold, The Politics of Rescue. The Roosevelt Administration and the Holocaust, 1938 – 1945, New Brunswick N. J. 1970, S. 101. Walter erwähnt das Beispiel eines ecuadorianischen Kon-suls in England, der den Beischlaf für die Ausstellung von Visa verlangte. Vgl. Walter, Deut-sche Exilliteratur, Bd. 2, S. 368 f., vgl. auch ebenda, S. 367 – 371.

Auch der Amsterdamer Konsul geriet nach seiner Rückkehr nach Ecuador ins Feuer der Kritik. Bei seinem Bemühen, sich zu rehabilitieren, berief er sich auch auf die damals gerade erschienene Novelle des in Quito lebenden Flüchtlings Benno Weiser, in der dieser dem Konsul seine Wertschätzung ausgedrückt hatte.[25] Der Bremer Konsul, von Emigranten als liebenswerter Mensch beschrieben, der im Vergleich zu einigen seiner Kollegen bescheiden kassierte, wurde 1940 seines Amtes enthoben, das Konsulat geschlossen. Für die Flüchtlinge konnte ein solcher Vorgang zum Verhängnis werden, denn ihre vom betreffenden Konsul ausgestellten Visa wurden damit ungültig. Im Falle einer jüdischen Familie aus Wien, die kurz vor der Ausreise stand, half die Intervention des inzwischen gut funktionierenden jüdischen Hilfsvereins *Hicem* in Quito. Die Schiffahrtsgesellschaft zeigte sich auf die Versicherung hin, man werde von Quito aus die notwendigen Papiere rechtzeitig bis zur Ankunft des Schiffes beschaffen, großzügig und nahm die Familie auch ohne gültiges Visum mit. In anderen Fällen erfuhren die Flüchtlinge erst in südamerikanischen Häfen, daß ihre Visa für Ecuador keine Gültigkeit besaßen.[26]

War Ecuador für viele ein Land der zufälligen Einwanderung in dem Sinne, daß man dort nicht hin wollte, so wurde nicht zufällig vielen Emigranten das Visum in Ecuador vermittelt. Um die jüdischen Flüchtlinge machte sich in der Anfangszeit weitgehend der gebürtige Wiener Julius Rosenstock verdient, der seit längerem in Quito lebte. Seinem Ansehen und seinen Verbindungen zu Persönlichkeiten der ecuadorianischen Öffentlichkeit und zu Regierungskreisen war es zu verdanken, daß zahlreiche Einwanderungsbewilligungen von Quito an ecuadorianische Botschaften in verschiedene europäische Länder übermittelt wurden. Betraf dies zunächst die eigenen Verwandten und Bekannten, so erwuchs daraus sehr bald wie im Schneeballsystem ein Kreis von Visabegehrenden. Was als private Initiative begann, ging in organisierte Bahnen über. 1938 entstand der Hilfsverein *Hicem*, der als offizieller Verhandlungspartner von der ecuadorianischen Regierung anerkannt wurde. Während des Krieges, als die Aus- und Einreisemöglichkeiten wie auch die Transportmöglichkeiten ungleich schwieriger geworden waren und rasche Entscheidungen um so lebenswichtiger, konnte dank dieser Verbindungen und in Zusammenarbeit mit den Hilfsvereinen anderer Länder in vielen Fällen geholfen werden.[27]

Neben dieser von der jüdischen Hilfsorganisation ausgehenden Vermittlung für die Vergabe von Visa spielten auch private Beziehungen verschiedenster Art eine Rolle. Für einzelne war dies die Verbindung zu einflußreichen Personen in Ecuador, für die Mehrheit aber die Verwandtschaft oder Be-

---

25   Vgl. B. Weiser, Yo era Europeo, S. 193.
26   Vgl. das Gespräch Käthe Kywi.
27   Zur Person Rosenstocks und der Arbeit des Hilfsvereins vgl. Kap. IV. 3. 1.

kanntschaft mit ebenfalls Verfolgten, die bereits in Ecuador lebten, oder aber zu Menschen, die aus ganz anderen Gründen nach Ecuador ausgewandert waren und die sich nun vor Ort um die Visa bemühten. Da man das eingezahlte Vorzeigegeld relativ einfach zurückerhielt, kam es vor, daß dieses Geld, so sehr man es auch für den eigenen Existenzaufbau gebraucht hätte, gleich wieder für gefährdete Verwandte in Europa hinterlegt wurde. Andere versetzten das bißchen, was sie noch an Wertsachen hatten retten können, um das Vorzeigegeld aufzubringen. Dieses Verfahren erwies sich als lebensrettend für diejenigen, die über kein Bargeld oder zumindest über keine Dollars verfügten, um im Heimatland das Vorzeigegeld zu hinterlegen.

Die Ausreisewilligen sahen sich häufig einem circulus vitiosus gegenüber. Die Reisebüros und Schiffsagenturen verlangten für die Ausstellung der Passagen die Vorlage des Visums. Die Botschaften ihrerseits bestanden auf der Vorlage der Schiffspassagen als Voraussetzung für die Erteilung eines Visums. Noch komplizierter wurde es, wenn man zum Beispiel für die Hinterlegung des Vorzeigegeldes auf finanzielle Hilfe einer wohltätigen Organisation angewiesen war. Dann konnte es passieren, daß die betreffende Organisation die Vorlage von Schiffspassage und Visa verlangte. Ganz zu schweigen von den Schwierigkeiten, die Transitvisa zu beschaffen, die viele benötigten, da sie keine Schiffspassagen direkt von einem Hafen ihres Heimatlandes aus hatten oder auf dem Weg nach Ecuador noch andere südamerikanische Länder passieren mußten. Dann lief man von Pontius zu Pilatus, um einen der Beteiligten dazu zu bewegen, den Teufelskreis zu durchbrechen. Hatte man ihn durchbrochen und eines oder mehrere der hart erkämpften Dokumente in Händen, konnte es sein, daß ein anderes bereits wieder abgelaufen war. Bei der Beschaffung der Schiffspassagen ergab sich nicht selten auch noch ein weiteres Problem, wenn Reisebüros und Schiffsagenturen die Bezahlung in Dollar verlangten bzw. angeblich über keine freien Schiffsplätze mehr verfügten, wenn der Kunde angab, er könne nur in Reichsmark bezahlen. Es gibt allerdings auch Beispiele, die belegen, wie sich Schiffsagenturen großzügig zeigten und bei noch fehlenden Papieren die Reservierung bis zum letztmöglichen Zeitpunkt aufrechterhielten, wozu sie nicht verpflichtet waren. Zusätzlich schwierig wurde es für die Verfolgten dann, wenn die Agenturen in einer Zone lagen, die sie nicht betreten durften, wie zum Beispiel in Wien die Ringstraße, in der sich die meisten Reisebüros befanden.

Eine weitere Sorge galt dem mitzunehmenden Gepäck, dessen Abnahme durch den Zoll und seiner rechtzeitigen Verschickung. Wer so schnell wie möglich ausreisen mußte, hatte kaum Chancen, mehr als einen Koffer voll Wäsche und die seit 1937 noch erlaubten 10 Reichsmark mitzunehmen. Kapital konnten nur diejenigen ausführen, die über Gelder im Ausland verfügten oder ihr Heimatland bereits verlassen hatten, bevor es unter deutsche Besetzung geriet und dort der nationalsozialistischen Gesetzgebung vergleichbare judenfeindliche Bestimmungen in Kraft traten. Vor allem tschechische, aber auch italienische Juden konnten nennenswerte Summen transferieren, teils in Form der Übernahme von Schulden Ecuadors gegenüber dem Heimatland. Manchen gelang es, ganze Wohnungseinrichtungen und Privatbibliotheken, einen Teil des Bestandes von Buchhandlungen und Möbelgeschäften oder Stoffe, Handwerkszeug und Ausrüstungsgegenstände für alle möglichen Eventualitäten in den sogenannten Lifts nach Ecuador zu schaffen. Lifts waren große Holzkisten, in denen das Umzugsgut verschifft wurde. Wer sich darüber im klaren war, welcher Tätigkeit er nachgehen würde, versuchte, die Ausrüstung für den zukünftigen Beruf in Form von Maschinen und Gerätschaften in den Lifts zu verstauen. Einige wenige brachten ihre Autos heraus. Vielfach bestand Unsicherheit darüber, was man mitnehmen durfte bzw. was man sinnvollerweise mitnehmen sollte, weil es dies in Ecuador nicht gab oder weil man es dort zu Geld machen konnte. Der Blick in den Atlas zeigte: Ecuador heißt nicht nur so, sondern liegt auch am Äquator. Leichte Sommerkleidung schien da angebracht. Auch wer Auskünfte von bereits im Land lebenden Verwandten oder Bekannten erhielt, sah sich später vor Ort falsch beraten. Andererseits gibt es Beispiele dafür, daß bereits ausgereiste Ehemänner, nachdem sie sich sachkundig gemacht hatten, den noch zurückgebliebenen Familienangehörigen erfolgreich Anweisungen übermittelten, was sie noch besorgen und mitbringen sollten. Es gab auch Familien, deren Gepäck niemals in Ecuador ankam, sei es weil man zunächst beabsichtigt hatte, in ein anderes Land zu emigrieren und die Lifts bereits dorthin unterwegs waren und nicht mehr umgeleitet werden konnten, sei es, weil das Frachtschiff in Folge von Kriegseinwirkung nicht mehr auslief oder aber unterging.[28]

Hatte man alle Papiere beisammen, die Zollformalitäten erledigt und das Gepäck auf seinen Weg geschickt, kam der Abreisetag und es hieß Abschied nehmen von zurückbleibenden Familienangehörigen und Freunden. Oft fuhren Ehemänner zunächst alleine, denn sie waren anders als Frauen von Verhaftungen bedroht. Andere harrten noch aus, weil das Geld gefehlt hatte, um für alle Familienmitglieder gleichzeitig die Kosten für die Ausreisedokumente aufzubringen. »Meine Mutter blieb allein zurück. Sie war die Geisel. Die Nazis haben sie nicht rausgelassen, solange die Abgaben nicht bezahlt waren. Die Abgaben konnten wir nicht bezahlen, weil wir kein flüssiges Geld hatten. Wir bekamen kein flüssiges Geld, weil die Nazis nicht die Erlaubnis gegeben hatten, unsere Immobilien zu verkaufen. Es war alles eine Schlange, die sich in den Schwanz beißt.«[29]

---

28 Es handelt sich im beschriebenen Abschnitt um die Summe von Informationen aus allen Interviews. Ich verzichte auf Einzelnennung.
29 Gespräch Willi Bamberger.

Vielen gelang es, ihre zurückgebliebenen Angehörigen aus Europa nach Ecuador zu retten. So manche Bemühung endete dennoch tragisch, wenn bereits alle Papiere beisammen waren, die Abreise kurz bevorstand, dann aber infolge von Besatzungspolitik und Kriegsentwicklung Grenzen geschlossen wurden und es keine Transportmöglichkeiten mehr gab.

3. Die Ausreise

Bange Minuten und Stunden durchlebten die Flüchtenden, wenn ein Zubringer, sei es Bahn oder Flugzeug, Verspätung hatte, wenn bei der Paßkontrolle die Gültigkeit eines Ausreisedokuments angezweifelt wurde oder man im letzten Augenblick feststellte, daß ein Dokument bereits wieder abgelaufen war. Hatte man Glück, fiel dies nicht auf. Blieb noch etwas Zeit, dann versuchte man unter Aufbietung allerletzter Kräfte, die Verlängerung der Dokumente zu erreichen. Wenn aufgrund politischer Ereignisse ein Schiff nicht vom üblichen Hafen auslief, bedeutete dies, daß der Betreffende nochmals mühsam Strecken über Land zurücklegen und sich sein Visum vom Konsul des Ausgangshafens bestätigen lassen mußte.[30]

Das Transportmittel für Personen von Europa über den Atlantik nach Südamerika war das Schiff. Der bereits bestehende Luftverkehr diente Post- und Frachtzwecken. Wer noch vor dem deutschen Überfall auf Polen am 1. September 1939 ausreiste, konnte in der Regel mit einer reibungslos verlaufenden Überfahrt rechnen und benötigte drei bis fünf Wochen für die Fahrt je nach Linie und Zahl der Häfen, die das Schiff anlief. Aus Hamburg fuhr man mit der »Bremen«, aus Amsterdam mit der »Breda«, der »Bodegraven«, der »Boskoop« oder der »Costa Rica«, aus La Rochelle mit der »Ordunia« oder der »Reina del Pacifico«, mit der »Virgilio« aus Genua, mit der »Orbita« aus Liverpool, mit der »Cabo de Buena Esperanza« aus Cadiz und der »Buena Esperanza« aus Bilbao. Nicht alle Schiffe liefen Ecuador direkt an. Eine typische Route ging über Curaçao, Panama und Buenaventura in Kolumbien oder über Cuba, Panama und Buenaventura. Von dort setzte man die Reise mit einem Küstendampfer fort. In seltenen Fällen wurde von Bogotá aus das Flugzeug benutzt. Eine andere Route verlief über Buenos Aires, von dort mit dem Zug nach Santiago de Chile bzw. nach Valparaiso und dann mit dem Schiff weiter bis nach Ecuador.[31]

Wie angenehm die Reise über den Ozean verlief, hing von der Qualität der Schiffahrtslinie ab und davon, in welcher Klasse man untergebracht war. Im allgemeinen erzählen Emigranten von freundlicher Behandlung durch die

30 Vgl. die Gespräche Dr. Martin Rosenthal und Gustav Zanders; Weilbauer, Ein weiter Weg, S. 32.
31 Ergebnis aus diversen Gesprächen. Vgl. Anm. 34 und Cohn, Gotthelf, Auswanderungsvorschriften, S. 101.

Mannschaften und menschenwürdiger, wenn auch meist sehr beengter Unterbringung. Natürlich gibt es auch Gegenbeispiele von wasserunterspülten Kabinen und miserablem Essen. Immer fand man sich aber mit Schicksalsgenossen zusammen, die ebenfalls auf dem Weg nach Ecuador waren oder aber als Exilland eines der Nachbarländer wie Peru, Bolivien, Kolumbien oder Chile anstrebten. Manche erlebten die Überfahrt, sofern der Seegang dies zuließ, als erholsam, da sie nun zum erstenmal seit Monaten frei durchatmen konnten. Man lernte Spanisch, tauschte Erfahrungen aus und nahm die von der Besatzung gebotenen Unterhaltungsprogramme wahr. Mit dem eingezahlten Bordgeld ging man sparsam um, denn nicht verausgabte Beträge wurden entgegen den gängigen Vorschriften oft am Ende der Reise wieder ausgehändigt. Insbesondere holländische Schiffahrtsgesellschaften zeigten sich kulant. Je mehr sich die Fahrt ihrem Ende näherte, um so deutlicher machten sich die Ängste vor der unbekannten Zukunft bemerkbar. Im allgemeinen hatten es Kinder und Jugendliche da leichter. Sie begriffen nicht den vollen Ernst der Situation und träumten von Abenteuern, von wilden Tieren in den Straßen Quitos und federgeschmückten Indianern.[32]

Mit Beginn des Krieges änderten sich die Reisemöglichkeiten und die Reisebedingungen drastisch. Manche erlebten, daß ihre Ausreise über Holland wegen der deutschen Besetzung nicht mehr möglich war. Sie versuchten, sich nach Italien durchzuschlagen. Schafften sie es, weil sie noch vor dem Kriegseintritt Italiens Genua erreichten und nicht wie andere bereits in Deutschland den Zug wieder hatten verlassen müssen, konnte sie dort die bittere Tatsache treffen, daß das avisierte Schiff nicht mehr auslief. Besonders hart traf es diejenigen, die sich bereits auf Schiffen in Sicherheit glaubten, die dann durch den Kriegseintritt des Landes, zu dem die Schiffahrtslinie gehörte, zur Umkehr gezwungen wurden. Es gibt aber auch Beispiele dafür, wie sich Kapitäne umstimmen ließen und den ursprünglich vorgesehenen Kurs beibehielten. Wegen der Gefahr von U-Boot- und Luftangriffen fuhren die Schiffe meist im Konvoi und mit Verdunkelung. Wenn nicht generell gültig, so doch häufiger als früher, waren die Passagiere auf engem Raum untergebracht. »Wir sind in einem Konvoi gefahren drei Wochen. Vor uns war ein Schiff mit lauter Kindern, und dieses Schiff ist auf eine Mine gestoßen, und das Schiff mit allen Kindern ist untergegangen. Es war eine ziemlich schlimme Überfahrt, denn die Engländer waren schon gegen uns. Es war ihre letzte Fahrt. Sie haben keine Decken mehr gehabt. Sie haben das Klavier abgeschlossen. Wir haben immer gesagt: Wahrscheinlich haben sie die Tasten schon rausgenommen.«[33]

32 Vgl. z.B. die Gespräche Suse Tugendhat und Frank Seelig; Weilbauer, Ein weiter Weg, S. 16.
33 Gespräch Helen Rothschild. Vgl. auch die Gespräche Käthe Kywi, Josefine Barasch, Dr. Ewald Schiller.

Mit der Kriegsentwicklung verlagerten sich die Fluchtwege. Bei den verfügbaren Daten ist es jedoch nicht möglich, Angaben darüber zu machen, welche zahlenmäßige Bedeutung einzelne Häfen und Fluchtwege für Ecuador-Emigranten hatten. Wie für andere Südamerika-Emigranten spielten für die nach Ecuador Flüchtenden anfangs deutsche, holländische, italienische und französische Häfen eine besondere Rolle. Die beiden erstgenannten vor allem für deutsche und österreichische Juden, die italienischen für tschechische oder rumänische Emigranten. Mit der Besetzung Hollands, dem Überfall auf Frankreich und dem Kriegseintritt Italiens im Juni 1940 gewann die Ausreise über Spanien und Portugal an Bedeutung. Bis zum Überfall auf die Sowjetunion im Juni 1941 blieb ferner der Weg mit der Transsibirischen Eisenbahn nach Wladiwostok oder über die Mandschurei möglich und von dort über Japan, die USA oder Panama nach Ecuador. 1940 reisten nach Angaben der international operierenden jüdischen Hilfsorganisation HICEM 300 jüdische Flüchtlinge nach Ecuador ein, 1941 waren es 400. Nach Meldung der Hilfsorganisation *Hicem* in Quito gelangte zum letztenmal im Januar 1943 eine Gruppe von zwanzig Emigranten aus Frankreich nach Ecuador. Diejenigen, die danach noch in Ecuador eintrafen, kamen aus Spanien, Portugal oder England und vereinzelt aus Shanghai und lateinamerikanischen Staaten. Zwischen Abfahrt und Ankunft lagen ab 1940 oft mehrere Monate, weil die Schiffe wegen der Kriegslage Umwege zurücklegten oder die Passagiere unterwegs festsaßen.[34]

1940/41 veröffentlichte die Zeitschrift der Jüdischen Gemeinde Quito einige Reiseberichte von Ecuador-Emigranten. Sie boten nicht nur die Beschreibung individueller Erlebnisse, sondern enthielten Ratschläge für zukünftig Ausreisende und sollten denen, die von Ecuador aus versuchten,

34 Zu den Zahlenangaben vgl. Wojak, Exil in Chile, S. 116 und die seit Ende 1940 von der *Hicem* Quito in den *Informaciones* abgedruckten Meldungen über neu eingetroffene Emigranten (hier Februar 43, 3), über solche, die in Häfen festsaßen, sowie über die Bemühungen zur Beschaffung von Transitvisa. Diese Angaben beziehen sich auf Personen, die als dem Judentum zugehörig betrachtet wurden. Einen gewissen Aufschluß über die Reisewege und Ankunftszeiten deutscher Emigranten geben die Anmeldeformulare des 1942 in Quito gegründeten *Movimiento Alemán Pro Democracia y Libertad*. Vgl. AsD: Materialsammlung Lateinamerika-Exil/Ecuador. Aus der Mehrzahl der Formulare läßt sich ersehen, wann die Emigranten Deutschland verließen und wann sie in Ecuador ankamen. Alle die, die bis 1939 (über 160 von rund 230) eintrafen, waren bis auf eine Ausnahme drei bis fünf Wochen unterwegs und reisten in der Mehrzahl direkt aus Deutschland oder von holländischen und italienischen Häfen, aber auch von belgischen oder französischen aus. Wer später kam, war wesentlich länger unterwegs bzw. ein knappes Drittel hielt sich bereits mehrere Jahre in anderen, meist mehreren Ländern auf, vor allem in der Schweiz, in Frankreich, Spanien, England. Freilich sind dies keine Angaben im Sinne statistischer Genauigkeit. Ihre Tendenz deckt sich aber mit den Kenntnissen, die über die Aufenthaltsorte und Reisewege der Südamerika-Emigranten allgemein vorliegen und auch mit den Reisewegen, die mir in den Gesprächen genannt wurden. Der Weg über die Sowjetunion und Japan taucht hier auch immer wieder als letzter Rettungsanker auf. Vgl. hierzu auch von zur Mühlen, Fluchtziel, S. 25 f. *Aufbau* v. 20. 11. 42, S. 1 u. 3.

Freunde oder Verwandte aus Europa zu holen, praktische Hinweise geben. Sie informierten über Preise, über Schwierigkeiten, mit denen zu rechnen war, über geeignete Vorsorge und richteten sich mit Bitten an die Hilfsorganisationen, sich für bestimmte Maßnahmen einzusetzen, um Hindernisse aus dem Weg zu räumen. Unter der Überschrift »In entgegengesetzter Richtung zum gleichen Ziel« erschienen in der Märzausgabe 1941 zwei Berichte von jüngst aus Berlin in Quito angelangten Flüchtlingen, wovon der eine die Reise Richtung Westen über Lissabon und New York, der zweite Richtung Osten über Yokohama nach Ecuador unternommen hatte. Die beschwerliche Reise mit der Transsibirischen Eisenbahn von Moskau aus führte entweder direkt in neun Tagen und Nächten nach Wladiwostok oder über die billigere Route durch die Mandschurei, eine Reise, die von Deutschland aus achtzehn bis zwanzig Tage dauerte. Im Hochsommer war es in diesen Zügen unerträglich heiß, im Winter unerträglich kalt. Per Schiff ging die Fahrt nach Yokohama und von dort auf japanischen Dampfern in etwa fünf Wochen bis Panama mit Zwischenstationen in Hawai, San Francisco und Los Angeles. Es handelte sich hierbei um Frachtschiffe wie die »Ginyo Maru«, die Kabinen für den Personentransport in der ersten und zweiten Klasse führte. Für Reisende der dritten Klasse waren die Kojen in einem Frachtraum untergebracht. Von Panama aus gab es zwei Möglichkeiten zur Weiterfahrt nach Ecuador, entweder mit dem Schiff nach Guayaquil oder mit dem Flugzeug nach Quito.[35]

War die Reise an sich schon sehr strapaziös, so kam für viele Passagiere noch ein gravierendes Problem hinzu. Ihre Visa wurden von den zuständigen Behörden nicht anerkannt, weil sie als gefälscht angesehen wurden oder bereits abgelaufen waren. Nicht selten fehlten auch notwendige Transitvisa, um auf Anschlußtransporte warten zu können. Die Menschen konnten nicht wie vorgesehen in Panama von Bord gehen. Sie mußten die Reise weiter in Richtung Chile fortsetzen, und es drohte ihnen die Rückkehr nach Europa. In mehreren Fällen gelang es dem Hilfsverein in Quito in Zusammenarbeit mit dem Hilfsverein in Lima, solchen Passagieren neue Visa zu verschaffen oder Flüchtlingen, die noch auf ihre Visa für die USA warteten, den Zwischenaufenthalt in Ecuador zu ermöglichen. In einem Fall konnte für 18 Personen, die schon mehr als zwei Monate auf einem japanischen Schiff festsaßen, die Einreise nach Ecuador erreicht werden. Von den 5600 US-Dollar, die die ecuadorianische Regierung hierfür forderte, stellte der in

---

35   Der niedrigste Fahrpreis für die Reise Berlin-Moskau-Yokohama wird mit $ 180, Yokohama-Balboa-Guayaquil mit $ 250 angegeben, zuzüglich eines Reisedepots, das in Mandschukuo mit $ 50 und in Japan mit $ 100 zu hinterlegen war. Die Fahrtkosten für das Schiff von Panama nach Guayaquil betrugen $ 150, für das Flugzeug nach Quito $ 135. Vgl. die Berichte von Sally Zanders und Leo Grünberg, März 41, 6 f. Vgl. auch die Reisebeschreibung von Stockholm über Wladiwostok nach Quito, Oktober 40, 6.

Bolivien ansässige Mauricio Hochschild 5000 zur Verfügung. Schließlich gelang es, auch noch die letzte Hürde zu nehmen: den Versuch eines deutschen Geschäftsmannes, das Schiff am Anlegen in Salinas zu hindern und, wenn dies nicht möglich war, an der Anlegeerlaubnis kräftig zu verdienen. Für viel weniger als ursprünglich gefordert, nämlich für 1500 Dollar, konnte die »Hie Maru« schließlich am 21. Januar 1941 in Salinas anlegen.[36] Anfang 1941 machte die *Hicem* darauf aufmerksam, daß Staatenlose keine Transitvisa für Rußland und Japan erhielten, und empfahl die Reise von Lissabon nach New York. Von dort nach Guayaquil standen eine US-amerikanische und eine chilenische Schiffahrtsgesellschaft zur Verfügung. Diese billigere Passage, die mit einer maximalen Reisezeit von eineinhalb Monaten nur halb solange dauerte wie die über Rußland und Japan – in einzelnen Fällen waren die Flüchtlinge sogar bis zu sieben Monate unterwegs –, hatte allerdings für Personen, die ein Visum für Ecuador besaßen, einen entscheidenden Nachteil: weil es von Lissabon nach Ecuador – ebenso wie nach Panama oder Santo Domingo – keine direkte Schiffsverbindung gab, benötigte man ein Transitvisum für New York, was aber zeitweise nur in Ausnahmefällen erteilt wurde.

Der oben genannte Bericht schildert die Reise wie folgt: Die Stationen der Reise nach Lissabon führten mit der Bahn in vier bis fünf Tagen über Paris, weiter nach Hendaye an der französisch-spanischen Grenze, dann nach San Sebastián und Villar Formosa an der spanisch-portugiesischen Grenze. Etwa 170 Personen befanden sich im Zug, pro Person waren zwei Koffer mit maximal 50 kg zur Mitnahme erlaubt.»In Hermenstal bei Aachen fand die deutsche Paß- und Gepäckkontrolle statt, die gerade nicht angenehm verlief. Alle Reisenden mußten ihre Abteile verlassen und ihr Gepäck hinunternehmen. Da unter den Reisenden sich auch viele alte Leute, 70- und 80jährige, und Kinder befanden, keine Gepäckträger zur Verfügung waren, spielten sich sehr aufregende Szenen ab. Nach Beendigung der erwähnten Kontrolle, mußten die vielen schweren Gepäckstücke schnell in den Zug gebracht werden, der bereits Anstalten zur Abfahrt traf, wodurch erschreckende Schreie von vielen Reisenden laut wurden, da sie befürchteten, zurückbleiben zu müssen.«[37] Bis Paris mußten sich die Reisenden selbst verpflegen, ab da über-

---

36 Zu den Einzelheiten vgl. Trahtemberg Siederer, La Inmigración Judía, S. 222 – 225, vgl. auch ebenda, S. 217 ff. Nach einer anderen Quelle waren es 32 Personen. Vgl. Leo Lambert, Tragedia y Problemas de los Refugiados, in: El Libro Negro del Terror Nazi en Europa. Testimonios de Escritores y Artistas de 16 Naciones, México 1943, S. 223. Elisabeth Bamberger, Von Berlin nach Ekuador über Rußland und Japan, in: Erinnerungen deutsch-jüdischer Frauen 1900 – 1990, hrsg. von Andreas Lixl-Purcell, Leipzig 1992, S. 216 – 235. Vgl. auch Avni, Argentina y la Historia de la Inmigración Judía (1810 – 1950), Buenos Aires 1983, S. 460.

37 Bericht Leo Grünberg, März 41, 6 f. Der Preis für die Route über Lissabon und New York setzte sich wie folgt zusammen: Berlin-Lissabon RM 200 plus $ 48, Lissabon-New York $ 160, New York-Guayaquil $ 85.

nahm die Mitropa die im Fahrpreis enthaltene Verpflegung. Die Weiterreise auf der spanischen Strecke wird infolge verwahrloster, ungeheizter Wagen und des zeitweiligen Fehlens von Wasser und Strom als beschwerlich beschrieben. In Portugal angelangt, wurden die Reisenden sowohl an der Grenze wie später in Lissabon von Vertretern des dortigen jüdischen Hilfskomitees betreut, zum Teil verpflegt und auch untergebracht, bis das Schiff in See stach.

Züge mit Flüchtlingen von Berlin nach Spanien und Portugal verkehrten auch noch 1941 bis zum endgültigen Verbot jeglicher Auswanderung im Oktober des Jahres. Eine Route führte von Barcelona weiter mit dem Schiff über Cuba und Kolumbien. Nach der Kriegserklärung Cubas an die Achsenmächte im Dezember 1941 wurden die Flüchtlinge bei ihrer Ankunft in Cuba immer häufiger interniert. Unter dem Vorwand, ihre demokratische Einstellung überprüfen zu müssen, verlangten die Behörden Geld von ihnen, bevor sie ihnen erlaubten, im Land zu bleiben oder ihre Reise fortzusetzen.[38]

Da Cuba sich schließlich als Transitland gänzlich verweigerte und Panama ebenfalls die Fahrt durch den Kanal untersagte, versuchte die *Hicem* Quito den Transitweg über Venezuela und Kolumbien für in Marseille, Barcelona und Lissabon festsitzende Emigranten offenzuhalten. Die Transitvisa für Kolumbien stellten offensichtlich kein Problem dar, während sich Venezuela hier schwertat. Nachdem es gelungen war, in Zusammenarbeit mit den jüdischen Hilfsvereinen in Bogotá und Caracas von Fall zu Fall Transitvisa für Venezuela zu bekommen – im Oktober 1942 waren es fünfzig, – erreichte die *Hicem* Quito Anfang 1943 die automatische Anweisung des venezolanischen Transitvisums durch die Konsuln in Madrid und Genf bei Vorlage des kolumbianischen Visums. Allerdings meldete sie bereits im Juni, daß dieses Verfahren »vorübergehend« eingestellt sei.[39] Nun trafen nur noch vereinzelt kleine Gruppen auf diesem Weg oder über Argentinien ein. Die unfreiwillige Einwanderung, die im größeren Maßstab Ende 1938 begonnen hatte und 1939 ihren Höhepunkt erreichte, fand langsam ihr Ende. Etwa 3500 bis 4000 Menschen hatten Asyl gefunden.[40]

38 Vgl. das Gespräch Ilse Dorfzaun; *Aufbau* v. 28. 2. 41, S. 7, 31. 10. 41, S. 2, 2. 10, 42, S. 3; Walter, Deutsche Exilliteratur, Bd. 2, S. 327 ff., hier bes. S. 334 f.

39 Vgl. März 42, 6, April 42, 2, Juni 42, 8, Juli 42, 8, September 42, 3, Oktober 42, 3, November 42, 7, Januar 42, 2, Februar 43, 3, Juni 1943, 2. Zehn Jahre Aufbauarbeit in Südamerika/Díez Años de Obra Constructiva en América del Sud, hrsg. anläßl. des zehnjährigen Bestehens der Asociación Filantrópica Israelita 1933 – 1943, Buenos Aires 1943, S. 280.

40 Zum letztenmal wird im Oktober 43 angegeben, daß zwei junge Leute aus England auf dem Weg nach Ecuador seien. Vgl. Oktober 43, 2. Eine Migrationsstatistik für das Jahr 1939 weist folgende Ein- und Ausgänge aus: Einreise: 1086 Deutsche (Ausreise: 283), 265 Tschechen (32), 59 Polen (14), 214 Italiener (79). Fast alle reisen ab dem Monat April ein. Vgl. Edmundo Pérez Guerrero, Colonisación e Inmigración en el Ecuador, Quito 1954, S. 121. Nimmt man die Jahreszahlen, in denen die Mitglieder des *Movimiento Alemán Pro Democracia y Libertad* in Ecuador ankamen, so ergibt sich folgendes Bild: Von 1934 bis 1937 wanderten 34 Personen ein.

Ecuador gehörte zu den kleinen Ländern Lateinamerikas, in die eine vergleichsweise geringe Zahl von Verfolgten flüchtete. Nach Argentinien flohen etwa 30 000, nach Brasilien ungefähr 16 000, nach Chile gelangten etwa 13 000. Von den Nachbarländern Ecuadors nahmen nach Schätzungen Peru zwischen 600 und 2000, Kolumbien zwischen 2700 und 5000 und Bolivien, bei einer allerdings hohen Fluktuationsrate, etwa 7000 Menschen auf.[41]

1938 waren es 19. Die Zahl stieg 1939 mit 112 sprunghaft an. 1940 waren es 14, 1941: 23, 1942: 15 und 1944 und 1945 kam jeweils eine Person. Über die Schwierigkeiten einer Bestimmung der Zahl der nach Ecuador Emigrierten und die Entwicklung der Mitgliederzahlen der Jüdischen Gemeinden vgl. Kap. IV 1. Anm. 7.

41 Zu den differierenden Zahlen und den Schwierigkeiten, zu annähernd exakten Zahlen von Immigranten in den Ländern Lateinamerikas zu kommen, vgl. z.B. Lambert, Trajedia, S. 221, vgl. auch ebenda, S. 220; Zehn Jahre Aufbauarbeit (Übersichtskarte am Anfang des Buches); Adler-Rudel, Jüdische Selbsthilfe, S. 216 f.; von zur Mühlen, Fluchtziel, S. 47 ff.; Walter, Deutsche Exilliteratur, Bd. 2, S. 379; Herbert A. Strauss, Jewish Emigration from Germany. Nazi Policies and Jewish Responses, (II), Leo Baeck Institute Yearbook XXVI (1981), S. 376 ff.; Arnold Spitta, Paul Zech im südamerikanischen Exil 1933 – 1945. Ein Beitrag zur deutschen Emigration in Argentinien, Berlin 1978, S. 213 f., Anm. 30.

II. Erste Schritte zur Existenzgründung 1938 – 1942

1. Ankunft in Ecuador

Ende 1941 war es der *Hicem* Quito gelungen, 118 Menschen die Einreise nach Ecuador zu ermöglichen. Sie hatten Cuba längere Zeit nicht verlassen können, weil ihnen die Transitvisa für Venezuela und Kolumbien gefehlt hatten. Eine »Expedition« von Bekannten und Verwandten der Ankömmlinge sowie mit Vertretern der *Hicem* wurde gestartet, als die Nachricht von ihrer bevorstehenden Ankunft eintraf. Julius Zanders hat diese Reise nach Tulcán in einem mehrseitigen Gedicht festgehalten und es dem damaligen Präsidenten der *Hicem* Oscar Rocca gewidmet. Gut mit Proviant eingedeckt, trat man die Fahrt in die 250 km nördlich von Quito gelegene Stadt an. »Die Parole war so abgefaßt: Abfahrt Punkt 5 Uhr Borispalast ... Gegen 6 Uhr fuhren wir aus dem Tor. Sehr pünktlich war dies für Ecuador.«[1] Das Gedicht beschreibt die Fahrt durch die sich verändernde Landschaft, die zunächst hinter Quito einem staubigen Wüstengebirge gleicht, dann in eine abwechslungsreiche, von Bergen, Tälern, Lagunen und Seen geprägte übergeht, dabei große Höhenunterschiede überwindend, von der fast 3000 m hoch gelegenen Hauptstadt hinunter auf 800 m und dann wieder herauf auf die ebenfalls 3000 m hoch liegende Grenzstadt. Da man mit Pausen nicht geizte, traf die Gruppe erst nach zwölf Stunden am Ziel ein, ungeduldig erwartet, denn es gab Probleme beim Grenzübertritt der ersten eingetroffenen Gruppe, die sich auch bei der zweiten Gruppe wiederholen sollten. Das wirkliche oder angeblich von den Behörden in Quito ausgesprochene Verbot des Grenzübertritts konnte aber von den anwesenden Vertretern der *Hicem* ausgeräumt werden. Alles mündete schließlich in ein »Happy End« und wurde noch mit einer Heirat vor Ort gekrönt, denn die Braut eines Immigranten war eingetroffen.

Das Gedicht spiegelt ein kleines Stück Emigrationsgeschichte wider, erzählt indirekt von den Erfahrungen derer, die schon seit einiger Zeit in Ecuador waren und bereits Fuß gefaßt hatten. Von ecuadorianischer Pünktlichkeit war schon die Rede. Die drangvolle Enge in den Fortbewegungsmitteln, ein immer wiederkehrendes Thema, wird ebenfalls karikiert. Vom Borispalast war man gestartet. Der Borispalast war ein von einem russischen Immigranten geführtes Tanzlokal in Quito. Die Proviantkisten für unterwegs stammten von »Lucul«, einem von österreichischen Immigranten gegründeten modernen Lebensmittelgeschäft. In Tulcán sorgte das Ehepaar Stein in

---

1   Zitiert aus dem Gedicht im Nachlaß von Julius Zanders. Zanders war Veterinär und übte in diesem Fach eine Professur an der *Universidad Central* de Quito aus.

seiner Gastwirtschaft für Unterbringung und Verpflegung der Angereisten. Die Familie Stein zählte zu den wenigen Immigranten, die sich so weit im Norden Ecuadors niedergelassen hatten. Im Lokal mußte man sich mit einer »banda«, einer einheimischen Musikgruppe, und dreißig »Maskierten« auseinandersetzen, die als muntere Zecher Neujahr feiernd, nicht verstanden, daß die erwarteten Neuankömmlinge nach all den Strapazen nicht in diesem »Radau« empfangen werden sollten. Auch ein Seitenhieb auf die Neuankömmlinge fehlt nicht: obwohl sie gerade der Hölle entronnen seien, stellten sie Ansprüche, die erkennen ließen, daß sie ihre Situation immer noch nicht begriffen hätten.[2]

Die Mehrzahl derer, die der Hölle entgangen waren, betraten ecuadorianischen Boden nicht in Tulcán, sondern in Salinas, einem kleinen Ort an der Südwestküste der Halbinsel Santa Elena. Gelegentlich legten die Schiffe auch in La Libertad, unweit von Salinas, an. Der Hafen von Guayaquil war damals noch nicht ausgebaut, der Guayas für die großen Schiffe unpassierbar. Nur wer mit einem kleinen Küstendampfer ankam, ging hier vor Anker. Auch in Salinas legten die großen Schiffe nicht direkt an. Auf offener See mußten die Passagiere über Strickleitern in kleine Boote, in »lanchas«, klettern, die von einem Motorboot an Land gezogen wurden. »Mein Vater sagte zu meiner Mutter ganz stolz: Das ist der aufstrebende Badeort Ecuadors.«[3] Er sollte recht behalten. Wer heute nach Salinas kommt, befindet sich in einem für ecuadorianische Verhältnisse mondänen Badeort mit dem typischen Erscheinungsbild von hohen Appartmenthäusern, Bungalows, Hotels und Restaurants, die den Strand säumen. Vor fünfzig Jahren war Salinas ein »gottsjämmerliches« Fischerdorf mit kleinen Holzhäusern und einer Anlage zur Salzproduktion. In einer Blechhütte war der Zoll untergebracht, der das Gepäck der Ankömmlinge inspizierte. Die Unterkünfte, die Salinas den Ankommenden zu bieten hatte, würde ein Europäer nicht als Hotel bezeichnen. Auch gab es in diesen kleinen Orten keine Restaurants im europäischen Sinne. Es waren »Comedores«, Garküchen einfachster Ausstattung, meist in Hütten aus Bambus untergebracht, die auch noch heute den größten Teil des Gastgewerbes an der Küste ausmachen. »Wir sind dann glücklich, ohne daß unsere Koffer ins Wasser gefallen sind, an Land gekommen. Das hat so bis zwei Uhr früh gedauert im Zoll. Die ersten Kontakte mit Ecuadorianern waren eigentlich sehr freundlich und sehr angenehm bis auf die Tatsache, daß sie uns das Gepäck vollkommen durchgewühlt haben … Jedenfalls saßen wir dann – ich möchte sagen – bedrückt und verunsichert in einem Café in Salinas ein paar Schritte vom Strand und vom Zollgebäude entfernt. Es war unendlich schmutzig und häßlich. Die Fliegen sind im Kaffee her-

2 Vgl. ebenda.
3 Gespräch Dr. Gertrud Tietz.

umgeschwommen.«[4] Ob man die Ankunft so empfand, sich gar das Leben nehmen wollte oder weißen Sand, blauen Himmel, strahlende Sonne, eine leichte Brise und den angenehmen Geruch gebratenen Fischs wahrnahm, der einem einfachen Restaurant entströmte, konnte von vielen Faktoren abhängen. Nicht zuletzt von der Jahreszeit, denn ein verhangener Himmel, brütende Hitze, ständig heftige Regengüsse und Scharen von Ungeziefer sind nicht einladend. Die wenigsten sprachen ein paar Brocken Spanisch und wußten, welche Formalitäten sie nun zu erledigen hatten. Erleichtert konnten diejenigen sein, die von ortskundigen Verwandten oder einem Vertreter der *Hicem* abgeholt wurden, die bei Verzollung und Weiterreise halfen.

Über einen damals sicherlich bedrohlichen, heute fast skurril anmutenden Zwischenfall berichtet ein Immigrant, der Eltern, Schwester und Schwager in Salinas in Empfang nahm. Man aß zusammen in einem »Restaurant« eine Kleinigkeit und der Wirt verlangte dafür einen horrenden Preis. Der Immigrant weigerte sich, diesen Phantasiepreis zu bezahlen. Der Wirt rief einen Polizisten herbei, der den säumigen Zahler kurzerhand in ein notdürftig zusammengezimmertes Bambusrohrkittchen einsperrte. Die erschreckten Eltern beruhigte der Immigrant durch die Tür seines Gefängnisses: »Ans Leben geht man hier den Leuten nicht, man geht ihnen nur an die Börse.«[5] Er zahlte schließlich und der Fall wäre damit erledigt, gewesen, wenn sich nicht ein Mann eingemischt hätte, der sich als Holländer und Nationalsozialist vorstellte und drohte: »Man werde mir schon zeigen, was auch hier geschehen kann.«[6] Mit der Erklärung des Immigranten, er sei nach Ecuador gekommen mit der ausdrücklichen Absicht, Aussätzige zu heilen, ließ er schließlich von ihm ab. Von der Vergangenheit eingeholt, sah sich auch eine andere Familie, als sie in Guayaquil eine billige Pension gefunden hatte und dort im Salon ein Bild von Adolf Hitler erblickte. Sympathie für den Nationalsozialismus mußte dies nicht bedeuten. Aber wie sollten das die gerade Angekommenen wissen.[7]

Wenn nicht gerade durch starke Regengüsse ein überquellender Fluß Brücken überschwemmt hatte und man eine »balandra«, ein kleines Schiff, besteigen mußte, gelangte man normalerweise mit dem »autocarril«, einem Bus auf Schienen, über die Halbinsel Santa Elena nach Guayaquil. Die Halbinsel, die heute eher einer Wüste gleicht, hatte damals noch Vegetation. Je nach Jahreszeit, was hier Regen- oder Trockenzeit bedeutet, zeigte sie sich üppig grün oder verdorrt und staubbedeckt. Die Fahrt ging durch Sumpfgebiet und stellte für die Immigranten eine erste Gefahr dar, sich mit Mala-

---

4   Gespräch Dr. Ewald Schiller. Vgl. auch B. Weiser, Recuerdos del Ecuador (III), in: *El Comercio* v. 30. 5. 85.
5   Gespräch Dr. Martin Rosenthal.
6   Ebenda.
7   Vgl. ebenda und das Gespräch Suse Tugendhat.

ria anzustecken. Man kam durch Orte mit so wohlklingenden Namen wie El Progreso, La Libertad, und es waren doch nicht mehr als Ansammlungen von ärmlichen Hütten auf Stelzen. »In der Mitte des Weges machte der Autocarril halt. Da kam ein Bursche, der eine Bananenstaude verkaufte und sie für einen Sucre anbot. Da hat mein Vater gerechnet. Das war ja geschenkt! Banane war damals in Deutschland noch eine Luxusfrucht.«[8] Daß die Fahrt öfter unterbrochen wurde, weil Tiere auf der Fahrbahn standen, oder der Zug aus den Gleisen sprang, war keine Besonderheit und ist es bis heute nicht auf den noch bestehenden Strecken. Die Linie von Salinas nach Guayaquil gibt es seit 1953 nicht mehr.

Als bekannt wurde, daß eine Familie namens Rothschild in Guayaquil eingetroffen sei, erregte dies das Interesse der örtlichen Presse, und am nächsten Tag konnte man in der Tageszeitung *El Universo* von einem Interview mit dem »Mitglied der berühmten Familie der Banker« lesen, von ihrem Absteigen im besten Hotel »Metropolitano«, dem Besuchsprogramm der Familie und den Absichten des Familienoberhaupts, sich dem »alto comercio« zuwenden zu wollen. Schließlich erfuhren die Leser auch etwas über die Geschichte der Rothschilds und die Entstehung ihres Namens. Man sah in den Angekommenen keine Menschen, die Europa als Verfolgte hatten verlassen müssen. Man war einfach stolz, solch berühmte Namensträger auf ecuadorianischem Boden zu wissen. Ob es sich wirklich um ein Mitglied dieser Familie handelte, stand für den Reporter außer Frage. Der Immigrant selbst verhielt sich salomonisch weise, indem er zwar darauf aufmerksam machte, daß er keinen Adelstitel führe, aber den Journalisten auch nicht den Glauben an das raubte, was sie so gerne glauben wollten.[9]

Guayaquil hatte damals 180 000 bis 200 000 Einwohner. Es war eine ausgesprochene Handelsstadt und die wirtschaftliche Hauptstadt des Landes. Entlang der Straße am Guayas standen zwei- bis dreistöckige Holzhäuser mit Kolonnaden mit darüber befindlichen Umläufen und Holzjalousien. Im dahinter gelegenen, quadratisch angeordneten und teilweise bereits gepflasterten Zentrum befanden sich die Geschäfte unter Arkadenbögen, die vor den Regengüssen schützten. »Die Schuhputzer in Guayaquil haben auf mich einen Rieseneindruck gemacht. Sie hatten ihre hohen Stühle unter den Arkaden aufgestellt und der Gast konnte sich darauf setzen. Ein Fuß wurde auf einen kleinen Absatz gestellt, und der Schuhputzer putzte den einen Schuh. Dann klopfte er mit der Bürste zum Fußwechsel. Ich hatte einen Riesenspaß daran, mir meine Schuhe putzen zu lassen. Später in Quito

8 Gespräch Dr. Helmut Wellisch.
9 Vgl. *El Universo* v. 6. 10. 40. Diese Geschichte soll sich auf folgendem Hintergrund abgespielt haben: Ein Baron Rothschild sei als Emigrant abgewiesen worden, was im nachhinein als Fehler betrachtet wurde. Die Aufmerksamkeit, die man dem Namensvetter zollte, sollte diesen wieder wettmachen. Vgl. das Gespräch Helen Rothschild.

wurden wir belehrt, daß nur Männer sich die Schuhe dort putzen ließen. Für Frauen war es unschicklich, sich auf den Stuhl zu setzen. Frauen hatten Dienstboten, die ihre Schuhe zum Schuhputzer brachten! So war das erste Mal Schuhputzen auch das letzte Mal für mich.«[10] Sehenswürdigkeiten, etwa kolonialer Art, hatte Guayaquil wenig zu bieten. Ein schwerer Brand hatte im Jahre 1896 große Teile der Stadt verwüstet. Außerhalb des Zentrums lagen armselige Bambushütten. Wer jedoch bei einem Zwischenaufenthalt während der Reise als erste Stadt in Südamerika das vor nicht allzu langer Zeit niedergebrannte Buenaventura in Kolumbien kennengelernt und sich beklommen gefragt hatte, ob so auch sein zukünftiger Wohnort aussehen werde, konnte Guayaquil durchaus als Alternative, als »Metrópoli« empfinden und der Stadt einen eigenen Charme abgewinnen. Die meisten schraken jedoch vor dem tropischen Klima, den nach europäischen Maßstäben primitiven Wohnverhältnissen und den hygienischen Bedingungen zurück. »Die flache Umgebung der Stadt war reizlos, das langsam fließende, schmutzige Wasser des Guayasstromes stimmte eher triste, und so versprachen wir uns von der hoch oben im Gebirge gelegenen Hauptstadt besseres und ein unsern bisherigen Lebensgewohnheiten nicht ganz so fremdes Klima.«[11] Die Mehrheit der Immigranten zog deshalb weiter nach Quito, wenn die erforderlichen Formalitäten beim Zoll und bei der Immigrationsbehörde im Palacio Gobernación, wo man sich die ersten provisorischen Ausweispapiere besorgen mußte, erledigt waren und für die Weiterbeförderung des Gepäcks gesorgt war. Natürlich hatten andere schon vor ihrer Ankunft beschlossen, sich in der Hauptstadt des Landes niederzulassen, etwa weil bereits Verwandte oder Bekannte in Quito lebten.

Die Fahrt mit dem Zug von Guayaquil nach Quito wurde für viele zu einem unvergeßlichen Erlebnis. Der Zug, eine Schmalspurbahn, fuhr vom Guayaquil gegenüberliegenden Ufer des Guayasstromes ab. Da es damals noch keine Brücke über den Guayas gab, überquerte man frühmorgens den Fluß mit einer Fähre, um in Duran den Zug zu besteigen. Eine mit den örtlichen Verhältnissen noch nicht vertraute, aus London eingetroffene Immigrantin erkundigte sich nach der Zugverbindung. »Man hat ihr gesagt: ›Sie müssen morgen um vier aufstehen, damit sie um fünf Uhr mit dem Schiff über den Fluß fahren können.‹ Da hat sie gesagt: ›Dann nehme ich den nächsten Zug.‹ Man hat ihr geantwortet: ›Na gut, dann in zwei Tagen um dieselbe Uhrzeit.‹«[12] Die 1908 mit ausländischem Kapital fertiggestellte Schienenverbindung zwischen den beiden größten und bedeutendsten

---

10 Gespräch Dr. Gertrud Tietz; vgl. das Gespräch Gustav Zanders. Zur Geschichte des alten Guayaquil vgl. z. B.: Rodolfo Pérez Pimentel, Nuestro Guayaquil Antiguo, Guayaquil 1987.
11 Weilbauer, Ein weiter Weg, S. 27.
12 Gespräch Dr. Gertrud Tietz.

Städten des Landes war damals die wichtigste Verkehrsader. Wer bis 1938 ankam, reiste noch zwei Tage mit einer Übernachtung in der auf ungefähr halber Strecke liegenden Stadt Riobamba am Fuße des 6310 m hohen Chimborazo. Danach gab es den »Directo«, der die rund 450 km in einer zwölfstündigen oder auch länger dauernden Fahrt an einem Tag zurücklegte. Manche zogen es trotzdem vor, die Fahrt zu unterbrechen, um zum Beispiel in Ambato ein paar Tage Pause einzulegen und sich an die Höhe langsam zu gewöhnen. Beim unvorbereiteten Übergang von praktisch null auf 3000 m befürchteten besonders ältere Menschen Kreislaufstörungen und Herzattacken.

»Unvergeßlicher Eindruck jener ersten Fahrt, die im tropischen Urwald begann mit seinen Bananen, Orchideen und Sumpfvögeln, gefolgt von einem langsamen Wechsel der Landschaft und dem Übergang der tropischen Vegetation zur subtropischen und von dieser zur gemäßigten. Berge, schneebedeckte Spitzen, Lamas, Indios in bunten Ponchos. Kegelförmige Hütten aus Stroh und Lehm. Kälte. Trockene und rauhe Bergwelt, und danach eine Landschaft, die mich an die Alpen erinnerte, die ich hinter mir gelassen hatte: Obstbäume, Weizenfelder, weidendes Vieh in grüner Überfülle. Mit meiner lächerlich weißen Kleidung, schmutzig vom Staub, saß ich auf der hinteren Plattform des letzten Waggons zurückschauend und die Schönheit der Landschaft aufnehmend. Schon wußte ich: Wenigstens würde ich kein Heimweh nach Schönheit empfinden.«[13]

Als besonders beeindruckend gilt bis heute der Anstieg, insgesamt müssen 3600 m überwunden werden, über die »Nariz del Diablo«, die Teufelsnase, in Richtung Chimborazomassiv. An diesem steilsten Streckenabschnitt vor Alausí wird der Höhenunterschied durch Vor- und Zurückstoßen des Zuges im Zick-Zack-Kurs mit je einer Lokomotive vorne und hinten überwunden. Und damals wie heute saß und sitzt man bei bester Aussicht auch auf Dächern und Plattformen des Zuges und erreicht rußgeschwärzt sein Ziel. In den vierziger Jahren führte dieser meist aus sechs Waggons bestehende Zug einen Speisewagen, und es konnte durchaus passieren, daß ein neu angekommener Immigrant auf seiner Fahrt nach Quito mit einem Gratisessen begrüßt wurde. Mehrere Immigranten versuchten in jener Zeit, sich mit der Pachtung dieses Speisewagens über Wasser zu halten. In keinem Fall wurde diese Knochenarbeit, bei der man zudem täglich einem extremen Höhenunterschied ausgesetzt war, jedoch zu einer sicheren Lebensgrundlage. Man gab nach kurzer Zeit auf und ein anderer versuchte sein vermeintliches Glück.[14]

---

13   B. Weiser, Recuerdos del Ecuador (III) (Übersetzung MLK). Vgl. das Gespräch Dr. Ewald Schiller.
14   Vgl. die Gespräche Ernesto Lehmann und Werner Gumpel.

2. Arbeit und Leben in der Hauptstadt Quito

Begegnung zweier Kulturen – Einheimische und Fremde

»Die Menschen flohen. Und etwa dreitausend erreichten den Berg Ararat. Er lag in diesem Falle zwischen zwei Andenketten und nannte sich Pichincha. Zu seinen Füßen lag bergauf, bergab, eine idyllische Stadt mit colonialen Gäßchen, lastentragenden Indios, stechender Mittagssonne und naßkalten Nächten: San Francisco de Quito.«[15] So heißt die Stadt, seit sie am 6. Dezember 1534 auf den Trümmern der Hauptstadt des alten Königreichs der Quitu und dem späteren Sitz des Inka Huayna Cápac und seines Sohnes Atahualpa von dem spanischen Eroberer Sebastián de Benalcázar neu gegründet worden war. Fast dreihundert Jahre später mit der entscheidenden Schlacht am oben erwähnten Pichincha, dem Hausberg Quitos, erreichte das Land 1822 seine Unabhängigkeit von der spanischen Krone.

»La Republica del Ecuador«, die Äquatorrepublik, ist nach Uruguay das kleinste Land der unabhängigen Republiken Südamerikas. Die Immigrantin Lilo Linke nannte sie in ihrem Buch nicht nur wegen der krassen sozialen Gegensätze das »Land der Kontraste«. Das Territorium, wenig größer als das der alten Bundesrepublik Deutschland, umschließt vier völlig verschiedene geographische Regionen und Klimazonen. Die Galápagosinseln im Pazifischen Ozean, die Küstenregion, das andine Hochland und das Urwaldgebiet. Ecuador hatte um 1940 etwa drei Millionen Einwohner. Nach einer offiziellen Regierungsstatistik von 1942 setzte sich die Bevölkerung aus 10 % Weißen, 39 % Indios, 41 % Mestizen, 5 % Schwarzen und Mulatten und 5 % anderen zusammen.[16] Die Mehrzahl der Indios lebte in der Sierra, der Bergregion und prägte damals noch mehr als heute das Erscheinungsbild der Hauptstadt des Landes, die Alexander von Humboldt, der 1802 in Ecuador wissenschaftliche Studien betrieb, wegen ihres angenehmen Klimas die Stadt des »ewigen Frühlings« genannt hat.

Auf die Immigranten, von denen viele aus großen europäischen Städten kamen, wirkte Quito wie eine vor sich hinträumende koloniale Kleinstadt. Sie zählte damals etwa 150 000 Einwohner. Abgesehen von einem einzigen

---

15 B. Weiser, 15. 9. 47, 4.

16 Die Zahlen zitiert nach Lilo Linke, Ecuador. Country of Contrasts, London, New York, Toronto 1960, 3. Aufl., S. 12. Es handelt sich natürlich um geschätzte Zahlen, deren Kriterien zur Erfassung der einzelnen Rassen bzw. der Mestizenbevölkerung unklar sind. Auch heute noch gibt es keineswegs einheitliche, allgemein anerkannte Kriterien, so daß zum Beispiel die Angaben über den Anteil der Indios zwischen 25 und über 40 % schwanken. Einen Überblick über Geschichte, Geographie, Politik, Wirtschaft, Sozialstruktur etc. Ecuadors bieten: Atlas del Ecuador, bajo la dirección de Anne Collin Delavaud, presentación de Claudio Malo González, Ministro de Educación y Cultura, Paris 1982; Hans Tanner, Südamerika, Bd. 1: Andenstaaten, Bern, Braunschweig 1978, S. 139 – 161; Ecuador – Reiche Regierung, armes Volk, in: Lateinamerika anders, Nr. 4, 1977, S. 19 – 41. Zur politischen Entwicklung vgl. Armando Abad Franco, Parteien-

Hochhaus, dem der größten Bank, bestand das Zentrum aus zwei- bis drei-
stöckigen Häusern aus dem 18. und 19. Jahrhundert, die im spanisch-kolo-
nialen Stil erbaut mit ihren Brunnen und Höfen mit Rundgängen, den weiß
gestrichenen Wänden und blau abgesetzten Türen, Fenstern und Balkonen
an Andalusien erinnerten. Hier lebte, anders als heute, die wohlhabende
Oberschicht und hier spielte sich auch das gesamte Geschäftsleben der Stadt
ab. »Wer heute Quito erstmals besucht kann sich kaum mehr vorstellen,
welchen Charme die kleine in sich abgeschlossene Altstadt, fern aller Welt,
mit ihrem friedlich-stillen, fast historisch wirkenden Leben ohne Hasten
und Drängen damals hatte. Die rings um die Stadt gelagerten Berge, gleichzeitig Schutzwall und Kranz von Natur, schlossen den Ausblick am Ende der
engen, vielfach auf- und absteigenden Straßen und Gäßchen ab. Über Mittag
schlossen … Läden und Büros für zwei Stunden. Außer einigen noch unbedeutenden Textilfabriken gab es so gut wie keine Industrie, wohl aber unzählige Handwerker, darunter besonders geschickte Tischler, Schreiner und
Schuhmacher, Herren- und Damenschneider wie auch Schlosser und Mecha-
niker, die imstande waren, die ältesten, völlig abgenutzten Dinge wieder ge-
brauchsfähig zu machen. Mit Staunen sahen wir diese andere Welt so hoch
oben eingebettet in den Andenbergen. Wir bewunderten auch die vielen Werke kolonialer Kunst in den zahlreichen alten Kirchen, manche strotzend von
Gold, Schnitzereien und Plastiken, ferner die Klöster inmitten des Stadtzentrums, reich an Gemälden alter Meister und mit Bogengängen rings um die
stillen, grünbepflanzten Innenhöfe von klassischer Schönheit.«[17]

Dieser Seite Quitos konnten die neuen Bewohner durchaus etwas Vertrau-
tes und Beruhigendes abgewinnen, wohingegen sie anderes zwar als pitto-
resk und exotisch, in erster Linie aber als befremdend, bedrohlich oder
schockierend empfanden. Angefangen mit so banalen Dingen wie der Be-
nutzung der öffentlichen Verkehrsmittel, deren Zustand, was ihr äußeres
Erscheinungsbild und die daraus zu schließende Fahrtüchtigkeit anlangte,
abenteuerlich erschien. Privatautos gab es nur wenige. Der Verkehr wurde
von veralteten Straßenbahnen und Bussen mit Holzkarosserien bewältigt,

system und Oligarchie in Ecuador (= Biblioteca Ibero-Americano, Bd. 19), Berlin 1974. Zur
Geschichte seit prähistorischer Zeit bis in die achtziger Jahre vgl. Oscar Efren Reyes, Breve
Historia General del Ecuador, Tomo I, Tomos II – III, Quito o. J., 15° Ed.; Alfredo Pareja Diez-
canseco, Historia del Ecuador, Vol. I, Quito 1958, 2° Ed.; ders., Ecuador: De la Prehistoria a la
Conquista Española, Quito 1979; ders.: Ecuador. La República de 1830 a Nuestros Días, Quito
1979, 6° Ed.

17   Weilbauer, Ein weiter Weg, S. 28. Vgl. auch Olga Fisch, El folclor que yo viví. The folklore
through my eyes. Memorias, Quito 1985, S. 76 f.; Dario Donoso Samaniego, Diccionario
Arquitectónico de Quito. Arquitectura Colonial, Ediciones Museos del Banco Central del
Ecuador, Quito o. J. Quito und die Galápagos-Inseln wurden 1979 von der UNESCO zum
»Patrimonio de la Humanidad« erklärt und somit in die Liste der erhaltenswerten Kultur-
güter der Menschheit aufgenommen.

die auch die Verkehrsmittel der Immigranten wurden, denn nur einzelne hatten ihr Auto nach Übersee verschifft und kaum jemand konnte es sich in den ersten Jahren erlauben, ein Auto zu kaufen. Die Überwindung der Berührungsangst in der stets drangvollen Enge, die in diesen öffentlichen Verkehrsmitteln herrschte, und der Furcht vor Dieben, die einem das Geld aus der Tasche ziehen könnten, womöglich noch zusammen mit Papieren der Immigrationsbehörde, die Niederlassungs- und Arbeitserlaubnis bescheinigten, gehörte zu den ersten Anpassungsproblemen, die bewältigt werden mußten. Das fremde Aussehen und ungewohnte Benehmen der Indios konnte Ängste auslösen, die dazu führten, daß man sich nicht auf die Straße traute und diffuse Vorstellungen entwickelte über Gefahren, die einem von dieser Seite drohen könnten.

Die Indios, die im Straßenbild Quitos zu sehen waren, kamen meist aus Calderón, einem nördlich von Quito gelegenen Ort. Sie trugen rote Ponchos. Die Frauen liefen barfuß, die Männer hatten lange schwarze Zöpfe.»Auch sonst kamen unsere Kinder anfänglich nicht aus dem Staunen heraus. So, wenn sie mitansahen, wie die Indiofrauen ihre Kinder auf deren Kopf nach Läusen absuchten und gefundene Tierchen dann in ihren Mund steckten. Oder, wenn sie in aller Öffentlichkeit ihre manchmal bis zu zwei Jahre alten Kinder an die herausgeholte Brust nahmen oder beinespreizend am Straßenrand urinierten.«[18] Man konnte aber leicht feststellen, daß von dieser Seite keine wirkliche Gefahr drohte. Im Gegenteil, die Indios waren eher wie scheue Kinder, die mit tiefer Verbeugung unterwürfig grüßten, vom Bürgersteig wichen, um Platz zu machen für den »Mister« oder die »Gringita«, die sie als Angehörige jener Rasse oder Klasse identifizierten, denen sie seit Jahrhunderten Unterordnung zollen mußten. Auch von der übrigen Bevölkerung wurden die Immigranten im allgemeinen mit neugierigem Respekt behandelt. Wer aus Europa kam, mußte etwas besonderes sein und Geld besitzen.

Hieraus resultierte, daß den Einheimischen die Fremden sehr bald merkwürdig vorkamen, denn sie arbeiteten hart und das oft in Berufen, die einem »Mister« oder einer Dame nicht angemessen waren. Erlaubtes Verhalten war nach sozialem Rang und nach Geschlecht streng definiert. Körperlich schwer arbeitende Indiofrauen gehörten zum Alltag, aber Europäerinnen, die sich als Köchinnen verdingten, Konfekt von Haus zu Haus verkauften, ohne Begleitung auf die Straßen gingen, auf dem Markt einkauften und selbst die gefüllten Einkaufstaschen nach Hause trugen, irritierten. Die Immigrantinnen trugen helle Sommerkleider, manchmal Hosen und hüllten sich nicht, wie man es von Frauen mittleren Alters an erwartete, je nach sozialer Stellung in dunkelblaue Kostüme oder schwarze Tücher.[19]

18 Weilbauer, Ein weiter Weg, S. 38.
19 Vgl. die Gespräche Dr. Gertrud Tietz, Dr. Ilse Grossmann.

Für die Einheimischen entfalteten die Immigranten eine unverständliche Hast in all ihrem Gebaren und ihren Tätigkeiten. Sie wollten nicht begreifen, daß es immer ein »mañana« gibt. Sie interpretierten das Wort in der Übersetzung, die sie in ihren Wörterbüchern gefunden hatten und meinten, daß dies »morgen« bedeuten müsse und nicht in ein paar Tagen oder vielleicht auch in ein paar Wochen. Antwortete ihnen ein Einheimischer mit »Ya mismo«, erwarteten sie, daß »sogleich« etwas geschehe. Auch beanspruchten die Fremden bei Abmachungen ein klares Ja oder Nein und eine rechtzeitige Absage, wenn eine Verabredung nicht eingehalten wurde. An europäische Begriffe von Pünktlichkeit und Worthalten gewöhnt, gehörte diese Umstellung für viele zu den schwierigsten.[20]

Die Wohnsituation

Die Immigranten fielen auch deshalb besonders auf, weil sie sich in großer Zahl binnen kurzer Zeit geographisch im Norden der Stadt konzentrierten. »Während in den südlichen Stadtvierteln ausschließlich Hiesige wohnen, sind die Juden in Quito eine nordische Erscheinung.«[21] So formulierte es der Immigrant Benno Weiser nicht ohne Ironie. Sie lebten und arbeiteten in wenigen Straßenzügen des Stadtzentrums und dem sich nördlich daran anschließenden Bereich. Liest man die Annoncen der Gewerbetreibenden in der Zeitung der Jüdischen Gemeinde in den vierziger Jahren, so dominieren die Straßen rund um die Plaza de Independencia im heutigen Altstadtkern eindeutig als Standort. Hier hatte auch Simon Goldberg, ehemals Besitzer der Goethe-Buchhandlung in Berlin, sein Antiquariat, die »Librería Internacional«. Er gehörte zu denjenigen, die relativ früh nach Ecuador gekommen waren, und es war ihm gelungen, seine Bücherschätze mitzunehmen. In einem fensterlosen Laden mit kellerartigen Nischen lagerten die wertvollen Bestände mit »Inkunabeln und anderen europäischen Raritäten« aus dem Mittelalter und der frühen Neuzeit. Goldberg erweiterte sein Repertoire mit lateinamerikanischen und spanischen Werken und eröffnete nach einigen Jahren ein modernes Geschäft in der Calle Olmedo y Flores. Zu seinen Kunden zählte die geistige Elite Quitos, und wer von den Immigranten sich mit europäischer Geschichte befassen wollte, hatte hier eine Fundgrube.[22]

Während man im Zentrum, in dem auch die Jüdische Gemeinde ihre Räumlichkeiten einrichtete, noch viele Jahre seine Geschäfte betrieb, verlegte man den Wohnort nach außerhalb der Altstadt mehr nach Norden, wo andere sich bereits von Anfang an angesiedelt hatten. Quito erstreckt sich dem Talverlauf folgend wie ein langes Band von Süden nach Norden. Da-

20 Vgl. z.B. W. Aron, Der Heiligenschein, S. 128 f.
21 B. Weiser, Juli 42, 7.
22 Vgl. Huber, Raritätenjäger, S. 61 ff., S. 89 u. 138; das Gespräch Willi Bamberger.

mals ging die Ausdehnung der Stadt nur wenig über das nördlich gelegene Stadtzentrum hinaus. Sie endete im wesentlichen mit der Avenida Colón, die heute etwa in der Mitte der Nord-Süd-Ausdehnung der Stadt liegt. Wo heute alte Villen und moderne Hochhäuser wildwüchsig nebeneinander stehen und Geschäfte, Büros, Agenturen, Hotels und Restaurants in großer Zahl angesiedelt sind, gab es damals noch ausgedehnte Hacienden und Waldstücke, die erst allmählich als Wohngebiete erschlossen wurden. Hierzu gehörte auch der Stadtteil La Floresta, der zu einer beliebten Wohngegend der Immigranten wurde. Die Avenida Colón selbst war eine ungepflasterte Straße, in der die Straßenbahn endete. Südlich hiervon, in der Ciudadela Bolívar ließ die »Caja de Pensiones«, der Vorläufer der heutigen Sozialversicherung, ab 1938 kleine zweistöckige Häuser bauen, gedacht für einen Mittelstand, den es aber im Grunde nicht gab bzw. zu dem sich ein Teil der Immigranten entwickelte. Über günstige Finanzierungsbedingungen konnten diese Häuser langfristig abbezahlt und so von Immigranten erworben werden. »Das Ghetto haben wir die Gegend genannt. Fast alle Juden haben dort gewohnt: Amazonas, Colón und rauf bis zur Washington ... Man hat billige Wohnungen zur Miete bekommen und da haben dann fast alle gewohnt. Der Nachbar drüben war Jude usw. Das war natürlich eine große Freundschaft dann.«[23]

Eine Wohnung zu haben oder gar schon ein Haus war allerdings in der Anfangszeit für viele der Immigranten unerreichbarer Luxus. Quantifizierbare Aussagen über die Wohnsituation lassen sich nicht machen, doch gibt eine Vielzahl von Schilderungen Auskunft darüber, daß die Mehrheit in den ersten Jahren unter sehr beengten und primitiven Bedingungen lebte, sowohl was den Wohnraum selbst als auch die Einrichtung betraf. Zu bedenken ist hier, daß die Immigranten mit sehr unterschiedlichen materiellen Voraussetzungen nach Ecuador kamen. Einige besaßen kaum mehr als die Kleider, die sie am Leibe trugen, während andere mit einer kompletten Wohnungseinrichtung, womöglich mit einer Barschaft in Dollar oder einem Konto im Ausland, mit Schmuck, Silber und wertvollem Geschirr ausgereist waren. Zwischen diesen beiden Extremen dürfte sich die Habe der Mehrzahl der Immigranten bewegt haben. Neuankömmlinge versuchten, zunächst bei schon ansässigen Verwandten unterzukommen oder mieteten sich ein kleines Zimmer in einer Pension, die von Immigranten betrieben wurde. Waren sie alleinstehend, so wurde das Pensionszimmer oft zur endgültigen Bleibe. Andere nahmen sich ein Zimmer oder eine Wohnung im Haus ecuadoria-

23 Gespräch Ernesto Lehmann. Untersucht man die Anmeldeformulare des *Movimiento Alemán Pro Democracia y Libertad* im Hinblick auf die Adressen der Mitglieder zwischen 1942 bis 1945, so bestätigt sich auch hier die Konzentration auf die nördlichen Teile der Stadt. Vgl. AsD: Materialsammlung Lateinamerika-Exil/Ecuador.

nischer Familien. Wer es sich leisten konnte, mietete ein Haus. Schwierig-keiten von Seiten der Ecuadorianer wurden den Fremden hier nicht ge-macht, sie sollen im Gegenteil lieber an Immigranten vermietet haben als an Einheimische. Ausländer als Mieter zu haben, bedeutete in der Regel eine Garantie für pünktliche Mietzahlung und schonenden Umgang mit dem Mietobjekt.[24] Ehemalige Pferdeställe von nicht mehr bewirtschafteten Hacienden in der unmittelbaren Umgebung von Quito dienten ebenso als Wohnstätte wie Holzbaracken und Häuser mit Lehmböden, ohne fließend Wasser und Licht. Andere suchten Unterkunft und Auskommen, indem sie ein Stück Land mit einer Quinta, einem Sommerhaus, mieteten, das ein paar Kilometer ent-fernt von der Stadt lag. Wer keine Möbel mitgebracht hatte, schlief anfangs auf dem Boden. Wer über handwerkliches Geschick verfügte und das nötige Werkzeug besaß, baute sich nach und nach eine Wohnungseinrichtung. Als Provisorium entstand der »Emigrantenschrank«, bestehend aus einer an der Wand angebrachten Holzlatte mit Haken und einem davor gespannten Draht, an dem man ein Stück Stoff befestigte. Ganz allmählich arbeitete man sich vor von einem Zimmer zu einer Wohnung, dann zu einem kleinen Haus, das man im Laufe der Zeit durch Legen von Fußböden, Streichen der Wände, Einbau von Wasch- und Bademöglichkeiten komfortabler gestal-tete. Da es kaum Mittelstandswohnungen im europäischen Sinne gab, mie-teten diejenigen, die über mehr Geld verfügten, leerstehende Villen, die das zehn- bis zwanzigfache eines einfachen Zimmers kosteten. In der Regel ta-ten sich zwei oder drei miteinander verwandte Familien zusammen. Unter-schiedliche Vorstellungen in der Lebensgestaltung, persönliche Unverein-barkeiten und Reibereien ließen diese »Großfamilien« spätestens dann wie-der auseinanderbrechen, wenn es die materielle Situation erlaubte.[25]

Sorge um die Gesundheit

Die Suche nach einer erträglichen Unterkunft, vor allem aber die nach einer existenzsichernden Arbeit war für die Immigranten zunächst die zentrale Sorge, die alle anderen Anpassungsschwierigkeiten an die neue Umgebung in den Hintergrund treten ließen. Allerdings konnten etwa Krankheiten zum bedrohlichen Problem werden, wenn sie die Arbeitsfähigkeit in Frage stellten. Paludismus oder Malaria standen in jenen Jahren in Ecuador an er-

---

24 Andererseits ist einem Schreiben des deutschen Botschafters Eugen Klee zu entnehmen, daß Proteste gegen eine unbeschränkte Einwanderung von Juden auch im Zusammenhang mit Preissteigerungen von Wohnungen und besonders von Geschäftsräumen begründet waren. Vgl. das Schreiben Klees an das Auswärtige Amt vom 23. 1. 38. PA AA: Pol. IX, Ecuador-Juden-fragen.
25 Vgl. z.B. die Gespräche Dr. Gerhard Anker, Hugo Deller, Josefine Barasch, Dr. Gertrud Tietz, Suse Tugendhat, Dr. Helmut Wellisch. Weilbauer, Ein weiter Weg, S. 28 f. u. 40.

ster Stelle der Erkrankungen. Sie betraf zwar in erster Linie diejenigen, die in den niederen und feuchten Küstenregionen lebten, existierte aber auch in den Gebirgstälern in der Nähe von Quito. Weit verbreitet waren Amöbenruhr und Abdominaltyphus, hervorgerufen durch mangelnde Hygiene, ferner Hepatitis, Tuberkulose und Grippeerkrankungen, deren Verlauf tödlich sein konnte. An Ärzten aus den eigenen Reihen mangelte es den Immigranten nicht, wohl aber in den ersten Jahren an wirksamen Medikamenten. Der Amöbenruhr scheint kein Immigrant entgangen zu sein, bleibende Darmschäden waren oft die Folge. In der Zeitschrift der Jüdischen Gemeinde versuchte der Arzt Geza Fisch über Prophylaxe, Übertragung, Krankheitsverlauf und Heilungsprozeß der häufigsten Erkrankungen aufzuklären. Die immer wiederkehrenden Klagen über Beschwerden wegen der Höhe Quitos auf 2800 bis 3000 m wertete er jedoch als Sucht, einen »Sündenbock« für alle möglichen Probleme haben zu wollen. Neben Kopfschmerzen, Schwindel, Atemnot machte man die Höhe noch für eine Reihe anderer gesundheitlicher Beeinträchtigungen wie Herzkrankheiten, Gedächtnisschwäche und Arterienverkalkung verantwortlich.[26] Wenn der Eindruck nicht täuscht, fühlten sich Frauen mehr als Männer durch die Höhe beeinträchtigt. »Das ist aber die Höhe!« sollte unter den Quiteñer Immigranten zu einem geflügelten Wort werden, sowohl im übertragenen Sinne wie als Erklärung für so manches Unbehagen. Es gab mehrere Fälle, in denen Immigranten die Konsequenz zogen und Quito wieder verließen, sich in niedriger gelegenen Orten ansiedelten oder versuchten, Ecuador gegen ein anderes Exilland zu tauschen. Hinter dem Leiden an der Höhe mögen sich tiefer liegende Probleme verborgen oder ein Ventil geschaffen haben. Der Belastungsdruck konnte enorm sein: Man war der Landessprache nicht mächtig, Sitten und Lebensrhythmus der neuen Umgebung verunsicherten, unbekannte Krankheiten drohten, die Unterkunft war primitiv und beengt, die ersten tastenden Versuche, eine Arbeitsmöglichkeit zu finden, waren gescheitert, der finanzielle Rückhalt war gering oder gar nicht vorhanden. Die wirtschaftlichen Rahmenbedingungen, die Produktions- und Absatzmöglichkeiten kannte man nicht und in vielen Fällen auch nicht den Beruf, den man jetzt ausübte.

Existenzgründung

»Mir hat mal ein alter Herr gesagt: ›Wissen Sie, was der Emigrant macht, wenn er nichts zu essen hat?‹ Ich sagte: ›Der hungert.‹ Sagt er: ›Nein, nein, er gibt anderen zu essen, dann kann er mitessen.‹«[27] Dies sollte sich in zweifacher Hinsicht bewahrheiten, nämlich einmal in der Herstellung verschiedener

---

26 Vgl. Geza Fisch, Mai 40, 4. Vgl. auch weitere Artikel zum Thema »Krankheiten« in den Jahrgängen der *Informaciones* von 1940 und 1941.
27 Gespräch Hugo Deller.

Konsumprodukte und zum andern im Betreiben von Pensionen. Für eine ganze Reihe von Familien erschloß sich mit einer Pension die erste Erwerbsquelle. Wer mit Möbeln gekommen war, brachte hierfür gute Voraussetzungen mit. Der eine oder andere versuchte es auch mit einer Gastwirtschaft oder einer Frühstücksstube. Denn selbst in der Hauptstadt Quito gab es keine Gastwirtsbetriebe.»Es gab elegante Clubs, wo wir natürlich nicht reinkamen. Es gab Straßenesserei. Und natürlich hat dann sofort jemand ein kleines Restaurant aufgemacht. Die Frau konnte kochen, der Mann konnte Teller waschen und schon haben sie ein Restaurant gehabt.«[28] Die Gäste waren, wenn auch nicht ausschließlich, so doch in der ersten Zeit überwiegend Immigranten. Hier entstand, ebenso wie bei der Herstellung bestimmter Produkte, ein kleiner, sozusagen innerer Wirtschaftskreis von und für Immigranten. Einige versuchten, den Pensionsbetrieb mit einem preiswerten Mittagstisch auch für Personen zu verbinden, die keine Logiergäste waren. So hatte zum Beispiel die von tschechischen Immigranten betriebene»Pension Neumann« in der Flores y Espejo zeitweilig über hundert Gäste mit Abonnementkarten für das Essen. Die Hauptlast dieser Arbeit lag bei den Frauen. Sie hielten hiermit nicht selten die Familie über Wasser, wenn die Männer noch keine Arbeit gefunden und es aufgrund ihres früheren Berufes, etwa als Rechtsanwalt oder Arzt, besonders schwer hatten, sich ein neues Arbeitsgebiet zu erschließen.[29]

Andere Frauen eröffneten Mode- oder Hutsalons. Nicht ausschließlich, jedoch häufig, wurden die eigentlichen Näharbeiten von einheimischen Frauen und Mädchen gemacht, während die Besitzerin Zuschnitt und Verkauf der Bekleidungsstücke übernahm und zur Überwachung der Arbeiten und Zuteilung des Materials eine Immigrantin einstellte. Aber auch Ehemänner übernahmen den Einkauf von Stoffen und die Lieferung der fertigen Kleidungsstücke in die Häuser der Kunden. Manche Frauen fingen als angestellte Näherinnen an und konnten sich später selbständig machen. Unverheiratete konnten Arbeit im Betrieb des Vaters finden, wo sie Korrespondenzen und Buchführung übernahmen. Andere versuchten, sich den Lebensunterhalt als Köchinnen in Hotels, am Flughafen, in einem privaten Haushalt oder einem Restaurant zu verdienen. Wieder andere arbeiteten als Verkäuferin, als Kindermädchen oder gaben Musik- oder Kunstunterricht. Junge Frauen, die gerne einen bestimmten Beruf erlernt oder studiert hätten, waren durch die Exilsituation gezwungen, diesen Wunsch aufzugeben.

Frauen, aber auch Männer, produzierten im häuslichen Bereich für den Verkauf.[30] Man stellte Butter und Brot her, Schokolade, Konfekt, Kekse, Torten,

---

28 Gespräch Prof. Dr. Miguel A. Schwind.
29 Vgl. z.B. die Gespräche Edith Seelig und Erna Better. Ähnliche Beobachtungen wurden auch in anderen Exilländern gemacht. Vgl. Wojak, Exil in Chile, S. 167 f.
30 Vgl. die Gespräche Suse Tugendhat, Ernesto Lehmann, Josefine Barasch.

Abb. 1: *Die Ziegelei von Herbert Gedalius, um 1940*

Mehlspeisen, Käse, Sahne, Wurst und Schinken, Lebensmittel, die es in Ecuador bis dahin nicht oder in einer Qualität gab, die dem Geschmack der Europäer überhaupt nicht zusagte. Während diese Produkte anfangs von Haus zu Haus verkauft, einheimischen Bäckereien angeboten oder nach Vorbestellung für Feste geliefert wurden, gründeten sehr schnell einige Immigranten Lebensmittelgeschäfte und Bäckereien, in denen man auch einen Kaffee trinken konnte. Der eine oder andere war vom Fach, wie ein Zuckerbäcker, der Striezel und Apfelstrudel backte und im Österreichischen Club ein wenig Wiener Caféhausatmosphäre entstehen ließ.[31]

Geschäfte mit Ladenfenstern, Auslagen und übersichtlich geordneten Waren hatte es bis dahin in Quito fast nicht gegeben. Die kleinen Läden, die es gab, die »tiendas«, waren nicht viel mehr als schmuddelige Verschläge ohne Fenster. Das erste, von österreichischen Immigranten gegründete Lebensmittelgeschäft hieß »Lucul« und fand rasch Nachahmer. Die Entstehung dieser Läden empfanden die Immigranten als wahre »Revolution«, zumal sie einherging mit der Gründung der Papierfabrik »OMEGA«, deren Produkte es ermöglichten, Lebensmittel hygienisch zu verpacken. Bis dahin hatte es Verpackungsmaterial nur als teure Importware gegeben. Zwei in den USA gekaufte gebrauchte Maschinen zur Tütenherstellung bildeten den maschinellen Grundstock für die Produktion. Wie viele Jugendliche seines Alters, die eine wichtige Funktion im elterlichen Betrieb einnahmen, lernte der damals 15jährige Kurt Ginsberg, die Maschinen zu bedienen, erste Aufträge einzuholen, bei der Buchhaltung und Korrespondenz mitzuhelfen.[32]

31 Vgl. das Gespräch Käthe Kywi.
32 Vgl. das Gespräch Gustav Zanders. Vgl. *El Día* v. 19. 8. 42. 1. 11. 67, 3; Industrias Omega C.A. 1940 – 1990, Quito 1990; schriftliche Mitteilung von Kurt Ginsburg vom 11. 2. 93.

Sich als Industrieller zu betätigen oder eine »Industrie« zu gründen, wozu die meisten per Visum verpflichtet waren, bedeutete in der Mehrzahl der Fälle nichts weiter, als eine kleine Werkstatt aufzumachen, in der der Besitzer mit einigen wenigen Arbeitern produzierte. Die »Industrie« war ein kleiner Handwerksbetrieb, in dem man tischlerte, gerbte oder Ziegel brannte. Meist miteinander verwandte Familien legten ihre bescheidenen finanziellen Mittel zusammen. Gab es in den Familien niemanden, der als Handwerker, Techniker oder Wissenschaftler irgendwas vom Fach verstand, versuchte man einen anderen Immigranten zu finden, der die produktionstechnische Seite übernehmen konnte. War auch dies nicht möglich, studierte man die entsprechende Fachliteratur und stellte einen einheimischen Handwerker ein. Nur im Idealfall konnte jemand einen bereits bestehenden Betrieb übernehmen, ihn mit dem Vorzeigegeld anzahlen und fachmännisch führen, wie im Falle von drei Brüdern, denen der Immigrationschef eine Wurstfabrik zum Kauf anbot. Einer der Brüder war Fleischer und Wurstmacher. Fabrik bedeutete aber auch hier, daß es sich um einen Betrieb mit ein paar einheimischen Arbeitern handelte, in dem alle Familienmitglieder arbeiten mußten, um bescheidene Erträge zu erwirtschaften. Die leicht verderbliche Ware mußte rechtzeitig auf den Weg gebracht werden, Kühlschränke gab es noch nicht und das Vertriebssystem war so manchen Eventualitäten ausgesetzt.

Nicht selten war die Dimension der »Fabrik« aber noch kleiner, wenn zum Beispiel jemand in einem Schuppen oder in der Küche der gemieteten Wohnung Bohnerwachs, Autolack, Insektizide, Farben, Seife, Parfüm herstellte und diese Ware selbst verkaufte. So waren diese »Industriellen« wie die Hersteller von Lebensmitteln anfangs Produzenten und »Klopper«, Hausierer, zugleich. Andere betätigten sich ausschließlich als Verkäufer von Haus zu Haus. Sie verkauften Stoffe, Strümpfe, Uhren und diverse andere Produkte, meist auf Raten. Es war dies in der Regel eine harte Arbeit, nicht zuletzt, weil die Konkurrenz groß war und die Zahlungsmoral der Käufer zu wünschen übrig ließ. Dennoch und obwohl solche Art von Betätigung den Immigranten offiziell untersagt war, wurde die »Klopperei« zu einer verbreiteten Erwerbsquelle der ersten Jahre. Sie erforderte geringere Fachkenntnisse und weniger Startkapital, als für die Einrichtung eines kleinen Betriebes notwendig war, in den man erstmal Geld für Maschinen, Werkzeuge, Rohstoffe vorschießen mußte, ohne kurzfristig mit einer Einnahme rechnen zu können.

Wie man eine »Industrie« aufbaute und die »Klopperei« mit einem nicht zugelassenen Beruf verband, zeigt das Beispiel eines Arztes, der wie seine Kollegen nicht praktizieren durfte, bevor er nicht verschiedene Prüfungen neu abgelegt hatte. Der Weg zur Zulassung war aber steinig und kostete Zeit. Wovon sollte man inzwischen leben? Gemeinsam mit seinem Schwager, der Chemiker war, beschloß der Arzt, eine »chemische Industrie« aufzubauen und sie » Chemical-Products« zu nennen. Ein englischer Name war werbewirksamer als ein spanischer. »Für die Herstellung chemischer Produkte hatte mein Schwager die entsprechenden Bücher mitgebracht. Das allereinfachste war wohl die Herstellung von Bohnerwachs. In der Küche haben wir es fabriziert. Ich war sozusagen der kaufmännische Teil unserer Sozietät und er der ›große‹ Chemiker. Unsere Wohnung war voll von Dosen und Gefäßen mit den verschiedensten Bohnerwachsproben, bis wir uns für eine bestimmte Sorte entschieden. Dann bin ich in den Villenvierteln von Quito von Haus zu Haus gegangen wie ein richtiger »Klopper« ... Damals habe ich stets zwei Taschen mit mir getragen, eine Tasche, in der ich Bohnerwachsbüchsen hatte und in der anderen medizinische Instrumente, Stethoskop und Blutdruckmesser. Mit diesen bin ich losgezogen und habe an den Gartentüren geklingelt ... Wenn ich einmal in ein Haus hereingelassen wurde, bin ich fast nie herausgegangen, ohne einige Büchsen verkauft zu haben. Dem Bohnerwachs hatte ich Kresol, ein Desinfektionsmittel gegen Flöhe und anderes Ungeziefer beigemischt, so daß ich es als medizinisches Produkt anbieten konnte. Oft habe ich auf dem Boden gekniet und Bohnerwachs herumgeschmiert. Aber das hat die gnädige Frau meist gar nicht so sehr interessiert, sondern daß ich Arzt bin aus Berlin und auch ein italienischer Arzt. So bin ich allmählich in die Praxis gekommen. Aber Geld habe ich eben für meine Praxis nicht genommen, sondern für das Bohnerwachs, das den Fußböden einen angenehmen Reinlichkeitsgeruch vermittelte.«[33]

Als Arzt illegal zu praktizieren, vor allem außerhalb des eigenen Immigrantenkreises, war nicht ungefährlich. Wurde der Betreffende angezeigt, konnte die Ausweisung drohen. Tragisch endete ein Gynäkologe, dem eine Patientin verblutete. Er sah keinen anderen Ausweg, als sich das Leben zu nehmen.[34] War es völlige Naivität oder ein Akt der Verzweiflung, wenn ein Immigrant versuchte, sich mit der Produktion und dem Verkauf von Hundekuchen seinen Lebensunterhalt zu verdienen? Hundekuchen in einem Land, in dem die Hunde zu Massen in den Straßen streunten und sich ihr Fressen in den Abfällen suchten.[35]

Die Immigranten waren zu einer Zeit nach Ecuador gekommen, die einerseits günstige Absatzbedingungen für diverse Produkte bot, weil durch den Krieg und durch den Abbruch der Beziehungen zu den Achsenmächten im Januar 1942 bisher importierte Waren nicht mehr auf den ecuadorianischen Markt gelangten. Negativ wirkte sich dieser Umstand allerdings durch die nun einsetzende Inflation und auf den Import von Rohstoffen aus. Vorhandenes mußte gestreckt, durch anderes ersetzt werden. Im allgemeinen reagierten

33 Gespräch Dr. Martin Rosenthal.
34 Vgl. die Gespräche Dr. Ilse Grossmann, Frank Seelig und Gustav Zanders.
35 Vgl. das Gespräch Dr. Gertrud Tietz.

die Immigranten schnell auf solche Entwicklungen und zeigten Erfindungs-reichtum, indem sie noch nicht im Lande vorhandene Produktions- und Dienstleistungszweige einführten bzw. diese der neuen Marktlage entsprechend ausbauten. Ein Beispiel hierfür ist die erwähnte Papierfabrik»OMEGA«, deren Absatzchancen in dem Maße stiegen wie der Import von Verpackungs-material aus den USA ausblieb und die Akzeptanz der Ware durch einhei-mische Abnehmer stieg. Ein anderes Beispiel ist die»OSO-Llanteria Nacio-nal«, ein Betrieb zur Runderneuerung von Reifen, was es bis dahin nicht gegeben hatte. Während der Kriegszeit lieferten die USA keine Reifen mehr. Wenn es auch noch wenig Privatautos gab, so herrschte doch ein erheblicher Bedarf bei den Transportgesellschaften und Taxis. Die Firma konnte gar nicht so schnell expandieren, wie es die Nachfrage erfordert hätte.[36]

In eine kriegsbedingte Marktlücke konnte auch ein Pinselfabrikant stoßen. Die Hauptlieferanten von Schweineborsten zur Herstellung von Anstreich-pinseln in den USA waren Rußland und China. Mit dem Krieg im Fernen Osten versiegte diese Rohstoffquelle und in den USA entstand eine Knapp-heit an Borsten.»In Ecuador merkte mein Vater recht bald, daß im Hochland die Schweine lange und starke Borsten zum Schutz vor der Kälte hatten, und daß beim Schlachten diese Borsten einfach weggeschmissen wurden. Eine traumhafte Entdeckung für einen Pinselfabrikanten! So entstand dann in Quito unsere»Borstenzurichterei« nach chinesischem und russischem Mo-dell, in der meine Eltern, meine zwei Großelternpaare und manchmal ich die Borsten sterilisierten, kämmten und nach Längen und Farben geordnet zum Versand nach USA vorbereiteten. So wichtig war es damals für Amerika, aus Ecuador eine alternative Versorgungsquelle von Borsten zu haben, daß unsere Fabrik als»strategisch wichtig« von den Amerikanern erklärt wurde. Nach dem Krieg erweiterte mein Vater die Produktion auf Anstreichpinsel für den lokalen Markt.«[37]

Neu und ebenso erfolgreich waren mit den entsprechenden Maschinen ausgestattete Reinigungen. Man kombinierte sie mit Färbereien. Ausge-bleichte Kleidungsstücke wie Anzüge wurden damals neu eingefärbt und bei Todesfällen war es Sitte, die Kleidung schwarz einfärben zu lassen. Eine andere Marktlücke erschloß sich für einen Immigranten, der früher Metall-rückstände aufgekauft, sie zur Wiederverwertung aufbereitet und an andere Firmen weiterverkauft hatte. Er knüpfte an diese Tätigkeit an und begann, Milchkannen herzustellen, was nach einigem Experimentieren und mit der Hilfe eines befreundeten Chemikers gelang. Während des Krieges zwischen Ecuador und Peru 1941 erhielt er den ersten großen Auftrag von der Regie-rung zur Produktion von Kochtöpfen für das Essen der Soldaten. Dies war

---

36 Vgl. z.B. *El Comercio* v. 3. 7. 1940 und Anm. 32.
37 Schriftliche Mitteilung von Dr. Luis W. Levy vom 30. 1. 93.

der Beginn eines expandierenden Betriebes.[38] Langfristig erfolgreich war auch ein Immigrant, der Regenmäntel herstellte. In Quito, wo der tägliche Regen so gewiß war wie das Amen in der Kirche dieses katholischen Landes, fand das Produkt der Firma »Waterproof« guten Absatz. Andere stellten Öfen, landwirtschaftliche Maschinen, Drahtgewebe, Rohre, Bleche und Nägel, Dosen, Türscharniere, Fliesen, Möbel, Keramikartikel her, gründeten Farbenfabriken oder stiegen mit Beteiligungen in bereits bestehende ein. Man produzierte Elektroartikel, Garne, Stoffe, Steppdecken, Kleider, Schuhe, Knöpfe, orthopädische, chemische, pharmazeutische, kosmetische Produkte, Reinigungsmittel, Fruchtkonserven, alkoholische Getränke und vieles mehr. Nach einer Statistik des Industrie- und Landwirtschaftsministeriums wurden vom 1. Januar 1939 bis Mitte 1940 von Immigranten, wozu alle im Lande lebenden Ausländer zählten, 323 neue Industrien gegründet mit einem Kapital von 3.771.554 Sucres. 34 der Betriebe wurden in Form von Gesellschaften errichtet. Man kann davon ausgehen, daß die aus Europa geflüchteten Immigranten an den Gründungen einen erheblichen Anteil hatten.[39]

So wundert es nicht, wenn bei der ersten großen nationalen Industriemesse Ecuadors im August 1942 eine ganze Reihe von Flüchtlingen gegründeter Betriebe ihre Produkte vorführten und die Tschechen sogar über einen eigenen Pavillon mit 24 Ständen verfügten, in dem sie unter anderem Maschinen für die Landwirtschaft und Agrarprodukte präsentierten. Die Firma Better & Friedmann »El Porvenir« ragte durch ihre Milcherzeugnisse heraus. Besonders die Nachfrage durch die während des Krieges in Salinas stationierten amerikanischen Truppen gab der Buttererzeugung einen starken Auftrieb. Der Beitrag der »Fremden« fand in der liberalen Presse ein breites Echo und wurde vom Präsidenten der Republik Arroyo del Rio in seiner Eröffnungsansprache ausdrücklich hervorgehoben. Die Zeitung der Jüdischen Gemeinde schrieb: »Tatsächlich sind etwa 60 % der Aussteller Immigranten, im Verhältnis zur Größe des Unternehmens und Wichtigkeit der Erzeugnisse ist die prozentuale Beteiligung der Ausländer eine bedeutend höhere. Der weitaus größte Teil der Ausländer sind Juden.«[40] Der Berichterstatter der Tageszeitung *El Comercio* hob den »Beitrag der Fremden«, für den Fortschritt der ecuadorianischen Industrie hervor und lobte ihren Fleiß, Fabrikgeist, ihren Sinn fürs Sparen und die ansprechende Art, ihre Produkte zu präsentieren.[41]

38 Vgl. das Gespräch Helen Rothschild.
39 Vgl. August 40, 3. Eine andere Statistik des Agrar- und Industrieministeriums besagt, daß 1939: 122 und 1940: 63 Fabriken (empresas) gegründet wurden. Vgl. Pérez Guerrero, Colonización, S. 121. Vgl. hierzu auch Zehn Jahre Aufbauarbeit, S. 282 u. 284; Kap. VIII. 3.
40 September 42, 5. Vgl. auch die August- und Oktoberausgaben von 1942; *El Día* v. 18., 19. u. 26. 8. 42 ; *El Comercio* v. 16. u. 30. 8. 42.
41 Vgl. *El Comercio* v. 30. 8. 42.

Mehrere Firmen wurden für ihre Produkte ausgezeichnet. Bereits im Mai 1942 hatten auf einer chemisch-pharmazeutischen und hygienischen Ausstellung im Rahmen des 3. Medizinischen Kongresses in der *Universidad Central* von jüdischen Immigranten gegründete oder geleitete Firmen eine Auszeichnung erhalten, darunter ein Betrieb für orthopädische Erzeugnisse, eine metallurgische und eine Wattefabrik sowie die »LIFE«, das damals größte chemisch-pharmazeutische Unternehmen, in dem viele Immigranten einen Arbeitsplatz gefunden hatten.[42] Solche und andere in so kurzer Zeit erfolgreiche Unternehmen konnten natürlich nur entstehen, weil ein Teil der Immigranten wie Italiener und Tschechen mit nennenswerten Kapitalien nach Ecuador kamen. In anderen Fällen halfen Verwandte in den USA, indem sie Geld vorschossen oder Maschinen für den Aufbau eines Betriebes nach Ecuador schickten. Oder aber es gelang, im Land selber einen Bankkredit aufzunehmen, was aber eher schwierig gewesen sein soll. In einzelnen Fällen wurden bereits bestehende Unternehmen durch die Aufnahme von Anleihen bei Immigranten ausgebaut oder Aktien ausgegeben. Eine gewisse Starthilfe bot auch die von der Jüdischen Gemeinde 1941 eingerichtete *Cooperativa de Crédito*, eine Darlehenskasse von und für jüdische Immigranten.[43]

Neben den aufgezählten produktiven Bereichen bzw. denen, die Produktion und Verkauf miteinander verbanden, konnte sich eine größere Zahl von Immigranten, abgesehen von den Hausierern, ausschließlich auf kaufmännisch-händlerischem Gebiet betätigen, obwohl die Einwanderungsbedingungen dem widersprachen. Sie vertrieben Baumaterialien, landwirtschaftliche Produkte, Lederwaren, Textilien, Lebensmittel. Andere widmeten sich dem An- und Verkauf von Gold, Silber, Schmuck und Antiquitäten. Es entstanden Import- und Exportvertretungen für Knöpfe, Porzellan, Kristalle, Textilien, medizinisches Zubehör, für Panama-Hüte und tierische Produkte, Buchhaltungsbüros, technisch-kommerzielle und juristische Beratungsstellen. Einzelne arbeiteten als Devisenmakler oder im Versicherungs- und Transportwesen.[44]

Betrachtet man die Fülle der Arbeitsgebiete, die die Immigranten sich in wenigen Jahren erschlossen und den Erfolg, den einzelne Betriebe in sehr kurzer Zeit aufwiesen, so kann man den Schluß ziehen, daß es ihnen gelungen war, sich in die ecuadorianische Wirtschaft einzugliedern. Vergessen werden darf hierbei allerdings nicht, daß sich viele der kleinen Unternehmungen bei harter Arbeit aller erwachsenen und jugendlichen Familienmitglieder am Rande des Existenzminimums bewegten. Ein einmal gegründeter kleiner Betrieb konnte sich als nicht lebensfähig erweisen, man

---

42 Vgl. Mai 42, 7. Zur »LIFE« und anderen bedeutenden Betrieben siehe Kap. VIII. 3.
43 Vgl. zur *Cooperativa de Crédito* Kap. IV. 3. 2; das Gespräch Gustav Zanders.
44 Fazit aus diversen Gesprächen und den Anzeigen aus den *Informaciones*.

Abb. 2: *Anzeigen prämierter
Firmen in den »Informaciones« vom
Oktober 1942.*

mußte wieder neu beginnen. Krankheit konnte einer gerade aufgebauten
Existenz ein Ende machen, ein Arbeitsunfall eines Angestellten den Betrieb
an den Rand des Ruins bringen. Eine Arbeitsstelle gefunden zu haben, bedeutete nicht, sie auch auf lange Zeit behalten zu können. Arbeitsbedingungen
und Entlohnung waren in der Anfangszeit oft miserabel. Viele versuchten
sich in diversen Tätigkeiten und mit der Herstellung verschiedenster Produkte, bis sie nach Jahren etwas gefunden hatten, was langfristig eine
Grundlage für den Lebensunterhalt bot. »Viele rannten sich die Köpfe ein
in Unkenntnis des Milieus, der Absatzmöglichkeiten und Bedürfnisse. Mancher mußte erst ganz zugrundegehen, um dann in einem anderen Beruf
Erfolg zu haben.«[45]

45 B. Weiser, 15. 9. 47, 4.

Nur wenige hatten das Glück, bereits mit einem Arbeitsvertrag in der Tasche in Ecuador anzukommen oder gleich eine Anstellung in einer staatlichen oder öffentlichen Einrichtung zu finden, wie eine kleine Gruppe von Naturwissenschaftlern, die bereits 1935 an die Escuela Politécnica berufen wurde, unter ihnen Ernst Grossmann, Fritz Hahn, Hans Sober und Walther Sauer. Unter der Leitung von Sober und Grossmann trug diese Immigrantengruppe wesentlich zum Wiederaufbau der polytechnischen Hochschule bei.

Auch in den folgenden Jahren gab es einzelne Berufungen, zum Beispiel als Kriminalpsychologe, Veterinär, Architekt an die Universität oder als Ingenieur an die staatliche Eisenbahn und als Ausbilder an die Militärschule. Allerdings bedeuteten solche Anstellungen nicht automatisch, daß ihre Bezahlung zur Existenzsicherung ausreichte, noch daß das spärliche Gehalt regelmäßig gezahlt wurde.[46]

Rückblick und Ausblick

Aus vielen Gesprächen und den Veröffentlichungen der Jüdischen Gemeinde läßt sich für die Anfangsjahre das Fazit ziehen: die wenigsten litten direkt Hunger, aber jeder Centavo wurde dreimal umgedreht, bevor man ihn ausgab. Die ständig steigenden Ausgaben der Jüdischen Gemeinde zur Unterstützung von Bedürftigen zeigen, daß ein Teil der Immigranten nicht in der Lage war, sich allein mit dem Notwendigsten zu versorgen. Einige konnten sich als Angestellte der Gemeinde den Lebensunterhalt verdienen. Wenn so auch die wenigsten völlig im Elend versanken oder aus Verzweiflung versuchten, ihrem Leben ein Ende zu bereiten, gab es Menschen, die an den primitiven Verhältnissen, an der ständigen Sorge und Aufregung erkrankten oder an Verfolgungsangst litten. Es fiel schwer, die bitteren Erfahrungen hinter sich zu lassen und sich mit der sozialen Deklassierung, die viele erlitten hatten, abzufinden und nicht vergangenem Wohlstand und Ansehen nachzutrauern. »Man machte diesen Spaß: Ich war einmal ein großer Bernhardiner, anstatt ein Dackel. Jeder war etwas ganz Besonderes, jeder war ein ganz großer Mann in Deutschland oder in Wien. Jeder hat davon erzählt, was er einmal war und was er gehabt hat, über das große Vermögen, das er verloren hat usw.«[47] Heimweh plagte besonders deutsche Juden, die sich weit mehr als andere mit ihrem Land identifiziert hatten. Vor allem Frühauswan-

46 Vgl. die Gespräche Dr. Ilse und Dr. Ernst Grossmann, Dr. Gertrud Tietz, Gustav Zanders. Arthur Weilbauer, Die Deutschen in Ekuador. Historische Studie, hrsg. von der Deutschen Schule in Quito, Quito 1975, S. 57; La Colonia Israelita en el Ecuador, editado por los Organizaciones Israelitas en el Ecuador, Quito 1948, S. 56. Gelegentlich erschienen im Jüdischen Nachrichtenblatt Stellenanzeigen aus Ecuador, in denen erfahrene Fachkräfte aus handwerklichen Berufen gesucht wurden. Vgl. z. B: *Jüdisches Nachrichtenblatt* v. 24. 2. 39, 3. 3. 39, 31. 3. 39, 1. 4. 39.
47 Gespräch Alfredo Abrahamson. Vgl. auch von zur Mühlen, Fluchtziel, S. 56, der dort den »Bernhardiner-Witz« für Bolivien anführt.

derer blickten nostalgisch zurück, denn sie hatten Deutschland nicht in so schlimmer Erinnerung wie die Spätauswanderer. Man verschlang und diskutierte die Nachrichten, die durch Zeitungen, Rote-Kreuz-Briefe oder jüngst Angekommene aus Europa nach Ecuador gelangten und sorgte sich um Angehörige, die man noch bei immer schlechter werdenden Verkehrs- verbindungen nach Ecuador zu holen versuchte.»In wehmütigem Schmerz hat man einmal gesagt, daß durch unser Emigranten-Schicksal Kinder [zu] Briefen, Eltern [zu] Päckchen und Enkel [zu] Bildern geworden seien.«[48]

Und dennoch begann sich das Leben zu normalisieren.»Wir alle fühlten langsam den seelischen Druck weichen, der in Deutschland während des Naziregimes auf uns gelastet hatte. Wir verloren wieder den damals soge- nannten ›deutschen Blick‹, das bedeutete die Gewohnheit, immer ängstlich nach allen Seiten zu schielen und zu prüfen, ob man belauscht oder verfolgt werde. Auch brauchte man nicht mehr nachts aus dem Schlaf aufzuschrek- ken, weil man geglaubt hatte, die Geheime Staatspolizei habe geläutet oder geklopft.«[49] Viele wurden sich auch bewußt, daß sie im entlegenen Ecuador weitab »vom Schuß« in Sicherheit waren, während sich in Europa Tod und Verwüstung ausbreitete. Man gönnte sich die ersten Freizeitvergnügen mit dem Besuch einer kulturellen Veranstaltung in der Jüdischen Gemeinde, einem Kinobesuch, bei Musik und Tanz im »Boris-Palast« oder im Lokal von Bobby Astor, bei Kaffee und Kuchen im Café »Praga«, einem Essen in der »Fiesta« von Rubinscheck und ab 1942 in den Clubs der politischen Vereini- gungen. Bei gemeinschaftlichen Ausflügen lernte man Schönheit und Viel- falt der ecuadorianischen Landschaft kennen. Wer es sich leisten konnte, machte Urlaub in Baños, dem Ort, der schon bald zum Ferienparadies der Immigranten werden sollte. Man war angekommen, wenn auch widerstre- bend. Auch wenn man in erster Linie unter sich blieb und die kulturellen Vergnügungen weniger mit Ecuador, als mit den Ländern zu tun hatten, aus denen man ausgestoßen worden war.

3. Ansiedlung in ländlichen Gegenden und Kleinstädten der Andenregion

Die Immigranten zog es in die großen Städte Quito und Guayaquil. Nur eine Minderheit ließ sich in Kleinstädten der Andenkette nieder, mietete in deren Umkreis eine Hacienda oder verwaltete sie als »mayordomo«. War das Visum mit der Verpflichtung, in der Landwirtschaft zu arbeiten, verknüpft, so gab es Immigranten, für die es das Selbstverständlichste von der Welt war,

---

48 Paul Benedick, Februar 42, 2. Vgl. die Gespräche Alfredo Abrahamson, Josefine Barasch, Erna Better, Hugo Deller, Dr. Martin Rosenthal, Dr. Helmut Wellisch. W. Aron, Der Heiligenschein, S. 134 ff.; Weilbauer, Ein weiter Weg, S. 41.
49 Ebenda, S. 37.

diese Verpflichtung auch einzuhalten. Andere sahen sich jedoch nach Auswegen um, zumal eine Arbeit als Landwirt in der Regel bedeutete, in eine entlegene Gegend ziehen zu müssen, und bei den damaligen Straßen- und Verkehrsverhältnissen war man auch wenige Kilometer von einer Stadt bereits weit ab von den Errungenschaften, die das urbane Leben bot. Man konnte versuchen, bei der Immigrationsbehörde seine Papiere umschreiben zu lassen oder einfach illegal einer anderen Beschäftigung nachzugehen, in der Hoffnung, daß niemand daran Anstoß nehmen werde. Die »Mentalität« des »Durchschnittsemigranten« mit einem Visum für die Arbeit in der Landwirtschaft beschreibt Julius Zanders so:

»Er erledigt die Formalitäten und erkundigt sich ganz zaghaft, ob er unbedingt in die Landwirtschaft muß, oder ob auch sonst eine Lebens- und Erwerbsmöglichkeit für ihn da sei. Man beruhigt ihn und sagt ihm, er brauche ja nicht unbedingt in die Landwirtschaft, er könne sich vielleicht auch in der Industrie beschäftigen. Dieser Gedanke verläßt ihn nicht mehr und ist der erste grobe Hemmschuh zur Ausführung des Vorhabens, Landwirt zu werden. Vielleicht läßt er sich von geeigneten oder weitaus mehr noch von ungeeigneten Elementen Ratschläge erteilen, die nicht immer selbstlos sind, manchmal lediglich auf die Schröpfung des Gringos hinausgehen ... Vielleicht fährt der Gringo nach Quito, Ambato oder Cuenca, um in besserem Klima seine Suche fortzusetzen, oder er besichtigt von Guayaquil aus das ihm angebotene Land. In glühenden Farben ist ihm das verheißene Land geschildert und wie er es sieht, erkennt er nicht das Gute, sondern er sieht eine Wohnung, die man in Europa Zigeunern nicht als Unterkunft angeboten hätte.

Das Gelände ist schwierig und er begreift nicht, wie man auf solchen Hängen landwirtschaftliche Früchte anbauen kann – und gerade diese Hänge sind besonders fruchtbar. Er sieht die Einsamkeit, kaum Weg und Steg, und schaudernd denkt er an eventuelle Krankheitsfälle und die Schwierigkeit dann einen Arzt zu erreichen ... Es steigen Bedenken auf, die nicht mehr auszurotten sind. Ist es gar ein subtropisches Land, dann hört er so viel von Paludismus, daß er im Geiste sich und seine Familie durch Malaria hinweggerafft sieht. Zurückgekehrt von der Besichtigung schweben Tag und Nacht diese Eindrücke um ihn und er sucht mit weitaus größerem Eifer eine Betätigung in der Industrie als in der Landwirtschaft. Monat für Monat geht dahin. Mit Entsetzen sieht er seine Mittel schrumpfen. Hie und da kommt ein Versuch, einen kleinen Verdienst zu ergattern, was manchmal gelingt, meist aber mißlingt. Mehr und mehr schwindet die Lust zur Landwirtschaft. Man versucht es mit dem ungesetzlichen Kloppen. Es gelingt hie und da, sich damit über Wasser zu halten. Andere entschließen sich, irgend ein Zwergunternehmen in Geflügelzucht oder Gartenbau zu unternehmen, damit sie nur in oder in der Nähe einer Großstadt bleiben können. Man verbraucht dabei von dem mitgebrachten Geld monatlich etwas, bis dies verbraucht ist und der Immigrant endgültig in das Proletariat abgerutscht ist.«[50]

Wer als ehemaliger Kaufhausbesitzer, Arzt, Prokurist oder Vermögensberater einer Bank und im Einzelfall auch als Landwirt dennoch auf einer gemieteten Finca oder als Verwalter einer Hacienda Landwirtschaft betrieb, mußte bald feststellen, daß die wirtschaftlichen Erträge durch Gemüse-, Mais-, Weizen- und Kartoffelanbau kaum zum Leben ausreichten bzw. die Pacht den Ertrag weitgehend verschlang. An den Kauf einer Hacienda in der Andenregion war in der Regel nicht zu denken, die Preise hierfür lagen viel zu hoch. Und als einfacher Landarbeiter sich seinen Unterhalt zu verdienen, war auch nicht möglich, denn auf den Haciendas arbeiteten die Indios kostenlos als »huasipungueros« oder als »peones« für einen Hungerlohn. Salomón Isacovici, der erst nach dem Krieg nach Ecuador kam, nachdem er mehrere Konzentrationslager überlebt hatte, arbeitete als Traktorist und Verwalter auf einer Hacienda am Pasochoa, etwa 20 km von Quito entfernt. Er vergleicht das elende Leben dieser »huasipungueros« mit dem in den Vernichtungslagern des Nationalsozialismus.[51] Wer mit diesen Arbeitskräften zusammenarbeiten mußte, stieß auf so manche archaische Vorstellung, wie der Ackerbau zu betreiben sei.[52]

Die ecuadorianische Landwirtschaft und Viehzucht war auf extensive Ausbeutung eingestellt. Die Absicht, Verbesserungen einzuführen, um eine Intensivierung der Erträge zu erzielen, scheint selten auf Gegenliebe gestoßen zu sein bzw. machten die »Auch-Landwirte«, wie sie Julius Zanders nennt, durch allzu überhastete und zu sehr an europäischen Methoden orientierte Neuerungen Fehler, die sie an den Rand des Ruins trieben. Da die Milchkühe nur einen Durchschnittsertrag von 4 – 5 Litern pro Tag produzierten (wohingegen in Europa eine Kuh, die weniger als 10 Liter gab, als reif für den Schlachthof galt), versuchte man durch die Einführung fremder Tierrassen, das Defizit auszugleichen. Solche Versuche mißlangen, weil die Tiere unter den veränderten Bedingungen nicht lebensfähig waren bzw. die erhoffte

---

50 J. Zanders, Mai 40, 6, Juni 40, 6. Vgl. Zehn Jahre Aufbauarbeit, S. 282.
51 Vgl. Isacovici, Rodríguez, A 7393, S. 239 f. und das Gespräch mit ihm. Siehe auch den Roman von Jorge Icaza, Huasipungo – Unser kleines Stückchen Erde, Bornheim-Merten 1981. Das Buch erschien 1934 zum erstenmal in einer kleinen Auflage. Icaza war der erste, der die Wirklichkeit der Indios in Ecuador ohne romantische Schönfärberei beschrieb. Die »huasipungueros« - arbeiteten ähnlich wie Leibeigene auf den Latifundien der Großgrundbesitzer. Als Gegenleistung erhielten sie eine kleine Parzelle, den »huasipungo« zur Eigenbewirtschaftung. Diese Miniäcker waren meistens von schlechter Bodenqualität und an Steilhängen gelegen. Verschiedene, die Indios in Schuldknechtschaft haltende Maßnahmen wurden per Gesetz 1918 abgeschafft, das »huasipungo«-Wesen erst 1964. Die soziale Lage der Mehrheit der Hochlandindios hat sich realiter dennoch wenig verbessert.
52 Vgl. J. Zanders, Mai 1940, 6.

Ertragssteigerung ausblieb. Scheiterte die Viehzucht etwa mit Schweinen, Enten oder Hühnern nicht wegen eigener Fehler durch Unkenntnis in der Tierhaltung, so konnten Seuchen schnell dem neu begonnenen Broterwerb ein Ende machen.[53] Manche versuchten, sich neben der eigentlichen landwirtschaftlichen Tätigkeit zusätzliche Erwerbsquellen zu erschließen, indem sie Butter, Käse oder Brot herstellten. Es waren dies Arbeiten, die meist von den Frauen übernommen wurden, während die Männer die Produkte in der Stadt verkauften. Die Entfernungen mußten zu Fuß oder per Pferd zurückgelegt werden. Ein Kinderarzt, der im Norden von Quito Kühe züchtete, kam auf die Idee, Milch in die Stadt zu liefern. Er ließ sich einen Holzwagen bauen, der von einem Pferd gezogen wurde. Ein Indio brachte mit diesem Gefährt die Milch an die Haustür der Kunden. Später griffen andere die Idee auf und fuhren die Milch mit Lieferwagen aus. Erwerbsquellen solcher Art boten sich aber nur für diejenigen an, die nicht allzu weit von einem Ort lebten, der genügend Abnehmer für die Produkte versprach. Lebte man nicht zu abgelegen, konnte man auch daran denken, Pensionszimmer für Wochenendausflügler und Feriengäste einzurichten.[54]

Einzelne Immigranten ließen sich im Norden des Landes, in Tulcán, Cayambe und Ibarra nieder oder in Loja, einer Kleinstadt im Süden, die praktisch von den anderen Landesteilen abgeschnitten war. Den einen oder anderen verschlug es für kurze Zeit nach Riobamba, der »Halbwegstadt« am Fuße des Chimborazo, auf halber Strecke der Zugverbindung Guayaquil – Quito gelegen. Sei es, weil sich dort kurzfristig eine Arbeitsmöglichkeit bot, etwa in der ersten Schuhfabrik Ecuadors, oder weil man entnervt vom schwülheißen Klima Guayaquils in der »heladera«, dem »Eiskeller« Ecuadors, einen Neuanfang versuchte. Langfristig blieb keiner in diesen Kleinstädten wohnen.[55] Die Stadt Cuenca, wegen ihrer schönen Lage, des guten Klimas und ihres kolonialzeitlichen Gepräges von Immigranten geschätzt, beherbergte in den vierziger Jahren maximal dreißig jüdische Familien, 1948 waren es noch zwanzig. Rund 470 km südlich von Quito, abseits der Hauptverkehrsader gelegen, war die Stadt Cuenca vom Rest des Landes isoliert und daher trotz ihrer Vorzüge für die Immigranten wenig attraktiv.[56]

Eine größere Ansiedlung in der Andenregion außerhalb von Quito gab es nur noch in Ambato einschließlich des benachbarten Baños. Zwischen Quito und dem 130 km südlicher gelegenen Ambato verkehrten täglich Überlandbusse. Wer nach Ambato fuhr, um seine in Quito hergestellten Waren den dort lebenden Immigranten zum Verkauf anzubieten oder in

53 Vgl. z.B. die Gespräche Josefine Barasch, Erna Better, Dr. Helmut Wellisch.
54 Gespräch Dr. Gertrud Tietz; vgl. das Gespräch Hugo Deller.
55 Vgl. Huber, Raritätenjäger, S. 87 f. und die Gespräche Willi Bamberger und Rosmarie Prutchi; Isacovici, Rodríguez, A 7393, S. 247 ff.
56 Vgl. La Colonía, S. 80; das Gespräch Ilse und Kurt Dorfzaun.

Baños Ferien zu verbringen, benutzte in der Regel einen dieser Busse und nicht den Zug, der ja nur jeden zweiten Tag in einer Richtung verkehrte.

Auch wenn die folgende zeitgenössische Schilderung der Ereignisse, die der eigentlichen Busfahrt vorausgingen, anekdotisch erscheinen mag, gibt sie doch einen guten Einblick in die sozialen Verhältnisse, in Lebensart und Zeitverständnis im damaligen Ecuador, denen der deutsche Großstädter fassungslos gegenüberstand.

»Man wußte, daß die Busse nach Ambato von der Plaza ›24 de Mayo‹ im Süden der Innenstadt abfuhren und fand sich frühmorgens dort ein. Schon ehe man an Ort und Stelle war, hörte man die lauten, ermunternden Rufe der ›controladores‹: ›Ambato, Ambato‹ und beschleunigte seine Schritte. Da stand der Bus und war halbleer; nur auf den hinteren Bänken einige Indios, oft mit Frau und Kindern. Man fragte den ›Rufer im Streit‹, meist halbwüchsige Burschen ohne jede Art von Dienstkleidung, höchstens einmal kenntlich durch eine Art Dienstmütze: ›Cuándo van a salir?‹ (›Wann geht's los?‹) und erhielt immer die stereotype Antwort: ›Ya mismo‹, was wörtlich heißen würde: ›Im gleichen Augenblick‹ ... Mit der unwahren Behauptung, es gehe sogleich los und dem dies bekräftigenden Zuruf: ›Apúrese!‹ (›Beeilen Sie sich!‹) drängte er den ›Kunden‹ in den Wagen. Waren die vorderen Plätze neben der Tür schon besetzt und die hintere Tür durch dort verstautes Gepäck barrikadiert, so mußten die Indios durch eins der ganz engen Fenster ›einsteigen‹, wobei der Controlador von hinten nachhalf. Allmählich füllte sich wirklich der Wagen, und dann erschien der Fahrer, der die Gäste der vorderen Reihen höflich begrüßte. Da die meisten der Passagiere, die diese Überlandbusse benutzten, irgendwo unterwegs in der Nähe der Landstraße wohnten und also häufiger auf dieser Strecke fuhren, waren sie alte Bekannte des Chauffeurs, der sich erst einmal mit ihnen über ihre Besorgungen in der Hauptstadt, über den Gang der Geschäfte oder über ihre Familien unterhielt ... Nachdem diese zum Geschäft gehörenden Präliminarien beendet waren, öffnete der Fahrer die Motorhaube, besah sich mit fachkundiger Miene die sichtbaren Teile des Mechanismus, schraubte hier und da eine lockere Schraube fest und säuberte die Zündkerzen. Dann schloß er die Haube, und nun dachte der unerfahrene Gringo, der bis dahin schon mehr als eine Stunde mit wachsender Ungeduld gewartet hatte, jetzt werde es ernst mit der Abfahrt. Weit gefehlt: Es entspann sich ein Gespräch mit dem Controlador, dessen Gegenstand mancher Art sein konnte. Möglicherweise hatte sich ein ›vornehmer‹ Fahrgast, der in Kenntnis des üblichen Betriebes sich einen Platz vorn hatte reservieren lassen, wieder nach Hause begeben und von dem Fahrbegleiter gegen ein kleines Trinkgeld das Versprechen erhalten, man werde ihn abholen. Es konnte sich aber auch um schlecht auf dem Dach verstautes Gepäck handeln, und dann kletterte der junge Mann wieder herauf und befestigte die Koffer, Kisten, Säcke, Bündel und sonstigen Pakete neu. Es konnte sich aber auch um sorgenvollere Erörterungen handeln, etwa um die nur noch lose in den Angeln hängende Hintertür; dann wurde diese mit ein paar Stricken festgezurrt. An solchen fehlte es nie, sie gehörten zum eisernen Bestand; denn irgendetwas war an diesen alten, stets weit über die normale Tragfähigkeit beladenen Wagen immer locker und mußte vor der Abfahrt oder unterwegs festgebunden werden. Es kam auch vor, daß der Chauffeur sich erst jetzt erinnerte, daß er Öl brauchte. Dann schickte er den Controlador fort, eine Blechdose der bekannten Marken zu kaufen. Das kostete wenig Zeit; denn Öl verkauften die Tankstellen, von denen es an der Plaza mehrere gab, und Geld hatte der junge Mann. Kaum hatte er einen Fahrgast gekapert, so kassierte er von ihm den Fahrpreis, und dieser war lächerlich gering. Zu jener Zeit des noch nicht reglementierten Überlandverkehrs mit vorsintflutlichen Fahrzeugen, denen wir Europäer uns nur mit Bedenken anvertrauten, kostete die Fahrt nach Ambato auf den hinteren Plätzen für die Indios nur 4 – 5 Sucres, das waren rund 1,20 – 1,50 Mark für eine Strecke von 130 km. Die Indios wurden als eine Art ›lebendes Frachtgut‹ behandelt, sie waren sozusagen ›Zwischendecks-Passagiere‹ wie auf den übelsten Seelenverkäufern der christlichen Seefahrt. Wir ›vornehmeren‹ Fahrgäste zahlten auf den Vorderplätzen 6 Sucres. Niemand, der einen solchen Vorderplatz hatte und Bescheid wußte, setzte sich in den Wagen, außer wenn es regnete; man würde ja noch lange und unbequem genug in dem Gefährt sitzen müssen. Plötzlich hieß es höflich, aber nun in Eile: ›Suba no más! Nos vamos.‹ (›Steigen Sie ein! Wir fahren.‹) Aufatmend sah man auf die Uhr: 2 Stunden waren vergangen. Man legte sich den zusammengefalteten Mantel auf dem harten Holzsitz unter und dachte: Endlich! Weit gefehlt! Denn jetzt begann der Mitfahrer, die von der Polizei verlangte Passagierliste auszufüllen … Nachdem auch diese Formalität erledigt war – was bei 40 Passagieren geraume Zeit dauerte – setzte sich der Bus in Bewegung. Nun war es so weit, dachte der unerfahrene Neuling. Aber jetzt ging es erst zur Benzinpumpe, um zu tanken. Niemals tankte ein Bus im voraus; es konnte ja etwas dazwischenkommen. Und gar am Abend vorher zu tanken, kam nicht in Frage; denn der Wagen stand ja nachtsüber unbewacht auf der Plaza oder in einer der benachbarten Straßen, und da konnte das Benzin allzuleicht mit einem Schlauch abgefüllt und gestohlen werden. Diese Erklärung gab mir einmal ein Chauffeur. Nun konnte die Fahrt wirklich losgehen, freilich oft erst nach einem Umweg durch die Innenstadt, wenn der erwähnte ›Honoratior‹ oder ›Stammgast‹ oder ein besonderer Freund des Chauffeurs sich ausbedungen hatte, abgeholt zu werden.«[57]

57 W. Aron, Der Heiligenschein, S. 81 ff.

Nun ging es viereinhalb Stunden über die noch nicht asphaltierte Straße mit Halt in jeder kleinen Ortschaft bis nach Ambato, der Hauptstadt der Provinz Tungurahua. Die etwa 20 000 Einwohner zählende Stadt war Marktzentrum für die landwirtschaftlichen Erträge des fruchtbaren Umlandes und ist bis heute berühmt für ihre »europäischen« Obstsorten wie Äpfel, Birnen, Pfirsiche, Renekloden und Pflaumen, die in diesem Gebiet aufgrund der hier stärker ausgeprägten Jahreszeiten gedeihen. In Ambato gab es ein paar Textilbetriebe, von denen der größte, die »Algodonera«, unter deutscher Leitung stand und einige Immigranten beschäftigte. Auch in anderen Unternehmen fanden Immigranten als Techniker Stellungen in gehobenen Positionen. Es entstanden neue, von Immigranten gegründete Betriebe wie »La Europea«, die sich auf die Produktion von künstlichen Seidenstoffen spezialisierte und eine Fabrik, die Perserteppiche herstellte. Die hierbei angewandte Knüpftechnik zur Erzielung dichter und fester Knoten war neu. Andere webten Stoffe, produzierten Seifen, chemische Produkte und Metallerzeugnisse. Eine der später erfolgreichsten Fabriken, die »Ideal« hatte ihre Anfänge hier in Ambato mit der Produktion von Stacheldraht. Andere Immigranten hatten Woll- und Stoffgeschäfte in der Stadt oder gingen mit Textilwaren über Land. Zwei oder drei Familien betrieben Restaurants oder Pensionen und eine weitere eine Bäckerei.

In der Broschüre über die jüdischen Gemeinden in Ecuador, die anläßlich des zehnjährigen Bestehens der Gemeinde in Quito 1948 herausgegeben wurde, heißt es, daß die ökonomische Situation der Juden in Ambato gut sei und seit vielen Jahren sich kein Immigrant mehr mit der Bitte um wirtschaftliche Hilfe an die Gemeinde gewandt habe. Diese zählte damals unter Einschluß von einigen Personen, die in Baños lebten, 27 Mitglieder. Die Gesamtzahl der in Ambato lebenden Juden wird mit etwas mehr als hundert angegeben. Sie stammten in ihrer Mehrheit aus Bessarabien, Ungarn und Deutschland, ferner aus der Tschechoslowakei, Österreich und Polen.[58]

Etwa 40 km südöstlich von Ambato liegt der Ort Baños in einem von den Berghängen des Vulkans Tungurahua gebildeten Talkessel auf der Höhe von 1800 m. Mit seinen grünen Hängen und den zahlreichen Wasserfällen erinnerte er die Immigranten an Täler in der Schweiz und so nannten sie die Gegend die »Ecuadorianische Schweiz«, eine Bezeichnung, die auf Hugo Mosbach zurückgehen soll. Er und seine Frau gehörten zu den ersten Immigranten, die in Baños eine Pension eröffneten, die »Villa Edita« im Juli 1941.[59] In Baños, wörtlich »Bäder«, gibt es mehrere kalte und heiße Quellen, reichhaltig an Eisen und anderen Mineralien, von denen man sich eine heilende Wirkung auf verschiedene Erkrankungen wie Rheuma, Gicht, Arthritis,

58 Vgl. La Colonia, S. 80; das Gespräch Minne Mampoteng de Bodenhorst.
59 Vgl. Juli 42, 6.

Leber-, Galle- und Nierenbeschwerden, aber auch auf Nerven- und »Frauenleiden« erhoffte. Neben den schon bestehenden, von Einheimischen betriebenen Unterkünften entstanden in kurzer Zeit mehrere von Immigranten geführte Pensionen, in denen die meisten der Quiteñer Immigranten, die sich damals einen Urlaub leisten konnten, in den Ferienmonaten anzutreffen waren. Die Besitzer der Pensionen und Hotels mit Namen wie »Villa Santa Clara«, »Villa Gertrudis«, Hotel »Esplanade«, »Palace« und »Gran Hotel Termal« warben die Erholungsuchenden mit europäisch eingerichteten Zimmern, ausgestattet mit guten Betten und fließendem Wasser, mit aufmerksamer Bedienung und internationaler oder »bester Wiener Küche«, mit Diätverpflegung und mit ärztlicher Aufsicht über den Kuraufenthalt. »Sie aßen besser in Baños als in Wien, das versichere ich Ihnen ... Sie trafen auf ein Drittel der Gemeinde Quitos während seiner Ferien in Baños.«[60]

4. Versuche, den Urwald zu bezwingen

Die zweifellos größte Veränderung in ihrem bisherigen Leben erfuhren jene Immigranten, die sich in kaum erschlossenen tropischen Gebieten niederließen und hier ihrer Verpflichtung, in der Landwirtschaft zu arbeiten, nachkamen. »Genau 14 Tage waren erst seit unserer Ankunft im Lande verflossen. Schon damals schwebte etwas von jenem ›Heiligenschein‹, der das Leitwort dieses Berichts bildet, über unseren Köpfen: Kaum fiel irgendwo und irgendwann das Wort ›Oriente‹, dann öffneten sich sonst verschlossene Tore, es senkten sich die Barrieren der Bürokratie, Schwierigkeiten von Bergeshöhe wurden zu winzigen Maulwurfshaufen, und sogar die formalistischsten Behörden zeigten Hilfsbereitschaft. Es war ein ›Sesam, öffne dich!‹ im Märchen, ein Zauberwort.«[61] So schreibt ein Rechtsanwalt aus Königsberg in seinem Bericht über zehn Jahre Leben im Oriente, in jener im Ostteil des Landes gelegenen Urwaldregion, die etwa noch die Hälfte des Staatsgebietes ausmacht, nachdem Ecuador mit dem sogenannten Protokoll von Rio de Janeiro 1942 gezwungen worden war, weite Teile des Amazonasgebiets an Perú abzutreten.[62] Der Staat hatte ein Interesse an der Erschließung des Urwaldes und versuchte durch entsprechende Gesetze, Siedler anzulocken. Wer im Oriente lebte, brauchte keine Steuern zu zahlen und war vom Porto für Inlandsbriefe befreit. Im Gegensatz zum Hochland, wo der Erwerb von Land zu teuer war, konnten die Immigranten hier Grund und Boden zu billigen Preisen kaufen. Den eigentlichen Preis zahlte man, in

60 Gespräch Simon Prutchi (Übersetzung MLK). Vgl. auch die Gespräche Hugo Deller und Gustav Zanders.
61 W. Aron, Der Heiligenschein, S. 6 f.
62 Zum Grenzkonflikt zwischen Ecuador und Peru vgl. z. B.: Atlas del Ecuador, S. 28 f. und 32 f.; Lilo Linke, Ecuador, S. 179 f.; Januar 41, 1 f.

Abb. 3: *Die »Villa Edita« in Baños und ihre Gäste, um 1945*

dem man den Boden urbar machte. Jeder Erwachsene konnte bis zu 50 Hektar unbearbeitetes Land beanspruchen, wenn er sich verpflichtete, binnen fünf Jahren mindestens ein Viertel dieser Fläche zu roden und zu bepflanzen. Geschah dies, wurde er gegen eine geringe Anerkennungsgebühr, etwa eine Mark pro Hektar, Eigentümer des Landes. Die Vermessung eines solchen Gebietes, das man mit einer »denuncia« anmelden mußte, war nicht einfach. In dem unwegsamen, unübersichtlichen und hügeligen Gelände galt es aufzupassen, daß man nicht auf bereits »denunziertes« Gebiet stieß oder selbst Opfer einer »denuncia« von anderer Seite wurde. Nur die Minderheit der Immigranten, die sich hier niederließ, hatte soviel Geld, um bereits kultiviertes Land von einem Siedler, der verkaufen wollte, zu erwerben.[63]

Eines der Gebiete, in denen sich Immigranten ansiedelten, lag östlich von Baños in Richtung des ungefähr 70 km entfernten Puyo, ein anderes in der Gegend von Tena bzw. Archidona, gut 100 km nördlich von Puyo gelegen. Etwa 25 km von Baños lebten einige Immigrantenfamilien und betrieben zumindest vorübergehend erfolgreich Obst- und Viehwirtschaft. Ein Kölner Immigrant belieferte von hier unter anderem die Lebensmittelgeschäfte »Lucul« in Quito mit Naranjilla, einer stachelbeerig schmeckenden Frucht, aus der man Saft und Schnaps herstellt.[64] Da es bis hierhin bereits eine Ver-

---

63 W. Aron, Der Heiligenschein, S. 76 ff.
64 Vgl. das Gespräch Gustav Zanders; La Colonia, S. 83.

kehrsanbindung gab, war die Vermarktung der Erträge gesichert. Die Straße nach Puyo endete hinter dem Dorf Rio Verde. 1939 war man mit ihrem Weiterbau beschäftigt, einem schmalen Band, zunächst zwischen steilen Felswänden und dem mehrere hundert Meter tiefer fließenden Rio Pastaza verlaufend. Am Bau dieser Straße und der Brücken waren jüdische Ingenieure beteiligt. Es sollte aber noch acht Jahre dauern, bis das letzte Teilstück Puyo erreichte, denn man baute die Straße praktisch in Handarbeit, es gab weder Bulldozer, Traktoren, noch andere Maschinen. Lediglich Lastautos standen für den Transport von Steinen, Kies und Sand zur Verfügung. Auf Maultierpfaden führte bis dahin der Weg weiter ins Innere, wo einzelne Siedler ihre Anwesen hatten. Flüsse passierte man über schmale, schwankende Hängebrücken und dort, wo es keine gab, ging es direkt durch den Fluß. Schwollen diese Flüsse durch starke Regengüsse an und verschütteten Erdrutsche die Trampelpfade und die von den Siedlern angelegten Knüppeldämme, war man tagelang abgeschnitten. Waren die lehmigen Böden aufgeweicht, sanken die Reittiere bis zum Bauch in die Schlammassen.[65]

Puyo war damals ein kleines Dorf mit einer Station der Dominikaner, die eine Kirche und eine Schule unterhielten. Einige deutsche und österreichische Familien, aber auch Einzelgänger, lebten bereits im mehr oder minder weiten Umkreis von Puyo. Die Motive, die sie in den Urwald getrieben hatten, waren verschiedener Art. Einen Anziehungspunkt für Abenteurer bildeten die Llanganatis-Hügel nordwestlich von Puyo, wo es Goldminen gab und wo in einer Lagune angeblich ein Teil des Lösegelds für den von den Spaniern gefangengenommen und 1533 ermordeten Inka Atahulpa versteckt sein soll. Auch gab es »Galápagos-Gestrandete«, Menschen, die Anfang der dreißiger Jahre von jenem Dr. Ritter und der selbsternannten Baronin Dore Strauch gehört hatten, die der Zivilisation nach Galápagos entflohen waren. Sie selbst gelangten aber nie an ihr urspüngliches Ziel.[66]

Das Königsberger Ehepaar, das im Mai 1939 mit seinen drei Kindern nach einem elfstündigen Ritt in Puyo völlig erschöpft angelangt war und am nächsten Tag nach einem halbstündigen Marsch sein Ziel erreichte und es »La Libertad« nannte, hatte den Entschluß, in den Urwald zu gehen auch aus einem »bedenklich imaginären Wunsch« heraus gefaßt: »Die bürgerlich-städtische Zivilisation mit all ihren Bildungsidealen, die uns verraten

65 Vgl. W. Aron, Der Heiligenschein, S. 14 ff. u. 89 ff.
66 Vgl. die Gespräche Georg K., Charly Hirtz, Maria Seidl; Weilbauer, Die Deutschen, S. 62; ders., Die Deutschen in Ekuador, in: Hartmut Fröschl (Hrsg.), Die Deutschen in Lateinamerika. Schicksal und Leistung, Tübingen, Basel 1979, S. 382. Zur Ansiedlung auf Galápagos siehe: Margret Wittmer, Postlagernd Floreana. Eine moderne Robinsonade auf den Galápagos-Inseln, Frankfurt a. M., Olten, Wien 1983, und besonders: John Treherne, Verloren im Paradies. Die Galápagos-Affäre, Reinbek 1989. Nach dem sogenannten Röhm-Putsch 1934 sollen sich auch Angehörige der SA in Puyo niedergelassen haben. Vgl. das Gespräch Gustav Zanders.

Abb. 4: *Das Haus der Familie Aron »La Libertad« bei Puyo, um 1941*

und im Stich gelassen hatte, hinter uns zu lassen und einen scharfen Trennungsstrich zwischen Vergangenheit und Zukunft zu ziehen. Mit andern Worten: Wir wollten ein völlig neues Leben beginnen. Bestimmend war dafür nicht ein Ruf ›Zurück zur Natur‹, sondern die Sehnsucht enttäuschter Menschen, einer Zivilisation, die sich als fadenscheinig erwiesen hatte, den Rücken zu kehren.«[67] Für den Neubeginn hatte man sich reichlich mit Werkzeug und Gebrauchsgegenständen verschiedenster Art eingedeckt, darunter Herdplatten, Kerosin- und Benzinbrenner und eine Butterzentrifuge. Zwei Kisten mit Büchern enthielten die für lange Zeit »einzige geistige Nahrung«, komplettiert durch ein Koffergrammophon mit Schallplatten vorwiegend klassischer Musik und eine Fülle von Schreibutensilien. Unterkunft bot zunächst ein halb verfallenes Haus, das von seinem früheren Besitzer aufgegeben worden war. Später baute man sich mit Hilfe des örtlichen Caciquen, des Häuptlings Severo Vargas, ein Haus in der traditionellen Bauweise der Region, eine auf Palmstämmen ruhende Konstruktion mit Wänden aus gefugten Brettern oder gespaltenem Bambusrohr und einem Dach aus kunstgerecht gefalteten Palmblättern.[68]

Die Frage des Anbaus war um so schwieriger, je weiter das zu bewirtschaftende Terrain abseits der bereits ausgebauten Verkehrswege lag. Mais und Bananen für den eigenen Gebrauch hatte jeder Siedler auf seinem Land.

67 W. Aron, Der Heiligenschein, S. 39.
68 Vgl. ebenda, S. 106 ff.

Hinzu kamen Yuca, Papachina, Papaya und Ananas. Negative Erfahrungen mit dem Anbau von Kaffee und Kakao hatten andere bereits gemacht. Die Pflanzungen wurden von Seuchen befallen, gegen die man kein Mittel kannte. Erst in den fünfziger Jahren sollte es einer Immigrantin gelingen, in dieser Region, beim Ort Archidona, zum erstenmal mit Erfolg qualitativ hochwertige Kaffeebohnen anzubauen.[69] In der Gegend um Puyo schien damals der Zuckerrohranbau oder die Viehwirtschaft in Frage zu kommen. Das Zuckerrohr konnte zu »panela«, Rohzucker, verarbeitet werden. Man konnte es auch zu Alkohol brennen, war damit aber an eine Reihe von Vorschriften und Genehmigungen gebunden, denn die Alkoholbrennerei stand unter staatlichem Monopol, dem »Estanco«, und erforderte darüber hinaus verschiedene Gerätschaften und eine Anlaufzeit von zwei bis drei Jahren. Wer keinen finanziellen Rückhalt hatte, um diese Zeit zu überbrücken, dem blieb nur eine bescheidene Viehwirtschaft, die man mit der Herstellung von Milchprodukten kombinieren konnte.

»Wie fängt man es an, Kühe zu kaufen, wenn man kaum junge von alten Tieren unterscheiden kann. Sofort machten wir den ersten Fehler, anstatt uns nach einheimischem Vieh in der Puyogegend umzusehen, nach Ambato auf 2500 Meter Höhe zu fahren, da es dort angeblich hochklassigeres Vieh zu billigen Preisen gäbe.«[70] Das völlig andere Klima und Futter ließen den erhofften Milchertrag beträchtlich geringer ausfallen. Ein geschwächtes, von Läusen befallenes Kälbchen ging nach verschiedenen Behandlungsmethoden ein, eine Kuh stürzte einen steilen Abhang herunter, eine andere verheddert sich im Seil, an das sie angebunden war und brach sich bei ihren Befreiungsversuchen ein Bein, andere erhängten sich an den Stricken. Die Tiere wurden angebunden, damit sie nicht im Urwald verschwanden, nicht in Gelände grasten, das bereits abgeweidet war und wo die »gramalote«, wie man das bis zu drei Meter hoch werdende Weidegras im Oriente nennt, nachwuchs oder aber, damit die Tiere nicht in Anpflanzungen ihren Hunger stillten. Für Drahtzäune war im allgemeinen kein Geld vorhanden. Versuche, aus vorhandenem Holz Zäune zu konstruieren, brauchten ihre Zeit, bis sie so ausgereift waren, daß sie der Witterung und der Kraft der Tiere widerstanden.

Ein Immigrant, der mit seiner Familie bei Archidona auf 150 ha Viehzucht in größerem Maßstab betrieb und die Tiere frei laufen ließ, schildert die

---

69 Vgl. den Bericht Lilo Linkes über die Hacienda von Hilde Weilbauer, in: *El Comercio* v. 12. 7. 57. Vgl. auch Weilbauer, Ein weiter Weg, S. 46 u. 85. Hilde und Eugen Weilbauer gaben den Kaffeeanbau dennoch wieder auf. Wegen großer Probleme bei der Sauberhaltung der Pflanzungen und Krankheiten, die diese immer wieder befielen, war die Viehwirtschaft einträglicher. Die Hacienda existiert bis heute. Das eigentliche Kaffeeanbaugebiet Ecuadors lag in den Küstenprovinzen. Seine Qualität war verglichen mit den Kaffeebohnen anderer Länder wie z.B. Kolumbien minderwertig.
70 W. Aron, Der Heiligenschein, S. 71.

Methode, um das Vieh zusammenzubringen: »Wir hatten da so eine Art Tür. Da haben wir uns oben draufgesetzt und gerufen: Cachi, cachi. Das ist Salz in Quichua. Es hat keine dreißig Sekunden gedauert, da kamen die Tiere in Massen. Man sah wegen des hohen Grases nur die Spitzen der Hörner. Ein Spektakel war das! Das einzige, was die Tiere bei ihrer Ernährung nicht bekommen, ist Salz. Ich habe das von unsern Nachbarn, die 3 km weiter wohnten, erfahren.«[71] Ein regelmäßiges Zusammentreiben der Tiere, wenn es nicht schon aus dem Grunde geschah, um sie zu melken, war notwendig, um zu kontrollieren, ob die Tiere von Würmern befallen waren. Sie waren nachts den Angriffen von Fledermäusen ausgesetzt. In die Wunden legten verschiedene Fliegenarten Eier, aus denen sich Würmer entwickelten, die tief in das Fleisch der Tiere eindrangen. Mit in Kresol getränkten Tabakpfropfen, die in die Wunden gedrückt wurden, tötete man die Parasiten ab.

Auch der Mensch war hier vielerlei Bakterien und Parasiten ausgesetzt, die das Leben schwer machten. Man kurierte sich selbst mit einfachen Medikamenten und konnte hoffen, mit der Zeit eine gewisse Resistenz zu entwickeln. Gedanken, was passieren würde, wenn jemand so erkrankte, daß man ihn schnellstens in ein Hospital bringen mußte, verdrängte man besser. Oder aber man vertraute sich im Ernstfall einem »brujo«, einem Medizinmann an, um etwa von Blasensteinen befreit oder einem Schlangenbiß geheilt zu werden. Eine andere Sorge galt dem Fernhalten von unerwünschten Mitessern im Haus und auf dem Feld. Man mußte mit ansehen, daß überall dort, wo etwas wuchs, sich Hasen, Mäuse, Ratten, Vögel und allerlei sonstiges Getier einstellten. Marder und Schlangen fraßen Hühner, Kakerlaken und Ameisen befielen die wenigen gekauften Lebensmittel. Zu den Hauptnahrungsmitteln gehörten neben den verschiedenen Früchten dicke Suppen auf der Grundlage von Mehl, Haferflocken und Reis oder Bohnen und Bananen.[72] Fische und einen Leckerbissen von »unerhörter Kostbarkeit« bot die Natur frei Haus, »palmitos«. Dieses zarte Palmfleisch befindet sich im obersten Teil des Stammes, und man mußte den Baum fällen, um daran zu kommen. Ein Baum reichte für den Nachtisch von fünf bis sechs Personen.

Um sich eine zusätzliche Einnahmequelle zu erschließen, stellten die Siedler Butter, Käse, Brot oder zumindest eins dieser Produkte her, die man in Puyo verkaufen konnte, nicht unbedingt gegen Geld, sondern zum Beispiel gegen Mehl. Brot und Käse erwiesen sich als sehr begehrt. Wichtigster Abnehmer aber sollte für einige Jahre das Lager der Shell-Oil-Company werden, das 8 km westlich von Puyo mit einem Flugplatz, Lagerschuppen, Flugzeughallen, Verwaltungsgebäuden und Wohnhäusern entstand. Von dieser »Oase der Zivilisation« aus, in der es fließendes Wasser und Elektrizität

---

71 Gespräch Bodo H. Vgl. W. Aron, Der Heiligenschein, S. 72 ff.
72 Vgl. Gert Aron, Der Heiligenschein, S. 182; die Gespräche Bodo H. und Maria Seidl.

Abb. 5: *Einheimische Arbeiter/innen auf der Finca »Las Cumbres« der Familie Grossmann bei Santo Domingo, um 1942.*

gab, startete man zu den Versuchsbohrungen im Inneren des Urwaldes und versorgte die Bohrstellen mit Nachschub. Die Company beschäftigte gut bezahlte Angestellte und mehrere hundert Arbeiter. Die erwähnte Königsberger Familie konnte hier auch ihre Webarbeiten wie Tischtücher, Servietten und Möbelstoffe verkaufen. »Die Amerikaner und Engländer der Shell-Oil-Company schickten sie an alle Verwandten als Produkte des Urwalds, und für die Empfänger waren diese Stoffe sicher die letzten Zeichen einer aussterbenden Inca-Kultur. Wir stellten uns romantisch vor, wie die Archäologen die seltsame Verwandtschaft zwischen der Webereikultur der ostpreußischen und südamerikanischen Ureinwohner erklären würden.«[73] Wer nicht in der Nähe des Lagers, aber in der Nachbarschaft einer Bohrstelle lebte, konnte Vieh und Lebensmittel zum Verkauf dorthin transportieren, was allerdings mühsam war, denn man mußte sich den Weg durch Urwaldgestrüpp bahnen. Einzelne Immigranten fanden auch direkt Arbeit bei der Shell, zum Beispiel als Geologe, oder verdienten sich neben der Arbeit in der Landwirtschaft als Vorarbeiter eines Trupps von Indios ein Zubrot. Wer Eingeborene beschäftigte, mußte sie in der Regel tageweise anstellen. Sie lebten in kleinen Ansiedlungen in den noch schwer zugänglichen Gebieten des Urwaldes und waren anders als die Indígenas des Hochlandes nicht einer Jahrhunderte währenden sklavenähnlichen Lebenslage ausge-

73 G. Aron, Der Heiligenschein, S. 221. Vgl ebenda, S. 184.

Abb. 6: *Gustav Zanders beim Bananentransport auf dem Fluß Esmeraldas, 1948.*

setzt. Sie waren an ein freies und ungebundenes Leben gewöhnt und nur an der Deckung ihrer unmittelbaren Bedürfnisse interessiert. Nicht immer waren sie den Siedlern, Missionaren und Technikern von Ölgesellschaften freundlich gesonnen. Gelegentlich versuchten sie, sich mit Pfeilen und Speeren gegen die Eindringlinge zur Wehr zu setzen. Der Absatzmarkt, den die Shell-Oil-Company bot, verschwand, so schnell wie er entstanden war. Die Shell stellte 1949 ihre Bohrungen ein. Auch erfüllte sich zunächst die Hoffnung nicht, daß man mit der Anbindung Puyos an die Straße nach Baños mehr Produkte der Region würde absetzen können. Ein gegenteiliger Effekt trat ein, billigere Produkte aus dem Hochland gelangten nach Puyo.[74]
Soweit überschaubar, trennten sich alle Immigranten wieder von ihrem Urwalddasein. Sei es, weil sie aus gesundheitlichen oder Altersgründen nicht länger arbeiten konnten oder das Klima immer weniger vertrugen, weil erwachsen gewordene Kinder weggingen, die als Arbeitskräfte gebraucht wurden, man Kindern den Besuch einer Schule ermöglichen oder weil man nicht länger am Rande des Existenzminimums und immer wiederkehrender Fehl- und Rückschlägen leben wollte. Die scheinbar unerschöpfliche Fruchtbarkeit des Urwaldbodens erwies sich als eine Täuschung und die nomadenhafte Lebensform der eingeborenen Indios als eine Antwort hierauf. Das

---

74 Vgl. die Gespräche Georg K. und Bodo H.; G. Aron, Der Heiligenschein, S. 223; Linke, Ecuador, S. 144 f.

Verlangen nach »geistiger Nahrung« war auf die Dauer nicht durch mitgebrachte Bücher zu ersetzen und auch nicht durch gelegentliche Besuche von Bekannten und Freunden aus der Großstadt. Wenn auch Kontakte unter den ausländischen Siedlern bestanden und es Bekanntschaft mit Einheimischen gab, so lebte man doch sehr isoliert und einsam. Nachrichten gelangten nur spärlich in diese entlegene Welt. Man konnte die dörflichen Feste besuchen, deren einfache, dafür aber noch ursprüngliche Vergnügungen mit Spielen und Wettbewerben vor allem eine Abwechslung für Kinder und Jugendliche waren.[75]

Unter ähnlichen Bedingungen, wie die Immigranten im Oriente lebten jene, die in der Gegend von Santo Domingo de los Colorados, etwa 130 km südwestlich von Quito in Richtung Küste, einen Neuanfang versuchten. Hier war der Boden sehr fruchtbar. In dem feuchtheißen Klima gediehen alle tropischen Nutzpflanzen. Allerdings grassierte hier im Gegensatz zu der Region um Puyo die Malaria.[76]

5. Neuanfang in Guayaquil

Die Stadt Guayaquil, die 1535 von den Spaniern an der Stelle einer bereits bestehenden Siedlung gegründet worden war, hatte sich in der Kolonialzeit zum wichtigsten Überseehafen der »Real Audiencia de Quito« entwickelt, zu der damals auch Teile von Kolumbien und Peru gehörten. Nach der Unabhängigkeit von Spanien wuchs die Stadt bis zum Beginn des 20. Jahrhunderts zur Wirtschaftsmetropole und Zentrale des Finanzwesens in Ecuador. Diese Entwicklung vollzog sich in ständiger Konkurrenz zu Quito um die Vormachtstellung im Staate. Der Gegensatz zwischen Costa und Sierra, der teilweise gewaltsam ausgetragen wurde und auch heute noch spürbar ist, war Ausdruck der unterschiedlichen Interessen der in dieser Zeit besonders durch den Kakao-Boom reich gewordenen Oligarchie des Handels und der Plantagenbesitzer der Küste einerseits und der eng mit der katholischen Kirche verbundenen Oligarchie der Großgrundbesitzer des Hochlandes andererseits, deren wirtschaftliche Interessen auf den Binnenmarkt gerichtet waren. Liberale Reformen, die die am Export orientierten Familienclans durchsetzten, dienten nicht zuletzt dem Zweck, die feudalen Strukturen aufzubrechen, um das indianische Arbeitskräftepotential des Hochlandes für die Arbeit auf der ständig wachsenden Zahl der Plantagen an der Küste freizusetzen. Einseitig am Außenhandel und den Bedürfnissen des Weltmarktes orientiert, wurden die hier gemachten Gewinne nur wenig für den Aufbau einer eigenen Industrie genutzt, sondern für den Import von Luxus-

75 G. Aron, Der Heiligenschein, S. 205 ff.
76 Vgl. die Gespräche Dr. Ilse Grossmann, Käthe Kywi, Gustav Zanders.

gütern verwendet. So war Guayaquil, als die Immigranten hier eintrafen, eine ausgesprochene Handelsstadt, der Umschlagplatz für die ecuadorianischen Exportgüter Kakao, Kaffee, Reis, Bananen und die sogenannten Panama-Hüte. Importiert wurden vor allem Lebensmittel und Getränke des gehobenen Bedarfs, Tabak, Textilien, Garne, Maschinen, Werkzeuge, Autos, Metalle und Metallprodukte.[77]

Als Handelsstadt hatte Guayaquil im Vergleich mit Quito stets eine größere Anzahl von Ausländern beherbergt. Repräsentanten von Schiffahrtsgesellschaften, von Import- und Exportfirmen, Kaufleute und auch Fabrikanten verschiedener Länder lebten hier vorübergehend oder auch auf Dauer. Eine jüdische Gemeinde aber gab es im Gegensatz zu anderen südamerikanischen Ländern ebensowenig wie in Quito. Seit dem Ende des 19. Jahrhunderts hatten sich einzelne Juden, die aber nicht als Gruppe in Erscheinung traten, in der Stadt niedergelassen. Ab Mitte der dreißiger Jahre emigrierten Juden aus osteuropäischen Ländern, um sich hier eine neue Existenz aufzubauen. Sie waren in der Regel wenig bemittelt und widersprachen den Vorstellungen vom wohlsituierten Ausländer, dessen Bild als »Gringo« von den Vertretern nordamerikanischer, aber auch deutscher Firmen geprägt war. Die USA und Deutschland waren die beiden wichtigsten Handelspartner Ecuadors. Wie in Quito hatten es die Früheinwanderer hier besonders schwer. Andererseits waren sie weniger als die ab 1938/39 in größerer Zahl angekommenen Immigranten versucht, unter sich zu bleiben. Sie waren darauf angewiesen, mit den Einheimischen in Kontakt zu treten und schneller die Landessprache zu erlernen. Überhaupt spielte sich das Leben, dem Klima entsprechend, mehr auf der Straße, in der Öffentlichkeit ab und es war leichter, Kontakte zu den Küstenbewohnern, die in der Mehrzahl Mestizen sind, zu knüpfen als zu den eher verschlossenen Menschen des Hochlandes. Auch war man an der Küste weniger christlich-konservativ geprägt, man war weltoffener, weniger formell im Umgang und handhabte vorgegebene Konventionen flexibler.[78]

Mehr noch als in Quito hatten die Immigranten in Guayaquil Grund, sich um ihre Gesundheit zu sorgen. Bakterien und Parasiten verschiedenster

---

77 Ecuador stand Ende des 19. Jahrhunderts an erster Stelle und 1940 an sechster Stelle der Kakao exportierenden Länder. 1920 betrug sein Anteil am Wert des Gesamtexports 70 %. Der Preisverfall auf dem Weltmarkt Anfang der zwanziger Jahre und die fast gleichzeitig ausbrechende Hexenbesenkrankheit machten die Gefahren einer auf Monokultur basierenden Wirtschaft deutlich. Der Rückgang in der Ausfuhr von Kakao, der teilweise durch den gesteigerten Export von Reis und Kaffee ausgeglichen werden konnte, bildete noch in den vierziger Jahren eine wesentliche Ursache für die krisenhafte Entwicklung der Wirtschaft. Zur Entwicklung des Exports und den Handelsbeziehungen Ecuadors bis Ende der fünfziger Jahre vgl. Linke, Ecuador, S. 130 ff. u. 156 ff. Vgl. auch dies., Guayaquil resurge, in: Américas, Vol. 9, No 7, Julio 1957, S. 3 – 8; Juni 40, 1 f., August 40, 6 f.

78 Vgl. die Gespräche Freddi Abrahamson, Simon Prutchi, Gustav Zanders.

Art fanden im feuchtheißen Küstenklima und unter den miserablen hygienischen Verhältnissen ideale Verbreitungsmöglichkeiten. Im Jahre 1909 hatte die Stadtverwaltung den am Hamburger Hygieneinstitut tätigen promovierten Chemiker Robert Levi als »Químico Municipal« zur Bekämpfung von Malaria und Gelbfieber berufen. Levi gründete die Apotheke »Botica El Comercio« und eine Chemikalienhandlung im Zentrum der Stadt und lehrte später an der Universität. Schließlich war es bis 1917 mit Hilfe des Rockefeller Instituts gelungen, die Stadt zu entsumpfen und das Gelbfieber auszurotten. Malaria, gegen die man sich kaum schützen konnte, auch wenn man Vorsicht walten ließ und unter einem Moskitonetz schlief, grassierte aber weiterhin. »Es war sehr ernst: Ich kam nach Guayaquil mit 160 Pfund mit 16 Jahren und mein Gewicht ging auf 118 oder 116 Pfund zurück. Fünf Jahre Paludismus ... Sie gingen morgens um halbneun aus dem Haus mit dem Fahrrad, um zu verkaufen oder zu kassieren und um zehn fingen sie schon an zu zittern wegen des Malariafiebers. Sie liefen zum Arzt, der gab ihnen eine Spritze und sie gingen nach Haus und schwitzten einen ganzen Tag lang. Es war schrecklich, und die Darmerkrankungen!«[79] Nicht alle hatten genug Abwehrkräfte, um Infektions-, Darm- und Malariaerkrankungen zu überstehen. Schmutz und Ungeziefer, besonders die in der Regenzeit in Heerscharen einfallenden »grillos«, Heuschrecken, die sich wie Teppiche ausbreiteten, auf denen man knirschend lief und die des Nachts ihre Konzerte gaben, erschreckten vor allem den europäischen Großstädter. Einige Familien, die zunächst versucht hatten, in Guayaquil Fuß zu fassen, gaben nach kurzer Zeit entnervt auf und flohen ins Hochland. Besonders ältere Menschen hatten es schwer, sich auf die tropische Hitze einzustellen. Klimaanlagen gab es damals noch nicht, sie kamen erst mit Beginn der fünfziger Jahre auf. Die Überwindung solch tropischer Anfechtungen war wichtig genug, um im Todesfalle gewürdigt zu werden. So heißt es in einem Nachruf zum Tode einer fast achtzigjährigen Frau: »Ihr war es nie zu heiß, sie belästigten keine Moskitos, das Essen war immer gut, fröhlich und lustig ging sie am Malekon spazieren, eilte sie, ihren kleinen Verpflichtungen nachzukommen, ihren Bridge zu spielen.«[80]

Mangelnde Infrastruktur und sanitäre Anlagen, die völlige Unkenntnis und damit das Fehlen jeglichen Verständnisses für Sauberkeit und Krankheitsverhütung in der einfachen Bevölkerung führten dazu, daß viele von ihnen an übertragbaren Krankheiten wie Tuberkulose, Parasiten- und Wurmbefall litten. Furcht vor Ansteckung besonders bei Säuglingen und Kleinkin-

79 Gespräch Simon Prutchi (Übersetzung MLK). Vgl. auch Juni 40, 4 und Weilbauer, in: Fröschl, Die Deutschen, S. 397 f.
80 Heinrich Wittels in seinem Nachruf auf Ina Rehfisch, April 45, 10. Vgl. die Gespräche Rosmarie Prutchi, Federico Leffmann, Frieda Divicek.

dern veranlaßten einen Arzt aus Guayaquil, in der Zeitschrift der Jüdischen Gemeinde zu strengster Vorsicht im Umgang mit Dienstpersonal aufzurufen. An die Mütter wurde die Forderung gestellt, egal ob an der Küste oder im Hochland:»Wer sein Kind lieb hat, hält kein Kindermädchen.«[81] Unter den klimatischen Bedingungen Guayaquils war es eine besondere Sorge der Immigranten, wie sie leicht verderbliche Lebensmittel kühl aufbewahren konnten. Kühlschränke waren in Ecuador noch fast unbekannt, und nur einzelne konnten es sich leisten, ein solch teures Kühlgerät aus dem Ausland zu erwerben. Das allgemeine Kühlmittel waren große Eisblöcke, die von durch die Stadt fahrenden Wagen verkauft wurden. Um ihre Wirkung möglichst optimal auszunutzen, machten sich»Erfinder« ans Werk, um den»Immigranten-Eisschrank« zu konstruieren. Aus dem leichten Balsaholz baute man einen Kasten, der mit Teer bestrichen und mit Blech ausgekleidet wurde.[82]

Wie in Quito so konzentrierte sich auch in Guayaquil die Mehrzahl der Immigranten in bestimmten Straßen im Zentrum der Stadt zwischen dem Parque Centenario und der Uferstraße des Guayas. Sie lebte in der Avenida 9 de Octubre, damals wie heute der Boulevard der Stadt, in der Calle Luque, in der auch die Jüdische Gemeinde ihren ersten Sitz hatte oder in der Junín, der Noguche, der Aguirre, der Vélez und den Avenidien Boyacá, Chimborazo, Chile und Pedro Carbo. Hier gab es Pensionen wie die der Familien Helbig, Salomon, Pauker und Meyer. Es existierten eine Reihe kleiner Restaurants bzw. Cafés, die sich hauptsächlich in der 9 de Octubre befanden. Besonderer Beliebtheit bei den Immigranten erfreuten sich die Cafés»Winzelberg« und »La Palma« sowie das»Roxi« und das»Fortich«, in denen man am Sonntagnachmittag tanzen konnte. Bei Kaffee und Kuchen, Eis oder Getränken, die man möglichst sparsam konsumierte, wurden Alltagsneuigkeiten ausgetauscht und diskutierte man über den Verlauf des Krieges, worüber man durch die Tagespresse und die von der Jüdischen Gemeinde in Quito herausgegebene Zeitung relativ ausführlich unterrichtet war. Zu den populären Lokalen gehörte auch der»Salon Rosado«. Dieses Immigrantencafé war der Ausgangspunkt für die Gründung eines Lebensmittelgeschäfts, aus dem sich im Laufe der Jahre eine moderne Supermarktkette entwickelte, die bis heute in Ecuador eine der marktbeherrschenden ist.[83]

Mehr noch als in Quito scheinen die Immigranten in Guayaquil kaufmännisch-händlerischen Berufen nachgegangen zu sein. Bei der Wirtschaftsstruktur der Stadt lag dies nahe, und Abweichungen von den Auflagen beruflicher Betätigungen wurden noch weniger kontrolliert als in Quito. Wäh-

---

81 Mayer, Januar 44, 9 f. Vgl. September 43, 9, Juni 44, 7, Juli 44, 9, August 44, 7.
82 Vgl. die Gespräche Alfredo Abrahamson, Werner Gumpel und Simon Prutchi.
83 Vgl. die Gespräche Heinz Caminer, Willi Bamberger, Werner Gumpel, Simon Prutchi, Rolf Stern.

rend einige als Repräsentanten ausländischer Import- und Exportgeschäfte eine Anstellung fanden, fingen viele wie auch anderswo als Klopper an, konnten dann einen kleinen Laden eröffnen, der sich schließlich zu einem größeren Geschäft entwickelte. Uhren, Unterwäsche und besonders Hemden und Stoffe waren verbreitete Handelsware. In diesem Zusammenhang entstanden auch Import- und Exportfirmen größeren Stils für Stoffe, Häute, Lederwaren, und Verpackungsmaterialien. Der »Club de Relojes«, der Uhrenclub, in dem sich Familien, die mit Uhren handelten, zusammengeschlossen hatten, führte für den Verkauf auf Raten ein besonderes Verfahren ein: Die Ratenzahlungen wurden auf einer »tarjeta«, einer Karte, durch Lochung kenntlich gemacht und die Ware erst ausgegeben, wenn der Kunde die letzte Rate bezahlt hatte. Es entstanden Geschäfte für Eisenwaren, Porzellan, Kinderbedarf und Photoartikel. Ein Immigrant verband den Verkauf von Photoartikeln mit einem Photostudio, einer in Ecuador bislang unbekannten Einrichtung.[84] Einem anderen Immigranten, der in Deutschland Möbelgeschäfte hatte, war es gelungen, einen großen Teil seiner Ware nach Ecuador zu schaffen. Er mietete eine Pension und stellte dort seine Möbel zum Verkauf aus. Einige fanden Arbeit in einer der wenigen größeren Fabriken wie den Zementwerken oder im metallverarbeitenden Bereich als Schweißer, Maschinenschlosser oder Tischler. Auch hier setzte sich wie in Quito das Bestreben durch, nach kurzer Zeit als Lohnarbeiter eine eigene Werkstatt aufzumachen. Einer Immigrantenfamilie gelang es, eine Autowerkstatt einzurichten und sie mit einem kleinen Busunternehmen zu kombinieren. Ein anderer begann mit der Herstellung einfachster Möbelstücke und reparierte die Möbel, die Immigranten mitgebracht hatten und die nicht selten beschädigt waren, weil Wasser in die Lifts eingedrungen war.[85]

Erfolgreich gelang der Einstieg in das Balsaholzgeschäft, das bis zum Zweiten Weltkrieg nur einen bescheidenen Umfang hatte, aber auf Initiative jüdischer Immigranten an Bedeutung für die Kriegsindustrie der Alliierten gewann. Man verwendete das sehr leichte Holz vor allem im Flugzeugbau, aber auch für Schiffskonstruktionen, Modellbauten und Rettungsringe. Nach dem Krieg folgten weitere Verwendungsmöglichkeiten in der Lärmdämpfung und der Wärme- bzw. Kälteisolierung, für die Herstellung von Haushaltsartikeln, Spielzeug bis hin zu Schuhen. Es gelang ebenfalls, die Ausfuhr anderer Harthölzer zu steigern. Immigranten betrieben auch Sägewerke. Eines von ihnen mit 120 einheimischen Arbeitern und einer Anzahl von jüdischen Immigranten gehörte 1948 zu den größten Betrieben des Landes.[86]

84 Vgl. das Gespräch Rolf Stern. Vgl. auch die Gespräche Heinz Caminer und Otto A.
85 Vgl. die Gespräche Alfredo Abrahamson, Heinz Caminer und Werner Gumpel.
86 Vgl. Jean Epstein, in: La Colonia, ohne Seitenangabe;Gespräch Gustav Zanders.

Ein Unternehmen ganz anderer Art gründete der ehemalige deutsche Schachmeister Bruno Moritz aus Berlin. Ähnlich wie in Quito entstand auf Initiative von Immigranten auch hier in Guayaquil die erste moderne Buchhandlung, die sich in der Calle Luque befand und auch in Quito eine Dependance hatte. Bruno Moritz war Präsident der 1940 in Guayaquil gegründeten *Sociedad de Beneficencia Israelita*. Als mit Beginn der Oktobernummer 1941 die Gemeinde in Guayaquil auch Beiträge in der Zeitschrift der Gemeinde Quito veröffentlichte, gab Moritz dort Partien bekannter Schachspieler mit entsprechenden Erläuterungen wieder.[87]

---

87 Vgl. z.B. Oktober 41, 7, Dezember 41, 6; das Gespräch Alfredo Abrahamson.

III. Rahmenbedingungen und Probleme der wirtschaftlichen und sozialen Akkulturation

1. Einwanderungsgesetzgebung und politische Rahmenbedingungen

Sieht man von den zur Sklavenarbeit verschleppten Afrikanern ab, so bildeten die europäischen Flüchtlinge die größte Gruppe, die sich nach der spanischen Eroberung aus einem anderen Kontinent und aus einem fremden Kulturkreis in Ecuador niedergelassen hatte. Ecuador war kein Einwanderungsland wie etwa Brasilien oder Argentinien, wo sich vor allem seit dem 19. Jahrhundert viele Europäer ansiedelten, weil sie ihre Heimatländer aus politischen oder wirtschaftlichen Gründen verließen. Die Einwanderung nach Ecuador beschränkte sich weitgehend auf die Nachbarländer, vor allem auf Kolumbien. Unter der spanischen Herrschaft kamen fast nur Mitglieder katholischer Orden aus Europa ins Land, die Lehrtätigkeiten ausübten oder missionierten. Im 19. Jahrhundert folgten auch weltliche Pädagogen, Wissenschaftler, Ärzte, Ingenieure, Techniker, Künstler aus verschiedenen europäischen Ländern, die an Lehranstalten, Universitäten oder sonstige Einrichtungen berufen wurden und in Ecuador blieben. Andere hielten sich nur beschränkte Zeit zu Forschungszwecken auf. Besonders Geologen, Zoologen, Botaniker und Bergbegeisterte fanden in Ecuador reichlich Material für ihre Studien und Experimente. Zu den bekanntesten Gelehrten zählen bis heute Charles Darwin und Alexander von Humboldt. Erst im letzten Viertel des vergangenen Jahrhunderts nahm die Zahl der Einwanderer langsam zu. Sie kamen aus Nordamerika und Europa, aus dem Libanon und Syrien und in geringem Maße aus asiatischen Ländern, die sich vor allem in Guayaquil, zunächst als Vertreter oder Angestellte von ausländischen Handelsgesellschaften, niederließen und nicht mehr in ihre Herkunftsländer zurückkehrten. Obwohl die Eröffnung des Panama-Kanals 1914 diese Entwicklung beschleunigte, hatte die ecuadorianische Bevölkerung vergleichsweise wenig Bekanntschaft mit Menschen aus anderen Kulturkreisen gemacht, als die europäischen Flüchtlinge eintrafen.[1] Zwar hatte es von Regierungsseite Versuche gegeben, Europäer für Kolonisierungszwecke in tropischen und subtropischen

1   Vgl. Hanns Heiman, Inmigrantes en el Ecuador. Un estudio histórico, Quito 1942; ders., Deutsche Einwanderung und Kulturarbeit in Ekuador, in: Südamerika. »Sudamérica«. Revista Bimestral, VI. Jg., Nr. 6 v. Mai/Juni 1956, S. 577 – 585. Zur Einwanderung von Arabern, Chinesen, Deutschen, Italienern und Spaniern vgl. die von J. Ulloa Verminen in Vistazo erschienenen Artikel. Vistazo, Año XVII, No. 199, Diciembre 1973 (S. 38 – 41); No. 200, Enero 1974 (S. 21 –24; No. 201, Febrero 1974 (101 – 104); No. 202, Marzo 1974 (S. 30 – 36); No. 204 (S. 51 – 56), Mayo 1974. Siehe auch: Weilbauer, Die Deutschen, S. 10 ff.; ders., Die Deutschen, in: Fröschle, Die Deutschen, S. 373 – 408; Walther Sauer, Alexandro de Humboldt en el Ecuador, in: Casa de la Cultura Ecuatoriana. Revista No. 90, 1959, S. 274 – 291; Isabel Robalino Bolle, Itinerario de una Vida, Quito 1990; Hanno Beck, Germania in Pacifico. Der deutsche Anteil

Gegenden des Landes anzusiedeln, doch brachten diese mit Kolonisie-rungsgesellschaften ausgehandelten Projekte meistens das Ergebnis, daß sie »unter dem Staub der ministeriellen Archive«[2] lagen. Sofern sie doch in die Tat umgesetzt wurden, scheiterten sie nicht zuletzt an den schwierigen klima-tischen und geographischen Bedingungen, mit denen die Siedler nicht zu-rechtkamen. Sie verließen nach kurzer Zeit ihr abgelegenes Siedlungsgebiet und ließen sich in der Stadt nieder.[3] Zu diesen gescheiterten Versuchen ge-hörte auch 1937 die Ansiedlung von sechzig jüdischen Familien durch die jüdischen Hilfsorganisationen HICEM und das *American Jewish Joint Distri-bution Committee* (JOINT) mit dem Ziel, in der Gegend von Ambato Hühner-zucht zu betreiben.[4]

Siedlungsprojekte und Einwanderungsgesetzgebung unter dem Aspekt der Verfolgung in Europa

Während Velasco Ibarras erster Präsidentschaft von 1934 bis 1935 waren Wis-senschaftler und Techniker nach Ecuador berufen worden, die in Deutsch-land wegen rassistischer Verfolgung ihre Stellungen verloren hatten, und es entstanden erste Konzepte für eine umfassende Ansiedlung von Juden. Über ein geradezu phantastisches Angebot konnte man im Juli 1935 im Londo-ner Daily Herald lesen: Ecuador sei bereit, 50 000 Familien anzusiedeln. Ein vergleichbares Angebot machte 1938 der Vertreter der Dominikanischen Republik im Anschluß an die Evian-Konferenz in Frankreich, indem er in Aussicht stellte, seine Regierung könne 100 000 Flüchtlingen Land zur Ver-fügung stellen. Tatsächlich erreichten 500 Familien das Land.[5] Im Falle Ecuadors war das Resultat noch geringer.

an der Erschließung des Pazifischen Beckens, Wiesbaden 1970, S. 80; Iván Cruz Cevallos, Matthias Abram (Ed.), Viajeros, Científicos, Maestros, Misiones alemanas en el Ecuador, Qui-to 1989.

2   Vgl. Pérez Guerrero, Colonización, S. 146 (Übersetzung MLK).

3   Vgl. ebenda, S. 141 ff.; Gespräch Maria Seidl. Vgl. auch das Schreiben eines in Quito lebenden Deutschen an die Reichskanzlei vom 19. 4. 1934 über ein »Projekt einer deutschen Kolonisa-tion in Ecuador«. Der dort unterbreitete Vorschlag, mit finanzieller Unterstützung der Reichs-regierung, auf 43 Staatsgütern vornehmlich in der Provinz Pichincha deutsche Landwirte als »Pioniere für das Deutschtum im Auslande« anzusiedeln, fand nicht das erhoffte Interesse der Reichsregierung. In dem Schreiben werden auch andere Kolonisierungsversuche er-wähnt, die u.a. daran scheiterten, weil sie abseits der Verkehrswege lagen. Bundesarchiv Ko-blenz:: R 43 II : Reichskanzlei, Nr. 1471.

4   Vgl. Encyclopaedia Judaica, Vol. 6, Jerusalem 1971, Sp. 361; Strauss, Jewish Emigration, (II), S. 381.

5   Vgl. ebenda. Zur Evian-Konferenz vgl. Walter, Deutsche Exilliteratur, Bd. 2, S. 63 – 80 u. 374 – 377; Salomon Adler-Rudel, The Evian Konferenz on the Refugee Question, in: Leo Baeck Insti-tute Yearbook XIII (1968), S. 235 – 273; Ralph Weingarten, Die Hilfeleistung der westlichen Welt bei der Endlösung der deutschen Judenfrage. Das »Intergovernmental Committee on Political Refugees« (IGC) 1938 – 1939, Bern, Frankfurt a. M., Las Vegas 1981, S. 59 ff., 79 ff., 194 ff.; Kätsch, Sosua, S. 29 ff.

Im November 1935 hatte der als Diktator regierende Federico Paéz einen Vertrag ratifiziert, der bereits unter Velasco Ibarra ausgehandelt worden war. Dieser Vertrag war mit dem von der *Freeland League of Jewish Colonization* gegründeten *Comité pour l'Etude de l'Agriculture, de l'Industrie y de l'Immigration dans la Republique de l'Equateur* mit Hauptsitz in Paris abgeschlossen worden. Über einen Zeitraum von dreißig Jahren sollten auf 485 000 Hektar brachliegendem Land in verschiedenen Regionen des Landes Menschen »weißer Rasse« angesiedelt werden. Jeder Immigrant bzw. jeder Familienvater mußte über ein Minimum von 3500 Franc oder den gleichen Wert in einer anderen Währung verfügen. Ansonsten wurden eine Reihe von Konzessionen gemacht wie dreijährige Steuerfreiheit, Zollfreiheit für mitgebrachte Habe und anderes mehr.[6] Dem *Comité* gelang es jedoch nicht, sein Siedlungskonzept bis zum vertraglich vorgesehenen Termin im Mai 1937 weiter zu spezifizieren und die ersten 100 Familien anzusiedeln. Schließlich wurde das Projekt nach einer Begutachtung durch HICEM für ungeeignet und nicht unterstützenswert eingestuft. Die Vertretung des *Comités* in Quito verschwand von der Bildfläche. Die ecuadorianische Presse berichtete über Unregelmäßigkeiten bei der Vergabe von Visa und verschiedenen »Affairen« des *Comités*. Überhaupt stießen Siedlungspläne in der einheimischen Presse auf ein negatives Echo.[7]

Auch weitere Siedlungsprojekte kleineren Zuschnitts, die in der Folgezeit von verschiedenen Kolonisierungsgesellschaften angeboten wurden, brachten keine oder kaum Flüchtlinge ins Land. Die Ursachen für das Scheitern von Siedlungsplänen waren verschiedener Art. Wie das Beispiel der Hühnerzucht zeigt, bestand bei den Flüchtlingen kaum Neigung, auf dem Land und in der Landwirtschaft zu arbeiten. Wiederholt traten bei der Vergabe der Visa Unregelmäßigkeiten auf und ergaben sich erhebliche Zweifel an der Gemeinnützigkeit der Kolonisierungsgesellschaften, die in der Öffentlichkeit auf Kritik stießen und in einem Fall sogar zum Rücktritt des Außenministers führten.[8] Die notwendigen Infrastrukturmaßnahmen wie der Bau von Wegen und Unterkünften setzten den Einsatz erheblicher Mittel und detaillierter Planungen voraus, denen die Gesellschaften nicht gewachsen waren oder aus anderen Gründen nicht nachkamen. Wie am Beispiel landwirtschaftlicher

6   Vgl. Pérez Guerrero, Colonización, S. 144 f.; Alec Golodetz, Report on the Possibilities of Jewish Settlement in Ecuador, London 1936. Zum Vertrag vgl. ebenda, S. 50 – 59; zu den Motiven der Regierung vgl. S. 24. Siehe auch 1. 12. 61, 5.

7   Vgl. das Schreiben der Deutschen Gesandtschaft an das Auswärtige Amt vom 28. 2. 36. PA AA: Inland II A/B (83 – 75): Deutsche Emigrantentätigkeit im Ausland, Bd. 17 und das Schreiben vom 5. 7. 36, ebenda, (83 – 21A): Auswanderung der Juden aus Deutschland, Bd. 1. Vgl. Haim Avni, Latin America and the Jewish Refugees: Two Encounters, 1935 and 1938, in: Elkin, Merkx (Ed.), The Jewish Presence, S. 53 ff., 63 ff.

8   Vgl. Feingold, The Politics, S. 102; vgl. August 41, 3, Oktober 41, 3 u. 8, Dezember 41, 5, Dezember 44, 4; *Aufbau* v. 8. 8. 41, S. 1 u. v. 12. 9. 41, S. 2.

Kolonisierungsprojekte in anderen Ländern des lateinamerikanischen Exils gezeigt werden kann, hatten dort nur solche Projekte längerfristigen Erfolg, wo bereits eine gewisse Infrastruktur bestand oder finanzkräftige Organisationen technische und materielle Hilfestellung beim Aufbau der Kolonien leisteten. Hierzu zählten die Siedlung Rolandia in Brasilien und die der Jewish Colonization Association in Argentinien.[9] Auch die chaotischen politischen Verhältnisse in Ecuador in jenen Jahren dürften für das Scheitern solcher Projekte eine Rolle gespielt haben und nicht zuletzt das Mißtrauen, das jüdische Organisationen im allgemeinen solchen Siedlungsplänen zu Recht entgegenbrachten. Die Zurückhaltung der Reichsvertretung der Juden in Deutschland gegenüber einer »Großauswanderung« von Juden nach Ecuador, an der sich der Sicherheitsdienst des Reichsführers SS interessiert zeigte, war in dessen Augen eine »Verschleppungstaktik«. Den Einwand der Reichsvertretung bezüglich des Klimas bewertete man als Vorwand, der verschleiern sollte, »... daß die Juden, auch die leitenden Stellen, der Überzeugung sind, daß die Politik unserer Regierung hinsichtlich der jüdischen Auswanderung nur eine vorübergehende Erscheinung sei und mit dem Gewinn an Zeit vieles oder alles gewonnen sei.«[10]

Schließlich zeigte der wachsende Widerstand in Teilen der ecuadorianischen Öffentlichkeit gegen eine Einwanderung von Flüchtlingen, der sich in einer restriktiveren Einwanderungsgesetzgebung unter den Nachfolgern Velasco Ibarras niederschlug, daß Siedlungspläne in größerem Maßstab auch aus diesem Grunde nicht realisierbar waren. Es wurde ein Vorzeigegeld von zunächst 50, ab Juni 1937 von 100 US-Dollar festgelegt und bei der Einschiffung der Nachweis von weiteren 100 Dollar verlangt. Ende 1937 erließ der Diktator Alberto Enríquez Gallo ein Dekret, das binnen dreißig Tagen die Ausweisung derjenigen Juden vorsah, die sich nicht zum Vorteil des Landes in der Landwirtschaft oder der Industrie betätigten. Obwohl diese Be-

9   Vgl. den Überblick bei von zur Mühlen, Fluchtziel, S. 102 – 109 (hier S. 109). Zur Siedlung Rolandia, vgl. ders., Exil in Brasilien, S. 15 f.; vgl. auch ebenda, S. 27 – 41 sowie die einzelnen Beiträge in: Europäische Juden, (Volfzon Kosminsky, S. 123 – 137; Breunig, S. 138 – 156). Zu den landwirtschaftlichen Kolonien in Argentinien vgl. ebenda, (Merkx, Quarles, S. 161 ff. u. 172) Alternative Lateinamerika, (Saint Saveur-Henn, S. 155 – 166).
10 Vgl. die Berichte des Leiters des Hanseatischen Reisebüros Heinrich Schlie vom 10. 6. 37 an das Juden-Referat II 112 des SD-Hauptamtes und den Bericht von Herbert Hagen an den SS-Sturmbannführer Dr. Six über eine Unterredung mit Adolf Eichmann und einem Zuträger über Auswanderungsmöglichkeiten nach Ecuador am 11. 6. 37. BA ZA: Sicherheitshauptamt: ZB I, Nr. 101 und ZA I, Nr. 7358 A1. In den Berichten wird deutlich, daß es nicht nur seitens jüdischer Organisationen Widerstände gegen Auswanderungspläne nach Ecuador gab, auch die Vertreter des Reichswirtschaftsministeriums und der Reichsstelle für das Auswanderungswesen zeigten sich zurückhaltend. Zu den Widersprüchen in der Auswanderungspolitik deutscher Behörden und Institutionen vgl. die Zusammenfassung bei von zur Mühlen, Fluchtziel, S. 14 – 21. Siehe auch die Warnungen des Hilfsvereins der Juden in Deutschland vor landwirtschaftlicher Massenkolonisation in Ecuador, in: Jüdische Auswanderung, 1936, S. 89; Jüdische Auswanderung, 1939, S. 67.

stimmung nicht zur Ausführung kam, so zeigt sie doch, daß es in Wirtschaft und Politik einflußreiche Kräfte gab, die einer Einwanderung jüdischer Flüchtlinge feindlich gegenüberstanden. Nach Meldung der Zeitung der Jüdischen Gemeinde erreichte Julius Rosenstock die Wiederaufhebung des Dekrets durch persönliche Intervention bei Enríquez Gallo.[11] Folgt man dem Bericht des deutschen Botschafters Eugen Klee, so war das Dekret auf Klagen von Handels- und Bankkreisen in Guayaquil hin entstanden. Das Innenministerium befürchtete jedoch eine negative Reaktion im Ausland, besonders in den USA, und befürwortete daher eine Erweiterung der Verordnung auf alle unerwünschten Ausländer.[12]

Das Ergebnis war ein Gesetz, das im Februar 1938 in Kraft trat und ausdrücklich vorsah, daß die Einwanderer in der Landwirtschaft oder in einer von der Einwanderungsbehörde genehmigten Industrie zum Nutzen des Landes arbeiten sollten und für diesen Zweck ein Kapital von 1000 US-Dollar pro Familie besitzen mußten. Ausnahmeregelungen galten für Personen, die im Rahmen von Kolonisierungsprojekten kamen oder zu anderen Zwecken vom Staat oder von öffentlichen Einrichtungen unter Vertrag genommen wurden sowie für Wissenschaftler und Künstler.[13] Im November 1940 trat ein neues Gesetz in Kraft, das das Vorzeigegeld auf 400 Dollar fest-

11 Vgl. Benedick, 15. 9. 51, 2. Zur Einwanderungsgesetzgebung vor 1938 vgl. Archivo del Congreso de la República del Ecuador: Registro Oficial Núm. 207, 24 de Junio de 1932 (Ley de extranjería, extradición, naturalsacíon y sus reformas); den Bericht Heinrich Schlies für das Juden-Referat vom 10. 6. 37 (Anfrage bezüglich des Vorzeigegeldes für Ecuador). BA ZA: Sicherheitshauptamt: ZB I, Nr. 101. Gespräch Werner Gumpel; La Colonia, S. 53.
12 Vgl. das Schreiben Klees an das Auswärtige Amt vom 23. 1. 38. PA AA: Pol. IX: Ecuador-Judenfragen. Vgl. auch das Schreiben Klees vom 25. 1. 38 sowie die DNB-Meldung vom 19. 1. 38, ebenda. Im Zusammenhang mit einer restriktiveren Einwanderungspolitik werden im Schriftverkehr der Botschaft in Quito auch die Auseinandersetzungen um einen ehemaligen deutschen Staatsangehörigen jüdischer Herkunft genannt, der u.a. unter Ausnutzung seines ecuadorianischen Diplomatenpasses illegale Waffengeschäfte betrieben haben soll. PA AA: Inland II A/B: (83 – 75) Deutsche Emigrantentätigkeit im Ausland, Bd. 17. Auch in anderen lateinamerikanischen Ländern trugen antisemitische Strömungen zu einer verschärften Einwanderungsgesetzgebung bei, wobei allerdings auch Widersprüche zwischen einer restriktiven Gesetzgebung und einer liberaleren Anwendung in der Praxis zu beobachten sind. Zur Einwanderungspolitik der Länder vgl. Walter, Deutsche Exilliteratur, Bd. 2, S. 296 – 377 sowie die Beiträge zu den einzelnen Ländern in: Europäische Juden, (Senkmann, S. 49 ff.; Jackisch, S. 69 ff.; Seelisch, S. 82 ff.) und in: Alternative Lateinamerika, (Jackisch, S. 43 ff.; Senkmann, S. 54 ff.); von zur Mühlen, Exil in Brasilien, S. 11 ff. Pohle, Das mexikanische Exil, S. 4 ff. Wojak, Exil in Chile, S. 80 ff. u. 103 ff. Trahtemberg Siederer, La Inmigración Judía, S. 159 ff. Rojer, Exile in Argentina, S. 77 ff. Avni, Argentina and the Jews, S. 128 ff. Vgl. auch Kap. III. 2.
13 Vgl. Pérez Guerrero, Colonización, S. 122 f. u. 125 f.; Mai 40, 5. Artikel 3 des Gesetzes sah auch die Aufnahme von Personen vor, deren Leben sich in unmittelbarer Gefahr befindet, eine Bestimmung, die in der Neuregelung vom November 1940 zunächst fehlte, dann aber von Arroyo del Rio per Dekret in die Ausführungsbestimmungen aufgenommen wurde. Solche Personen hatten allerdings einen Sonderstatus. Ob dieser Artikel auf jüdische Immigranten angewandt wurde, ist nicht erkennbar. Vgl. Raul Tamayo R., Armando Endara C., Recopilación de Leyes, Reglamentos, Acuerdos, Resoluciones, etc., etc., vigentes sobre Inmigración Extranjera, Pasaportes, Turismo y materias afines, Quito 1952, S. 33.

legte, zuzüglich eines Landungsgeldes von 100 Dollar pro Person, und somit eine erhebliche Verringerung gegenüber der im Gesetz vom Februar 1938 geforderten Summe bedeutete. Allerdings war diese Summe in der Praxis bereits per Dekret reduziert worden. Eine einheitliche Handhabung ist unter anderem deshalb nicht zu erkennen, weil den Konsuln das als Mindestbetrag festgesetzte Vorzeigegeld einen Ermessensspielraum ließ, den sie sehr unterschiedlich ausnutzten. Der von Immigranten meist erinnerte Betrag für das Jahr 1939 belief sich auf 400 Dollar für das Familienoberhaupt plus 100 Dollar für jeden weiteren Familienangehörigen.[14] Das Vorzeigegeld wurde den Immigranten nach Abzug von einem Prozent, das der Staat für gemeinnützige Zwecke einbehielt, in der Regel zur Existenzgründung im Gegensatz zur Praxis in einigen anderen Ländern Lateinamerikas nach ihrer Ankunft gleich wieder ausgezahlt.[15]

Das Vorzeigegeld als ein Mittel der Steuerung von Einwanderung hatte in der Debatte im Kongreß die Gemüter der Abgeordneten bewegt, bis zu 5000 Dollar waren gefordert worden. Ob eine Einwanderungsquote festgelegt wurde, ist aufgrund der Quellenlage nicht zu erkennen. Die Ausführungsbestimmungen zum Gesetz sahen vor, daß der Direktor der Einwanderungsbehörde im Einverständnis mit dem Innenminister eine monatliche Einwanderungsquote festlegen sollte. Scharfe Proteste löste eine Bestimmung des Gesetzes aus, die vorsah, daß Ärzte, die nachweisen konnten, als Universitätsprofessoren gelehrt zu haben, ihren Beruf ausüben durften, ohne nochmals ein ecuadorianisches Examen abzulegen. Die Medizinische Fakultät hatte mit der Schließung sämtlicher Einrichtungen im Land und mit Aktionen der Ärzte gedroht.[16]

Wie schon das Gesetz vom Februar 1938 verbot auch die Neufassung Ausländern jedwede Einmischung in die Angelegenheiten der inneren wie der äußeren Politik und sah die Ausweisung von Immigranten für den Fall vor, daß sie in Handlung, Wort oder Schrift die öffentliche Ordnung störten. Eine genauere Definition, was darunter zu verstehen war, blieb den Exekutivorganen überlassen. Arbeiter durften keinen nationalen Syndikaten ange-

---

14 Wie aus dem im Mai 1940 erlassenen Einwanderungsdepotgesetz hervorgeht, entsprach diese Summe dem Vorschriften. Vgl. Juli 40, 2. Zum Gesetz vom November 1940 vgl. Tamayo, Endara, Recopilación, S. 9 ff.; *El Comercio* v. 17. 11. 40; Februar 41, 1 f., März 41, 1 f., April 41, 1 ff., Juni 41, 1 ff., Heiman, Inmigrantes, S. 64 ff.

15 So wurde z.B. in Peru das Vorzeigegeld von 800 Dollar ab März 1941 erst nach zwei Jahren unter der Bedingung ausgezahlt, daß der Immigrant eine feste Arbeit nachweisen konnte. Vgl. Trahtemberg Siederer, La Inmigración Judía, S. 172; Walter, Deutsche Exilliteratur, Bd. 2, S. 370 u. 372 f. Übereinstimmend berichten die Immigranten in Ecuador über die problemlose Auszahlung des Vorzeigegeldes. Vgl. auch Zehn Jahre Aufbauarbeit, S. 280 u. 282.

16 Vgl. November 40, 2. *Aufbau* v. 21. 2. 41, S. 7. Dort ist fälschlicherweise von einem bisherigen Depot von 5000 US-Dollar die Rede. Eine solche gesetzlich festgelegte Summe hat es nie gegeben, wohl wurde sie von einzelnen Konsuln verlangt, wie die Zeitschrift zuvor selbst berichtet hatte. Vgl. *Aufbau* v. 8. 3. 40, S. 4.

hören. Auch bereits naturalisierten Personen konnte die Beteiligung an politischen Zusammenschlüssen untersagt werden.[17] Die Naturalisierung als ecuadorianischer Staatsbürger konnte man nach einem Jahr beantragen. Bis ein solcher Vorgang abgeschlossen war, konnten mehrere Jahre vergehen.[18] Wenn sich in der Erinnerung von Immigranten Ecuador, verglichen mit anderen lateinamerikanischen Staaten, durch eine großzügigere Asylpolitik auszeichnete, so ist dies nur sehr eingeschränkt richtig. Zwar gibt es verschiedene Beispiele dafür, daß bei der Vergabe von Visa humanitäre Gründe ausschlaggebend sein konnten, doch reihte sich Ecuador ab 1938 mit seiner Einwanderungsgesetzgebung und -praxis insgesamt in die Politik der übrigen Staaten des Kontinents ein. Die *Hicem* Quito beklagte, daß sich die Behörden bei Zulassungsbewilligungen immer stärker an den wirtschaftlichen Interessen des Landes orientierten und humanitäre Gesichtspunkte in den Hintergrund träten.[19] In der Praxis erwiesen sich relativ großzügige Vorschriften als weniger kulant, wenn zum Beispiel die im Lande anfallenden Gebühren für die Aufenthaltsgenehmigung gleich zweimal bezahlt werden mußten, einmal bei der Erteilung der provisorischen und zum zweitenmal bei der ein Jahr später fälligen endgültigen Aufenthaltsgenehmigung und wenn hiervon auch diejenigen betroffen waren, die im Rahmen der Familienzusammenführung mittellos ins Land kommen durften. Zudem wurden Erleichterungen in der Familienzusammenführung, die im November 1940 in Kraft getreten waren, wieder eingeschränkt.[20]

Die Haltung der Regierungen unter Arroyo del Rio und
Velasco Ibarra gegenüber den Flüchtlingen

Der Zeitraum von 1933, als vereinzelt Flüchtlinge ins Land kamen, bis 1940, als die politischen Bedingungen und der Krieg in Europa es den Menschen immer schwieriger machten, zu fliehen, war in Ecuador von ständigen sozialen und politischen Unruhen gekennzeichnet. Nicht weniger als zehn Präsidenten, Interimspräsidenten und Diktatoren regierten das Land in dieser Zeit, davon sieben seit dem Sommer 1937, und hinterließen eine Fülle von Dekreten mit Gesetzeskraft, die einander zum Teil widersprachen. Die Wirtschaft, einseitig am Export orientiert, steckte seit dem Preisverfall für das Hauptausfuhrprodukt Kakao mit Beginn der zwanziger Jahre in der Krise. Die Auswirkungen der Weltwirtschaftskrise, die auch bei Reis und Kaffee zu sinkender Nachfrage und Preisverfall führten, trugen erheblich zur Verschärfung der Probleme bei. Arbeitslos gewordene Landarbeiter strömten in

17 Vgl. Tamayo, Endara, Recopilación, S. 10; Juni 41, 3.
18 Vgl. Oktober 40, 1 f., Dezember 40, 1 f. Zehn Jahre Aufbauarbeit, S. 288.
19 Vgl. ebenda, S. 276 u. 278; das Schreiben Klees an das Auswärtige Amt vom 19. 11. 41. PA AA: Pol. IX: Ecuador-Judenfragen.
20 Vgl. Zehn Jahre Aufbauarbeit, S. 280; April 41, 3.

die Städte, vor allem nach Guayaquil. Der Staat war hoch verschuldet, es fehlte an Geld, um die eigenen Beamten und Angestellten zu bezahlen. Verschiedene Abwertungen der Währung verschlechterten die Lebensbedingungen der Mehrheit der Bevölkerung.[21] Neben die Konservative und die Liberale Partei, die als Interessenvertreter der Großgrundbesitzer und des Klerus im Hochland bzw. der Plantagenbesitzer, des Handels- und Finanzbürgertums an der Küste, in ständiger Rivalität um ihre Vormachtstellung die Politik des Landes bestimmt hatten, trat nun der »Velasquismus« auf die politische Bühne. Er gehört zu jenen populistischen Bewegungen, die, benannt nach ihren charismatischen Führern, in mehreren lateinamerikanischen Staaten entstanden und von denen der Peronismus in Argentinien am bekanntesten wurde. Sich auf Demokratie und Freiheit berufend, regierten diese »Caudillos« als Diktatoren. José Maria Velasco Ibarra, Historiker und Philosoph, war ein exzellenter Demagoge, der den armen, ungebildeten städtischen Massen soziale Gerechtigkeit verhieß und all jenen die Teilhabe an politischen Entscheidungsprozessen versprach, die hiervon durch die Oligarchie der reichsten Familien des Landes ausgeschlossen waren. 1934 zum erstenmal Präsident, 1935 vom Militär abgesetzt und des Landes verwiesen, sollte er noch vier weitere Male das Amt des Staatsoberhauptes übernehmen, aber nur eine seiner Amtszeiten auf verfassungsmäßigem Wege beenden. Sein politischer Rivale in den dreißiger Jahren war Carlos Arroyo del Rio, Rechtsanwalt, Vertreter des Liberalismus, der 1940 zum Präsidenten gewählt wurde. Unter seiner Regierung wurden weder Wege aus der wirtschaftlichen Krise, noch zur politischen Konsolidierung gefunden. Um der wachsenden Unzufriedenheit zu begegnen, griff auch er zunehmend zu diktatorischen Mitteln. Als schwere nationale Niederlage lasteten ihm seine Gegner das 1942 unterzeichnete Protokoll von Rio de Janeiro an, mit dem Ecuador den größten Teil seiner Territorien im Oriente an Peru verlor. Im Mai 1944 gelang es den »Velasquistas« Arroyo del Rio mit Hilfe der *Alianza Democratica Ecuatoriana*, einem Sammelbecken von Angehörigen aller Parteien von den Kommunisten bis zu den Konservativen, einschließlich der Liberalen, gewaltsam zu stürzen, und Velasco Ibarra an seine Stelle zu setzen. Velasco Ibarra selbst begann eine beispiellose Verfolgungskampagne gegen seine politischen Gegner und schließlich gegen seine Verbündeten, die Sozialisten und Kommunisten. Als ein Teil der Armee Velasco Ibarra im August 1947 für abgesetzt erklärte, stand das Land nur knapp vor einem Bürgerkrieg. Durch den Beschluß eines außer-

21 Vgl. Linke, Ecuador, S. 22 ff. u. 29 ff.; Efren Reyes, Breve Historia, Tomos II – III, S. 281 ff.; Pareja Diezcanseco, Ecuador. La República, S. 359 ff. Vgl. auch Juni 40, 1 f. und August 40, 6 f. Patricio Moncayo, Anleitung zur Lektüre der ecuadorianischen Geschichte, in: Zeitschrift für Lateinamerika, Nr. 12, 1977, S. 129 – 135.

ordentlichen Kongresses mußte Velasco Ibarra ein zweitesmal das Land verlassen. Mit dem Interimspräsidenten Carlos Julio Arosemena begann ein Prozeß relativer Stabilisierung, der sich unter der Präsidentschaft von Galo Plaza Lasso fortsetzte.[22] Jenseits ihrer politischen Differenzen, der Konkurrenz um die Macht und der diktatorischen Maßnahmen, mit denen Arroyo del Rio und Velasco Ibarra in Ecuador regierten, war beiden Politikern eines gemeinsam: Sie befürworteten die Einwanderung der vom Nationalsozialismus Verfolgten und verurteilten fremdenfeindliche und antisemitische Strömungen im eigenen Land. Arroyo del Rio rief zum friedlichen Miteinander von Ecuadorianern und Ausländern auf und verurteilte die »Herrschaft des Hasses, der Zerstörung und des Blutes«[23] in Europa ebenso wie jede Fremdenfurcht. Er war bestrebt, ausländisches Kapital und spezialisierte Arbeitskräfte ins Land zu holen. Eine Position, die auch Velasco Ibarra vertrat, wobei er besonders Argentinien als Beispiel eines Landes vor Augen hatte, das mit ausländischem Geld, europäischen Spezialisten und der Einwanderung von Juden wirtschaftliche Fortschritte gemacht habe.

Mit Beginn seines Amtsantritts empfing Arroyo del Rio Vertreter der Jüdischen Gemeinde und später auch der politischen Vereinigung der deutschen Flüchtlinge und sagte ihnen seine Unterstützung zu. Der Leiter der zeitweilig eingerichteten Zensurbehörde hielt Vorträge in der Jüdischen Gemeinde, auf Messen hob Arroyo del Rio die Leistungen der »Fremden« hervor, jüdische Firmen wurden mit öffentlichen Preisen ausgezeichnet. Als sich der Vorsitzende der Jüdischen Gemeinde 1942 mit einer Petition um eine Einwanderungserlaubnis für 200 elternlose jüdische Kinder bemühte, gab die Regierung ihre Zustimmung, vorausgesetzt, daß sie nicht der öffentlichen Hand zur Last fielen. Die Aktion scheiterte, weil es nicht mehr möglich war, die Kinder aus Frankreich herauszubringen.[24]

Gegen den öffentlichen Protest der Vertretungen von Handel und Industrie setzte Velasco Ibarra im August 1944 jene Bestimmung außer Kraft, die die jüdischen Flüchtlinge zu vorgeschriebenen Tätigkeiten verpflichtete. Da die Einhaltung dieser Bestimmung kaum kontrolliert worden war, sei es, weil es an Willen hierzu mangelte, sei es wegen fehlender organisatorischer und personeller Voraussetzungen, mag ihre praktische Bedeutung für die wirtschaftliche Betätigung gering gewesen sein. Wesentlicher war das politische Signal, das Velasco Ibarra hiermit setzte, indem er sich öffentlich vor

---

22 Vgl. Efren Reyes, Breve Historia, Tomos II – III, S. 291 ff., 299 ff., 333 ff.; Pareja Diezcanseco, Ecuador. La República, S. 372 – 410; Abad Franco, Parteiensystem, S. 69 ff. u. 88 ff.
23 Vgl. Juli 40, 2 und die Rede Arroyo del Rios, die in deutscher Übersetzung in den *Informaciones* abgedruckt wurde. Vgl. September 40, 3 u. 7.
24 Vgl. September 40, 1 f., Mai 42, 7, August 42, 3, September 42, 5, Oktober 42, 3, März 43, 1, April 43, 6.

die Immigranten als Flüchtlinge stellte, die, um ihr Leben zu retten, keine andere Wahl hatten, als falsche Angaben zur Person zu machen und sich dann in Ecuador auf illegalem Gebiet zu betätigen. Seine Politik stand ausdrücklich unter der Devise, den Opfern des Nazismus Zuflucht zu bieten. Kurze Zeit nach seinem Amtsantritt empfing Velasco Ibarra eine Abordnung der Jüdischen Gemeinde. In seiner Ansprache führte er unter anderem aus: »In den Zeiten, wo die Juden Zuflucht im Lande suchen, dürften keine einschränkenden Gesetze gemacht werden. In einem späteren Zeitpunkt könne man die Immigration den Notwendigkeiten des Landes entsprechend selektionieren. Heute aber müsse für alle ein Gesetz existieren und das Gesetz sei das Gesetz der Humanität.«[25] 1944 und 1945 empfing Velasco Ibarra auch verschiedene Vertreter ausländischer jüdischer Organisationen, denen er die großzügige Aufnahme von Überlebenden des Holocaust in Aussicht stellte. Gleichzeitig befürwortete er die Schaffung eines jüdischen Staates. Unter seiner Präsidentschaft intensivierte die zionistische Organisation der Flüchtlinge die Agitation zur Schaffung eines Pro-Palästina-Komitees unter den Intellektuellen und Politikern des Landes, das sich schließlich im Oktober 1945 konstituierte. In den *Informaciones* erschienen eine Reihe von Artikeln ecuadorianischer Persönlichkeiten, die für die Gründung eines jüdischen Staates plädierten. Schließlich machte auch die katholische Kirche erste Schritte, um in der Öffentlichkeit für die Juden Stellung zu beziehen und dem Antisemitismus im Land entgegenzutreten.[26]

25 September 44, 2. Vgl. ebenda, S. 3; Juni 44, 1, 15. 10. 55, 2. Velasco Ibarra selbst glaubte, daß die Mehrheit seiner Landsleute eine tiefe Sympathie für den »Nazi-Faschismus« hege und eine deutliche Antipathie gegen die USA. Vgl. seinen Brief an den Generalsekretär der antifaschistischen Bewegung in Ecuador, in: Raymond Mériguet Cousségal, Antinazismo en Ecuador. Años 1941–1944, Quito 1988, S. 176. Zum Dekret Velasco Ibarras vom 1. 8. 44 vgl. Tamayo, Endara, Recopilación, S. 34 f. Vgl. auch Heiman, Inmigrantes, S. 57 f.; Oktober 44, 2; Benno Weiser, Si Yo fuera Paraguayo. Articulos apericidos y charlas pronunciados en el Paraguay, Asunción 1972, S. 36 f. Über die Praxis der Immigrationsbehörde bei der Zulassung zu einem Gewerbe läßt sich nur schwer ein Bild gewinnen jenseits der von fast allen meinen Gesprächspartnerinnen und Gesprächspartnern wiedergegebenen Erfahrung, daß diese leicht zu bekommen war. Es gibt Hinweise, daß hierbei auch Schmiergelder flossen bzw. der Vorgang durch »Geschenke« unterstützt wurde. Vgl. Weilbauer, Ein weiter Weg, S. 29; das Gespräch Bodo H. In einem Fall wird berichtet, daß der »deutsch-stämmige« Leiter der Immigrationsbehörde sogenannte Küchenwunder zum Backen bei seiner Inspektion für die Genehmigung einer Reinigung akzeptierte. Vgl. das Gespräch Martha Z. Heiman spricht 1942 davon, der derzeitige Direktor der Immigrationsbehörde sei aufgrund seiner Intelligenz und seines Ansehens für die Immigranten »un beneficio«, eine Wohltat/von Vorteil. Vgl. Heiman, Inmigrantes, S. 63.
26 Vgl. Juni 44, 10, Juli 44, 12, Oktober 44, 2, April 45, 1, Mai 45, 3 u. 7, 1. 11. 45, 3, 1. 7. 46, 1; La Colonia, S. 46. Zu Pressemeldungen über eine angekündigte Aufnahme von 20 000 Displaced Persons in Ecuador vgl. August Buckley, Auswanderung nach Amerika, München 1947, S. 66. »Wer aber würde bei Meldungen, wie denen aus Ecuador oder aus San(to) Domingo, nicht an die Versprechen und Vorhaben der Vergangenheit erinnern, deren Ergebnisse so schmerzliche Fehlschläge waren!« Ebenda, S. 67.

2. Zum Verhältnis von einheimischer Bevölkerung und Immigranten

»In den zehn Jahren meines südamerikanischen Aufenthalts habe ich niemals das Haus eines Einheimischen betreten. Welcher Kontrast zu den Vereinigten Staaten, wo der Neuankömmling sofort in einen regen Verkehr mit den Amerikanern gezogen wird, wo er sich in kurzer Zeit als mehr oder minder akzeptierter Bürger fühlen kann! Im Gegensatz zu den USA sind zumindest die Andenländer, die ich am besten kenne, Bolivien und Ecuador, keine Einwanderungsgesellschaften, in die sich größere Mengen Fremder leicht integrieren können.«[27] Dieses negative Fazit zog Egon Schwarz auf dem Hintergrund des »unüberbrückbaren Abgrunds von Kulturäonen«[28], der sich in der Begegnung von Fremden und Einheimischen auftat und gegenseitiges Unverständnis und Mißtrauen erzeugte. Und wenn auch die Eingliederung in einem Land wie den USA keineswegs so problemlos verlief, wie das Zitat nahelegt, so läßt sich doch das Verhältnis der Flüchtlinge zum jeweiligen Exilland auf die kurze Formel bringen: Je größer der Kulturunterschied zwischen Herkunftsland und Asylland, desto schwieriger gestaltete sich der Prozeß der Anpassung an die neuen Lebensverhältnisse und um so mehr grenzten sich die Immigranten von ihrer Umgebung ab und suchten keinen Kontakt zur einheimischen Bevölkerung über das Maß hinaus, das nötig war, um die eigene Existenz zu sichern.[29]

Verfolgt man die Aussagen von Vertretern der Jüdischen Gemeinde über das Verhältnis von Immigranten und einheimischer Bevölkerung, so ergibt sich auf den ersten Blick ein widersprüchliches Bild. Die Charakterisierung des Verhaltens der Ecuadorianer reicht von der vorbehaltlosen herzlichen Aufnahme bis hin zur vorurteilsbeladenen und feindseligen Ablehnung. Weniger widersprüchlich erscheint dagegen die Selbsteinschätzung. Der Integrationswille der Immigranten wurde eher negativ beurteilt. Die Widersprüche klären sich zum Teil auf, wenn man genauer betrachtet, zu welchem Zeitpunkt, aus welchem Anlaß und mit welchem Ziel die Aussagen zum gegenseitigen Verhältnis gemacht wurden. Wer bei festlichen Anlässen mit ecuadorianischen Gästen über das Verhältnis von Einheimischen und Immigranten sprach, stellte die gastliche Aufnahme, die gegenseitigen Kontakte und den Respekt vor der Kultur des jeweils anderen in den Vordergrund. Wer die Mitglieder der Jüdischen Gemeinde zu Geschlossenheit aufrufen wollte, warnte vor der prinzipiell feindlichen und vorurteilsbereiten Einstellung der Einheimischen gegenüber den »Eindringlingen«. Wer sich

---

27 Egon Schwarz, Keine Zeit für Eichendorff, Frankfurt a.M. 1992 (erweiterte Neuauflage von 1979), S. 121.
28 Vgl. ebenda, S. 120
29 Vgl. von zur Mühlen, Fluchtziel, S. 52 ff. Vgl. Einleitung, Anm. 12 u. 13. Arthur Hertzberg, Shalom, Amerika! Die Geschichte der Juden in der Neuen Welt, Frankfurt a.M. 1992.

schließlich im internen Kreis fragte, warum man in Ecuador nicht heimisch geworden sei und in Absonderung lebe, stellte erhebliche Defizite im Verhalten der eigenen Gruppe fest.[30] In der Erinnerung von Immigranten, die heute noch in Ecuador leben, überwiegen die positiven Eindrücke. Von kleineren Anfeindungen abgesehen, sahen sich die meisten freundlich aufgenommen, wenn auch nie ganz akzeptiert. Aus Dankbarkeit dem Land gegenüber scheuen sich viele, negative Seiten anzusprechen.

Objektive soziale Schranken und europäisches Überlegenheitsgefühl

So wie die Flüchtlinge kaum etwas über die Kultur und Geschichte des Landes wußten, war auch das Verhältnis der Einheimischen gegenüber den Immigranten von Unwissenheit über das Judentum und die Verhältnisse in den Herkunftsländern geprägt, von Ausnahmen selbstverständlich abgesehen. Die wenigsten nahmen sie als Flüchtlinge wahr. Die »Fremden« wurden als »gringos« betrachtet, denen man im allgemeinen mit Neugierde, Respekt und Bewunderung begegnete, die man allen Menschen aus Europa und den USA entgegenbrachte, weil man sie als Angehörige von wirtschaftlich und kulturell weit entwickelten Völkern ansah. Eine gewisse Irritation löste die Tatsache aus, daß diese »exotischen« Wesen Arbeiten nachgingen, die nicht in das Bild vom reichen »gringo« paßten. »Die Bevölkerung von Ecuador macht keinen Unterschied zwischen Juden und Gringos, solange die Juden nicht durch fremdartige Bräuche und besondere Eigenschaften auffallen. Sie schätzt beim Gringo Redlichkeit, Gewissenhaftigkeit und Fleiß, Eigenschaften, die auch wir Juden nicht missen lassen.«[31] Da sich die Immigranten durch ihr Aussehen, ihre Sprache wie ihre Gewohnheiten und Verhaltensweisen als Fremde auswiesen, wurde ihr Auftreten in der Öffentlichkeit aufmerksam beobachtet. Je größer ihre Zahl wurde, um so mehr nahm man sie nicht nur als Individuen wahr, sondern als Gruppe. Negatives Gebaren einzelner verführte zum Rückschluß auf potentiell kollektives Verhalten. »Größte und leider recht häufig beobachtete Fehler des Einwanderers: die Einheimischen für dumm zu halten, weil ihre Denkweise von der unsrigen abweicht; so zu tun, als ob das Land nur auf den Einwanderer gewartet hätte, um endlich zu lernen, was Geschäftstüchtigkeit usw. ist.«[32] »Mala crianza«, das ist Mangel an Höflichkeit und guter Erziehung, von »Fremden« war Gegenstand von Zeitungsberichten, deren Verfasser nicht im Verdacht standen, fremdenfeindliche Propaganda treiben zu wollen. So konnte man lesen, daß insbesondere Ausländer nie einer älteren

---

30 Vgl. z.B. Mai 40, 1, Oktober 40, 7, Januar 42, 8, 15. 11. 48, 1, 15. 11. 63, 1 u. 7, 15. 5. 65, 3 f.; Mitteilungen der B'Nai B'Brith Quito, Nr. 3 v. Mai 48.
31 Julius Rosenstock, Juni 40, 4.
32 Jüdische Auswanderung, 1939, S. 68. Siehe auch Heiman, Inmigrantes, S. 67 ff.

Dame oder einer schwangeren Frau im Autobus einen Platz anböten. Im Volksmund existierte das Sprichwort:»El cigarro y el gringo en el asiento son inamovibles.« (Die Zigarre und der Gringo sind auf dem Sitzplatz unbeweglich.) In anderen Fällen wurde von verächtlichem Verhalten gegenüber Einheimischen bis hin zu Tätlichkeiten gegen sie berichtet. Die *Informaciones* griffen solche Beispiele aus anderen Zeitungen auf, um sie ihren Mitgliedern warnend vor Augen zu halten. Mit den»Fremden«, deren Verhalten dort beschrieben wurde, sah man in erster Linie die Juden gemeint. Solche Vorkommnisse wurden in einer Stadt mit provinziellem Charakter wie Quito registriert und hatten ihre Wirkung ebenso wie öffentlich ausgetragene Konflikte von Immigranten untereinander oder lauthals verkündete Vorhaben, das Land so schnell wie möglich wieder verlassen zu wollen. Im Juni 1945 schloß die Jüdische Gemeinde ein Mitglied aus, um öffentliche Angriffe abzuwehren, die durch das Verhalten des Betreffenden entstanden waren.[33]

Mißachtung gegenüber dem Gastland und die Überheblichkeit gegenüber seinen Bewohnern hatten ihre Ursachen nicht nur in persönlich unbeherrschtem Verhalten, sie wurzelten tiefer im Überlegenheitsgefühl europäischer Überlieferung und Erziehung, das trotz der in Europa erfahrenen eigenen Deklassierung das Selbstwertgefühl bestimmte. Die neue Umgebung schien nichts zu bieten, was an Altvertrautes erinnerte und der Identifikation wert war, weder die materiellen Lebensbedingungen, noch die Menschen mit ihren anderen Lebensgewohnheiten und Wertvorstellungen. Jenseits fehlender subjektiver Bereitschaft, sich auf die neue Situation einzulassen, waren es objektive Barrieren, die einer Anpassung an die neue Lebenswelt und einer Eingliederung in die ecuadorianische Gesellschaft im Wege standen.

Die Masse der indianischen Bevölkerung, die unter erbärmlichen Verhältnissen lebte, kam als sozialer Partner nicht in Frage, ebenso wie die vorwiegend mestizische Unterschicht, deren Bildungsgrad, Wertesystem und Lebensstandard sich von dem der Immigranten beträchtlich unterschied, auch wenn diese in der Anfangszeit in ebenso bescheidenen Wohnungen lebten und sich mit einfachsten Mitteln eine neue Existenz aufbauen mußten. Hier zählte nicht die gegenwärtige soziale Lage, sondern waren die Ansprüche maßgebend, die das bisherige Leben bestimmt hatten und die man an die Zukunft richtete. Eine bürgerliche Mittelschicht im europäischen Sinne, der die meisten Immigranten entstammten, mit gehobenem Lebensstandard, einer gymnasialen bis universitären Bildung und der Möglichkeit des sozialen Aufstiegs, gab es nur in Ansätzen. Die hauptsächlich aus Kreolen, den Nachfahren der spanischen Eroberer, zusammengesetzte kleine Oberschicht, hatte ihrerseits Vorbehalte gegenüber den Immigranten und verwehrte ihnen

33 Vgl. Juli 45, 1, März 41, 3; Heiman, Inmigrantes, S. 71.

den Zugang in die eigenen Reihen. Mißachtung jedweder körperlicher und manueller Arbeit gehörte zu ihrem Sozialkodex. Zwar gab es Kontakte auf geschäftlicher Basis, nicht aber auf gesellschaftlicher.[34] Vor allem ältere Menschen erlernten die spanische Sprache nur sehr lückenhaft, reduziert auf das Notwendigste, um im Alltag zurechtzukommen. Es gab Frauen, die, sofern sie in ihrer schon in Europa ausgeübten Hausfrauenrolle verbleiben konnten, kein Spanisch lernten bzw. über das, was man »español de muchacha« nannte, nicht hinauskamen. Viele Immigrantenfamilien konnten sich bald ein Dienstmädchen leisten, von dem die Hausfrau die Brocken Spanisch lernte, die sie zur Wahrnehmung ihrer Rolle benötigte. Aus Bequemlichkeit, aus Überforderung, in der Hoffnung, das Land sowieso bald wieder verlassen zu können oder aus Berührungsängsten verschiedenster Art, die Ausdruck der sozialen Entwurzelung waren, unterließen sie es, Land und Leute näher kennenzulernen. Ehen zwischen Ecuadorianern und Juden wurden von keiner der beiden Seiten gern gesehen. War den Ecuadorianern die moralische Eignung der für ihre Vorstellungen zu selbständig und freizügig auftretenden europäischen Frau suspekt, so sah man von Seiten der Immigranten in dem traditionellen Rollenverständnis von Mann und Frau und dem Verhaltenskodex, der sich hieraus ableitete, ein Hindernis für eine Ehe. Letztlich spielten auf beiden Seiten religiöse Gründe eine wichtige Rolle und seitens jüdischer Immigranten die Furcht vor Assimilation. So heiratete man unter sich und lebte unter sich, sprach Deutsch bzw. die jeweilige Heimatsprache.

Wenn dies als allgemeines Fazit der Beziehungen zwischen den Einheimischen und den Immigranten gelten kann, so sind jedoch Einschränkungen zu machen, denn weder verhielten sich alle Ecuadorianer gleich, noch taten dies die Immigranten. Neben den Bemühungen der Jüdischen Gemeinde auf der Ebene ihrer Organisation Kontakte zum Gastland zu schaffen, suchten und fanden einzelne Immigranten Zugang zur ecuadorianischen Gesellschaft und Anerkennung in der Öffentlichkeit des Landes. Dies betraf vor allem den Personenkreis, der akademisch gebildet oder im musisch-künstlerischen Bereich tätig war. Es gab ecuadorianische Familien, die gerne die Gelegenheit wahrnahmen, über den Kontakt mit den Immigranten die europäische Kultur näher kennenzulernen und so geistigen Austausch zu

34 Da weder statistische Daten für eine exakte Bestimmung der sozio-ökonomischen Schichten vorliegen, noch einheitliche Kriterien für die Zuordnung zur jeweiligen Schicht angewandt wurden, kamen Versuche, die soziale Struktur zu bestimmen zu sehr unterschiedlichen Ergebnissen. Ein ecuadorianischer Soziologe legte 1949 folgende Schätzung vor: Oberschicht 15 %, Mittelschicht 30 %, Unterschicht 55 %. Eine nach der Volkszählung von 1950, der ersten überhaupt, erstellte Übersicht weist aus: Oberschicht 1,18 %, Mittelschicht 20, 71 %, Unterschicht 78,11 %. Einer Schätzung nach dem Einkommen als dem Hauptkriterium der Unterscheidung durch den Wirtschaftsminister 1951 besagt: Oberschicht 1,35 %, Mittelschicht 3,2 %, Massen 95,45 %. Vgl. Linke, Ecuador, S. 79; Abad Franco, Parteiensystem, S. 35.

pflegen. Die gesellschaftliche Oberschicht in Guayaquil zeigte sich weniger abgeschlossen als die in Quito, wie überhaupt der Umgang an der Küste weniger konventionell und auf äußere Formen bedacht ablief. Es gab auch gemischt zusammengesetzte Unternehmen, in denen sich die Geschäftspartner mit der Zeit schätzenlernten oder der Immigrant als Eigner eines Betriebes die Erfahrung machte, daß die generalisierende Vorstellung, wonach mit einheimischen Arbeitskräften wegen Unzuverlässigkeit und Unehrlichkeit schlecht auszukommen sei, falsch war. Es gab Immigranten, die eine »Mischehe« eingingen, wobei es sich in aller Regel um Männer handelte, die eine Ecuadorianerin heirateten. Sie waren es, die am schnellsten Kontakt zur einheimischen Bevölkerung fanden. All das gab es, aber es waren Ausnahmen. Erst mit der in Ecuador geborenen Generation begann eine allmähliche, wenn auch sehr langsame Aufweichung dieser gegenseitigen Isolierung.[35]

Unwissenheit und Ressentiments aus christlicher Wurzel

Hinzu kamen andere Faktoren, die es den Immigranten angeraten sein ließen, Distanz zu halten. Besonders Deutschland als der zweitgrößte Handelspartner Ecuadors erfreute sich großer Sympathie, die man auch auf das »Dritte Reich« übertragen hatte. Nur sehr wenige kannten Deutschland aus eigener Anschauung. Sofern die Immigranten als Deutsche wahrgenommen wurden, kamen sie in den Genuß dieser Deutschfreundlichkeit. Und wenn ein Immigrant mit »Heil Hitler« begrüßt wurde oder man ihn für einen Freund des Ortsgruppenleiters der Auslandsorganisation der NSDAP Walter Giese hielt, so war dies keine antisemitisch gemeinte Provokation. Der Betreffende wollte sich dem Fremden gegenüber gerade höflich zeigen, indem er zu erkennen gab, daß er einige Worte Deutsch und einen »Vertreter« Deutschlands mit Namen kannte. Versuchte ein Immigrant, einen Einheimischen über den Nationalsozialismus aufzuklären, stieß er bei diesem auf ungläubiges Staunen. Solche Erfahrungen machten aber nicht nur die Immigranten im von Deutschland weit abgelegenen Ecuador, sondern auch in Ländern, die an das »Dritte Reich« grenzten.[36]

Was für die Kenntnisse über die Verhältnisse in Deutschland seit 1933 galt, traf in vieler Hinsicht auch auf das Wissen zu, das man über das Judentum hatte. Auf der einen Seite wußte man nicht so recht, was einen Juden überhaupt ausmache, auf der anderen Seite gab es aber durch den Katholizismus geprägte Vorurteile, die in ihrer primitivsten Form in der Vorstellung bestanden, ein Jude sei an Hörnern und Schwanz zu erkennen. Während man

---

35 Die Darstellung ist das Ergebnis aus zahlreichen Gesprächen. Ich verzichte auf Einzelnennung.
36 Vgl. B. Weiser, Recuerdos (V), in: *El Comercio* v. 8. 6. 85; W. Aron, Der Heiligenschein, S. 131; die Gespräche Federico Leffmann, Nela Martínez; Hans-Albert Walter, »… wo ich im Elend bin« oder gib dem Herrn die Hand, er ist ein Flüchtling«. Ein Essay, Frankfurt a.M. 1992, S. 79 f.

den Protestantismus als Ausdruck von Freimaurertum ablehnte, hielt man bis in die gebildeten Schichten hinein das Judentum für eine katholische Sekte. Andere unterschieden zwischen einem »judío-catolico« und einem »judío-israelita«. »Die ecuadorianische Familie, die mich 1938 einlud, mit ihr das Weihnachtsfest zu verbringen, war erstaunt, als ich mich nach der Mahlzeit erhob und sie nicht zur misa de gallo (Christmette) begleiten wollte. ›Sie wissen doch, daß ich Jude bin‹, sagte ich erklärend. ›Na und?‹ antwortete der Hausherr. ›Juden oder Christen – schließlich sind wir doch alle Katholiken, nicht wahr?‹«[37] Mit der Zeit nahm man in der Öffentlichkeit stärker wahr, daß die »Fremden« nicht die christliche Religion praktizierten. Die ecuadorianische Verfassung sicherte ihnen Glaubensfreiheit zu, und die jüdischen Immigranten konnten ihre Religion ungehindert ausüben.

Zwar existierte das Wort »judío« als Schimpfwort, doch bezeichnete es im allgemeinen nicht die Zugehörigkeit zu einer Religion, einem Volk oder einer Rasse. Mit dem Wort belegte man sowohl einen Menschen, den man für einen Trottel hielt oder der sich in einer bestimmten Situation ungeschickt anstellte wie jemanden, den man als charakterlich schlecht oder minderwertig einstufte. So konnte ein antinazistisch eingestellter Ecuadorianer seine Mißachtung Hitlers mit den Worten ausdrücken: »Hitler es judío.« (»Hitler ist ein schlechter Mensch.«) Allerdings war »judío« auch jemand, der zuviel Zinsen nahm oder einen zu hohen Aufpreis auf die Waren schlug, worin die christliche Wurzel des mehrdeutig verwendeten Begriffs klarer zum Ausdruck kommt.

Diese zeigte sich auch in Diskriminierungen, mit denen Immigrantenkinder nicht nur in katholischen Schulen konfrontiert wurden, wo sie auffielen, weil sie an der Messe nicht teilnahmen und an jüdischen Feiertagen fehlten. Hier erlebten sie, was sie oder andere bereits im Heimatland erfahren hatten: sie wurden als Nachfahren der Mörder Christi gesehen oder man nahm ihnen übel, daß sie nicht an die Jungfrau Maria glaubten. Diskriminierungen dieser Art mußten gar nicht bewußt ausgesprochen werden, sie ergaben sich einfach aus dem Alltag eines streng katholischen Landes, in dem die Trennung von Staat und Kirche noch wenige Jahrzehnte zuvor zu blutigen Auseinandersetzungen geführt hatte.[38] In Einzelfällen gab es auch Widerstände, ein Kind, weil es Jude war, in eine Schule aufzunehmen; oder eine sonst alljährlich stattfindende Debatte zwischen zwei Schulen zu einem bestimmten Thema wurde abgesagt, weil der von der einen Schule als bester Debattant Ausgewählte ein Jude war, gegen den zu verlieren, die konkurrierende Schule nicht riskieren wollte. In solchen Fällen, oder bei der

37 B. Weiser, 15. 9. 47, 4. Vgl. März 43, 3 f.; Heiman, Deutsche Einwanderung, S. 582.
38 Vgl. die Gespräche Martha Z., Alice Kalhöfer, Federico Leffmann, Ernesto Lehmann, Isabel Robalino Bolle, Rolf Stern.

Verweigerung des Eintritts in einen exklusiven Club, wurde der eigentliche Grund nicht offen ausgesprochen.[39]

Offen hingegen trat der Antisemitismus im Vorurteil zutage, verschwundene ecuadorianische Kinder könnten im Fleischwolf einer von Juden betriebenen Wurstfabrik geendet sein. »No te vayas, los judíos te ponen a la salchicha!« (»Geh ja nicht weg, die Juden tun dich in die Wurst!«) war ein geflügeltes Wort. In einer sensationell aufgemachten Pressekampagne, an der sich auch liberale Zeitungen beteiligten, wurde 1948 der Besitzer einer Wurstfabrik beschuldigt, er habe versucht, einen christlichen Jungen zu entführen, um aus seinem Fleisch Wurst zu machen. Die Beschuldigung wurde später abgeändert in einen Entführungsversuch mit homosexuellen Absichten.[40]

Rassisch motivierter Antisemitismus

Man kann davon ausgehen, wie es auch Vertreter der Jüdischen Gemeinde taten, daß Vorurteile, die mehr oder weniger latent als Erbe christlichen Antisemitismus in der Bevölkerung vorhanden waren, durch den Einfluß alteingesessener Deutscher bzw. der nazistisch geprägten Propaganda verstärkt wurden und ein bis dahin wenig bekannter rassisch determinierter Antisemitismus über die Presse auch in das öffentliche Bewußtsein in Ecuador drang. Es gab eine Reihe Pro-Achse-Blätter, die zum Teil offen antisemitisch argumentierten und ein direktes Sprachrohr nazistischer Interessen waren. Auch die Tageszeitung *El Debate*, ein Blatt der Konservativen mit stark klerikalem Einschlag und Sympathien für das Spanien Francos, verstand sich als germanophil. Sie schoß sich 1942 besonders auf den »Juden Benno Weiser« ein, der vom Liegesessel aus, gut bezahlt und fernab jeder Kampfzone, Hitler attackiere und die halbe Welt beleidige. Weiser hatte sich vor allem durch seine Artikel in den großen Tageszeitungen Quitos und Guayaquils *El Comercio*, *Ultimas Noticias* und *El Universo* exponiert, in denen er unter Pseudonymen wie »Boby« und »Prospero« schrieb. In seinen Kolumnen glossierte er die Kriegsereignisse und karikierte Nazi-Größen. Zwar reklamierte *El Debate* für sich, nie antisemitisch gewesen zu sein, doch erkläre der »unverschämte und dreiste Fanatismus und die feige Niederträchtigkeit« Weisers, warum es in Vergangenheit und Gegenwart in allen Völkern Antisemitismus gegeben habe. Man konstruierte ein ideologisches Gebräu aus Freimaurertum, Liberalismus, Engländern, Juden und der »übrigen Sippe«, gegen deren Einflüsse sich der Ecuadorianer zur Wehr setzen müsse, sei es aus einem atavistischen

---

39 Vgl. die Gespräche Dr. Alberto und Dr. Constanza Di Capua, Prof. Dr. Miguel A. Schwind, Martha Z., Suse Tugendhat; Mai 40, 2, Dezember 40, 8, 15. 11. 48, 1; Heiman, Inmigrantes, S. 70.

40 Vgl. Elkin, Jews, S. 117 f.; die Gespräche Erna Better, Prof. Dr. Miguel A. Schwind. Besagter Ausspruch soll auf einen deutschen Fleischer zurückgehen, der damit Propaganda gegen die jüdische Konkurrenz betrieb.

Gefühl gegen die Juden oder zur Verteidigung gegen das wirtschaftliche Eindringen dieser »Rasse«.[41]

Anders als in der breiten Bevölkerung, in deren Haltung sich Deutschenfreundlichkeit mit Mißtrauen gegenüber Fremden und religiösen Ressentiments mischten, trat hier die bewußte Zustimmung zur Ideologie des Nationalsozialismus hinzu. Nach dem Verbot der Pro-Achse-Blätter im Laufe des Jahres 1942 nahm die gespannte Atmosphäre zwischen Immigranten und Einheimischen jedoch nicht ab. 1944 versetzte ein Artikel der Guayaquileñer Zeitung *La Prensa* die Jüdische Gemeinde in helle Aufregung, als dort ein Beitrag erschien, der sich auf das Buch »Die Protokolle der Weisen von Zion« berief und die Juden als eine erbkranke, verkommene und in ihren Geschäften skrupellose Rasse darstellte, die der Feind jeden gläubigen Volkes sei.[42] Es sollte nicht das letztemal sein, daß sich die Jüdischen Gemeinden in Guayaquil und in Quito veranlaßt sahen, ein spezielles Komitee zur Bekämpfung von Antisemitismus einzurichten und sich um Stellungnahmen an ecuadorianische Politiker zu wenden. Als der Priester Ponce Ribadaneira 1946 im Auftrag des Erzbischofs von Quito das Verhältnis von Judentum und Katholizismus in seine Predigten einbezog und aufklärende Artikel in der katholischen Monatszeitschrift *Mi Seminario* schrieb, um dem wachsenden Antisemitismus zu begegnen, bekannte er, bis vor nicht allzu langer Zeit selbst geglaubt zu haben, bei dem Buch »Die Protokolle der Weisen von Zion« handele es sich um einen »teuflischen Kodex« der Juden zur Beherrschung der Welt.[43]

Furcht vor wirtschaftlicher Konkurrenz

Zu den Berufsgruppen, die als unerwünschte Konkurrenz öffentlich angegriffen wurden, gehörten, wie erwähnt, die Humanmediziner. Veterinärmediziner stellten insofern eine Ausnahme dar, weil es diesen Beruf im Land zunächst gar nicht gab, wohl aber einen Bedarf dafür, der von den wenigen im Land lebenden kolumbianischen Veterinären nicht gedeckt werden konnte. Der erste ecuadorianische Veterinär promovierte 1941. Einer Reihe von Humanmedizinern gelang es, ihre Approbation in Ecuador zu wiederholen und erfolgreich zu praktizieren, allerdings gibt es Beispiele dafür, wie von Seiten ecuadorianischer Ärzte versucht wurde, Zulassungen zu Prüfungen hinauszuzögern oder diese zu erschweren. Rechtsanwälte, die ebenfalls unerwünscht waren, stellten für einheimische Berufskollegen keine Konkurrenz dar. Das völlig andere Rechtssystem und die für die Berufsausübung notwendige spanische Fachterminologie bildeten in der Regel eine unüber-

---

41 Vgl. *El Debate* v. 7. 4. 42, 10. 4. 42, 14. 4. 42, 15. 5. 42, 13. 5. 42, 16. 5. 42, 17. 5. 42, 23. 5. 42.
    Siehe auch: *Antinazi* v. 23. 4. 42 (S. M. 42 ff.; vgl. Kap. VI. 1., Anm. 5).
42 Vgl. November 44, 7, Dezember 44, 6.
43 Vgl. 15. 5. 46, 6, 15. 2. 46, 4.

windbare Hürde, abgesehen von der Verquickung des Anwaltsberufs mit Politik und Korruption. Eine Ausnahme stellte hier der Jurist für Staats- und Verwaltungsrecht Alfred Karger aus Berlin dar, der bereits im September 1942 seine Examina in Quito ablegte und in eine auf internationales Recht spezialisierte Anwaltspraxis eintrat.[44]

Die Anfeindungen gegenüber einzelnen Berufsgruppen wie Ärzten, Ingenieuren, Gewerbetreibenden und Kaufleuten konzentrierten sich schließlich auf die Tätigkeit der Immigranten im Handel und anderen kaufmännischen Berufen, jenem Erwerbszweig, der auch von Ecuadorianern bevorzugt wurde. Wo andere Arbeitsplätze fehlten und Unterbeschäftigung für einen großen Teil der Bevölkerung die Regel war, brachte selbst der kleinste Bauchladen seinem Besitzer wenigstens so viel ein, daß er irgendwie davon existieren konnte. Aus dem bis dahin unbekannten, von Immigranten eingeführten System der Ratenzahlung sei den Einheimischen eine »nicht unerhebliche Konkurrenz« erwachsen, heißt es im Bericht einer Immigrantin an das Jüdische Nachrichtenblatt.[45] Die Jüdische Gemeinde bestritt die Vorwürfe nicht, die gegen die wirtschaftliche Betätigung der Immigranten erhoben wurden, im Gegenteil gab es bereits 1940 Stimmen, die vor allem die mangelnde Bereitschaft, in der Landwirtschaft zu arbeiten, als gefährliche Entwicklung ansahen. Hier zeichneten sich ähnliche Probleme wie in anderen lateinamerikanischen Ländern ab. In Peru war es seit 1936 mehrfach zu fremdenfeindlichen und antisemitischen Protesten in der Öffentlichkeit gekommen. Mit der Begründung, die Juden schadeten den Einheimischen, indem sie die Geschäfte monopolisierten, wurde ähnlich wie in Ecuador die Forderung erhoben, die Juden auszuweisen. Auch in Bolivien konzentrierten sich die Immigranten auf wenige Orte und betätigten sich anders als erwartet vorwiegend als Verkäufer, Hausierer und Handelsagenten. 1938, als etwa 2000 Flüchtlinge in Bolivien lebten, kam es zu fremdenfeindlichen, teils offen antisemitischen Reaktionen der Bevölkerung, woraufhin die Regierung die Einwanderungsbedingungen erschwerte. In Chile, Argentinien und Brasilien sahen sich die Flüchtlinge ebenfalls mit antisemitischen Strömungen konfrontiert, aber auch mit Solidaritätskundgebungen antifaschistischer Gruppierungen.[46]

44 Vgl. Juni 40, 6, Oktober 40, 7; die Gespräche Dr. Gerhard Anker, Dr. Ilse Grossmann, Dr. Martin Rosenthal, Prof. Dr. Miguel A. Schwind, Gustav Zanders. Zu Alfred Karger vgl. September 42, 9, 15. 2. 62, 8, 15. 5. 66, 2, 1. 6. 66, 6; Kap. IV. 1, Anm. 16.

45 Vgl. den Bericht von Jenny Sara Marcus: »Ist Ecuador ein Land der Zukunft?«, in: *Jüdisches Nachrichtenblatt* v. 18. 7. 39, S. 3. Vgl. auch die Berichte von Hanns Aris, ebenda, v. 31. 1. 39, S. 2, 4. 4. 39, S. 1.

46 Vgl. von zur Mühlen, Fluchtziel, S. 63 f.; Wojak, Exil in Chile, S. 208 ff.; Trahtemberg Siederer, La Inmigración Judía, S. 159 ff., 165 ff. u. 170 ff. sowie die Beiträge zu den einzelnen Ländern in: Europäische Juden, (Seelisch, S. 84 ff. u. 89 ff.; Spitta, S. 418 ff.; Blay, S. 441 ff.) und in: Alternative Lateinamerika, (Lesser, S. 89 – 104, Jackisch, S. 43 – 53, Senkman, S. 54 – 78).

Daß potentielle Ressentiments gegenüber Juden in Ecuador ab 1942 stärker als zuvor in Erscheinung traten, hatte eine Reihe von Ursachen, wobei allerdings die Grenze zwischen Antisemitismus und Xenophobie, die sich in Zeiten politischer Instabilität und wirtschaftlicher Probleme deutlicher bemerkbar machten, kaum zu ziehen ist. Während sich auf der einen Seite jetzt auch in Ecuador politische Gruppen von Einheimischen bildeten, die sich antifaschistisch artikulierten, war für viele Ecuadorianer der Bruch mit Deutschland unverständlich. Zudem erzeugte die mehr oder weniger durch die USA erzwungene Anerkennung des Protokolls von Rio de Janeiro im Grenzkonflikt mit Peru Abneigung gegen die »gringos«. Die in Teilen der Bevölkerung nachlassende Wertschätzung ging angesichts der Verschärfung der wirtschaftlichen Krise mit der stärkeren Wahrnehmung der Flüchtlinge als wirtschaftliche Konkurrenten einher. Die bei aller Bewunderung der »gringos« auch vorhandene Ansicht, Ausländer kämen in erster Linie ins Land, um sich zu bereichern, trat nun stärker zutage. Auch die Industriemesse im Sommer 1942, bei der besonders US-amerikanische und von jüdischen Immigranten gegründete Firmen durch ihre Leistungen hervortraten, mag hierzu beigetragen haben. Die im selben Jahr gegründete ARNE *(Acción Revolucionaria Nacional Ecuatoriana)*, eine nationalistische, falangistische Partei agitierte gegen wirtschaftlichen Einfluß von außen. Die Konzentration der Immigranten in Quito und die vielen Betriebe und Geschäfte, die sie aufgebaut hatten und von denen einige bereits Anfang der vierziger Jahre für ecuadorianische Verhältnisse groß waren, bewirkte, daß wirtschaftlicher Neid aufkeimte. Die oft besser gearbeiteten Produkte, die zuverlässiger ausgeführten Aufträge, die gut sortierten und geschickt präsentierten Waren, die freundliche Bedienung ließen auch Ecuadorianer lieber in von Immigranten geführte Geschäfte oder betriebene Werkstätten gehen als in einen einheimischen Betrieb.[47]

Nicht zuletzt empfanden die aus arabischen Ländern, vor allem aus dem Libanon bereits vor Jahrzehnten eingewanderten Kaufleute, die sich besonders auf den Handel mit Textilien spezialisiert hatten, die jüdischen Immigranten als unerwünschte Konkurrenz. Ihre ablehnende Haltung galt auch den Zielen des Zionismus. Als der Beauftragte des *Keren Hayessod* (Nationalfonds für die Kolonisierung Palästinas) Leib Jaffe die Jüdische Gemeinde 1942 besuchte, kam es, so Benno Weiser, »zur antisemitischen Pöbelei einiger palästinensischer Araber«[48]. Zu Beginn der fünfziger Jahre, als die meist aus Osteuropa stammenden jüdischen Immigranten ihre Textilläden stark vergrößerten, kam es erneut zu Auseinandersetzungen mit der libanesischen

---

47 Vgl. B. Weiser, 15. 9. 47, 4, Oktober 44, 6; das Gespräch Nela Martínez. Zur ARNE vgl. Abad Franco, Parteiensystem, S. 97; Ecuador: Reiche Regierung, S. 26.
48 Vgl. B. Weiser, Oktober 43, 5; 1. 12. 48, 6; Weilbauer, Ein weiter Weg, S. 52.

Konkurrenz. Unter deren Einfluß begannen die Behörden, jüdische Unternehmen stärker zu kontrollieren und zu überprüfen, ob jemand sich kaufmännisch betätigte, der nur ein Visum für die Industrie oder Landwirtschaft hatte.[49] Bereits 1948 waren im Zusammenhang mit den Anschuldigungen gegen den jüdischen Wurstfabrikanten jüdische Importeure besonderen Kontrollen und Anforderungen unterworfen worden. Wie aus einem Brief des JOINT-Vertreters für Ecuador hervorgeht, war zu jener Zeit der Innenminister ein Antisemit. Der Präsident der Handelskammer sah sich persönlich in seinen Geschäften durch jüdische Konkurrenz geschädigt, und ein Vertreter der Handelsabteilung des Außenministeriums forderte, Ecuador so schnell wie möglich von jüdischen Immigranten zu »säubern«, weil sie das Land ohne Übergang von patriarchalischen Lebensformen in die moderne Ära gezwungen hätten.[50]

Unabhängig von diesen eindeutig wirtschaftlich motivierten Angriffen, gab es Anfang der sechziger Jahre nazistische Schmierereien an jüdischen Geschäften und wurde ein Anschlag auf das Haus des israelischen Konsuls Max Weiser verübt. Diese Aktionen verliefen parallel zu antisemitischen Aktionen in Europa und anderen lateinamerikanischen Staaten.[51]

»Werden wir nicht zu einem Parasiten! Antisemitismus ist zum großen Teil Reaktion auf die unnatürliche Wirtschaftsfunktion des Judentums. Die Wirtschaftsfunktionen der Juden mit der sie umgebenden Gesellschaft in ihren Bedürfnissen in Einklang zu bringen, ist die dringendste Aufgabe der jüdischen Sozialpolitik.«[52] Diese Aufforderung des Prager Journalisten und Rechtsanwalts Friedrich Bill klang wie die Übernahme nazistischer Sprache und Erklärungsmuster zur Begründung des Antisemitismus, die innerhalb der Jüdischen Gemeinde Widerspruch hervorgerufen haben dürfte. Die Auffassung aber, daß man etwas unternehmen müsse, setzte sich zumindest bei einem Teil der Mitglieder mehr und mehr durch. 1943 richtete die *Hicem* mehrmals Appelle an die Mitglieder der Gemeinde, zwecks Bekämpfung »verschiedentlicher Anfeindungen gegen die kommerzielle Betätigung der Emigrations-Kolonie« mitzuhelfen, eine Liste zu erstellen, die Aufschluß über die industrielle und sonstige produktive Betätigung geben sollte. »Die Vollständigkeit dieser Statistik ist für die gesamte Kolonie von allergrößter

49 Vgl. ebenda; 1. 4. 52, 2, Encyclopaedía, Vol. 6, Sp. 360.
50 Elkin, Jews, S. 117 f.
51 Vgl. 15. 1. 60, 2, 15. 6. 60, 5, 1. 3. 66, 5 f.; *El Comercio* v. 8. 1. 60, 9. 1. 60, 10. 1. 60.
52 Friedrich Bill, Januar 43, 2. Bill war Mitarbeiter bei verschiedenen Zeitungen, Vizepräsident der tschechoslowakischen *Liga für Menschenrechte* und Herausgeber wie verantwortlicher Redakteur der deutschsprachigen Monatszeitschrift der Liga *Der Aufruf* und Mitbegründer der *Demokratischen Flüchtlingsfürsorge*. Er arbeitete in Ecuador zunächst als Landwirt und Viehzüchter, später leitete er ein Hotel in Baños. Vgl. Januar 44, 1 f., 10.

Bedeutung. Es handelt sich daher um einen dringenden Appell, dem Alle unbedingt Folge leisten sollten.«[53] Da eine solche Liste nicht in der Zeitung der Jüdischen Gemeinde veröffentlicht wurde, kann man davon ausgehen, daß sie nicht zustande kam. Eine solche Aufstellung veröffentlichten die Jüdischen Gemeinden erst 1948. Sie läßt allerdings keinen Vergleich über das Verhältnis von Handel und produktivem Gewerbe zu.[54] Nimmt man die Inserate, die die von jüdischen Immigranten betriebenen Fabriken, Werkstätten, Geschäfte usw. 1942 in den *Informaciones* aufgaben, als groben Indikator für die wirtschaftliche Betätigung, so bestätigt sich zwar, daß ein erheblicher Teil im Handel tätig war, nicht aber die Mehrheit. Von den rund 90 Unternehmen, die im Laufe des Jahres 1942 eine Annonce aufgaben, sind 32 dem Handel zuzuordnen.

3. Versuche einer Umlenkung der Immigranten in »erwünschte Berufe« durch Initiativen der Jüdischen Gemeinde Quito

Zu den Hauptkritikern der beruflichen Tätigkeit der Immigranten gehörte der Veterinär Julius Zanders, der Vorschläge entwickelte,»um so dem Anwachsen des Antisemitismus zum großen Teil den Boden«[55] zu entziehen. Zanders, der eine Professur an der Veterinärmedizinischen Abteilung der Universität in Quito innehatte, beschäftigte sich mit diversen Fragen der Agrarwirtschaft, der Tierhaltung, der Verwertung und Verbesserung der Qualität landwirtschaftlicher Produkte.[56] Die objektiven Schwierigkeiten und subjektiven Ängste der Immigranten vor der Arbeit in der Landwirtschaft einbeziehend, dachte er an die Bildung von Gemeinwesen, deren einzelne Mitglieder auf eigene Rechnung arbeiteten, aber ihre Produkte gemeinschaftlich vermarkten sollten. Da sich idealtypisch diese Gemeinwesen aus Angehörigen verschiedener Berufe zusammensetzen sollten, sah er so die meisten sozialen Bedürfnisse innerhalb eines solchen Gemeinwesens abgedeckt. Zanders, der mit Regierungsstellen wie ausländischen jüdischen Organisationen in Verbindung stand, fand mit seinen Vorschlägen in der Immigrantenschaft wenig Anklang. Diese Gemeinwesen hätten ebenso wie die gescheiterten Kolonisierungsprojekte eine detaillierte Planung und erhebliche Mittel zum Ausbau der Infrastruktur vorausgesetzt.[57]

53 Juni 43, 2; vgl. Juli 43, 2, August 43, 2. Auch in Chile versuchte die Gemeinde der deutsch-jüdischen Flüchtlinge durch Veröffentlichungen über den produktiven Anteil ihrer Mitglieder an der Wirtschaft, antisemitischen Vorurteilen entgegenzuwirken. Vgl. Wojak, Exil in Chile, S. 215.
54 Vgl. La Colonia, S. 53 f.; Kap. VIII. 3.
55 J. Zanders, Juni 40, 6.
56 Vgl. z.B. August 40, 2 u. 5; Zanders Studie»Fecunación Artificial Aplicada a los Bovinos« (im Nachlaß).
57 Vgl. Juni 40, 6.

Je mehr sich jedoch aus der »verfehlten Berufsschichtung«[58] Probleme in der Öffentlichkeit abzeichneten, wuchs die Bereitschaft, über Konzepte zur Abänderung nachzudenken und zu verhindern, daß die wenigen, die in der Landwirtschaft arbeiteten, aufgaben. Im Juni 1941 beschloß eine Versammlung in der Jüdischen Gemeinde die Gründung einer landwirtschaftlichen Hilfsorganisation, die den Namen *Asociación de los Agricultores Inmigrantes Israelitas en Quito* tragen sollte. Durch finanzielle Hilfen mittels einer zu errichtenden Darlehenskasse, durch juristische Beratung, durch organisierten Austausch von Erfahrungen, Materialien, Saatgut und dergleichen und durch die Gründung einer Ein- und Verkaufsgesellschaft sollten die in der Landwirtschaft Arbeitenden unterstützt und andere für eine solche Tätigkeit gewonnen werden.[59] Allerdings zeigte bereits die für gut einen Monat später angesetzte Generalversammlung, daß der Versuch, eine solche Organisation von jüdischen Flüchtlingen zu gründen, trotz des zuvor bekundeten Interesses scheitern würde. Es mangelte an einer ausreichenden Teilnehmerzahl. Eine auf ein späteres Datum verschobene Gründungsversammlung scheint nie stattgefunden zu haben.[60] Die Auseinandersetzungen um die berufliche Orientierung gingen aber in der Folgezeit weiter. In der Generalversammlung der Asociación de Beneficencia Israelita im November 1942 wurde der Vorstand kritisiert, weil er nichts zur Berufsumschichtung unternommen habe. Es kam zu »heftigen Protesten« der im Handel Tätigen, die sich persönlich angegriffen fühlten.[61]

Die Gründe, die dazu führten, daß immer mehr Immigranten im Handel tätig wurden, waren verschiedener Art. Neben den gelungenen Versuchen, in einem produktiven Gewerbe Fuß zu fassen, gab es auch eine ganze Reihe von Personen, die hiermit scheiterten. Die Gründe dafür waren vielfältig. Der Markt für das hergestellte Produkt war gesättigt. Der Produktionsprozeß überforderte die fachliche Kompetenz des Betreffenden, und das Produktionsergebnis war entsprechend. Die angesetzte Betriebsgröße stand im Mißverhältnis zu den vorhandenen Mitteln, man hatte sich mit der Anlaufzeit bis zur Rentabilität eines Gewerbes verkalkuliert, war mit den Gepflogenheiten der ecuadorianischen Geschäftswelt, die ein langes Zahlungsziel vorsahen, nicht vertraut. Man mußte aufgeben, weil das Geld zur Überbrückung fehlte, in einzelnen Fällen auch, weil man von einem Partner, sei er Einheimischer oder Immigrant, übervorteilt worden war. »Oft wird gesagt, daß das kein wesentlicher Unterschied sei. Beide suchen im Topf des anderen zu fischen.«[62] Das Kapital, das nach solchen Erfahrungen noch

58 Vgl. April 41, 3.
59 Vgl. Juni 41, 7.
60 Vgl. Juli 41, 5.
61 Vgl. Dezember 43, 3, Januar 44, 10.
62 Juni 41, 2.

übrig blieb, reichte entweder nicht aus, um erneut auf kleinerer Stufenleiter zu beginnen oder man setzte nun lieber gleich auf den Handel mit Produkten, weil dies weniger riskant schien.

Häufiger als aus einer solchen Notlage heraus scheint jedoch der Weg in den Handel anders verlaufen zu sein. Der Landwirt oder »Industrielle« verkaufte für kurze Zeit nur seine eigenen Produkte. Bald übernahm er jedoch auch andere, nicht selbst gefertigte Artikel und mietete zu diesem Zweck einen Lagerraum. Der Anteil der fremden Waren nahm rasch zu, der Lagerraum wurde zu einem Geschäft erweitert, die eigene Produktion ging immer mehr zurück und wurde schließlich ganz eingestellt.[63]

Bei Jugendlichen schien noch weniger Neigung zu bestehen als bei der älteren Generation, einen Beruf im produktiven Gewerbe zu ergreifen, ein Verhalten, das nicht zuletzt als Schuld der Eltern betrachtet wurde, weil sie die Jugendlichen hierzu nicht anhielten. »Man sieht sie heute schon wieder – im Glauben scheinbarer Seßhaftigkeit – die Büros und Ladengeschäfte als Angestellte, Verkäufer etc. überfluten, als Klopper durch die Straßen ziehen oder in Caféhäusern Vermittlungsgeschäfte tätigen. Daß sie keine Schulbildung bekamen, und nun Zeit ihres Lebens ungebildet bleiben werden, ist nicht ihre Schuld und nicht die ihrer Eltern – vielleicht sogar kein entscheidender Mangel, denn die Begriffe vom Wert dieser Bildung haben sich gewandelt! Daß sie aber in den Fehler der Alten zurückverfallen, und immer noch keine praktischen, handwerklichen oder technischen Berufe zu erlernen suchen, und das kleinste Gehalt als Handlungsgehilfe einer gründlichen Berufsausbildung vorziehen, um dann als ›Ungelernte‹ bzw. ›Diplomkaufleute‹ durch die Welt zu ziehen, das ist ein unverzeihlicher Fehler! Man wende nicht ein, es gäbe hier keine Gelegenheit, zur fachlichen Berufsausbildung. Es gibt genügend mechanische Werkstätten, technische, chemische Laboratorien und Betriebe, Fabriken, Haciendas und andere Unternehmungen, die zur Ausbildung geeignet wären. Aber im Handel verdient es sich eben schneller und leichter!«[64]

Wie man einem Vorschlag, die Jüdische Gemeinde müsse sich mehr als Stellenvermittler engagieren, um der Jugend zu »gut bezahlten Positionen bei Großfirmen«[65] zu verhelfen, entnehmen kann, gab es eine Reihe von ausländischen Firmen, die sich weigerten, österreichische und deutsche Juden einzustellen, weil sie diese als feindliche Ausländer betrachteten. Es handelte sich hierbei um die großen amerikanischen und englischen Firmen, darunter die Ölgesellschaften. Diese Tatsache erstaunt, weil die Jüdische Gemeinde mit den Botschaften dieser Länder, vor allem mit der englischen, gute Kon-

63 Vgl. Januar 44, 1.
64 Januar 44, 2.
65 Juan Lestrel, Januar 44, 10.

takte unterhielt. Mit Unterstützung ausländischer jüdischer Organisationen sollte hier Abhilfe geschaffen werden. Die Jugendlichen sollten gegebenenfalls durch Absprachen mit den Firmen in Spezialkursen auf ihre zukünftige Arbeit vorbereitet werden.[66]

Seit Anfang 1944 standen die Überlegungen zur beruflichen Umorientierung unter dem Eindruck eines nahenden Kriegsendes. Man ging davon aus, insbesondere nach den Versprechen Velasco Ibarras, daß die Immigranten ihre Angehörigen, die in Europa überlebt hatten, nach Ecuador bringen könnten. Darüber hinaus wurde mit einem großen Emigrantenstrom nach Lateinamerika gerechnet, da viele versuchen würden, das verwüstete Europa zu verlassen. Das wäre das Ende der Duldung von Immigranten in »unerwünschten Berufen« und erfordere bereits jetzt entsprechende Vorbereitung für die Ankunft der Neu-Immigranten. Wichtig sei die Sondierung von bereits vorhandenen und die Schaffung künftiger Ausbildungsmöglichkeiten insbesondere für Jugendliche in handwerklichen Berufen.[67]

Im November 1944 wurden Verhandlungen mit der ORT-OSE-Organisation aufgenommen, die einen Vertreter nach Quito geschickt hatte. Als Ergebnis des Besuchs bildete sich ein ORT-OSE-Komitee aus Mitgliedern der Jüdischen Gemeinde. Die 1880 in Rußland gegründete ORT-Organisation hatte zum Ziel, die jüdische Bevölkerung stärker zu Berufen in der Landwirtschaft, dem Handwerk und der Industrie hinzuführen. Wie ihre 1912 entstandene Schwesterorganisation OSE, die sich der Volksgesundheit widmete, hatte sie ihre Arbeit auf verschiedene Länder ausgedehnt. Auch in Lateinamerika waren in den dreißiger und vierziger Jahren Länderorganisationen entstanden. Die in Quito gegründete Ortsgruppe fristete allerdings ein Schattendasein. Als 1949 die ORT-Zentrale Südamerika 1000 Dollar für durch das Erdbeben in der Gegend von Ambato geschädigte jüdische Handwerker zur Verfügung stellte, kommentierte der Vorsitzende der Ortsgruppe Quito: »Der ORT hat sich zu dieser humanitären Geste entschlossen ungeachtet der Tatsache, daß die Juden Ecuadors seinem Werk nicht die Beachtung gewidmet haben, die der Größe seiner Aufgaben und Leistungen für das Welt-Judentum entspricht.«[68]

66 Vgl. ebenda.
67 Vgl. Carlos G. Liebmann, November 44, 10, Januar 44, 1 f.
68 José Eisler, 15. 11. 49, 7; November 44, 5. Zur Organisation ORT-OSE vgl. von zur Mühlen, Fluchtziel, S. 78 f.

IV. Entstehung und Entwicklung der jüdischen Gemeinden

1. Die Asociación de Beneficencia Israelita Quito.
Ein Überblick bis Ende der fünfziger Jahre

Ziele, Mitglieder, Aktivitäten, Organisationen

»Die Emigranten, der Landessprache nicht mächtig und meist ohne jede Geldmittel hier angekommen, schlossen sich natürlich aneinander an. Sie suchten eine Vertretung gegenüber der Regierung und inneren Zusammenhalt. Aus diesem Bedürfnis heraus enstand die ›Beneficencia‹, und es bleibt das Verdienst von Julius Rosenstock, die Notwendigkeit rechtzeitig erkannt und die Leitung übernommen zu haben.«[1] Julius Rosenstock war 1914 von der ecuadorianischen Regierung berufen worden, um den Bau der Hochland-Eisenbahn Sibambe – Quito zu leiten. Aus einem ursprünglich für vier Jahre geplanten Aufenthalt wurden zehn Jahre, und als Rosenstock 1924 nach Europa reiste, zog es ihn nach Ecuador zurück, weil er sich nicht mehr an das »hastige, mechanisierte und disziplinierte Leben in den sogenannten europäischen Kulturstaaten, in denen der Klassen- und Rassenhaß herrschte«[2], gewöhnen konnte. Er ließ sich endgültig in Quito nieder und widmete sich auf eigene Rechnung dem Straßen-, Brücken- und Bahnbau. 1929 ging er vorübergehend wieder nach Europa, als die ecuadorianische Regierung ihn zu ihrem Konsul in Wien machte. 1932 kehrte er nach Ecuador zurück. Durch seine vorzüglichen Beziehungen zu Regierungskreisen war er prädestiniert, sich für die Aufnahme von Flüchtlingen einzusetzen. Als Kenner von Land und Leuten wurde er für sie zu einem wichtigen Berater im Umgang mit den Behörden. Auf seine Initiative war die bereits mehrfach erwähnte Hilfsorganisation *Hicem* entstanden.[3]

Vor Einsetzen des Hauptstroms der Immigranten im Frühjahr 1939 gründete Rosenstock zusammen mit zwölf weiteren Immigranten die *Asociación de Beneficencia Israelita* (Beneficencia), den »Israelitischen Wohltätigkeitsverein«, als private Vereinigung. Gemäß den Landesgesetzen war es nicht möglich, den juristischen Status einer Korporation öffentlichen Rechts anzunehmen. Die Mitgliedsbeiträge legte man auf mindestens 3 und höchstens 5 Sucres monatlich fest. Die Anwesenden sammelten unter sich und erbrachten mit 845 Sucres das erste Budget der Gemeinde. Der offizielle Grün-

---

1 Liebmann, 15. 11. 63, 6.
2 Rosenstock, Juni 40, 4.
3 Zur *Hicem* vgl. Kapitel I. 2., I. 3., IV. 3. 1. Die Angaben, die zu Daten und Positionen im Leben Rosenstocks gemacht werden, stimmen nicht immer exakt überein. Vgl. 15. 12. 47, 2, 15. 9. 51, 2; La Colonia, S. 53; B. Weiser, Recuerdos (I), in: *El Comercio* v. 10. 5. 85.

dungstag, der 26. November 1938, bezieht sich entweder auf diese Gründungssitzung oder aber auf die erste öffentliche Versammlung, die kurze Zeit später abgehalten wurde und bei der etwa hundert Personen, mehrheitlich aus Deutschland, anwesend waren. Das Gründungsmitglied Benno Weiser hielt die Eröffnungsrede. »Ich entsinne mich, daß ich in meiner Rede versuchte, eine Emigrantenideologie zu schaffen. Wir waren Schicksalsgenossen. Ein gemeinsames Schicksal hatte uns aus Europa herausgeworfen, ein gemeinsamer Zufall nach Ecuador geführt. Sollten wir an den Ufern des Machangará sitzen und weinen, wenn wir Dein gedachten, Berlin, oder Wien, oder Breslau? War es fair, Länder, die weit mehr entwickelt waren, die uns jedoch ausgespien hatten, mit dem etwas zurückgebliebenen Land zu vergleichen, welches uns in der Stunde der Not die Tore geöffnet hatte … Sollten wir auf unseren Koffern sitzen und unsere Kisten nicht auspacken und warten, oder mit voller Energie ein neues Leben anfangen? All das, was uns geschehen war, geschah, weil wir Juden waren. Sollten wir deshalb als Juden leisetreten?«[4]

So war die Bezeichnung »Israelita« im Namen der Organisation ein Bekenntnis, das aber zugleich auch eine wichtige Beschränkung deutlich machen sollte, nämlich die strikte Einhaltung rein jüdischer Angelegenheiten. Die Satzung schloß in Artikel 4 nachdrücklich jedwede Befassung mit politischen Fragen und solchen Angelegenheiten aus, die die Stabilität der Einrichtung und ihr Ansehen oder die Harmonie unter den Mitgliedern gefährden könnten. Als positive Ziele waren in Artikel 1 formuliert: Hilfe für bedürftige Israeliten, Förderung der legitimen Interessen der Israeliten, Unterhaltung eines würdigen israelitischen Friedhofs, Befriedigung der kulturellen und religiösen Bedürfnisse der Mitglieder, Stärkung der Solidarität unter den Mitgliedern, Zusammenarbeit mit anderen wohltätigen Institutionen ähnlicher Art.[5]

Anders als in den meisten Ländern des lateinamerikanischen Exils, in denen neben den Gemeinden gesonderte Hilfsvereine für die soziale Fürsorge entstanden, war die *Beneficencia* Synagogengemeinde, Kulturverein und Wohlfahrtsverband zugleich. Und ebenfalls im Unterschied zur Entwicklung in den übrigen Ländern, in denen sich die Gemeinden in der Regel nach Herkunftsländern zusammensetzten, vereinigte sie in ihren Reihen Juden aus Deutschland und Österreich, aus Ungarn, Polen, der Tschechoslo-

4 B. Weiser, 15. 11. 63, 24. Die übrigen Gründer der *Beneficencia* waren: Juan Lestrell, Jorge Broide, Alfredo Fehr, Simon Weiss, Hersch Liebermann, Salomon Kaufmann, Saul Davidsohn, Boris Matusis, Mottl Wapniarz, Moses Drach, Isaac Rosenberg. Vgl. die Sondernummer der *Informaciones* v. 15. 11. 48, 7.

5 Vgl. La Colonia, S. 63. Wie man den Generalversammlungsberichten entnehmen kann, wurden mehrfach Satzungsänderungen, die die Ziele der Organisation wie die Befugnisse des Vorstandes betrafen, vorgenommen oder sollten zumindest vorgenommen werden. Die Berichte geben darüber jedoch nur bruchstückhaft Auskunft. Vgl. Dezember 41, 2, Dezember 43, 3, Mai 44, 3, Juli 44, 8, 15. 2. 46, 6, 1. 6. 46, 6, 1. 7. 46, 6.

Abb. 7: Eröffnungsanzeige des Restaurants der Beneficencia in den »Informaciones« vom Februar 1941

wakei, aus Jugoslawien und Rumänien, der Sowjetunion, den Baltischen Staaten und Italien, ein »Konglomerat« aus Menschen unterschiedlicher religiöser, kultureller Tradition und Mentalität. Diese Entwicklung wurde möglich, weil man in ein »jüdisches Niemandsland« gekommen war. Zwar waren mit den spanischen Eroberern auch Juden ins Land gekommen, doch war ihre Zahl gering. Im Gegensatz zu den großen Staaten in Lateinamerika, aber auch zu den Nachbarstaaten Venezuela, Kolumbien und Peru, in die nach der Unabhängigkeit von Spanien wesentlich mehr sefardische Juden eingewandert waren, assimilierten sie sich oder verfolgten ihre Traditionen zumindest nicht öffentlich. In den übrigen Ländern existierten die Gemeinden der sefardischen, der osteuropäischen und der deutschsprachigen Juden meist völlig getrennt von einander, teilweise standen sie sich feindselig gegenüber. Wie das Beispiel Peru zeigt, gab es aber auch Länder, in denen sie regelmäßig untereinander Kontakt hielten und die Mitglieder verschiedentlich zu gemeinsamen Veranstaltungen zusammen kamen.[6]

Die Mehrheit der Flüchtlinge in Ecuador sprach Deutsch und so wurde Deutsch die Sprache der Verständigung innerhalb der Gemeinde. Im ersten Jahr ihres Bestehens erreichte die *Beneficencia* einen Mitgliederstand von 206.

6 Vgl. Trahtemberg Siederer, La Inmigración Judía, S. 127 ff., 147 f., 229 ff., 242 f. Vgl. Comunidades Judías de Latinoamerica (1971 – 1972), Publicaciones de la Oficina Sudamericana del Comité Judío Americano 1974, Buenos Aires 1974, S. 141. Zur Geschichte der Juden in den verschiedenen lateinamerikanischen Ländern seit der spanischen Eroberung vgl. die Beiträge zu den einzelnen Länder, ebenda; Italiaander, Juden; Elkin, Jews; Martin A. Cohen (Ed), The Jewish Experience in Latin America, Vols. I – II, New York 1971. Avni, Argentina and the Jews. Wojak, Exil in Chile, S. 179 ff. Vgl. auch die Beiträge zu den einzelnen Ländern, in: Zehn Jahre Aufbauarbeit; Europäische Juden. Günter Böhm, Jüdische Aspekte des lateinamerikanischen Exils, in: Alternative Lateinamerika, S. 83. Schwarz, Keine Zeit, S. 242. Judaica Latinoamericana, S. 68 ff. (Raicher). Zu den unterschiedlichen Aufgaben und der Zusammensetzung der Gemeinden, Hilfsvereine und Wohlfahrtsverbände im Überblick vgl. von zur Mühlen, Fluchtziel, S. 68 ff. ·

Als Mitglieder zählten Familienvorstände und selbständig im Erwerbsleben Stehende, abgesehen von erwerbstätigen Ehefrauen und Jugendlichen. Die Mitgliederzahl wuchs in den folgenden Jahren stetig und stieg trotz nachlassender Einwanderung von Dezember 1942 bis Dezember 1943 von 414 auf 512. Im Geschäftsjahr 1944/45 wurde mit 534 Mitgliedern, nach anderen Angaben mit 544, der Höchststand erreicht. Die Größe der Gemeinde läßt sich nicht exakt beziffern, da aus den Zahlen nicht hervorgeht, wie viele Alleinstehende der Gemeinde angehörten und wie viele Personen im Durchschnitt einem Familienvorstand zuzurechnen waren. Im Mai 1942 ist von etwa 1000 Familien in Ecuador die Rede. Anläßlich des zehnjährigen Bestehens der Organisation ließ der Vorstand 1948 eine Zählung aller in Quito lebenden Juden vornehmen, die ein Ergebnis von rund 3200 erbrachte. Die Gemeinde zählte zu diesem Zeitpunkt 475 Mitglieder.[7]

Ihre Räumlichkeiten hatte die *Beneficencia* im Zentrum der Stadt. Die ersten lagen in der Calle Vargas. Aufgrund der rasch ansteigenden Mitgliederzahlen mußte schon bald eine größere Unterkunft gesucht werden. In der Carrera Guayaquil 35 verfügte man über ein Klubzimmer mit angeschlossener Gaststätte und erstmals über einen Raum, der als ständiger Betsaal eingerichtet wurde. Ein Immigrant stellte eine Thora zur Verfügung, die er aus einer niedergebrannten Synagoge in der Nähe von Wien gerettet hatte. Zur

7 Vgl. die Sondernummer der *Informaciones* v. 15. 11. 48, 7; 1. 1. 46, 6; Hans D. Rothschild, 15. 11. 63, 8. Die Zahl 3200 erscheint hoch, weil sie sich nur auf Quito bezieht und weil zu diesem Zeitpunkt viele Alt-Immigranten Quito bereits wieder verlassen hatten. Andererseits waren Neu-Immigranten hinzugekommen, die die Verluste zum Teil wieder ausglichen. Vgl. Kap. VIII. 1., Anm. 3. Da selbst in ein und derselben Publikation Zahlenangaben in verschiedenen Artikeln manchmal differieren, wobei auch nicht auszuschließen ist, daß gelegentlich Druckfehler vorliegen, lassen sich exakte Angaben nicht machen. Vgl. z.B. La Colonia, S. 51 u. 53. Mit Sicherheit sind jedoch die Zahlenangaben, die sich in anderen Publikationen finden und sich auf die Gesamtzahlen der Immigranten in Ecuador beziehen, zu niedrig angesetzt. Lambert nennt in »El Libro Negro« (S. 221) eine Zahl von 2500 für alle »europäischen Flüchtlinge«. Die Zahl der Juden in Zehn Jahre Aufbauarbeit wird mit 2700 und bei Herbert A. Strauss mit 3000 angeben. Vgl. die Übersichtabelle bei von zur Mühlen, Fluchtziel, S. 47. Bedenkt man, daß der *Beneficencia* in Quito, wenn auch die überwiegende Mehrheit, jedoch nicht alle Juden angehörten, und die Gemeinde in Guayaquil zeitweilig über 180 Mitglieder zählte, die Gemeinde in Ambato 1948 mindestens 100 Personen umfaßte und darüber hinaus eine beträchtliche Anzahl nicht-jüdischer Flüchtlinge in Quito lebte, so dürfte die Zahl der Immigranten insgesamt weit über 3000, wenn nicht annähernd 4000, betragen haben. Eine Zahl von 3000 bis 4000 wurde 1942 von dem Ecuador-Immigranten Hanns Heiman veranschlagt, der als erster versuchte, einen Überblick über die jüdische Einwanderung zu geben. Vgl. Heiman, Inmigrantes, S. 63 f. Grossmann nennt ebenfalls eine Zahl von 4000, allerdings ohne jede Quellenangabe. Vgl. Grossmann, Emigration, S. 157. Vgl. auch 1. 8. 64, 2, wo von einst 4000 und jetzt 1000 Immigranten in Ecuador die Rede ist. Im Mai 1943 veröffentlichten die *Informaciones* Zahlen des American Jewish Joint Distribution Committee (JOINT), über die durch ihn nach Süd- und Mittelamerika vermittelten Personen bis Mai 1942, wobei für Ecuador wie für Kolumbien ca. 2800 angegeben werden. Da es sich hierbei nur um vom JOINT erfaßte Personen handelt, belegt dies ebenfalls die Annahme, daß die Gesamtzahl wesentlich über 3000 gelegen hat. Vgl. Mai 43, 3.

Ausschmückung des Betraums hatten Frauen Bezüge, Vorhänge und Dekken genäht und bestickt. Die Mittel hierfür wurden durch eine Sammlung aufgebracht. Wenige Monate später traf als Spende des JOINT aus New York eine Sefer-Thora ein, zwei weitere als Geschenk der Agudah New York folgten im Juli 1946. Am 23. März 1940 fand anläßlich des Purimfestes die feierliche Eröffnung des neuen »Heimes« mit einem Gottesdienst statt. »In dieser Zeit des scheinbaren Chaoses, da man an das Walten einer höheren Gerechtigkeit zweifeln, an Gott irre werden könnte, da festgewurzelte Begriffe ins Wanken geraten und alles was man nicht nur selbst, sondern was Generationen an Abstraktem und an Realem aufgebaut haben, zusammenzubrechen scheint, sucht der Mensch nach einer Stütze. Diese findet er, zumal er in der Umwelt jetzt nur Enttäuschungen erlebt, weil die Not den Egoismus, ja die Brutalität fördert, am sichersten in der Religion ... Es war ergreifend, mehr als hundert Männer und Frauen fern von ihrer Geburtsstätte, durch zwei Ozeane von ihr getrennt, hier in einer Höhe von 2800 m nach jahrtausend altem Ritus zu ihrem Gott beten zu sehen.«[8]

Doch auch dieses Gemeindehaus sollte schon bald nicht mehr den Anforderungen steigender Mitgliederzahlen und dem sich entfaltenden Gemeindeleben genügen, und so zog man in der Folgezeit noch mehrmals um: von der Guayaquil in die Manabí 18 y Vargas, dann in die Caldas 125, Ecke San Blas, von dort in die Venezuela 81 y Sucre, wo man von 1945 an für mehrere Jahre blieb, bis sich 1956/58 der langgehegte Wunsch, ein eigenes Gebäude zu besitzen, erfüllte. Seit 1942 hatte man zusätzlich für den Haupttempel Räume in der Calle Tarqui 155 gemietet. Die Einweihung der neuen Räumlichkeiten in der Calle Caldas fand am 6. März 1943 in Anwesenheit von ecuadorianischen und »interalliierten« Gästen statt. Erstmals wurden die Ansprachen nicht wie üblich in Deutsch, sondern in Spanisch gehalten. Das Festprogramm begann mit dem Einmarsch des *Maccabi*-Sportclubs mit der Flagge Ecuadors und der Intonierung der ecuadorianischen Nationalhymne, es endete mit dem Absingen der Hatikwa, der jüdischen Nationalhymne. Fast schon Tradition hatten die musikalischen Darbietungen der Künstler, die die Gemeinde in ihren Reihen vereinte: Die Vorträge klassischer Werke mit dem Sänger Hans Jacob und Enrique Fenster am Klavier, die Interpretation jiddischer Lieder durch Gisa de Smetana und die hebräischen Gesänge, vorgetragen von Oberkantor Lachmann. »Uns in unserem Emigranten-Schicksal gingen wohl die Schubertschen, weltberühmten Töne des umherirrenden Wanderers am tiefsten zu Herzen.«[9]

Mit Beginn ihres Bestehens entfaltete die *Beneficencia* eine rege Tätigkeit, um für ihre Mitglieder ein Zentrum religiösen, geselligen und kulturellen

8   Juni 40, 7; vgl. Mai 40, 7, Oktober 40, 2, November 40, 2, 15. 7. 46, 7.
9   April 1943, 5; vgl. Februar 41, 3, Februar 42, 3, Februar 43, 6, April 43, 1 f. u. 5, Mai 45, 6 u. 20.

Lebens zu schaffen. Sie organisierte Zusammenkünfte mit Vorträgen über aktuelle, landeskundliche, literarische und philosophisch-religiöse Themen, kabarettistische Abende und musikalische Darbietungen klassischer Musik. Sie richtete Feiern zu den jüdischen Festtagen aus, veranstaltete Solidaritäts- und Gedenktage, hielt Sammlungen für Juden in Europa ab, bot Sprachkurse an, begann mit dem Aufbau einer Bibliothek. Sie kümmerte sich um Einwanderungsfragen und um die Schlichtung von Streitigkeiten der Mitglieder untereinander in Zusammenarbeit mit der *Hicem*, um Unterstützung Bedürftiger mit finanziellen Zuwendungen oder kostenlosem Mittagstisch und ärztliche Versorgung, um Freiplätze für Kinder Mitteloser in Privatschulen. Sie baute Kontakte zu einheimischen Persönlichkeiten aus Kultur, Wissenschaft und Politik auf. In einer regelmäßigen Sprechstunde erhielten die Mitglieder Auskunft und Rat, das Sekretariat diente auch als Stellenvermittler. Schließlich gab sie seit Mai 1940 eine eigene Zeitung heraus.»Die Beneficencia war zugleich Kehilla [Gemeinde], Chewra Kadischah [Beerdigungsbrüderschaft], Beratungsstelle, sociales Centrum, Kulturstelle, und ja, natürlich auch Kartenclub.«[10]

Die Fülle und Verschiedenartigkeit der Anforderungen führte zur Herausbildung von Kommissionen, Ausschüssen und Sektionen, die sich jeweils einem bestimmten Aufgabenkreis widmeten. Es entstanden Abteilungen für die Wohlfahrtspflege, den Kultus, für Kulturelles, für die Bibliothek, für Erziehung, für Administration, für Finanzen, ein Schiedsgericht und eine Beerdigungsgesellschaft. In den jährlich stattfindenden Generalversammlungen wählten die Mitglieder teils per Akklamation, teils per geheimer Wahl den Vorstand der *Beneficencia*, der aus dem Präsidenten, seinem Stellvertreter, dem Sekretär, dem Schatzmeister und einer Reihe von Vorstandsmitgliedern bestand. Gelegentlich wurden in den Vorstandssitzungen zusätzlich Mitglieder kooptiert. Häufig führten die Vorstandsmitglieder gleichzeitig den Vorsitz einer der Sektionen oder fungierten als Verbindungsglieder zu jenen unabhängigen Organisationen, die sich aus ehemaligen Sektionen der *Beneficencia* entwickelten oder neu entstanden waren. Diese Organisationen schufen sich eigene Statuten und ein eigenes Kassenwesen, blieben aber in personeller wie sachlicher Beziehung mit der *Beneficencia* verbunden und betrachteten diese als Dachorganisation aller jüdischen Einrichtungen.

Es entstanden ein Frauenverein, eine Kreditkooperative, ein Sportverein, eine Jugendorganisation sowie zionistische Vereinigungen und eine Logenbrüderschaft. Diese Organisationen verfügten nur zum Teil über eigene Räumlichkeiten und mieteten für ihre Zwecke Räume in der *Beneficencia*, die kurz»Beni« genannt wurde. In eigener Regie, oft aber auch gemeinsam, entfalteten die einzelnen Organisationen und der Kulturausschuß der»Beni«

10 B. Weiser, 15. 11. 63, 24.

Veranstaltungen wohltätiger, geselliger und kultureller Art, deren Anzahl und Vielfalt besonders ab 1942 erstaunlich erscheint angesichts der verhältnismäßig kleinen Zahl von Immigranten und der schwierigen Lebensumstände, mit denen viele konfrontiert waren.[11]

Die Pflege des Kultus

Eine besondere Sorge der *Beneficencia* galt der Unterhaltung eines Kultus, der möglichst alle Juden, ob liberal oder orthodox, in einer Gemeinde zusammenführte. »Die Erfüllung religiöser Bedürfnisse gehört neben der sozialen Fürsorge zu den wichtigsten Aufgaben der *Beneficencia*, die damit die Stelle der europäischen jüdischen Gemeinde einnimmt.«[12] Ende 1941 beschloß die Generalversammlung, den bis dahin bestehenden Tempelausschuß durch den Aufbau einer Kultusgemeinde mit allen notwendigen Organen zu ersetzen und in den Statuten der *Beneficencia* zu verankern. Man wählte einen Kultusvorstand, dessen erster Präsident Leon Weiser wurde. Auf »streng traditionstreuer Basis« sollte nach seinem Willen der Aufbau der Kultusgemeinde erfolgen. Einen Rabbiner gab es nicht, man konnte aber im Oktober 1942 einen Kantor für die Gottesdienste einstellen, der aus La Paz in Bolivien nach Quito gekommen war. Als Mohel (für die Beschneidung) betätigte sich ein Immigrant, der Chirurg war. Von den liberalen oder freireligiösen Mitgliedern der *Beneficencia* erwartete man weitestgehende Toleranz in religiösen Dingen und Zugeständnisse an die Vertreter der orthodoxen Richtung, um der Gefahr eines Austritts dieser Gruppe zu begegnen. Den Hintergrund solcher Befürchtungen bildeten nicht nur gegensätzliche Positionen innerhalb der Mitgliederschaft der *Beneficencia*, sondern auch eine religiöse Gemeinschaft, die sich unabhängig von ihr konstituiert hatte und über einen eigenen Rabbiner verfügte. Ihre Mitglieder gehörten teilweise der *Beneficencia* an, sprachen ihr aber in religiösen Fragen sowie in der Erziehung der Jugend jede Kompetenz ab. Über Jahre ergaben sich hier Reibungspunkte und gelegentlich harte Auseinandersetzungen, die auch mit dem traditionellen Gegensatz zwischen west- und osteuropäischen Juden zu tun hatten, ein Problem, das in vielen Ansprachen immer wieder als bewältigt beschworen wurde. Der Kultusvorstand der *Beneficencia* versuchte, den Gegensätzen und unterschiedlichen Erwartungen Rechnung zu tragen, indem er an den hohen Feiertagen mehrere Gottesdienste einrichtete, die nach liberalem und orthodoxem Ritus abgehalten wurden. Für letzteren verpflichtete man auf Verlangen »einer ansehnlichen Gruppe« auch den Rabbiner der konkurrierenden Kultusgemeinde in den Tempel in der Calle Tarqui,

---

11 Vgl. die diversen Generalversammlungsberichte in den *Informaciones* sowie die Berichte der Organisationen.

12 Benedick, 15. 11. 48, 4.

während die übrigen Gottesdienste in dem hierfür vorgesehenen Tempel der *Beneficencia* und im Veranstaltungssaal der Organisation stattfanden.[13] Einen Gottesdienst aus ganz besonderem Anlaß beging die Jüdische Gemeinde am 2. Dezember 1942, als die unfaßbare Nachricht nach Quito gelangte, daß bereits zwei Millionen Juden ermordet worden und an Hunger und Krankheit gestorben seien und daß die in den von Nazitruppen besetzten Ländern noch verbliebenen vier Millionen Juden systematisch ermordet werden sollten. Die großen jüdischen Organisationen der USA hatten diesen Tag zum Trauertag erklärt. Ihrem Aufruf schlossen sich zahlreiche jüdische Gemeinden in Lateinamerika an.»Sämtliche Geschäfte, die Juden gehören, auch solchen, von denen man wußte, daß sie jüdischen Belangen sonst ferne stehen, waren an diesem Tage gesperrt. In allen drei Synagogen Quitos fanden Trauergottesdienste statt. Der Tempel der *Beneficencia* in der Vargas-Manabí wies einen noch nie dagewesenen Besuch auf. Obwohl er nur höchstens 200 Personen faßt, waren mehr als die doppelte Anzahl von Männern und Frauen anwesend, der Vorraum und alle Nebenräume waren dicht gefüllt. Der englische Gesandte und Mrs. Hughes Hallett beehrten die Trauerfeier mit ihrem Besuch. Außer den vorgeschriebenen Gebeten trug Herr Oberkantor Lachmann das El Mole Rachamin mit von Schluchzen unterbrochener Stimme vor. Der Präsident der *Beneficencia*, Herr Ing. Rosenstock, hielt eine kurze spanische Ansprache, der neugewählte Vizepräsident der Vereinigung, zugleich Präsident der Hicem, Herr Oskar Rocca, hielt eine Rede in deutscher Sprache. Beide Herren wiesen auf die schreckenerregenden Nachrichten hin, die Anlaß zum Trauergottesdienst gaben. Herr Eduard Putzrath sprach ein Gebet in deutscher Sprache und sagte Kaddisch. Alle Anwesenden verließen die Feier tief erschüttert.«[14]

Zur Aufrechterhaltung jüdischer Tradition veranstaltete der Kultusausschuß ab 1943 Freitagabendfeiern im großen Klubsaal der *Beneficencia*, bei denen die Sabbatbräuche mit Gebeten, Liedern, Vorträgen und Essen aus der Küche des *Beneficencia*-Restaurants begangen wurden. Zur Einhaltung bestimmter Speisevorschriften bestellte der Kultusausschuß für Pessach Mazzoth in den USA. Später wurde die Bäckerei »Zentral« in Quito mit der Herstellung beauftragt. Für die Geflügelschlachtung verfügte man über einen Schächter, der anfangs gegen einen Betrag von 50 Centavos für Fahrtspesen

---

13 Vgl. hierzu Kap. V. 1.; 15. 11. 48, 4. Zur Person Leon Weiser vgl. Februar 42, 3 u. 6, September 43, 3, 1. 5. 47, 4. Seine Nachfolger als Präsidenten waren bis 1963: Zeno Darmstädter, Carlos Weiser, Eduard Putzrath, Meyer Schuman, Hugo Deller, Issac Klein, Siegfried Kywi, Willy Katz. Vgl. 1. 12. 63, 6. Jeweils drei Vorstandsmitglieder der *Beneficencia* waren gleichzeitig Sektionsmitglieder des Kultus. Ihr Präsident wurde von der Generalversammlung gewählt. Vgl. La Colonia, S. 63.

14 Dezember 42, 5; vgl. ebenda, S. 1 f.; *Aufbau* v. 27. 11. 42, S. 5, 4. 12. 42, S. 1 u. 3, 11. 12. 42, S. 1 u. 5, 18. 12. 42, S. 1.

in die Häuser kam. Schließlich verlegte man die Schächtung ganz in das Gemeindehaus in der Tarqui, wo an bestimmten Tagen und zu festgesetzter Uhrzeit nach rituellem Brauch geschächtet wurde. Schwieriger war die Versorgung mit Rindfleisch, die nur von Zeit zu Zeit gesichert werden konnte. Hierum bemühte man sich besonders für die hohen Feiertage. Rinder mußten im Schlachthof geschlachtet werden und offensichtlich gab es keine langfristig vereinbarte Genehmigung, dort Schächtungen vorzunehmen.[15] In der Calle 18 de Septiembre, in der Straße, in der die *Beneficencia* später ihr eigenes Haus errichtete, gab es einen Fleischerladen, der koscheres Fleisch verkaufte. Doch nicht jeder, der wollte, konnte sich solches Fleisch leisten, denn es war teurer als das übliche.

Die Beerdigungsvereinigung

Die Sorge um die Einhaltung von Tradition und Religion galt nicht nur den Lebenden, sondern auch den Toten. Besonders da es unter den Immigranten viele ältere Menschen gab, sollte ein eigener Friedhof eingerichtet werden. Der Vorstand der *Beneficencia* bemühte sich, mit der *Comunidad de Culto Quito y Asociación Chewra Cadischah*, der konkurrierenden Kultusgemeinde, ins Einvernehmen über eine gemeinsame Nutzung eines Geländes im Stadtteil Magdalena zu kommen. Das Gelände diente als Friedhof, obwohl die hierfür notwendige staatliche Genehmigung fehlte. Dieser Zustand wurde jedoch über einen geraumen Zeitraum von behördlicher Seite geduldet. So wird berichtet, daß 1943 in Anwesenheit hoher ecuadorianischer Autoritäten und des diplomatischen Korps ein Denkmal für die Opfer der Faschismus eingeweiht wurde, das erste dieser Art in Amerika. Es trug die Inschrift in spanischer Sprache: En Memoria de las Victimas del Odio Racial y de las Persecuciones Religiosas en la Europa Nacista (Zum Gedenken an die Opfer des Rassenhasses und der religiösen Verfolgungen im nazistischen Europa). Das Denkmal existiert nicht mehr. Wahrscheinlich wurde es im Zuge der Enteignung des Geländes durch die Stadt und der damit verbundenen Umbettung der Toten auf den Friedhof der *Beneficencia* beseitigt.[16]

Der Versuch Rosenstocks, eine Einigung in der Friedhofsangelegenheit herbeizuführen, scheiterte, und so beschloß die Generalversammlung im Januar 1943, ein eigenes Gelände zu kaufen, eine *Chewra Kadischa* und eine Sterbekasse einzurichten. Es gelang, von der städtischen Friedhofsgesell-

15   Vgl. das Gespräch Simon Prutchi und die jeweiligen Mitteilungen des Kultusausschusses in den *Informaciones*.

16   Vgl. September 79, 9. Das Denkmal war von Guillermo Zanger gestiftet worden. Als Redner der *Comunidad de Culto* bei der Denkmalseinweihung erscheinen Carlos Procaccio und Alfred Karger. In den Auseinandersetzungen um die Friedhofsnutzung wurde Karger auf der Mitgliederversammlung der *Beneficencia* vom 28. März 1943 das Wort entzogen, da er »Angriffe gegen den Vorstand und andere Mitglieder erhob«. Vgl. April 43, 5; das Gespräch Gustav Zanders.

schaft ein als Friedhofsgelände ausgewiesenes Terrain zu erwerben, das in El Batan außerhalb der Stadt im Norden lag. Mit einem Kredit des JOINT und durch eine Spendenaktion in den eigenen Reihen konnte das nötige Geld aufgebracht werden. Am 17. Juli wurde der Friedhof nach jüdischem Ritus eingeweiht und die erste Beerdigung fand statt. In den nächsten beiden Jahren trug man zwanzig Männer, neun Frauen, zwei Kinder und ein totgeborenes Kind zu Grabe.[17] Am 18. Juli 1943 hielt die Beerdigungsvereinigung *Chesed Weemes*. *Sociedad Funeraria Israelita en Quito* im großen Saal der *Beneficencia* ihre Gründungsversammlung ab. Ihr erster Präsident wurde Jakob Sussmann, der Leiter der angeschlossenen Beerdigungsbrüderschaft *Chewra Kadischa* Leo Grünberg. Die *Beneficencia* entsandte drei ihrer Mitglieder in den Vorstand. *Chesed Weemes*. war wie der Kultusausschuß eine autonome Abteilung der *Beneficencia*, die aber im Gegensatz zu diesem ein eigenes Kassenwesen besaß. Der Kultusausschuß finanzierte sich durch Zuwendungen aus der Kasse der *Beneficencia*, aus den anfallenden Gebühren für kultische Zeremonien und aus Spenden. *Chesed Weemes* erhob anfänglich von den Mitgliedern eine Einschreibegebühr von 10 Sucres, einen monatlichen Mindestbeitrag von 2 Sucres und im Beerdigungsfall für Totenkleid, Sarg usw. eine Umlage von einem Sucre. Wie alle Vereine, die sich im Umfeld der *Beneficencia* bildeten, sah auch die Beerdigungsvereinigung eine Ermäßigung oder Stundung von Beiträgen im Falle von Mittellosigkeit vor. Sie forderte aber auch Nichtmitglieder der *Beneficencia* zum Eintritt auf. Einziges Kriterium für die Aufnahme sollte die Zugehörigkeit zur jüdischen Religionsgemeinschaft sein, die zu überprüfen der Kultusvorstand das Recht hatte. Mit dem Eintritt in die Vereinigung erwarben die Mitglieder für sich und ihre Angehörigen das Recht auf ein kostenloses Begräbnis und die Betreuung der Toten durch die ihr angeschlossene *Chewra Kadischa*. Die Leistungen schlossen allerdings nicht die eigentliche Begräbniszeremonie ein. Hierfür war anfangs ein freiwilliger Beitrag, später eine festgesetzte Summe an den Kultusausschuß zu zahlen. Bis zum Dezember 1943 hatte die Vereinigung 181 Mitglieder.[18]

In der Folgezeit richtete die Vereinigung ihre Anstrengungen darauf, den Friedhof auszugestalten. Am 10. November 1946 verband man die jährliche Gedenkfeier an den Pogrom 1938 mit der Einweihung der Friedhofshalle, die man durch Geldsammlungen hatte finanzieren können. Zwei Gedenktafeln, eine in Spanisch, eine in Hebräisch, zum Andenken an die Opfer der

---

17 Zu den Auseinandersetzungen um die Verhandlungen vgl. Kapitel V. 1.; April 43, 5. Es handelte sich bei dem Grundstückskauf um ein ca. 3000 qm großes Gelände, dessen Kosten einschließlich der Umzäunung und sonstiger Arbeiten mit 24 000 Sucres veranschlagt wurden. Zum Vergleich: Die Einnahmen aus den Mitgliedsbeiträgen beliefen sich im Geschäftsjahr 1942/43 auf 32 503 Sucres. Vgl. Dezember 43, 3, Juli 45, 8, 15. 8. 45, 5.
18 Vgl. Juni 43, 5, August 43, 6, Dezember 43, 3, 1. 5. 49, 6.

Nazibarbarei wurden enthüllt. 1952 kaufte man zur Erweiterung des Friedhofs neues Gelände hinzu und erreichte jetzt erst die gesetzliche Eintragung
des Geländes auf den Namen der *Beneficencia*. Im selben Jahr übernahm
Chesed Weemes auch die Pflege des »vernachlässigten« Friedhofs in Magdalena. Man hatte mit den Besitzern ein Übereinkommen getroffen.[19]

Die Erziehung der Jugend

Zu jenen Einrichtungen, die durch Vermittlung und Praktizierung jüdischer
Religion und Tradition ein einigendes Band zwischen den Juden und Orientierung für den einzelnen in der Diaspora sein, sowie der »Gefahr der Assimilation« entgegenwirken sollten, gehörte neben dem Kultusausschuß und
Chesed Weemes auch das Erziehungswerk für die Jugend. Da die Mittel für
eine eigene Schule fehlten, gingen die Schulpflichtigen auf staatliche oder
aber auf private Schulen. Die bis 1942 bestehende Deutsche Schule kam für
Kinder der Jüdischen Gemeinde nicht in Frage. Die staatlichen Schulen
stellten ein Problem dar, weil sie in überfüllten Klassen, mangelhaft ausgestattet, einen Unterricht auf niedrigstem Niveau betrieben. In den Privatschulen lag das Niveau wesentlich höher, sie hatten aber den entscheidenden Nachteil, daß sie bis auf eine Ausnahme katholische Einrichtungen
waren, in denen die religiöse Erziehung nicht auf den Religionsunterricht
beschränkt blieb. Hier wollte das Erziehungswerk ergänzend und ausglei-
chend wirken und außerhalb des Rahmens der Schulen den Kindern in spezifisch jüdischen Belangen Unterricht erteilen. »Zweifellos empfinden viele
ihr ›Judesein‹ heute als eine Kette, an die sie geschmiedet, als ein Unglück,
von dem sie nicht loskommen können. Dem gegenüber gilt es, die jungen
Menschen ihr Judentum lieben und schätzen zu lernen, ihnen zum Bewußtsein zu bringen, daß das jüdische Schicksal zu tragen nur die Kehrseite einer
hohen Berufung ist. Um das Judentum lieben und schätzen zu können,
muß man es aber kennen und zwar aus den Quellen. So wird die Einführung
in unsere hebräische Literatur zur Notwendigkeit.«[20]

Am 12. Juni 1941 gründete eine Versammlung von Eltern und »Freunden
einer jüdischen Erziehung« ein Erziehungswerk, dessen erster Präsident
Eduard Putzrath wurde, der auch über mehrere Jahre den Gottesdienst nach
liberalem Ritus leitete. Die jährlich stattfindenden Generalversammlungen
wählten einen Elternausschuß. Ab 1945 übernahm eine Schulverwaltungs-
kommission aus je zwei Vertretern der *Beneficencia*, der Eltern und der Führung des Jugendbundes die Leitung der »Schule«. 1946 schließlich trat ein

19   Vgl. 15. 2. 52, 6, 1. 12. 46, 5, 1. 7. 49, 7, 15. 7. 49, 2, 15. 1. 51, 5, 1. 1. 53, 2; das Gespräch Hugo
     Deller.
20   Juni 41, 5; vgl. September 40, 8, November 44, 13; die Gespräche Prof. Dr. Miguel A. Schwind,
     Dr. Ilse Grossmann, Anne Anker.

fünfköpfiger Ausschuß an die Spitze der Verwaltung des Erziehungswerks, dessen Mitglieder teils vom Vorstand der *Beneficencia* ernannt, teils von der Elternversammlung gewählt wurden. Dieser Ausschuß setzte ab 1949 das Schulgeld, das anfangs 8 Sucres im Monat betragen hatte, nach dem individuellen Einkommen der Eltern fest. Das Erziehungswerk verfügte nicht über eine eigene Kasse, sondern wurde vom Schatzmeister der *Beneficencia* mitbetreut und erhielt von dort Zuschüsse, da das erhobene Schulgeld für die Deckung der Unkosten nicht ausreichte. Spenden und Fördererbeiträge ergänzten den Etat. Der Unterrichtsstoff bestand aus Alt- und Neuhebräisch, aus jüdischer Geschichte und Religion. Die schulpflichtigen Kinder absolvierten einmal in der Woche im Anschluß an den allgemeinen Schulunterricht und am Samstag ihre Kurse. Für schulentlassene Jugendliche waren Abendkurse vorgesehen. Ab Mai 1945 konnte durch ein Abkommen mit dem neu gegründeten privaten, nichtkonfessionellen *Colegio Americano* ein Teil des Religionsunterrichts dorthin verlegt und mit dem allgemeinen Unterrichtsprogramm der Schüler koordiniert werden.

Zum Programm des Erziehungswerks in den Räumen der *Beneficencia* gehörten auch ein Gottesdienst am Samstagnachmittag mit anschließendem Oneg-Schabbat (Feierstunde mit traditionellen Sabbatgebräuchen), ein Eröffnungsgottesdienst zu Beginn des neuen Schuljahres, Barmizwah-Feiern, Feiern zu den Festen wie Purim und Chanukka sowie Ausflüge in die Umgebung von Quito. Die Festlichkeiten, bei denen man die Kinder bewirtete und die besten Schüler mit Prämien auszeichnete, wurden vom Erziehungswerk teilweise gemeinsam mit dem Jugendbund und dem Frauenverein durchgeführt. Sie hatten religiös-belehrenden, aber auch unterhaltend-geselligen Charakter. Die Darbietungen erfolgten in Deutsch, Spanisch und Iwrit.[21]

Das Erziehungswerk hatte seit seinem Bestehen mit einer Reihe von Problemen zu kämpfen. So fehlte es besonders in der Anfangszeit an Unterrichtsmaterialien. Es bereitete Schwierigkeiten, Kurse zusammenzustellen, deren Teilnehmer in Alter und Wissensstand halbwegs homogen waren. Die Schülerzahlen waren gering. Sie bewegten sich, mit den Jahren wechselnd, etwa zwischen 45 und 80. Nicht immer verfügte man neben dem Oberkantor über weitere Lehrer, so daß im Krankheitsfalle der Unterricht wochenlang ausfiel. Dies geschah auch dann, wenn Epidemien unter den Schülern ausbrachen. Zu den häufigen Klagen, daß die Schüler nicht pünktlich und regelmäßig zum Unterricht erschienen, daß Disziplinlosigkeit herrsche, kam mit den Jahren die Kritik an den Eltern hinzu, denen die Verantwortlichen des Erziehungswerks mangelnde Mitarbeit und Interessenlosigkeit vorwarfen. Es fehle an den Voraussetzungen dafür, daß der Unterricht nicht bloßer Wissensstoff bleibe, sondern zum identitätsstiftenden

21 Vgl. die jeweiligen Berichte des Erziehungswerks in den *Informaciones* und Kap. IV. 3. 6.

Erleben werde.[22] Über die Notwendigkeit einer spezifisch jüdischen Erziehung und wie diese im einzelnen auszusehen habe, gingen die Meinungen auseinander. Wie in den Konflikten um den Kultus trafen hier angesichts der heterogenen Zusammensetzung der Mitglieder der Jüdischen Gemeinde Gegensätze aufeinander, die historisch gewachsen waren, und die sich nicht mit dem Hinweis auf die Notwendigkeit des Zusammenhaltens in der Diaspora und die unsäglichen Leiden der Juden in dieser Zeit einfach ausräumen ließen. Nicht zuletzt betrafen solche Differenzen Fragen der Finanzierung, der Setzung von Prioritäten angesichts der begrenzten Mittel, die der *Beneficencia* zur Verfügung standen. Das Erziehungswerk, vor allem aber die Pflege des Kultus erforderte erhebliche Beiträge aus der Kasse der *Beneficencia*, ganz im Gegensatz zum Kulturausschuß, der mit seinen diversen Veranstaltungen stets einen Überschuß erwirtschaftete. Forderungen, den Kultus von der *Beneficencia* abzutrennen, setzten sich aber nicht durch. Der Wille, eine Einheitsgemeinde zu erhalten, war stärker. »Wir müssen uns vergegenwärtigen, daß unsere Gemeinschaft aus Elementen besteht, die sich zwischen extremer Orthodoxie und extremem Liberalismus bewegen. Es ist selbstverständlich, daß die Liberalen den Religionstreuen weitgehendste Konzessionen machen müssen. Aber auf der anderen Seite sollte auch das religiöse Judentum nicht außer Acht lassen, daß die freireligiösen Kräfte und Köpfe wertvolle Teile der Gemeinde sind. Eine jüdische Gemeinschaft läßt sich heute nicht mehr allein aufbauen auf der dogmatischen Grundlage der Religion, sondern sie muß bewußt und stark ihr Auge richten auf eine moderne Zeit und Weltanschauung.«[23]

Die Wohlfahrtspflege und das Budget der Beneficencia

Den mit Abstand größten Einzelposten der Ausgaben der *Beneficencia* machte jedoch die Wohlfahrtspflege aus. Sie war zentrale Aufgabe der Vereinigung und umfaßte neben permanenter finanzieller Unterstützung für den Lebensunterhalt derjenigen, die kein oder nur ein unzureichendes Einkommen hatten, Hilfe bei vorübergehenden Notlagen, unentgeltlichen Mittagstisch und ärztliche Versorgung einschließlich der Medikamente und Operationen. Hier konnten auch Reisekosten anfallen, wenn eine Operation nicht im Land durchführbar war. Gelegentlich half man auch Durchreisenden und in dringenden Fällen auch Angehörigen der Gemeinde in Guayaquil. In der Anfangszeit wurde Kritik laut, es werde zu wenig für die soziale Fürsorge ge-

22 Vgl. 1. 10. 45, 5, März 43, 6.
23 H. D. Rothschild, 1948 Präsident der *Beneficencia*, 15. 12. 48, 5. Zahlen über die finanziellen Zuwendungen der *Beneficencia* an das Erziehungswerk und den Kultusausschuß finden sich nur ganz sporadisch. 1947 wurden beide mit einem Betrag von 25 000 Sucres bezuschußt. Zum Vergleich: Die Einnahmen der *Beneficencia* aus Mitgliedsbeiträgen und Spenden betrugen in diesem Jahr rund 134 000 Sucres. Vgl. 1. 12. 47, 3, 15. 11. 48, 7.

tan und es wurde die Forderung aufgestellt, eine Krankenversicherungskasse einzurichten, da die bisher gewährte Hilfe doch nur ein Almosen sei und keinen Versicherungsschutz biete, der automatisch in Kraft trete.[24] Man könnte annehmen, daß die Anforderungen an die Wohlfahrt mit den Jahren geringer geworden wären, doch war dies nicht der Fall, im Gegenteil, sie stiegen von Jahr zu Jahr an, wenn auch der Kreis der Unterstützten im Verhältnis zur Gesamtzahl der Mitglieder gering war. Das hatte verschiedene Gründe: eine sich verschlechternde allgemeine Wirtschaftslage und ständige Teuerung, ein wachsender Anteil alter, nicht mehr arbeitsfähiger Menschen und der Aufbrauch privater Reserven, die den Betreffenden vor allem im Krankheitsfalle fehlten. Nach 1945 kam ein weiterer Grund hinzu, nämlich eine große Zahl von Neueinwanderern, Überlebende des Holocaust, Verwandte, die in einem anderen Teil der Erde ihren Verfolgern entkommen waren und von denen viele völlig mittellos nach Ecuador gelangten. Sie erhielten vom JOINT in den ersten vierzehn Tagen materielle Hilfe und waren danach auf die Unterstützung durch die *Beneficencia* angewiesen. Im Vereinsjahr 1939/40, in dem zum erstenmal Unterstützungen ausbezahlt wurden, betrug die Summe knapp 900 Sucres bei einem Etat der *Beneficencia* von rund 12 000 Sucres. 1944/45 lag sie bei 31 100 bei einem Etat von 124 200 Sucres. Schließlich erreichte sie 1947/48 rund 120 100 Sucres bei einem Gesamtetat von 195 473 Sucres. Damit hatte sich der prozentuale Anteil der Unterstützungen an den Einnahmen der *Beneficencia* von gut 7 % über knapp 25 % auf über 61 % gesteigert.[25] Im Gegensatz zu anderen jüdischen Gemeinden in Südamerika und der Gemeinde in Guayaquil bezog die Gemeinde in Quito keine Gelder zu Unterstützungszwecken von den internationalen Hilfsorganisationen. Mögen die wirtschaftlichen Integrationsbedingungen hier günstiger gewesen sein und ausländische Hilfe weniger erfordert haben, so war dies aber auch ein Verdienst der Jüdischen Gemeinde, die bemüht war, den Mitgliedern behilflich zu sein, um ihnen einen eigenen Lebensunterhalt zu ermöglichen. Unter keinen Umständen sollte, so begründeten es Vertreter der Gemeinde, nach außen der Eindruck entstehen, daß die jüdischen Immigranten nicht in der Lage seien, sich selbst zu unterhalten und so eine weitere Einwanderung gefährden.[26]

24 Vgl. Dezember 42, 5, Februar 43, 5, Mai 43, 9; Benedick, 15. 11. 48, 4.
25 Zur Entwicklung des Budget der *Beneficencia* vgl. die Sondernummer der *Informaciones* vom 15. 11. 48, 7. Bei einzelnen Zahlen gibt es gewisse Abweichungen im Vergleich zu den jeweils in den Berichten der Generalversammlung genannten Beträgen.
26 Vgl. Juni 44, 3, 1. 5. 49, 4. Das chilenische Hilfskomitee CISROCO, das die Flüchtlinge nach der Ankunft finanziell unterstützte, erhielt in der Anfangszeit Gelder von JOINT und HIAS. Zeitweise deckten die Zuschüsse vier Fünftel des Haushalts. Vgl. Wojak, Exil in Chile, S. 163. Der brasilianische Hilfsverein CARIA wurde zu 50 – 60 % vom JOINT finanziert. Vgl. von zur Mühlen, Exil in Brasilien, S. 18.

Im Frühjahr 1945 sah sich der Vorstand der *Beneficencia* erstmals nicht in der Lage, mit den zur Verfügung stehenden Mitteln seinen sozialen Verpflichtungen nachzukommen. Er erreichte die Zustimmung der Repräsentanten der übrigen Vereine, vorerst eigene Sammlungen zugunsten der *Beneficencia* zurückzustellen und erließ einen Spendenaufruf für die Zwecke der sozialen Fürsorge. Die Vereine standen in einer gewissen Konkurrenz zueinander. Wer zuerst sammelte, hatte die größten Chancen auf gute Spendenergebnisse. Diese Verfahrensweise stieß nicht selten auf Kritik, zumal umstritten war, für welchen Personenkreis bzw. welchen Zweck in erster Linie zu sammeln sei: für die Behebung der sozialen Not und für Einrichtungen innerhalb der Gemeinde, für notleidende Juden in Europa oder für den Aufbau in Palästina.[27]

Im Etat der *Beneficencia* machten die Mitgliedsbeiträge bis auf das Geschäftsjahr 1944/45 den Hauptanteil aus, gefolgt von den Spendeneingängen. Darüber hinaus erhielt sie Beihilfen für den Sozialfonds von den angeschlossenen Vereinen, vor allem vom Frauenverein, mit dem sie in der Wohlfahrtspflege zusammenarbeitete, von *Chesed Weemes*, der Kreditkooperative und der 1946 gegründeten *Loge B'nai B'rith*. Wie immer wiederkehrenden Klagen zu entnehmen ist, verschärfte sich die Finanzlage, weil nach 1945 gerade wirtschaftlich potente Mitglieder abwanderten, deren freiwillige Beiträge einen wesentlichen Teil des Budgets ausgemacht hatten. Da aufgrund der allgemeinen Teuerung auch die übrigen Ausgaben der *Beneficencia* wie Mieten und Gehälter anstiegen, konnte nur eine spendenunabhängige Reform das Finanzsystem stabilisieren. Dennoch blieben auch in der Folgezeit Sammelaktionen nötig, da die Sozialausgaben weiterhin stiegen und erst in der zweiten Hälfte der fünfziger Jahre nennenswert zurückgingen. 1948 erhielten Altimmigranten 55 300 und Neu-Immigranten 83 000 Sucres an Unterstützung. 1949 wurden 55 Familien unterstützt, 22 davon betrafen Neuankömmlinge und Durchreisende. In 16 Fällen war laufende Unterstützung wegen hohen Alters und schwerer Krankheit nötig. Insgesamt 140 Personen waren in diesem Jahr neu eingewandert. 1951 wurden von 58 Personen 19 voll und während des ganzen Jahres unterstützt.[28]

Zur Sanierung ihrer Finanzen erhob die *Beneficencia* seit 1945 eine dreiprozentige Umlage auf alle im gutbesuchten Restaurant verzehrten Speisen, ein System, das sich bewährte. Zu ihren Einnahmequellen zählte auch die Verpachtung eines Schokoladenstandes und des Spielbetriebs in ihren Räumen. »Über den so heftig kritisierten Spielbetrieb sei nur folgendes gesagt:

27 Vgl. z.B. Mai 45, 6, 1. 12. 48, 4 f.
28 Zum Anstieg der Sozialausgaben bis 1955 vgl. die Aufstellung in der Sondernummer der *Informaciones* v. 21. 7. 56, 4. Zur Zahl der unterstützten Personen und zum jeweiligen Anteil, den Neu- bzw. Alt-Immigranten daran hatten, gibt es nur sporadisch Angaben. Vgl. 1. 8. 47, 1, 15. 12. 48, 4 f., 15. 12. 49, 4, 5. 12. 51, 2, 1. 12. 56, 7, 1. 12. 58, 2.

Das Spiel, gleichgültig in welcher Form, ist unausrottbar. Daher duldet man es klugerweise besser im Klubheim, als am dritten Ort vor böswilligen Augen und Ohren. Der Spielbetrieb ernährt eine Familie und ist durch Pachtsumme, Spielsteuer, Spielverzehr mit seiner Steuer ein höchst wichtiger Faktor zur Balanzierung des Etats der Beneficencia geworden.«[29] Nachdem wiederholte Appelle an die Mitglieder, ihren Zahlungsverpflichtungen rechtzeitig nachzukommen bzw. freiwillig höhere Beiträge zu zahlen, nicht die gewünschte Wirkung zeigten, führte man 1948 ein in vier Klassen gestaffeltes Beitragssystem ein von 10, 20, 35 und 50 Sucres. In Zukunft sollten die Namen säumiger Zahler in der Zeitung der Gemeinde veröffentlicht und die Betreffenden, sollten sie ihren Verpflichtungen nicht nachkommen, zunächst von der Ausübung ihres Stimmrechts in der Generalversammlung und in letzter Konsequenz aus der Vereinigung ausgeschlossen werden. Ein neues Wohlfahrtsreglement gab der dreiköpfigen Kommission mehr Freizügigkeit bei der Bewilligung von Gesuchen, um so für mehr Diskretion zu sorgen. Lediglich »größere Fälle« sollten in den Vorstandssitzungen zur Sprache kommen.[30] Es ist leicht vorstellbar, daß angesichts der knappen Mittel, mit denen viele auskommen mußten, die Vergabe von Unterstützungsgeldern, wenn sie öffentlich wurde, Stoff für Auseinandersetzungen lieferte.

Das Schiedsgericht

Streit unter ihren Mitgliedern zu verhindern bzw. durch gütliche Einigung beizulegen, war zentrales Anliegen der *Beneficencia*, wobei man besonders darauf bedacht war, daß interne Zerwürfnisse nicht in die Öffentlichkeit drangen. Aus diesem Grunde hatte schon frühzeitig sowohl die *Hicem* als auch die *Beneficencia* ein Schiedsgericht eingerichtet. Beide vereinigte man im Frühjahr 1942 zu einem einzigen Schieds- und Ehrengericht *(Comisión Israelita de Arbitraje)*. Die Mitglieder waren verpflichtet, bei Streitigkeiten dieses Gericht, das auf europäischen Rechtsnormen basierte, anzurufen und seine Urteile anzuerkennen. Diese Einrichtung sollte gewährleisten, »daß unsere schmutzige Wäsche nicht vor den hiesigen Gerichten gewaschen wird, wodurch dem Antisemitismus reiche Nahrung entzogen wird«.[31] Neben der Befürchtung, die Inanspruchnahme ecuadorianischer Gerichte in Privatrechtssachen könne dem Ansehen der Juden in der Öffentlichkeit schaden und Vorurteilen Vorschub leisten, stand auch die Einschätzung, daß die aus den Besonderheiten des Landes gewachsenen Gesetze auf Rechtsstreitigkei-

29 Benedick, 15. 11. 48, 5.
30 Vgl. Juni 45, 7, 1. 1. 46, 6, 15. 2. 46, 6, 15. 1. 47, 2, 15. 6. 48, 1, 15. 7. 48, 2, 15. 11. 48, 11, 15. 12. 48, 4.
31 Benedick, 15. 11. 48, 4. Vgl. März 41, 3, Mai 42, 8, März 45, 11 und die Würdigung von Julius Zanders durch Benedick, April 45, 2. Zanders gehörte zu den ersten, die sich um ein Schiedsgericht bemühten. Er leitete das Gericht in der Anfangszeit und gehörte zu jenen Akademikern, die wesentlich zum Aufbau der *Beneficencia* beitrugen.

ten zwischen Europäern schwer anwendbar seien. Auch gehörte eine Portion Mißtrauen gegen die Rechtsanwendung in der Praxis der einheimischen Gerichte dazu. Man sah sich hier »vielfachen Gefahren und Risiken« ausgesetzt, die man mit einer eigenen Gerichtsbarkeit vermeiden könne. Darüber hinaus sollte die Gerichtsbarkeit gemeinschafts- und autoritätsbildend wirken und die Notwendigkeit der Einbindung in eine kollektive Ordnung angesichts der Diasporasituation einsichtig machen, einer kollektiven Ordnung, die auf den Kulturgütern von Recht und Gerechtigkeit basierte. Das durch die Verfolgung gebrochene Selbstbewußtsein sollte wieder gestärkt und das Rechtsbewußtsein dieser Immigranten, die in ihren Heimatländern die gröbste Verletzung jeden Rechts erlebt hatten, wieder gestärkt werden.[32]

Während in der Anfangszeit die *Beneficencia* eine Anzahl von Schiedsrichtern auf unbestimmte Zeit bestellte, aus der sich die streitenden Parteien je einen aussuchten und diese ihren Obmann wählten, ging man später dazu über, nach dem Vorbild einer Kultusgemeinde in Chile, die Mitglieder auf zwei Jahre zu wählen. Diese bestimmten turnusmäßig den Obmann. Auf diese Weise sollte eine Einflußnahme der Parteien auf den Vorsitzenden verhindert und eine größere Unabhängigkeit der Richter garantiert werden. Die im Februar 1945 in Kraft getretenen neuen Statuten zielten auch auf die Einschränkung einer umstrittenen Praxis, nämlich der, den Frieden um jeden Preis zu wahren, das heißt auf einen Vergleich zu drängen, den Streitfall bereits im Vorfeld beizulegen oder außergerichtlich zu schlichten.[33] Das Individualrecht sollte nicht länger wegen der Wahrung von Kollektivinteressen und des Ansehens der Gemeinde in den Hintergrund gedrängt werden und so dazu führen, daß der einzelne seine Interessen eher durch ein öffentliches Gericht als durch das Schiedsgericht vertreten sah. Bis zur Neufassung der Statuten hatte das Schiedsgericht 129 Fälle bearbeitet, wovon 46 durch Vergleich, 35 durch Zurückziehen und 7 außergerichtlich erledigt wurden. 24mal wurde ein Urteil gefällt, 4 Fälle wurden an ordentliche Gerichte verwiesen. »Trotz mangelnder Exekutivgewalt wurden soweit bekannt, alle Vergleiche und Urteile erfüllt.«[34]

---

32 Vgl. Wladimir Schiller, Juni 44, 6.
33 Vgl. Berthold Weinberg, März 43, 7; W. Schiller, Mai 44, 8, Juni 44, 6, Juli 44, 6. Die Juristen Weinberg und Schiller hatten die neue Satzung des Schiedsgerichts ausgearbeitet, die Anfang 1945 in Kraft trat. Vgl. hierzu die Betrachtungen von A. Karger, Februar 43, 9. Die Satzung selbst wurde nicht im Zeitschrift abgedruckt.
34 Benedick, Februar 45, 3. Zehn Jahre Aufbauarbeit, S. 286 u. 288. Worin die Mehrzahl der Streitfälle bestand, läßt sich nur vermuten. Es ist von Affären und Affärchen, von übler Nachrede als Folge von ausgestreuten Gerüchten sowie von Zwistigkeiten die Rede, die teils noch in Europa oder auf der Reise entstanden waren. Auseinandersetzungen um die Einhaltung von Vertragsvereinbarungen im Wirtschaftsleben scheinen einen größeren Teil der verhandelten Fälle ausgemacht zu haben. Hierzu gehörte der Fall eine Gruppe tschechischer Juden, die Forderungen der Waffenfabrik Scoda an Ecuador noch im eigenen Land aufgekauft hatten. In

Trotz aller Kritik, die an der Institution des Schiedsgerichts geübt wurde, galt es doch für viele Jahre als Einrichtung, die sich bewährt hatte. Je länger man in Ecuador lebte, desto deutlicher zeigten sich aber auch die Schwächen dieser Art von Vereinsgerichtsbarkeit, die ja letztlich keine Exekutivgewalt besaß und auf europäische Rechtsverhältnisse abgestellt war. Das Schiedsgerichtsverfahren war in Ecuador wenig entwickelt bzw. durch Gesetze in seinen Wirkungsmöglichkeiten stark eingeschränkt und hatte anders als in Europa im Wirtschaftsleben kaum Bedeutung. Die Konsequenz war, daß man in den fünfziger Jahren den Anspruch, verbindliche Urteile für die Mitglieder zu fällen, aufgab.»Inzwischen ist uns zur Überzeugung geworden, daß wir in Ecuador leben und seinem Rechte unterworfen sind.«[35] An die Stelle des Schiedsgerichts trat eine Gütestelle, an die sich die Mitglieder vor Anrufung eines öffentlichen Gerichts zur Ausgleichung ihrer Differenzen wenden sollten. Bei Zuwiderhandlung drohten Disziplinarmaßnahmen. Scheiterte der Ausgleichsversuch war der Weg frei, ein ordentliches Gericht anzurufen.

Bestandsaufnahme nach zehn Jahren

Drei Ereignisse machten das Jahr 1948 für die *Beneficencia* zu einem besonderen Jahr. Sie konnte auf eine zehnjährige erfolgreiche Geschichte blicken, die man mit einem großen Jubiläumsball feierte. Man schaute zurück, zog Bilanz und formulierte die Aufgaben für die Zukunft. Der Staat Israel war gegründet worden, und so hatte man zum erstenmal statt einer Trauerfeier zum 9. November 1938 am 29. des Monats eine Freudenfeier anläßlich der Staatsgründung begangen. Unter dem Eindruck dieses Ereignisses war der lange erhoffte Zusammenschluß des Kultusausschusses mit der konkurrierenden Vereinigung, die zuletzt unter dem Namen *Schomre Schabbos* bestanden hatte, erfolgt. Der neue Kultusvorstand, der sich aus der gleichen Anzahl der Mitglieder beider Gruppen zusammensetzte, wählte einen fünfköpfigen Ritualausschuß, der für die Gemeinde in religiösen Angelegenheiten die einzig entscheidende Organisation war. Wenn der Erfolg auch nicht vollständig war, denn eine kleine Splittergruppe spaltete sich erneut ab und das Vorhaben, einen einzigen Gottesdienst für alle religiösen Richtungen zu schaffen, scheiterte, so blickte man doch immer wieder mit Stolz darauf, daß es gelungen war im »jüdischen Niemandsland« und im Gegensatz zu der Entwicklung in anderen südamerikanischen Staaten, eine Einheitsgemeinde zu schaffen, der die jüdischen Flüchtlinge der verschiedensten euro-

---

Ecuador kam es dann zu Streitigkeiten bei der Devisenverrechnung. Vgl. das Gespräch Gustav Zanders und Kap. V. 1.
35 Georg Schwerin, 1. 10. 56, 5 u. 7. Er bezieht sich hier auf das in Deutschland erschienene Buch von A. Karger über die Schiedsgerichtsbarkeit in Ecuador.

päischen Länder angehörten.«Quito gilt unter den Gemeinden Amerikas als das große Wunder der möglichen Unmöglichkeit einer Einheitsgemeinde von Ost und West. Es liegt an uns, dieses zarte Wunderkind zu schützen und zu hüten, damit es vielleicht einmal Beispiel und Symbol für andere werden kann.«[36]

Die Zukunft schien für die *Beneficencia* auch insofern mehr Stabilisierung zu versprechen, als ein großer Teil der Immigranten, die Ecuador von vornherein nur als vorübergehendes Aufenthaltsland betrachtet hatten, abgewandert war. Seit der Gründung der *Beneficencia* waren 331 Mitglieder ausgeschieden, davon 49 durch Tod. 1948 hielten sich Ab- und Neueinwanderung fast die Waage, 66 schieden aus, 59 wurden neu aufgenommen.[37] Dennoch sollte auch in den kommenden Jahren die Abwanderung, wenn auch zahlenmäßig geringer, sowohl in finanzieller Hinsicht eine Belastung bleiben, wie für das kulturelle Leben der Gemeinde zu einem Problem werden. Auch für andere Schwierigkeiten, die man 1948 auf der Negativseite des bisher Erreichten verbuchte, konnten keine schnellen Lösungen gefunden werden. Hierzu gehörten aus der Sicht des Vorstandes der *Beneficencia* an erster Stelle das Fehlen eines eigenen Gemeindehauses, das geringe Interesse der Mitglieder an seiner Tätigkeit, die mangelnde Bereitschaft, Verantwortung zu übernehmen und eigene berufliche Interessen für das Funktionieren der Gemeinschaft zurückzustellen. So wurde geklagt, man müsse mit Vorstandsämtern hausieren gehen. Auch die Vielzahl der Organisationen, die jeweils ihre eigenen Beiträge erhoben und für ihre Zwecke sammelten, blieb weiterhin Gegenstand von Kritik, denn sie bedeutete eine Zersplitterung der Kräfte und der Finanzen. Vorschläge, ein Gesamtbudget aller Einrichtungen aufzustellen und unter den Organisationen zu verteilen, konnten sich nicht durchsetzen. Man ging allerdings dazu über, mehr als bisher die Einzelaktivitäten aufeinander abzustimmen. Ein Koordinationskomitee, dem die Präsidenten und Leiter der einzelnen Organisationen angehörten, legte das Vorgehen fest. Man einigte sich auf gemeinsame Sammlungen und führte hieraus jeweils bestimmte Beträge an die einzelnen Organisationen ab, wobei den Wohlfahrtsausgaben der *Beneficencia* besondere Beachtung geschenkt wurde. Schließlich willigten die der *Beneficencia* angeschlossenen Vereine ein, 23 % ihrer Spendeneingänge zur Unterhaltung des Kultus zur Verfügung zu stellen.[38]

---

36 H. D. Rothschild, 15. 11. 48, 5. Vgl. 15. 11. 48, 1 u. 3, 15. 12. 48, 4, 1. 1. 49, 4, 1. 2. 49, 8, 15. 11. 50, 1 f.; Benno Weiser, Professions of a Lucky Jew, New York, London, Toronto 1992, S. 100 f.

37 Vgl. 15. 11. 48, 7. Grossmann gibt die Zahl der Displaced Person, die von Juli 1947 bis August 1950 nach Ecuador kamen, mit 189 an, eine Zahl die niedrig erscheint. Vgl. Grossmann, Emigration, S. 309.

38 Vgl. die Generalversammlungsberichte von 1950 ff.

Abb. 8: *Erste Festlichkeiten im neuen Gemeindehaus, 1956*

Ein eigenes »Heim«

Einen erheblichen Kostenfaktor stellte die jährliche Mietsumme für die verstreuten Räumlichkeiten der *Beneficencia* und der übrigen Organisationen dar. Der von einem Teil der Mitglieder langgehegte Wunsch, ein eigenes Gemeindehaus zu besitzen, das für alle Belange des jüdischen Lebens, einschließlich eines Altersheims, Platz bot, war nicht realisiert worden. Selbst die kleine Gemeinde Cochabambas in Bolivien verfüge über ein eigenes Haus, argumentierten die Befürworter. Die Ansicht, daß der Tempel auf »eigenem jüdischen Boden verankert« sein müsse, teilten nicht alle. Abgesehen davon, daß die Schwierigkeiten, die hierfür nötigen Gelder aufzubringen, abschreckten, hatten viele ihren Aufenthalt in Ecuador als Episode betrachtet und in einer solchen Investition keinen Sinn gesehen. Der Anteil derjenigen, die so dachten, nahm aber von Jahr zu Jahr ab. Angesichts der Finanzprobleme, die eine langfristige Lösung verlangten, und der immer ungünstiger werdenden Altersstruktur der Gemeinde gingen »Materialisten« und »Idealisten« langsam aufeinander zu.[39] Schließlich fällte eine außerordentliche Generalversammlung am 7. März 1954 den einmütigen Beschluß, ein Gelände zu erwerben und mit dem Bau zu beginnen. In der 18 de Septiembre kaufte man ein 1250 qm großes Gelände für rund 300 000 Sucres, die aus Sammlungen unter den Mitgliedern aufgebracht wurden. Die Gelder für den Bau, der mit 500 000 Sucres veranschlagt war, wurden zu einem erheblichen Teil aus einer Schenkung der Claims-Konferenz und des Leo Baeck Fonds aufgebracht mit

39 Vgl. z.B. 1. 12. 54, 2, 15. 12. 52, 5.

Abb. 9: In der neuen Synagoge mit Rabbiner Brenner aus Lima (2. v. l.) und dem israelischen Gesandten (4. v. l.), um 1958

der Auflage, sie für das Altersheim zu verwenden, darüber hinaus durch Zeichnungsbeträge der Mitglieder und durch Darlehen der angeschlossenen Organisationen. Da nicht alle Gelder sofort zur Verfügung standen, nahm man zur Zwischenfinanzierung eine Bankhypothek auf. Ingenieure und Architekten aus den eigenen Reihen entwarfen und leiteten den Bau, der aus einem zweigeschossigen Teil für das Gemeindehaus und einem dreigeschossigen für das Altersheim bestand.[40]

Am 30. Januar 1955 erfolgte die feierliche Grundsteinlegung. In seiner Ansprache würdigte der damalige Präsident der *Beneficencia* Berthold Weiser, wie es auch andere Redner nach ihm anläßlich folgender Teileinweihungen taten, die Bedeutung des Baus als Zeichen der Integration der Immigranten in Ecuador, der Konsolidierung der Gemeinde und des »definitiven Abschiednehmens von unserer europäischen Vergangenheit«.[41] Zu diesem Zeitpunkt zählte die Gemeinde 377 Mitglieder, die rund 1050 Personen repräsentierten.[42]

Im August 1958 waren alle Gebäudeteile fertiggestellt und im Oktober nahm das Altersheim, in dem zehn Zimmer untergebracht waren, mit zu-

40 Die Zahlen über die Höhe der Schenkung, die in den *Informaciones* gemacht werden, variieren zum Teil erheblich. Realistisch scheinen folgende Angaben zu sein: 180 000 Sucres bzw. 18 571 Dollar von der Claims-Konferenz und 66 268 Sucres bzw. 5872 Dollar vom Leo Baeck Fonds. Vgl. 1. 12. 54, 2 u. 5, 1. 12. 56, 3, 6 u. 7, 1. 12. 63, 8 und die Sondernummer der *Informaciones* v. 21. 7. 56, 3.
41 Vgl. Berthold Weiser, Präsident der *Beneficencia*, 15. 2. 55, 3.
42 Vgl. 15. 2. 55, 5.

nächst sechs Insassen seinen Betrieb auf. Man verfügte nun über einen Tempel, eine Mikwah (für das Ritualbad), einen großen Vortragssaal, zwei Schulzimmer, einen Raum für die Jugend, ein Bibliothekszimmer, ein Sekretariat, Aufenthalts-, Lese- und Spielzimmer sowie über Speisesaal und Küche,»alles in praktischer, gediegener, moderner, ja zum Teil sehr vornehmer Weise eingerichtet.«[43] Mit feierlichen Ansprachen in Gegenwart des israelischen Gesandten fand am 16. August die Einweihung statt. Bei Musik und Tanz bis in die frühen Morgenstunden ergriffen die Mitglieder der Gemeinde anschließend Besitz von ihrem neuen Heim. »Mit der Einweihung dieses Hauses, dem Symbol unserer Verwurzelung und Zukunftshoffnung in Ecuador, ist ein Kapitel Geschichte ›Juden in Ecuador‹ abgeschlossen.«[44]

2. Die Zeitschrift der Jüdischen Gemeinden

»Die Anregung, ein in deutscher Sprache erscheinendes Nachrichtenblatt in Quito herauszugeben, wurde in allen Kreisen der jüdischen Immigration mit, man muß es erwähnen, sonst nicht immer festzustellender Einmütigkeit begrüßt. Gegenaktionen einiger Unentwegter können außer Betracht bleiben.«[45] So schrieb Siegfried Schwind in seinem Geleitwort zur ersten Ausgabe der Zeitschrift, die im Mai 1940 erschien, nachdem das Blatt vom ecuadorianischen Innenministerium genehmigt worden war. Auf Schwinds Initiative hin war die Zeitschrift gegründet worden, und er wurde ihr Direktor und verantwortlicher Redakteur. Er war insofern vom Fach, als er früher in Wien als Rechtsberater einer Arbeiterorganisation deren Zeitung geleitet hatte. Er gehörte zu jenem Kreis von Akademikern, die in verschiedenen Funktionen wesentlich zur Entwicklung der *Beneficencia* beitrugen. In Anspielung auf sein zionistisches Engagement wird er in einer späteren Würdigung der »Don Quichote des Zionismus« und der »getreue Eckehard«[46] des israelischen Staates genannt.

Das Blatt verstand sich als bewußt jüdische Zeitschrift, wie es in seinem Namen zum Ausdruck kam: *Informaciones para los Inmigrantes Israelitas* (Informationen für die israelitischen Immigranten). Weder wollte es ein reines Mitteilungsblatt sein, das sich auf Gemeindefragen und religiöse Angelegenheiten beschränkte, noch das Sprachrohr einer bestimmten politisch-ideologischen oder religiösen Richtung innerhalb des Judentums. Auch auf dem Hintergrund der Spaltungstendenzen innerhalb der Judenschaft Quitos entstanden, sollte die Zeitschrift eine »mittlere Linie« vertreten und so eine

---

43 Vgl. 18. 8. 58, 1; 1. 8. 56, 2 u. 5, 1. 12. 56, 3.
44 15. 8. 58, 3. Vgl. auch 1. 9. 58, 7 ff.
45 S. Schwind, Mai 40, 1.
46 Vgl. 15. 9. 49, 2 und 15. 8. 64, 5.

Abb. 10: *Mitglieder der Jüdischen Gemeinde vor dem Nationaldenkmal in der Plaza de Independencia in Quito, 50er Jahre (vorne rechts: Herbert Gedalius, der langjährige Präsident der Beneficencia)*

Brücke zwischen den verschiedenen Positionen bilden und auf Verständigung und Zusammenwachsen hinwirken. Das Blatt, obwohl im Privatbesitz Schwinds, wurde von Beginn an das offizielle Organ der *Beneficencia*. Ein von ihr bestellter »Zensor« in der Person des Leiters des Kulturausschusses übte ein Kontrollrecht aus.

Neben dem Grundsatz, eine »mittlere« Linie innerhalb des Spektrums der Auffassungen, die speziell jüdische Themen betrafen, einzuhalten, galt die Devise politischer Zurückhaltung gegenüber internationalen Ereignissen. Nachrichten hierüber sollten als Ersatz für fehlende deutschsprachige Informationsquellen abgedruckt, aber mit Rücksicht auf das Gastland nicht kommentiert werden. Man wollte sich auf die Erörterung jüdischer Angelegenheiten beschränken, ein ohnehin »unerschöpfliches Thema«.[47] Und ein Thema, wie sich in der Praxis zeigte, dessen Erörterung sich gar nicht von der Bewertung internationaler Vorgänge trennen ließ. Mit der geforderten Beschränkung wollte man verhindern, daß eigene Beiträge zum internationalen Zeitgeschehen in Widerspruch zur Außenpolitik Ecuadors geraten könnten. Mehr jedoch als auf das internationale Zeitgeschehen zielte das

47 Vgl. S. Schwind, Mai 40, 1; vgl. ders. 15. 5. 50, 1 und Benedick, ebenda S. 2.

Postulat, sich von jeder Politik fernzuhalten, unausgesprochen auf Berichte zu Gesellschaft und Politik Ecuadors, wie sich im vorsichtigen Umgang mit Beiträgen, die das Land betrafen, zeigen sollte. Die Zeitschrift erschien zunächst monatlich in einer Ausgabe von acht, ab Mai 1942 von zehn Seiten. Die Seitenzahl konnte danach noch erweitert werden, war aber bald nach dem Krieg wieder rückläufig. Ab August 1945 gelang es, das Blatt vierzehntägig herauszubringen. Es finanzierte sich aus Annoncen und einem Zuschuß aus der Kasse der *Beneficencia*. Die Annoncen stammten in den ersten Jahren fast ausschließlich, und auch später in überwiegendem Maße, von jüdischen Gewerbetreibenden und es war schwierig, die jeweils für die Finanzierung der Zeitschrift benötigte Anzahl von Inseraten aufzutreiben. Gedruckt wurden die *Informaciones* zunächst in der Druckerei der größten Tageszeitung Quitos *El Comercio*. Satz und Umbruch lagen anfangs in den Händen von Miguel A. Schwind, Sohn von Siegfried Schwind, der sich diese Fertigkeiten selbst beibrachte. Später mühten sich ecuadorianische Setzer mit den deutschen Texten. Zum Preis von zunächst 20 Centavos lag die Zeitschrift in jüdischen Geschäften aus. Eine bestimmte Anzahl wurde nach Guayaquil verschickt. Die dortige *Sociedad de Beneficencia Israelita* lieferte ab Oktober 1941 gelegentlich und ab 1943 regelmäßig Beiträge über Ereignisse in der Gemeinde und zu Fragen allgemeinerer Art, die jüdische Belange betrafen. Nach der Spaltung der Gemeinde im Jahre 1944 wurden die *Informaciones* auch Mitteilungsblatt des neugegründeten *Centro Israelita*. Sporadisch sandten auch die Gemeinden in Ambato und Cuenca Berichte ein.[48]

In Rückblicken auf die Entwicklung der Zeitschrift wird sie stets als getreues Spiegelbild der Vorgänge innerhalb der Gemeinde charakterisiert. So formulierte zum Beispiel anläßlich ihres zehnjährigen Bestehens der damalige Präsident der *Beneficencia* Abraham Polter: »Einen der bleibenden Werte der ›Informaciones‹ erblicken wir darin, daß sie in ihren 10-Jahres-Bänden einen geschichtlichen Abriß des Lebens unserer Beneficencia und der jüdischen Gemeinschaft Quitos bilden.«[49] Die Verbreitung von Informationen über das örtliche jüdische Leben und die Arbeit der einzelnen Organisationen sollte zentrale Aufgabe der Zeitschrift sein. Hierzu gehörten Berichte über die Aktivitäten der *Beneficencia* und der angeschlossenen Vereine, die Veröffentlichung offizieller Mitteilungen und Beschlüsse der satzungsmäßigen Organe ebenso wie theologische Betrachtungen zu Gedenk- und Feiertagen. Wer die *Informaciones* las, war über Geburten, Hochzeiten

---

48 Vgl. das Gespräch Prof. Dr. Miguel A. Schwind; Oktober 41, 7, Juli 43, 9, 15. 5. 50, 3. Über die Auflagenhöhe der Zeitschrift fand sich nirgendwo ein Hinweis. Ab März 45 führte sie den Titel Informaciones. Revista Israelita.
49 15. 5. 50, S. 1 f. Vgl. ebenda S. 3, 1. 5. 65, 2 f.

ℐNℱORMACIONℰℒ

PARA
LOS ℐNMIGRANTES
ℐSRAℰLITAS

Nº 1	QUITO–ECUADOR	May 1940
Erscheint monatlich	Preis 20 centavos	Edit. "EL COMERCIO"
Herausgeb : Asociación de Beneficencia Israelita, Quito, carrera Guayaquil 35		Redakt : Dr. Siegfried Schwind

Abb. 11: *Kopfzeile der Zeitschrift der Jüdischen Gemeinde*

und andere Ereignisse freudiger oder trauriger Natur in der Gemeinde informiert. Spendenlisten, die anläßlich der verschiedenen wohltätigen und politisch motivierten Sammlungen abgedruckt wurden, gaben Auskunft darüber, wer seinen Obolus geleistet hatte, oft auch in welcher Höhe. Die Entwicklung der Gemeinde und einzelne Ereignisse im Alltagsgeschehen waren Thema von Beiträgen, die teils ein harmonisches Bild der Gemeinschaft entwarfen, teils in kritischen und kontroversen Kommentaren hierzu Stellung bezogen.

Ein zweiter Informationsschwerpunkt galt dem Gastland mit dem Ziel, den Lesern Land und Leute nahezubringen und Orientierungshilfe im praktischen Einleben zu geben. So erschienen in der Anfangszeit Abhandlungen über Geographie und Geschichte des Landes, über seine politische Verfassung, über Wirtschafts-, Steuer-, Arbeits- und Mietrecht, über nationale Feiertage, Sitten und Gebräuche sowie sprachliche Eigenheiten. Hierbei hielt man sich an die Form der Sachdarstellung. Beiträge zu aktuellen politischen Ereignissen im Land brachte man in der Regel nur dann, wenn sie sich vom jüdischen Standpunkt bzw. aus der Sicht von Immigranten positiv darstellen ließen. Diese Position wurde auch über die Jahre hinweg beibehalten. Als in den sechziger Jahren Kritik geübt wurde, es fehle an Leitartikeln mit der persönlichen Note des Redakteurs und an Stellungnahmen zu Zeitgeschehnissen, lautete die Antwort des Chefredakteurs: »Zur Politik Ekuadors haben wir nicht Stellung zu nehmen, das ist Sache jedes Einzelnen, der Ekuatorianer ist, nicht aber Sache unserer Gemeinschaft als solcher.«[50] Kritische

---

50 Paul Engel, 15. 5. 65, 2. Vgl. 1. 5. 65, 7 u. 12. Auch das Blatt der deutsch-jüdischen Gemeinde in Santiago de Chile folgte der Devise, sich auf keinen Fall zu Fragen der chilenischen Politik zu äußern. Vgl. Wojak, Exil in Chile, S. 184.

Stellungnahmen finden sich aber bereits Anfang der vierziger Jahre und insbesondere nach 1945 zu Unkenntnis und falschen Vorstellungen der Bevölkerung Ecuadors über das Judentum und zu fremdenfeindlichen und antisemitischen Tendenzen. Gelegentlich beteiligten sich ecuadorianische Schriftsteller und Politiker als Autoren in den *Informaciones* mit Beiträgen zu diesem Thema und zur Geschichte des Landes, unter ihnen auch der Chef der ecuadorianischen Zensurbehörde. Neu erlassene Gesetze und Verordnungen, soweit sie für die Immigranten von Bedeutung waren, wurden in deutscher Übersetzung abgedruckt. Wie innerhalb der *Beneficencia* wurde auch hier Deutsch die Verständigungssprache und sollte es, von einzelnen Artikeln in Spanisch abgesehen, solange bleiben, bis die Mehrheit die Landessprache beherrsche. Man dachte hier besonders an die älteren Menschen, von denen man annahm, daß es ihnen sehr schwer fallen würde, eine neue Sprache zu erlernen. Tatsächlich blieb das Blatt noch bis in die sechziger Jahre hinein in wesentlichen Teilen eine deutschsprachige Zeitschrift, nicht zuletzt deshalb, weil hinter der scheinbar rein pragmatischen Zielsetzung, deutsch zu schreiben, mehr stand, nämlich der Wunsch eines erheblichen Teils der Immigranten, mit der Pflege der deutschen Sprache die eigene Kultur und Tradition wachzuhalten und so »ein Stück der verlorenen Heimat« wiederzufinden, eine Haltung, die nicht unumstritten war.[51] Während die spanischen Artikel meist aus fremden Quellen stammten, schrieben die verschiedenen Vereine deutsch, wobei die Jugendorganisationen wie die Vereinigungen in Guayaquil früher als andere einen Teil ihrer Beiträge in Spanisch brachten. Am 1. November 1965 veröffentlichte die Generalversammlung der *Beneficencia* zum erstenmal ihren Bericht in Spanisch. Es mag für die Dominanz der deutschen Juden bzw. der deutschsprachigen in der Jüdischen Gemeinde sprechen, daß keine Artikel in Jiddisch, der Muttersprache eines, wenn auch kleineren Teiles der Gemeinde, erschienen.

Ein dritter Schwerpunkt der Zeitschrift sollte es sein, die Verbindung mit den jüdischen Strömungen über die Landesgrenzen hinweg aufrechtzuerhalten, über die wichtigsten Ereignisse aus dem jüdischen Leben in aller Welt zu berichten, für die Notwendigkeit der Verwirklichung der zionistischen Idee zu werben und die Bildung zionistischer Organisationen in Ecuador zu unterstützen. Solche Organisationen sollten in der Zeitung eine Plattform für ihre Agitation finden, wenn auch »national-jüdische« Arbeit nie Ersatz sein dürfe für den konsequenten Kampf gegen Antisemitismus und für Gleichberechtigung in der Diaspora. Eine solche Haltung brachte der Zeitschrift nicht nur Befürworter ein. Die Kritik kam aus entgegengesetzten Richtungen. Während ihr die einen vorhielten, sie sei zu zionistisch und

---

51 Vgl. Benedick, 15. 5. 50, 2. Vgl. auch S. Schwind, Mai 40, 1, Juni 40, 3; Liebmann, 1. 5. 65, 3.

schon der Titel des Blattes schade den im Lande lebenden Juden, argumentierten andere, sie nehme weitestgehend Rücksicht auf die »Assimilanten«.[52] In zahlreichen Artikeln berichteten die *Informaciones* über die Geschichte Palästinas, über Leben und Leistung der bereits dort lebenden Juden, über Aufbauhilfen der zionistischen Organisationen verschiedenster Länder und die englische Mandatspolitik. Sie veröffentlichte Beiträge über Leben und Werk zionistischer Schriftsteller und Politiker, über die Ergebnisse internationaler Kongresse und Konferenzen und aktuelle Stellungnahmen alliierter Politiker, die auf die mögliche Gründung eines Staates Israel Bezug nahmen.

Die Artikel waren meistens keine Eigenproduktionen, sondern man übernahm Beiträge, die durch den Kontakt, den man zu internationalen jüdischen Organisationen hatte, nach Ecuador gelangten. Es handelte sich teils um längere Abhandlungen oder aber um eine Vielzahl von Kurzinformationen, die anfangs unter der Rubrik »Aus aller Welt« auch über das allgemeine Kriegsgeschehen berichteten und dessen Auswirkungen auf die Bevölkerung in den besetzten Gebieten und in den kollaborierenden Staaten. Man ging jedoch bald dazu über, Palästinanachrichten gesondert und über mehrere Jahre ausschließlich in Spanisch zu veröffentlichen, während ausführliche Berichte über den Kriegsverlauf und wichtige Entscheidungen auf internationaler politischer Ebene unter der Rubrik »Ein Monat Weltgeschehen« in Deutsch erschienen. Zugang zu den Meldungen der internationalen Nachrichtenagenturen hatte die Redaktion nicht nur über die Kontakte zu jüdischen Organisationen, sondern auch unter anderen in der Person von Miguel A. Schwind, der ab 1944 als Übersetzer in der Auslandsnachrichtenabteilung von *El Comercio* arbeitete.

Unter der Rubrik »Kurze Berichte« oder »Kurznachrichten«, gelegentlich auch in längeren Abhandlungen, fanden die Leser Informationen über die Emigration in verschiedenen Ländern Amerikas und über das Schicksal der Juden in den von deutschen Truppen besetzten Ländern: über gesetzliche Diskriminierung, materielle Ausplünderung, Vertreibung, Verschleppung, Zwangsarbeit, Massenerschießungen, Ghettos und Konzentrationslager. Eine erste Notiz über die Ermordung mit Giftgas findet sich im Mai 1942.[53] Im September 1942 meldete die Zeitung, daß über eine Million Juden bislang vor allem in Osteuropa ermordet wurden, und im Dezember 1942 berichtete sie von zwei Millionen durch Entbehrungen, Erschöpfung, Krankheit und Mord vernichteter Juden, denen nach einem systematischen Ausrottungsplan noch vier Millionen folgen sollten. Weitere Artikel stellten den geplanten Massenmord in den Zusammenhang einer beginnenden

---

52 Vgl. S. Schwind, Juli 40, 1. Vgl. Mai 45, 1, 1. 5. 60, 1.
53 Vgl. Mai 42, 10. Vgl. auch Juni 42, 10, September 42, 3, Dezember 42, 1 f., November 43, 7 f., August 44, 14, September 44, 1, Januar 45, 12, Mai 45, 1.

Niederlage Deutschlands. Das deutsche Volk solle so unter anderem von seinen eigenen Nöten abgelenkt und die Ernährungslage erleichtert werden. Während man zunächst noch die Hoffnung hatte, daß die Meldungen über die systematische Vernichtung übertrieben sein könnten, war dies ab dem Sommer 1944 nicht mehr der Fall.

Es mehrten sich ab Mitte 1943 Berichte, die ein baldiges Ende des Krieges wahrscheinlich werden ließen. Mit Kriegsende traten kritische Stellungnahmen zur Palästinapolitik Englands in den Mittelpunkt der Auslandsnachrichten. Mit der Gründung des Staates Israel nahmen Beiträge über den Aufbau in Israel und den Werdegang des jüdischen Staates breiten Raum ein, Informationen, die man den einheimischen Zeitungen nur selten entnehmen konnte. Ferner berichtete man in der Nachkriegszeit über die Notlage der Juden, die den Holocaust überlebt hatten, über immer noch offen ausgetragenen Antisemitismus in osteuropäischen Staaten. Und natürlich galt ein besonderes Augenmerk der Nachkriegsentwicklung Deutschlands. Die hierüber veröffentlichten Artikel mochten es jedem, der daran dachte, nach Deutschland zurückzukehren, angeraten sein lassen, derartige Absichten wieder aufzugeben.[54]

Neben solchen Artikeln, die sich in erster Linie auf das aktuelle politische Geschehen in aller Welt bezogen und solchen, die sich mit den Vorgängen innerhalb der Jüdischen Gemeinde befaßten, hatten die *Informaciones* auch immer Abhandlungen historisch-politischer und religionsphilosophischer Art veröffentlicht. Sie stammten zum Teil von jüdischen Autoren, die sich in anderen Ländern im Exil befanden, von Rabbinern großer jüdischer Zentren in Amerika und später auch von israelischen Autoren. Ein anderer Teil kam aus der Feder von Mitgliedern der *Beneficencia*. Hierbei standen Betrachtungen zur Geschichte, Gegenwart und Zukunft des Judentums im Vordergrund: Fragen nach jüdischer Identität in der Diaspora, der Bedeutung des Zionismus, der Rolle der Religion angesichts der Zeitereignisse, den Ursachen von Antisemitismus und Holocaust, der Neuordnung des Nachkriegseuropas und der Aufgabe und Stellung der Juden hierbei.

Als Siegfried Schwind Ecuador 1959 verließ, um in die USA zu gehen, erwarb die *Beneficencia* das Eigentum an der Zeitschrift für 10 000 Sucres. Die Leitung übernahm Carlos G. Liebmann, gelernter Verleger und Buchhändler aus Berlin, der sich auch in Ecuador in diesen Berufen einen Namen machte. Faktischer Leiter und Chefredakteur wurde bald der Arzt, Wissenschaftler und Schriftsteller Paul Engel, der aus Kolumbien nach Ecuador gekommen war.[55] Da die Zeitschrift keine bezahlten Redakteure hatte, hing ihr Gelingen weitgehend vom freiwilligen Engagement und Interesse ein-

---

54 Vgl. z.B. Juni 44, 5, 1. 4. 46, 2, 1. 9. 46, 6, 1. 2. 47, 6 und Kap. VIII. 1.
55 Vgl. 1. 1. 60, 6, 1. 5. 65, 3. Zu den Personen Liebmann und Engel vgl. Kap. VIII. 4.

zelner ab. Verließen Immigranten, die regelmäßig Beiträge für das Blatt geliefert hatten, Ecuador, so waren sie kaum zu ersetzen. Die Jugend, in Ecuador aufgewachsen, verlor allmählich das Interesse an einer Mitarbeit oder verließ das Land zumindest für ein paar Jahre, um im Ausland zu studieren, und die Gemeinde in Guayaquil steuerte ab 1952 nur noch selten Artikel bei. Mit zunehmender Abwanderung einerseits und Integration der in Ecuador Verbleibenden andererseits wurde der Leserkreis immer kleiner und das Interesse an Information in deutscher Sprache erschöpfte sich. Im November 1972 wurden die *Informaciones* wegen nicht mehr tragbarer Kosten eingestellt. In der Folgezeit machte man dennoch verschiedene Versuche, an die Tradition der *Informaciones* anzuknüpfen und wenigstens in reduzierter Form ein jüdisches Gemeindeblatt herauszugeben, worum sich besonders Liebmann in dem Bestreben bemühte, ein einigendes Band zwischen den Mitgliedern der Gemeinde in Quito, Guayaquil und den übrigen Orten zu knüpfen. Unter verschiedenen Namen erschienen hektographierte, zeitweise auch gedruckte Blätter, denen aber allen kein langes Leben beschert war. Sie waren in Spanisch abgefaßt, nur der Frauenverein schrieb noch kurze Berichte in Deutsch.[56]

3. Die angeschlossenen Vereinigungen in Quito

3.1. *Die Hilfsorganisation Hicem und ihre Nachfolgeorganisationen*

»Was die Vergangenheit anlangt, so können ich und meine Comité-Kollegen mit großer Genugtuung auf unsere Tätigkeit zurückblicken, da wir dem weitaus größten Teil aller in Ecuador befindlichen Glaubensgenossen die Einreise nach hier verschafft haben und außerdem ihnen bei der Beseitigung der immer wieder auftauchenden Widrigkeiten der verschiedensten Art helfen konnten.«[57] Diese Bilanz zog 1945 Oscar Rocca, der langjährige Präsident der Organisation. 1938 war das *Comité de Protección a los Inmigrantes Israelitas* (Komitee zum Schutz der israelitischen Immigranten) nach dem Vorbild der Schwesterorganisation in Kolumbien gegründet worden. Das *Comité* war der international operierenden jüdischen Hilfsorganisation HICEM angeschlossen und wurde im alltäglichen Sprachgebrauch kurz *Hicem* genannt. Neben dem JOINT war die HICEM die Organisation, die der größten Zahl von Im-

---

56 Vgl. *Revista Informativa* v. Juli 74, 4 und *Informaciones* v. Januar 81, 2. Die Titel der verschiedenen Nachfolgeblätter lauteten in der zeitlichen Reihenfolge ihres Erscheinens: MIBIFNIM; Revista Informativa de las Comunidades Judías del Ecuador; Nosotros; *Informaciones*, editadas por la Asociación Israelita de Quito; Informemonos. Die letzte Ausgabe des Blattes Informemonos, die ich in der Jüdischen Gemeinde Quito finden konnte, stammte vom Oktober/November 1981.

57 Oscar Rocca, Mai 45, 10. Vgl. zur folgenden Darstellung die fortlaufenden Berichte der *Hicem* in den *Informaciones* und den Bericht in: Zehn Jahre Aufbauarbeit, S. 276 – 290.

migranten zur Flucht nach Südamerika verholfen hatte. Die *Hicem* Quito arbeitete mit dem JOINT zusammen, der ihr für ihre Arbeit Geldmittel zur Verfügung stellte. Der JOINT hatte bis 1947 kein eigenes Büro in Quito. Der Ehrenpräsident der *Hicem* Rosenstock und ihr Präsident Rocca waren aber gleichzeitig die Vertreter des JOINT in Ecuador.[58] Die sieben Mitglieder der *Hicem* Quito waren zum Teil im Vorstand der *Beneficencia* und beide Organisationen arbeiteten Hand in Hand. Die *Hicem* und die politische Vereinigung der Tschechen waren die einzigen Organisationen, die als offizielle Verhandlungspartner in Fragen der Immigration von der ecuadorianischen Regierung anerkannt waren. Über ihre Arbeit als Fluchthilfeorganisation hinaus, von der bereits berichtet wurde[59], nahm die *Hicem* vor Ort noch eine Reihe weiterer Aufgaben wahr. Unter der Überschrift »Die Hicem meldet« erschienen ab 1942 kurze Berichte in den *Informaciones*, in denen die Organisation über die Arbeit der Schwesterorganisationen und des JOINT in anderen Ländern, über die Flüchtlingsbewegungen in Europa und über ihre eigene Arbeit informierte. Allerdings war die *Hicem* in ihrer Berichterstattung hier sehr zurückhaltend, insbesondere, was Kontroversen mit den Behörden betraf, zum Beispiel in Fragen über Fristen zur Erlangung der notwendigen Niederlassungspapiere und Personaldokumente und über die Höhe der hierfür zu entrichtenden Gebühren, die für viele Immigranten eine erheblichen Ausgabe darstellten.[60] Über die Tätigkeit im Jahr 1941 werden folgende Zahlen angegeben: 1638 Fälle von Interventionen, 6363 Besuche im *Hicem*-Büro, ein Schriftwechsel von 2298 Eingängen und 2980 Ausgängen.[61]

Ihr Büro hatte sie im Zentrum der Stadt in der Pasaje Royal. Hier konnten die Immigranten ihre Briefe zur Weiterbeförderung in Kriegsgebiete abgeben. Die *Hicem* unterhielt Kontakte zum ecuadorianischen Roten Kreuz, das für die Versendung von Briefen nach Europa und den Fernen Osten wie für die Zustellung von Briefen in Ecuador sorgte. Solche Briefe waren zwei bis drei Monate unterwegs. Die Tageszeitung *El Comercio* veröffentlichte die Namen derer, die Post bekommen hatten. Die Betreffenden konnten sie dann im Hauptbüro des Roten Kreuzes abholen. Durch seine Vermittlung konnten auch Kabelanfragen nach dem Verbleib von Angehörigen nach Europa gesandt werden. Zeitweilig war es auch möglich, Geldsendungen über das Rote Kreuz in Genf anzuweisen. Über den Kontakt zu den Zentralen der jüdischen Hilfsorganisationen in New York

---

58 Vgl. La Colonia, S. 57 u. 59 ff.; Juni 40, 3, Oktober 41, 3, Januar 43, 5. Zu den Hilfsorganisationen im allgemeinen vgl. von zur Mühlen, Fluchtziel, S. 34 ff.
59 Vgl. Kap. I. 2. u. I. 3.
60 Vgl. im Gegensatz hierzu die Klagen der *Hicem* in Zehn Jahre Aufbauarbeit, S. 276 ff.; Kap. III. 1.
61 Vgl. Heiman, Inmigrantes, S. 62. Siehe April 41, 3, Mai 42, 1 ff., Juni 42, 8, September 42, 2, Juli 43, 5.

konnten auch Pakete mit Lebensmitteln und Kleidern in verschiedene europäische Länder geschickt werden.

Im Büro der *Hicem* informierten sich die Immigranten darüber, wer mit welchem Schiff unterwegs war. Es lagen Listen aus über Flüchtlinge, die sich von einem Land in ein anderes hatten retten können, über in Konzentrationslagern Internierte und ab März 1945 über überlebende Juden in verschiedenen europäischen Städten. Als Ecuador 1942 die Beziehungen zu den Achsenmächten abbrach, lag die »Schwarze Liste« der US-Botschaft, die die Namen derjenigen enthielt, die interniert wurden, zur Einsicht aus. Als in diesem Zusammenhang durch das erlassene Blockierungsdekret auch Gelder jüdischer Immigranten betroffen waren, konnte die *Hicem* erreichen, daß diese Gelder wieder freigegeben wurden. Zu ihren Aufgaben zählte die Hilfsorganisation auch die Bekämpfung des Antisemitismus und »fremdenfeindlicher Propaganda« im Land.[62]

Die Arbeit der *Hicem*, die mit dem kriegsbedingten Abreißen des Einwandererstroms eine gewisse Beruhigung erfahren hatte, erhielt mit Kriegsende wieder starken Auftrieb. Das Jahr 1946 wird als das Jahr des Höhepunkts der Aktivitäten genannt. Zu den wichtigsten Aufgaben gehörte es nun, die Einreisebewilligungen für Überlebende des Holocaust nach Ecuador zu beschaffen und denjenigen, die das Land so schnell wie möglich verlassen wollten, die notwendigen Dokumente für die Weiterwanderung in ein anderes Land zu besorgen. Ferner setzten nun Nachforschungen über den Verbleib von Angehörigen ein. In Zahlen ausgedrückt wurden 1946 von der *Hicem* 729 Visa zwecks Immigration beantragt und alle genehmigt, 85 Anträge auf Niederlassung bewilligt und ebensoviele Anstellungen empfohlen. Man erledigte 300 Immigrationsbegehren in andere Länder, darunter lediglich sechs nach Europa. In 401 Fällen und zugunsten von 503 Interessenten intervenierte man bei staatlichen Stellen. 1673 Briefe und 182 Kabeltelegramme gingen ein, 1896 Briefe und 600 Kabel wurden nach draußen vermittelt.[63]

Seit Ende 1945 war es auch möglich geworden, Briefe, Geld- und Paketsendungen in die von den westlichen Alliierten kontrollierten Zonen in Deutschland zu schicken. HICEM wie JOINT hatten dort Büros eingerichtet. Im Dezember 1947 nahm auch der JOINT offiziell seine Tätigkeit in Ecuador auf, dessen Sekretär das Mitglied der *Beneficencia* Max Weiser wurde.

Das *Hicem*-Büro arbeitete nun unter dem Namen HIAS, der *United Hebrew Sheltering Immigrants Aid Society*, als Vertreter dieser Organisation, die ja zusammen mit zwei weiteren Hilfsorganisationen die HICEM gebildet hatte. Von Dezember 1947 bis Dezember 1948 reisten auf Kosten des JOINT und teilweise mit Zuschüssen von Verwandten 124 Personen nach Ecuador ein.

---

62 Vgl. die Berichte der *Hicem* in den *Informaciones* und Kap. III. 2.
63 Vgl. La Colonia, S. 62.

Es handelte sich um 40 Familien und 20 Einzelpersonen, von denen fünf das Land wieder verließen. Wirtschaftliche Hilfe für die ersten 14 Tage nach der Ankunft wurde in diesem Zeitraum an 110 Personen in Höhe von rund 110 000 Sucres erteilt. Hierzu gehörten Ausgaben für Unterkunft, Gepäcktransporte, Kleider-, Bargeld und medizinische Hilfe und Niederlassungsgebühren. Den meisten Familienvätern wie Einzelpersonen konnte eine Beschäftigung vermittelt werden, während ein kleinerer Teil auf die Hilfe der *Beneficencia* angewiesen war.[64]

Der JOINT hatte die sogenannte 14-Tage-Hilfe in Südamerika mit Ausnahme für Ecuador und Paraguay eingestellt, da diese von den lokalen Gemeinden übernommen wurde. Angesichts der angespannten Finanzsituation sah sich die *Beneficencia* nicht in der Lage, die Neuankömmlinge finanziell zu unterstützen. Und wie es ihr Präsident in seinem Bericht zur Generalversammlung im Dezember 1948 formulierte, sah sie es auch nicht als ihre Aufgabe an. Dies sei nicht Aufgabe der Gemeinde, sondern der Organisationen und Personen, die diese Menschen nach Ecuador brächten.[65] Diese Ansicht stieß auf den harschen Protest des JOINT-Vertreters, der die »kalte und ablehnende Atmosphäre« beklagte, die den Neuankömmlingen entgegenschlage. Andererseits kritisierte er, daß »wirtschaftlich potente Angehörige« der Gemeinde ihre neuankommenden Verwandten von öffentlichen Mitteln unterstützen ließen und empfahl, sich von »diesen Elementen zu befreien«.[66] Die *Beneficencia* versuchte erfolglos über die 14-Tage-Hilfe hinausgehende Beihilfen von JOINT und HIAS zu erlangen. Letztlich kam sie für die Unterstützung der bedürftigen Neuankömmlinge auf, nachdem sich alle Organisationen auf gemeinsame Sammlungen geeinigt hatten und hierbei die Kasse der *Beneficencia* bedachten.[67]

3.2. Die *Cooperativa de Crédito para Agricultura, Industria y Comercio*

Die im März 1941 gegründete Kreditgenossenschaft für Landwirtschaft, Industrie und Handel war laut *Informaciones* die erste ihrer Art, die in Amerika vom *Committee on Reconstruction Activity* des JOINT gefördert wurde. Ziele, Statuten und Geschäftsordnung waren von Vertretern der *Beneficencia* in Zusammenarbeit mit einem Delegierten des JOINT ausgearbeitet worden. Der JOINT gab einen Gründungszuschuß und stellte die gleiche Summe als Darlehen zur Verfügung, die durch lokale Zeichnungen aufgebracht wurde.

---

64 Vgl. den Jahresbericht von Max Weiser, 15. 1. 49, 2. Zu den Ausgaben zählten auch »Landkredite« in Höhe von 2 850,00 Sucres. Siehe auch 15. 3. 48, 8.

65 Vgl. H. D. Rothschild, 15. 12. 48, 5.

66 Vgl. M. Weiser, 1. 5. 49, 4. Es handelt sich um einen der wenigen Beiträge in der Zeitung, der mit dem Vermerk abgedruckt wurde, man bringe den wörtlichen Text, die Redaktion stimme aber nicht in allen Punkten überein. Vgl. auch die Ausführungen von M. Weiser, 15. 6. 47, 5.

67 Vgl. 15. 12. 49, 4.

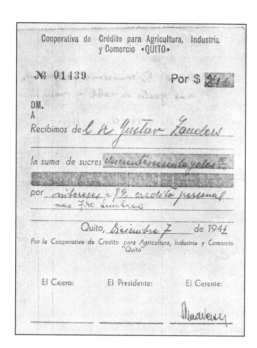

Cooperativa de Crédito para Agricultura, Industria
y Comercio «QUITO»

№ 01439   Por $ _____

DM.
A
Recibimos de _____ Gustav Zanders _____

la suma de sucres _____

por _____
mas 7.40 _____

Quito, _____ 7 de 194_

Por la Cooperativa de Crédito para Agricultura, Industria y Comercio
"Quito"

El Cajero: El Presidente: El Gerente:

Abb. 12: *Quittung über die Zinszahlung für einen Kredit der Cooperativa de Crédito an Gustav Zanders*

Nachdem die Statuten vom Ministerio de Previsión Social y Trabajo genehmigt worden waren, nahm die *Cooperativa* im November des Jahres ihre Arbeit in der Calle Pichincha 52 auf. Sie hatte Sozien in Ambato, Riobamba, Baños sowie eine Agentur mit eigener Kreditkommission in Guayaquil.[68]

Ziel der Darlehenskasse war es in erster Linie, wirtschaftlich kleinen Existenzen Kreditquellen zu erschließen, die ihnen sonst versagt geblieben wären. Die Kreditvergabe sollte nicht an das Kriterium des Gewinns, sondern an Produktivität gebunden sein. Hierunter verstand man, daß durch den Kredit eine selbständige und langfristig lebensfähige Existenz aufgebaut oder eine bereits bestehende verbessert und gesichert wurde. Ausgeschlossen waren Kredite für persönliche Bedürfnisse und zur Abdeckung alter Schulden.[69] So verstand man sich zwar als Einrichtung mit sozialen Zielen, jedoch nicht als Wohltätigkeitsinstitution. Um Anreize für Geldgeber zu schaffen, waren die Zinsen für die Einlagen »relativ hoch«. Kredite wurden ausschließlich an Mitglieder vergeben. Mitglied wurde man durch die Zeichnung von

---

68 Vgl. zu den folgenden Ausführungen März 41, 3, Januar 42, 2, Februar 42, 8, Mai 43, 5, September 43, 12, März 44, 3, September 44, 2, März 45, 5, Mai 45, 7, 15. 3. 46, 6; La Colonia, S. 68 ff.; Zehn Jahre Aufbauarbeit, S. 286. Für Chile wird berichtet, daß auf Veranlassung des JOINT im September 1943 eine Kreditgenossenschaft mit einem Kapital von 500 000 US-Dollar gegründet wurde. Vgl. Wojak, Exil in Chile, S. 173.
69 Vgl. H. D. Rothschild, September 43, 12.

Aktien in Höhe von 50 Sucres per Aktie. Ein bewilligter Kredit konnte maximal das Zehnfache des vom Kreditnehmer gezeichneten Kapitals betragen. Um einen höheren Depotbestand zu erreichen und den Zinsfuß senken zu können, gab man ab 1943 auch Sparbücher aus. So erhielten Kleinsparer, Ehefrauen und Kinder Sparmöglichkeiten. Die Mindestanlage betrug 50 und die Höchsteinzahlung 5000 Sucres. Darüber hinausgehende Beträge mußten als gebundene Einlage erlegt werden. Neben ihrer Kredittätigkeit führte die *Cooperativa* den Wechsel-, Waren- und Faktureninkasso für ihre Mitglieder aus, beriet sie in allen wirtschaftlichen Angelegenheiten und beim Abschluß von Verträgen. Bis August 1943 hatte die *Cooperativa* 242 Mitglieder, Ende 1946 waren es 287. Ihre Zusammensetzung nach Berufsgruppen wird wie folgt angegeben: 129 Industrielle, 84 Kaufleute, 19 Landwirte und 55 andere. Bis zu diesem Zeitpunkt hatte man Kredite im Wert von rund 10 Millionen Sucres vergeben. Der Geschäftsumfang hatte stetig zugenommen und Befürchtungen, daß ein nicht allzu ferner Friedensschluß, den man bereits im Sommer 1944 vermutete, zu einem übereilten Abbruch von Existenzen und damit zum Abzug von Einlagen führen könnte, bewahrheiteten sich nicht. Im Gegenteil registrierte man auf der Generalversammlung im Februar 1945 einen solchen Umfang der Geschäfte, »daß hin und wieder eine unvorhergesehene Geldflüssigkeit eintrat.«[70] Die Mitglieder wurden aufgefordert, bei Kreditbedürfnis jeweils die *Cooperativa* vor anderen Banken anzufragen. Im Zeitraum von 1942 bis 1949 wurden rund 20 Millionen Sucres an Krediten vergeben. Diese Summe verteilte sich auf 3580 Kreditgesuche und damit auf einen Durchschnitt von rund 7000 Sucres pro bewilligten Kredit. In der Nachkriegszeit wurden Neuankömmlinge bevorzugt behandelt. Sie erhielten die größten Kredite zu den günstigsten Zinsen und besonders langfristigen Laufzeiten. Dieses Verfahren, ein insgesamt erhöhter Kreditbedarf und der Abzug von Einlagen seitens der jüdischen Organisationen ab 1947 verursachte gewisse Probleme. Der JOINT gab wegen seiner Belastungen in Europa keine neuen Kredite. Es gelang aber, von der *Refugee Economic Corporation* in New York einen langfristigen Kredit von 5000 Dollar zu erhalten. Das Modell der Darlehenskasse für die wirtschaftliche Integration hatte sich bewährt. Nach dem Vorbild der Cooperativa Quito initiierte der JOINT nach dem Krieg in Europa weitere Genossenschaften.[71]

In Quito besteht sie heute noch unter dem Namen *Caja de Ahorro de la Asociación Israelita*/Sparkasse der Israelitischen Vereinigung. Ihr heutiges Auf-

70 Vgl. ders., März 45, 5. Über die Höhe der Zinssätze im Verhältnis zu denen normaler Banken wurden keine Angaben gemacht. In der Erinnerung erscheinen sie manchen Immigranten günstiger gewesen zu sein, anderen dagegen gleichwertig. Siehe auch das Gespräch Gustav Zanders.
71 Vgl. 15. 3. 46, 6, 18. 3. 48, 5, 15. 1. 49, 2, 1. 5. 50, 8, 15. 3. 57, 3.

gabengebiet besteht nicht mehr in der Vergabe von Krediten für die Existenz-gründung. Sie übernimmt Garantieleistungen für Mitglieder, die einen kurz-fristigen Geldbedarf bei Banken decken müssen. Kleinsparer legen ihr Geld an, das hier etwas günstiger verzinst wird als bankenüblich. Umgekehrt können Kredite zu einem niedrigeren Zinsniveau aufgenommen werden.[72]

3.3. Der Frauenverein und die Strick- und Nähgemeinschaft

Der Frauenverein, mit offiziellem Namen *Sociedad Feminina Israelita*, gehört neben der *Hicem* und der *Beneficencia* zu den ersten Vereinigungen der Jü-dischen Gemeinde in Quito. Am 27. August 1939 wurde er von 25 Frauen ge-gründet, 1944 erreichte er mit 435 Frauen seinen höchsten Mitgliederstand. Seine Aufgabe war die Sozialarbeit in der Gemeinde, die Erteilung von Rat und Tat in allen schweren Lebenslagen. Für die Menschen, die durch die Im-migration aus ihrem angestammten sozialen Gefüge herausgerissen worden waren, stellte diese Hilfe eine nicht zu unterschätzende praktische und psy-chologische Unterstützung dar. Dem traditionellen Frauenbild folgend, galt die Frau im Gegensatz zum Mann als für die Betreuung von Armen, Alten und Kranken berufen. Hier half der Frauenverein nicht nur durch Besuche, Zuspruch, Pflege und andere Dienstleistungen, sondern auch mit finanziel-ler Zuwendung. Im Gemeindehaus in der Calle Tarqui unterhielt er eine Kleiderkammer aus gesammelten Kleidungs- und Wäschestücken, eine Ein-richtung, die »bei der fortschreitenden Teuerung und der leider auch wach-senden Verarmung der Unseren«[73] an Bedeutung gewann. Als weiblicher Arm der *Chewra Kadischa* erwies er den verstorbenen Frauen die letzte Ehre. 1943 richtete er einen »Fonds für arme Bräute« ein. Nach Kriegsende gehör-te die Betreuung der Neueinwanderer, die meist mittellos und nicht selten krank waren, psychologische Hilfe und manchmal Operationen oder teure Medikamente benötigten, zu seiner Aufgabe.[74]

Neben der Erfüllung solch karitativer Aufgaben trug der Frauenverein auch zum geselligen und kulturellen Leben der Gemeinde bei, indem er sich an den Veranstaltungen der anderen Organisationen beteiligte und eigene ausrichtete, die nicht zuletzt den Zweck hatten, die Teilnehmer zu Spenden zu bewegen.[75] Zu seinen traditionellen Aufgaben zählte er die jährliche Aus-richtung eines Chanukka-Festes für die Kinder.[76] Während sich der Frauen-verein in den ersten Jahren fast ausschließlich um die sozialen Belange in

---

72 Vgl. Gespräch Sergio Solon.
73 So Grete Gurau, die langjährige Vorsitzende des Frauenvereins, September 43, 10. Vgl. auch Oktober 40, 2, September 41, 8, September 42, 9, September 44, 4, 1. 10. 45, 5 und die Gesprä-che Edith Seelig und Suse Tugendhat.
74 Vgl. 15. 9. 47, 10, 15. 9. 48, 6, 1. 9. 50, 4.
75 Vgl. z.B. Mai 42, 8, Juli 44, 2, 15. 8. 45, 9, 1. 9. 46, 7, 1. 8. 47, 6.
76 Vgl. z.B. Januar 41, 3, Januar 45, 12, 1. 1. 47, 5, 1. 1. 48, 5, 15. 1. 49, 6.

der Gemeinde kümmerte, betreute er später auch bedürftige Ecuadorianer und geistig behinderte Kinder durch persönliche Fürsorge und materielle Unterstützung.

Abgesehen von dieser auf lokale Belange beschränkten wohltätigen Arbeit von Frauen entstand unter der Schirmherrschaft von L. C. Hughes-Hallet, der Gattin des britischen Gesandten, im Mai 1942 eine Strick- und Nähgemeinschaft, die wöchentlich zu einem Arbeitsnachmittag in der *Beneficencia* zusammentraf. Sie fertigte Bekleidungsstücke für alliierte Soldaten, Seeleute und vor allem für Kinder in Europa an und finanzierte sich zunächst ausschließlich aus Geldern des Interalliierten Roten Kreuzes. Diese Tätigkeit, an der sich bis Juni 1942 bereits achtzig Immigrantinnen beteiligten, stieß bei denjenigen auf Ablehnung, die ausschließlich Hilfe für notleidende Juden leisten wollten, sei es für solche in Europa oder aber vor Ort. Im Sommer 1943 faßte die von Helen Rothschild geleitete Gemeinschaft den Beschluß, monatlich eine bestimmte Anzahl von Bekleidungsstücken speziell für jüdische Kinder in Europa zu reservieren. Hauptsächlich von Spenden aus der Gemeinde finanzierte man die hierfür notwendigen Materialien.[77] Ab 1944 erweiterte man das Hilfsprogramm auch auf erwachsene Juden. Unter dem Motto »Die Juden Europas rufen Dich« wurden auch getragene Kleidungsstücke zum Versand hergerichtet sowie Geldspendenaktionen durchgeführt, zu denen die verschiedensten Organisationen mit kulturellen Veranstaltungen beitrugen. Nach dem Krieg organisierte das *Centro Israelita* in Guayaquil eine Kampagne »Reis für Europa«. Anstelle von Geld wurden Lebensmittel verschifft, weil die Erfahrung gezeigt habe, das Geld zuweilen in den Bestimmungsländern wertlos sei. Umgekehrt stellte die Strick- und Nähgemeinschaft 1945 ihre Sachspenden nach Europa ein. Es mangelte zum einen an freiwilligen Helferinnen und zum anderen übernahm das Rote Kreuz nun keine kostenlose Verschickung mehr. Versicherungs- und Transportkosten waren zu teuer.[78]

3.4 *Die Womens International Zionist Organisation (WIZO)*

Während sich die Arbeit des Frauenvereins eher unauffällig im Privaten vollzog, gehörte die WIZO zu den Vereinigungen, die, um für ihre Ziele zu werben, durch mannigfache Veranstaltungen an die Öffentlichkeit innerhalb der Jüdischen Gemeinde traten. Anders als der Frauenverein entstand

---

77 Vgl. September 43, 13, April 44, 8, 1. 9. 45, 7, 1. 1. 46, 4; das Gespräch Helen Rothschild. Zur Unterstützung bedürftiger Juden in Quito durch das englische Botschafterehepaar vgl. April 42, 2, Mai 42, 7, Juni 42, 2, März 43, 5, Juni 43, 6, Dezember 43, 6, August 44, 3, September 44, 12, März 45, 11, 1. 4. 46, 6.

78 Vgl. 1. 9. 46, 5, 15. 1. 47, 6 f. Zum »Europahilfswerk« vgl. z. B.: Januar 44, 5, April 44, 5 f., Mai 44, 10, August 44, 6, Februar 45, 6 f., März 45, 7, Mai 45, 11 u. 23, Juli 45, 7, 15. 10. 45, 7, 15. 11. 45, 9.

sie nicht spontan aus den sozialen Nöten der Immigration, sondern auf Initiative von außen, nach dem Besuch von Rachel Smiley, der Delegierten der WIZO für Südamerika. Es bedurfte einiger Überzeugungsarbeit, bis sich in Quito eine größere Gruppe von Frauen zusammenfand, die bereit war, hierfür zu wirken. Viele Frauen hatten wenig Kenntnisse über den Zionismus, vor allem aber waren sie und ihre Familien selbst in schwieriger wirtschaftlicher Lage, kämpften um den eigenen Lebensunterhalt und mit den Anpassungsproblemen in Ecuador. Dennoch beschloß Ende 1942 eine Gruppe von 13 Frauen, angeregt durch die Agitation der Delegierten, die Gründung einer WIZO-Gruppe. Einige wenige von ihnen waren bereits in Europa für die zionistische Bewegung tätig gewesen.[79]

Auf der ersten öffentlichen Versammlung im großen Saal der *Beneficencia* am 21. Januar 1943 erläuterte die spätere langjährige Präsidentin der WIZO Ida Windmüller-Polack die bisherigen Leistungen und die zukünftigen Aufgaben und Ziele der Weltorganisation. In deren Mittelpunkt stehe zwar auch in Ecuador die praktische Hilfe, aber angesichts des mangelnden jüdischen Volksbewußtseins, für das gerade »wir Westjuden ein erschreckendes Beispiel bis in unsere Zeit gegeben [haben]«[80], seien auch große erzieherische Aufgaben zu leisten. Es gelang noch im laufenden Jahr, 169 neue Mitglieder zu werben, bis 1948 zählte man 325. Erste gewählte Präsidentin der Organisation wurde 1943 Rosa Schneider, die zu der kleinen Gruppe sefardischer Juden in Quito gehörte. Sie stammte aus Jugoslawien und war die Tochter des Schriftstellers und Publizisten Abraham Kapon (Cappon), der in Ladino geschrieben hatte. Durch ihre Beiträge aus dem Werk ihres Vaters machten die meisten Frauen zum ersten Mal Bekanntschaft mit der Lebenswelt der sefardischen Juden.[81]

Obwohl sich in der WIZO wie bei der *Federación Sionista del Ecuador* im Vergleich mit den übrigen jüdischen Organisationen eine deutlichere Tendenz gegen alles, was mit Deutschland und der Sprache dieses Landes zu tun hat, abzeichnete, war auch hier die Versammlungssprache Deutsch, wenn auch Einzelbeiträge in Jiddisch oder Spanisch gehalten wurden. Zwar wurden Wünsche geäußert, Deutsch durch Spanisch zu ersetzen, doch geschah dies erst Mitte der sechziger Jahre, als eine neue Generation von Frauen herangewachsen war. Keine Resonanz fand die Forderung, Hebräisch zu lernen und sich dieser Sprache zu bedienen.[82]

79 Vgl. La Colonia, S. 74 f.; Januar 43, 6, 15. 1. 47, 7, November 78, 3 f., *Informemonos* v. März 81, 5 f. Siehe zur folgenden Darstellung auch die Veröffentlichungen der WIZO in den *Informaciones*, die ab September 1943 unter der Überschrift »WIZO« erschienen und die Gespräche Dr. Constanza Di Capua, Käthe Kywi und Suse Tugendhat.

80 Vgl. Februar 43, 8 f.; *Revista Informativa* v. August 74, 17.

81 Vgl. *Informemonos* v. März 81, 5 f.; September 43, 13, 15. 5. 63, 3.

82 Vgl. April 43, 6, 15. 10. 47, 2, 15. 9. 49, 14, 1. 2. 50, 6, *Informemonos* v. März 81, 5,

Um möglichst viele Frauen zu erreichen, betonte die WIZO bei der Werbung von Mitgliedern weniger die politische Zielsetzung des Zionismus als vielmehr ihr humanitäres Hilfswerk, die Funktion als Rote-Kreuz-Organisation des Judentums, in deren Mittelpunkt die Errettung vor allem von Kindern vor der Nazibestie stehe.[83] Der Einsatz der Frauen hierfür wurde zur »eisernen Pflichterfüllung«. Frauen, die die WIZO nicht unterstützten, gerieten ins moralische Abseits, wenn man von ihnen annehmen konnte, daß sie eigentlich hierzu in der Lage wären. Wie die zahlreichen Berichte über den Alltag der Frauen in Palästina nahelegten, nahm sich das, was die Immigrantinnen in Ecuador leisteten vergleichsweise gering aus.[84]

Die WIZO entfaltete eine Vielzahl von Aktivitäten, deren Schwerpunkt auf Veranstaltungen lag, die sich am Kalender der jüdischen Fest- und Gedenktage orientierten. Entsprechend dem Charakter dieser Feste wurden traditionelle Sitten und Gebräuche praktiziert, Unterweisungen über den geschichtlichen und religiösen Hintergrund gegeben, teils durch Vorträge, teils durch szenische Darstellungen und Puppenspiele. Die Kulturnachmittage standen im Zeichen von Informationen über die Arbeit der WIZO in aller Welt, den Aufbau in Palästina, über jüdische Frauengestalten in Geschichte und Gegenwart und Vorträgen zu religiösen Traditionen und Bibelauslegungen. An der Ausgestaltung dieser Veranstaltungen, mit denen man sich entweder an die jüdischen Frauen oder an die Gesamtheit der Gemeindemitglieder und gelegentlich auch an das ecuadorianische, englische und nordamerikanische Publikum wandte, beteiligten sich auch Personen, die der WIZO selbst nicht angehörten. Dies war besonders bei großen Festabenden mit kulturellem Unterhaltungsprogramm der Fall. Entsprechend ihrer Hauptaufgabe standen die Sammlungen stets im Zentrum der WIZO-Aktivitäten. Mit Verlosungen und Versteigerungen, die besonders bei den Festabenden ansehnliche Summen erbrachten, und Geldsammlungen versuchte sie, ihre materiellen Verpflichtungen einzulösen. Daneben sammelten die Frauen auch Wäsche, Kleider und Medikamente, die nach Palästina verschifft wurden. Um die Kasse der WIZO durch Spenden aufzubessern, luden Frauen auch in ihre Privathäuser ein. Ab 1946 wurden die »Gardenpartys« zu einem gesellschaftlichen Ereignis und zu einer wichtigen Einnahmequelle.[85]

Im Dezember 1944 hatte man zum erstenmal einen sogenannten WIZO-Shop zu Chanukka abgehalten, eine Einrichtung, die zu einer zentralen Einnahmequelle wurde und sich bis heute erhalten hat. Der Hintergrund seines Entstehens war nicht zuletzt die Finanznot der *Beneficencia* und Kritik an der

83 Vgl. Ida Windmüller-Pollack, Dezember 43, 8.
84 Vgl. August 42, 9, Oktober 42, 5, Januar 43, 5, März 44, 8, Dezember 44, 10, März 45, 9 f., April 45, 11 f., 15. 9. 45, 4.
85 Vgl. Juli 44, 13, 15. 7. 46, 5, 15. 7. 47, 7, 1. 9. 48, 6, 1. 6. 49, 5, 1. 8. 50, 7.

WIZO, daß sie nicht zur sozialen Hilfe in Quito beitrage.[86] Als mit zunehmender Abwanderung ein Teil der zahlungskräftigen Käufer ausblieb, wandte
man sich mit der Werbung für den Shop ab 1946 verstärkt an Einheimische
und an US-Bürger. Man konnte »Schönes« und »Praktisches« dort kaufen,
kunstgewerbliche Arbeiten, Selbstgestricktes und -genähtes, Spielsachen,
Lebensmittel und Naschereien, Fotos berühmter Gestalten der jüdischen
Geschichte und diverse Gegenstände, die die jüdischen Kaufleute aus ihren
Beständen zur Verfügung stellten. Das meiste war in den ersten Jahren jedoch selbstgemacht, das Ergebnis wochen- und monatelanger Arbeit, bei
der auch der Frauenverein half. Seit 1948 gehört ein Sondertisch mit Hand-
arbeiten, Schmuck und Kultgegenständen aus Israel zum Angebot. Durch
die Auswirkungen der Abwanderung hatte es die WIZO zunehmend schwerer, das Kontingent zu erfüllen, das die Zentrale in Tel Aviv von ihr erwartete.
Zwar gelang es, die Mitgliederzahl vorübergehend noch leicht zu erhöhen
und mehr junge Frauen und Mädchen zu gewinnen, die sich in einer Jung-
WIZO zusammenschlossen, doch war diese Entwicklung nicht gleichzusetzen mit einem Wachsen der Arbeitsbereitschaft für die Zwecke der Organisation. Bis heute erfüllt die WIZO Quito ihre Quote für Israel.[87]

3.5. *Die Federación Sionista del Ecuador*

Als »Vater des ecuadorianischen Zionismus« gilt Adolf Ginsberg, der mit den
zionistischen Büros in Jerusalem Kontakte knüpfte und erster Präsident
eines zionistischen Zirkels wurde, der sich aber nicht formal konstituierte.
Erst allmählich entwickelte sich eine zionistische Organisation, die sich
durch Veranstaltungen, Vorträge und Artikel in der Zeitung der Gemeinde
für die Ziele des Zionismus einsetzte. »Wir Juden haben für mehr als eine
Utopie nicht nur Geld, sondern vielfach auch unser Blut hergegeben. Und
es waren dies fremde Utopien. Warum sollten wir nicht auch für eine eigene Utopie Geld geben?«[88] Diese Utopie, ein eigener Staat Israel, würde nur
dann eine Chance auf Verwirklichung haben, wenn man durch den Ankauf
von Grund und Boden in Palästina Fakten schuf, die man nach dem Krieg in
die politische Waagschale werfen konnte. In der Diaspora selbst sah man im
Zionismus die einigende Kraft, die zu einem kollektiven nationalen Selbst-
bewußtsein führe und vor Assimilation schütze, die als mögliche Lebensform von Juden durch die jüngsten Ereignisse der Geschichte endgültig ad
absurdum geführt worden sei. Daher lehnte man die nach Herkunftslän-

---

86 Vgl. Rosa Schneider, November 44, 12. Vgl. September 44, 14, Januar 45, 10, April 45, 11 f.,
    Mai 45, 23 f.
87 Vgl. 15. 1. 47, 6 f., 1. 12. 48, 5, 15. 3. 49, 4 f., 1. 8. 51, 6, 1. 9. 52, 6.
88 Isidor Pohorille, Januar 44, 6.

dern zusammengesetzten politischen Vereinigungen, die sich als Teil der antifaschistischen Exilbewegung verstanden, ab.[89] Wie im Falle der WIZO hatten ausländische Emissäre einen entscheidenden Anteil an der Gründung zionistischer Organisationen in Ecuador. Zum erstenmal waren 1938 Vertreter des *Keren Hayessod* und des *Keren Kayemeth* in Quito eingetroffen. Ab 1940 besuchten zunächst Emissäre des *Keren Hayessod* (Nationalfonds für die Kolonisierung in Palästina) und ab 1944 des *Keren Kayemeth* (Nationalfonds für den Ankauf von Grund und Boden) mit nur wenigen Unterbrechungen jedes Jahr die Gemeinden in Quito und Guayaquil sowie gelegentlich die in Cuenca und Ambato, um für den Zionismus zu werben. Ende 1941 war in Quito ein Komitee für den *Keren Hayessod* gebildet worden, das eine Sammlung für Palästina durchführte.[90] Die Auseinandersetzungen innerhalb der Gemeinden über das zunächst geringe Echo auf die Bemühungen der ausländischen Delegierten und das nur mäßige Interesse an Veranstaltungen, die zionistische Themen zum Gegenstand hatten, trugen in Guayaquil zur Spaltung der dortigen Gemeinde bei und führten in Quito zu harscher Kritik seitens führender Vertreter der zionistischen Organisation an den »Assimilanten« und »Mauscheljuden«.[91]

Obwohl die Gegensätze nur zum Teil überbrückt werden konnten, nahm die zionistische Bewegung einen unverkennbaren Aufschwung. Dies war insbesondere nach dem zweiten Besuch des *Keren Kayemeth*-Delegierten für Südamerika Leo Halpern Ende 1944 der Fall. Halpern, der Jiddisch, Deutsch und Spanisch sprach, wandte sich über die lokalen Radiosender in Quito und Guayaquil auch an die ecuadorianische Bevölkerung, um für die Ziele seiner Organisation um Verständnis zu werben. Die zionistische Gruppe hatte sich inzwischen eine feste Struktur gegeben und unter dem Namen *Federación Sionista del Ecuador* die gesetzliche Anerkennung als juristische Person erreicht. Die Zionisten in Guayaquil schlossen sich ihr als Ortsgruppe an. Ende 1948 kam eine Gruppe aus Cuenca hinzu. Zur Intensivierung der Tätigkeit bildete die *Federación Sionista* in Quito Sektionen mit gesonderten Arbeitsgebieten unter anderem für Kultur und Veranstaltungen, für die Arbeit mit der Jugend, für politische Arbeit, Propaganda und Presse. Die Finanzen, aus denen die *Federación Sionista* ihre lokalen Ausgaben deckte,

---

89 Allerdings waren auch Mitglieder der zionistischen Organisation in solchen Vereinigungen, selbst ihr Präsident. Zu den Widersprüchen und zum Verhältnis von politischen Exilgruppen und der Jüdischen Gemeinde vgl. die Kap. V. 3. und V. 4. Zu den formulierten Aufgaben des Zionismus vgl. z.B. März 41, 1 f., Oktober 41, 1 f., November 43, 5, Dezember 43, 13, Januar 44, 8, Mai 44, 6.

90 Vgl. Januar 41, 3, Oktober 42, 5, November 43, 5, Januar 44, 1 ff., Januar 45, 1 u. 9, 15. 4. 46, 2. Laut Jüdischem Nachrichtenblatt v. 10. 2. 39 war 1938 erstmals erfolgreich eine Keren Hayessod-Kampagne durchgeführt worden.

91 Vgl. November 43, 10.

bestanden im wesentlichen aus den Eintrittsgeldern, die sie auf Veranstaltungen erhob, und einem Jahresbeitrag der Mitglieder. 1944 zählte die *Federación Sionista* in Quito 240 Mitglieder, 1945 waren es 350. Das entsprach 65 % der Mitgliederzahl der *Beneficencia*. Nach einem starken Rückgang auf 201 im Jahre 1947, der in erster Linie wohl auf die Abwanderung zurückzuführen war, stieg die Zahl wieder leicht an. Ab 1949 rechnete man, dem Beschluß der Welt-WIZO folgend, die Mitglieder dieser Organisation dazu und kam auf 574. Ab jetzt galt auch für die Mitglieder der WIZO der Schekel-Kauf als Jahresbeitrag für die Zionistische Weltorganisation.[92]

Die erste Sammlung für den *Keren Kayemeth* 1944/45 erbrachte in Quito, Guayaquil und Ambato mit über 90 000 Sucres die höchste Summe, die bis dahin bei Sammlungen für zionistische Zwecke zustandegekommen war. Alle Sammlungen und Spenden zusammengenommen, einschließlich die der WIZO in Quito und Guayaquil, ergaben bis zum Sommer 1945 über 300 000 Sucres. Zum Vergleich: Der Etat der *Beneficencia* aus Mitgliedsbeiträgen und Spenden betrug 1944/45 rund 125 000 Sucres. In der Broschüre der Jüdischen Gemeinden von 1948 heißt es, daß 75 % aller unter den Juden Ecuadors gesammelten Gelder für zionistische Zwecke bestimmt waren.[93] Neben den jährlich durchgeführten Kampagnen setzten sich diese Gelder aus Spenden, aus Anweisungen für den Kauf von Bäumen, Gebühren für die Eintragung ins Goldene Buch, in das Sefer Hajeled und das Sefer Bar Mitzwah des *Keren Kayemeth* in Jerusalem zusammen. Seit Anfang 1944 erhob die *Beneficencia* auf Veranstaltungen mit Eintrittsgebühr, die in ihren Räumen stattfanden, einen Zuschlag von 10 Centavos pro Eintrittskarte für den *Keren Kayemeth*. Mit dem Geld für den Kauf von Bäumen wurden auf vom *Keren Kayemeth* erworbenem Grund in Palästina Bäume angepflanzt. In den fünfziger Jahren trug man so zur Entstehung des »Märtyrerwaldes« für die Opfer des Faschismus und des »Mütterwaldes« bei, mit dem speziell der Frauen gedacht wurde. Man ehrte auch Persönlichkeiten der Jüdischen Gemeinde, indem man Anpflanzungen nach ihnen benannte. Schließlich ließ man einen »Bosque Ecuador« anlegen »als Denkmal Israelisch-Ecuadorianischer Freundschaft und als Anerkennung für Ecuadors Menschlichkeit in einem Zeitpunkt internationaler Vertierung«.[94]

92 Vgl. La Colonia, S. 72 f.; Mai 44, 5 f., Dezember 44, 9, Juli 45, 6, 1. 10. 48, 12, 1. 10. 49, 6, 15. 9. 50, 4. Auf dem ersten lateinamerikanischen Zionistenkongreß im März 1945 in Montevideo war die zionistische Organisation Ecuadors neben den Organisationen aus Argentinien, Chile, Peru und Uruguay vertreten. Vgl. Judaica Latinoamericana, S. 160 (Schenkolewski).

93 Zu den Zahlen und den Sammelaktionen vgl. z.B. La Colonia, S. 73; April 44, 10, März 44, 1 f., Mai 44, 5 f., Juli 45, 6, Januar 45, 1 u. 9, 1. 12. 45, 6, 1. 4. 46, 2 u. 6, 1. 6. 46, 6, 1. 4. 47, 2, 1. 1. 48, 3, 1. 10. 49, 6, 1. 4. 50, 1, 1. 7. 50, 1, 15. 12. 51, 1, 15. 12. 52, 8.

94 M. Weiser, 15. 12. 57, 6. Vgl. auch Januar 44, 12, Mai 44, 5 f., August 44, 11, 1. 10. 49, 6, 1. 5. 50, 6, 1. 8. 51, 4, 1. 5. 52, 6, 1. 6. 52, 3 u. 7, 15. 8. 56, 2.

Die Arbeit der zionistischen Organisation erschöpfte sich nicht im Agitieren und Sammeln. Wenn auch viele ihrer Aktivitäten diesem Zweck dienten und Vorträge auf Veranstaltungen und Beiträge in der Zeitung in großem Maße zionistischen Themen gewidmet waren, so trug sie unabhängig hiervon in vielfacher Weise zum kulturellen Leben der Gemeinde bei. Neben ihren »traditionellen« Veranstaltungen wie Palästina-Abenden, Herzl-Gedenkfeiern und Feiern zu einzelnen jüdischen Festtagen, die sie zum Teil gemeinsam mit der WIZO durchführte, gehörten die »Gesprochenen Zeitungen« zu den beliebtesten Veranstaltungen in der Gemeinde.[95] Durch Bildungsgrad und Sachwissen waren ihre aktiven Mitglieder dazu befähigt, dem Gemeindeleben wichtige Impulse zu geben und als Gesprächspartner für ecuadorianische Politiker, Intellektuelle und Künstler angesehen. Anläßlich des zwanzigjährigen Bestehens der Universität in Jerusalem wurde nach dem Vorbild in anderen Ländern Lateinamerikas im April 1945 eine *Asociación de Amigos de la Universidad Hebrea de Jerusalem en el Ecuador* (Vereinigung der Freunde der Hebräischen Universität von Jerusalem in Ecuador) gegründet. Ihr schlossen sich Vertreter verschiedener politisch-ideologischer Richtungen innerhalb der Immigrantenschaft an. Sie sollte kulturelles Bindeglied zwischen den wissenschaftlichen Einrichtungen des Gastlands und dem Wissenschaftszentrum in Jerusalem sein, indem sie dessen Arbeiten und Forschungsergebnisse zugänglich machte. Mit Vorträgen über die Grundlagen jüdischen Denkens in Literatur, Philosophie und Wissenschaft eröffnete man eine Reihe von Veranstaltungen, die in der Universität und anderen öffentlichen Einrichtungen ein größeres Publikum mit spezifisch jüdischen Themen vertraut machte.[96]

Während man auf diese Weise indirekt für die Unterstützung jüdischer Interessen und um Verständnis für einen Staat Israel warb, arbeitete man auch direkt darauf hin. Die *Federación Sionista* hatte der Lateinamerika-Abteilung der *Jewish Agency* eine Liste von 136 ecuadorianischen Persönlichkeiten zugestellt, die seit dem Frühjahr 1944 von dort mit Propagandamaterial versorgt wurden.[97] Ziel war die Schaffung eines Pro-Palästina-Komitees von Personen mit Einfluß in der Politik und der Öffentlichkeit, wie sie auch in anderen Ländern Amerikas entstanden. Im Oktober 1945 wurde während der Präsidentschaft Velasco Ibarras das *Comité Ecuatoriano Pro-Palestina* in Anwesenheit des Außenministers und Vertretern des diplomatischen Korps gegründet. Ihm gehörten Politiker, Wissenschaftler, Schriftsteller und Vertreter des Klerus an. Nun wandten sich ecuadorianische Persönlichkeiten

95 Zu den »Gesprochenen Zeitungen« vgl. Kap. VII. 2. 4.
96 Vgl. Fritz R. Lachmann, Mai 45, 14 f. und Alberto Sussmann ebenda, S. 14. Siehe auch April 45,
    6 ff., Juni 45, 2 u. 6, August 45, 4, 1. 8. 50, 2; La Colonia, S. 77.
97 Vgl. B. Weiser, Juni 44, 10.

Abb. 13: *Einladung zur Herzl-Gedenkfeier (vor 1948)*

mit Presseartikeln an die Öffentlichkeit des Landes, um für die Gründung eines jüdischen Staates einzutreten.[98] Die Schaffung eines jüdischen Staates schien nur noch eine Frage der Zeit, die vor allem gegen die Politik der englischen Mandatsmacht durchzusetzen sei und nicht auch gegen die Interessen der Araber. Man sah, soweit dies in der publizierten Meinung zum Ausdruck kommt, zunächst kein Problem zwischen Juden und Palästinensern. Im Gegenteil sah man beide friedlich miteinander leben, was freilich der Realität so nicht entsprach. Ob man dies nicht wußte, das Wissen hierüber nicht preisgeben oder selbst nicht wahrnehmen wollte, sei dahingestellt. »Es gibt kein arabisches Problem in Palästina, es gibt bloß ein Engländerproblem.«[99] Der arabische Widerstand ge-

---

98 Vgl. La Colonia, S. 46 u. 73; 1. 5. 47, 5. 1948 entstand auf Initiative von Adolf Ginsberg die in spanischer Sprache herausgegebene Broschüre zur Geschichte der Jüdischen Gemeinden Ecuadors, die etwa zur Hälfte aus Beiträgen zum Zionismus und der Kolonisation in Palästina besteht. Sie enthält auch einen Beitrag von Pio Jaramillo Alvarado, dem Präsidenten der *Casa de la Cultura Ecuatoriana* und des Pro-Palästina-Komitees. Der Verkaufserlös aus der Broschüre war für den *Keren Kayemeth* gedacht. Vgl. 1. 5. 48, 2; 1. 11. 67, 3; schriftliche Mitteilung von Kurt Ginsberg vom 14. 12. 92.

99 B. Weiser, Mai 44, S. 6. Vgl. auch Irene Darmstädter, September 44, 15 f. Als Präsidenten der *Federación Sionista* folgten auf B. Weiser, Siegfried Schwind, Bela Fisch, Gerhard Anker. Zum Thema »Juden und Araber« bzw. zur britischen Politik siehe auch 1. 11. 45, 2, 15. 11. 45, 8 f., 1. 1. 46, 1, 15. 11. 46, 6 ff., 1. 1. 48, 1.

gen die zunehmende Besiedlung war aus dieser Sicht nichts weiter als ein »gigantischer Bluff« einer englischen Politik mit zwei Gesichtern, dem der Balfour-Deklaration und dem des britischen Imperialismus. Anläßlich der Ermordung des britischen Nahost-Bevollmächtigten Lord Moyne durch die von Menachem Begin geführte *Irgun Zwai Leumi* hatten die *Informaciones* die Stellungnahme des *American Zionist Emergency Council* abgedruckt, die die Tat scharf verurteilte. Als die Mandatsmacht auch nach dem Krieg ihre restriktive Politik gegenüber der jüdischen Einwanderung nach Palästina nicht änderte, erschienen die Anschläge der jüdischen Untergrundbewegung gegen britische Einrichtungen moralisch gerechtfertigt. In einem 22stro- phigen, 1946 veröffentlichten Gedicht »Der Terrorist« setzte der Präsident der *Federación Sionista*, der in diesem Jahr Vertreter der *Jewish Agency* für Venezuela, Kolumbien und Ecuador wurde, die englische Politik mit der na- tionalsozialistischen gleich. Ein illegal nach Palästina Eingewanderter, der Auschwitz überlebt hatte, steht vor englischen Richtern, weil er eine Bombe geworfen und dabei billigend in Kauf genommen hatte, daß dabei ein Brite getötet wurde. Das Gedicht endet mit der Strophe: »Und nun, meine Her- ren, verurteilen Sie mich/In His Royal Majesty's Namen./Sie tuen damit ihre britische Pflicht/Und vollenden, wozu in Oswiecim nicht/Ihre Gesinnungs- genossen kamen.«[100]

Mit dem UNO-Beschluß vom 29. November 1947, Palästina in einen jü- dischen und einen arabischen Staat aufzuteilen, hatte die zionistische Be- wegung ihr wichtigstes Ziel erreicht. Mit einem Dankgottesdienst, mit feier- lichen Ansprachen, mit Musik und Tanz begingen die Juden Quitos den UNO-Beschluß und wenig später die Proklamation des Staates Israel. Die *Federación Sionista* lud zum Bankett zu Ehren ecuadorianischer Politiker, Künstler und Wissenschaftler, die sich für die Schaffung eines Staates Israel in der Öffentlichkeit eingesetzt hatten. Der Delegierte Ecuadors hatte für den UNO-Beschluß gestimmt. Da der junge Staat aber praktisch vom Beginn seiner Existenz an mit seinen arabischen Nachbarn im Krieg lag, schien sei- ne Unterstützung durch die in aller Welt verstreut lebenden Juden wichtiger denn je. Und so riß die Kette der Forderungen nach materieller Unterstüt- zung nicht ab. Im Februar 1948 leitete man die erste »Notstandsaktion« ein, die durch Geldspenden Israel für die bevorstehenden Auseinandersetzun- gen mit den arabischen Staaten, die die Teilung der Landes nicht anerkannt hatten, rüsten sollte.[101] So waren die Aufgaben des Zionismus mit der Staats-

100 B. Weiser, 15. 7. 46, 4. Vgl. April 44, 9 f., Dezember 44, 12, Januar 45, 3, 1. 12. 45, 1, 1. 11. 46, 3. Zu den unterschiedlichen Positionen führender Zionisten in der Frage der Staatsgründung und des Staatsgebietes vgl. Simcha Flapan, Die Geburt Israels. Mythos und Wirklichkeit, München 1988.
101 Vgl. 1. 2. 48, 2, 1. 3. 49, 1, 1. 12. 56, 2, 15. 2. 58, 2 u. 6; Benno Weiser, Don Quijote ayudó a los judíos, In: Cuadernos, No 99, Agosto 1965, S. 22 – 26. Vgl. auch Nahum Goldmann, Das jü- dische Paradox. Zionismus und Judentum mit Hitler, Hamburg 1992. Einen Überblick über

gründung nicht erfüllt, sondern gewachsen. Neben der finanziellen Unterstützung betraf dies auch die zionistische Weltorganisation als politischen Machtfaktor vor der Weltöffentlichkeit und die Schaffung eines jüdischen Kollektivbewußtsein, das die Juden der Diaspora mit Israel verband. »Wer sonst, wenn nicht der Zionismus, wird die eigenartige Mauer niederreißen, die sich zwischen Israelis und Juden bilden würde.«[102]

3.6. Die Jugendorganisationen

Die Entstehung einer ersten Jugendorganisation als Teil der Jüdischen Gemeinde Quito geht auf Käthe Kywi zurück. Sie betreute Jugendliche in wöchentlichen »Heimabenden«, die in erster Linie geselligen Charakter hatten. Aus diesen Anfängen entstand im November 1940 unter ihrer Leitung eine Jugendgruppe, aus der sich der Jugendbund *Chanita* entwickelte. Ab Februar 1942 stand ihm gemeinsam mit dem *Maccabi* in den *Informaciones* eine »Seite der Jugend« zur Verfügung, in der das »geistige und sportliche Streben« der Jugend seinen Widerhall finden sollte. Von 1942 bis 1945 hatte der Jugendbund, wozu auch eine Kindergruppe gehörte, zwischen 70 und 80 Mitglieder. Sie waren nach Alter und in der Anfangszeit auch nach Geschlechtern in Gruppen unterteilt. Die Jugendlichen trafen sich wöchentlich zu Vortrags- und Diskussionsrunden oder studierten ihren Beitrag zum Programm kultureller Veranstaltungen oder religiöser Festlichkeiten ein.[103]

Man verstand sich als zionistisch, wollte sich aber auch »in allen Richtungen«[104] weiterbilden. Wie aus den allerdings nur sporadisch in den *Informaciones* abgedruckten Berichten über die in den Sichoth, den Vortrags- und Diskussionsrunden, gehaltenen Referate hervorgeht, traten Themen im Sinne eines allgemeinen Bildungsideals zugunsten zionistischer Themen und Problemkreise mehr und mehr in den Hintergrund. Neben solchen Themen galt ein besonderes Interesse der Jugendlichen jüdischen Wissenschaftlern, insbesondere auf den Gebieten der Chemie, Bakteriologie und Serologie. Auch im Literaturkreis scheint man sich auf die Werke jüdischer Dichter, Philosophen und Schriftsteller beschränkt zu haben.[105]

die Geschichte des Zionismus, der Staatsgründung und den bis heute ungelösten Konflikten mit den arabischen Nachbarn bieten: Conor Cruise O'Brien, Belagerungszustand. Die Geschichte des Zionismus und des Staates Israel, München 1991; Michael Krupp, Zionismus und Staat Israel. Ein geschichtlicher Abriß, Gütersloh 1992, 3. Aufl.

102 B. Weiser, 15. 5. 50, 6. Vgl. auch Walter Karger, 15. 10. 48, 4; 15. 6. 48, 1, 1. 12. 63, 6 ff.

103 Vgl. August 41, 3, Februar 42, S. 6, November 42, 9, März 43, 9, Januar 43, 6, 1. 9. 45, 14 sowie das Gespräch Käthe Kywi. Frau Kywi (damals noch Edelstein) kam 1940 von Wien nach Ecuador. Als Frau Kywi 1945 die Leitung des Jugendbundes abgab, wurde sie von Benno Weiser und Leopold Levy übernommen. Zu den Zielen und Aktivitäten des Jugendbundes vgl. auch März 42, 7, Juni 42, 9, Juli 42, 9, September 43, 13, Oktober 43, 9, April 44, 8, November 44, 13, Januar 45, 11, April 45, 5.

104 Vgl. März 43, 9.

105 Vgl. Oktober 42, 9, Juni 43, 9, November 44, 13, Juni 45, 11, Juli 45, 15.

Die Gruppe der damals 14- bis 18jährigen Jugendlichen, nimmt man ihre Berichterstattung in der Zeitschrift der Gemeinde als Maßstab, war die aktivste. Sie baute eine kleine »Bundesbibliothek« auf, indem sie die Immigranten aufsuchte und um die Überlassung von Büchern oder um eine Geldspende für den Ankauf von Büchern bat. Aus dieser Gruppe gingen eine Reihe bedeutender Wissenschaftler und Mediziner hervor sowie solche, die in anderen Berufssparten Karriere machten. Sie waren im Alter von 12 bis 16 Jahren nach Ecuador gekommen. Anders als viele derjenigen Jugendlichen, die bei ihrer Ankunft 14 bis 15 Jahre zählten oder bereits älter waren und zum Lebensunterhalt ihrer Familien beitragen mußten, konnten sie weiterhin die Schule besuchen und später im Ausland studieren. Die meisten von ihnen ließen sich in den USA nieder.[106]

In der Entwicklung des Jugendbundes spiegelten sich die Probleme wider, die in den Organisationen der Erwachsenen zu finden waren, aber auch Konflikte, die die gegensätzlichen Interessen der Generationen deutlich werden ließen und das Bestreben der Jugend, sich den Ansprüchen der Erwachsenen zu entziehen und eigene Interessen durchzusetzen. Man reklamierte das Recht der Jugend auf eigene Erfahrung und »das bißchen Vergnügen, was wir hier haben.«[107] Die ältere Generation trug einander widersprechende Anforderungen an die jüngere heran, die auch auf die Exilsituation zurückzuführen waren. Hierzu gehörte die Konkurrenz um Mitglieder zwischen den durch die Erwachsenen geförderten verschiedenen Organisationen für Jugendliche. So entstanden neben dem Jugendbund eine Young-WIZO für Mädchen, ein Sportclub, darüber hinaus war ein Teil der Kinder und Jugendlichen in das Programm des Erziehungswerks eingebunden. Während ein Teil der Erwachsenen mehr körperliche Ertüchtigung verlangte, forderte ein anderer, mehr Zeit für geistige Bildung aufzubringen.[108] Kritisierten die einen den Gebrauch der deutschen Sprache, verlangten andere, die Jugend solle ihre Berichte in den *Informaciones* in Deutsch abfassen. Schätzten die einen die Vortrags- und Diskussionsrunden als bildendes und erzieherisches Element, kam von anderer Seite die Forderung, hierauf zu verzichten, da »hundert hebräische Worte« zu lernen, wichtiger sei.[109] In ein so rigoroses Korsett jüdisch-nationaler Erziehung wollte sich der Jugendbund nicht schnüren lassen. Andererseits fiel den Jugendlichen die Annäherung an die Ziele des Zionismus leichter als den Erwachsenen, die den Bindungen an ihre ehemaligen Heimatländer noch in vielfacher Weise nachhingen. Die Jugend konnte sich unbefangener für neue Ideale begeistern, ohne hierbei durch

---

106 Vgl. November 44, 13, Juni 45, 11 und die schriftliche Mitteilung von Dr. Luis W. Levy vom 22. 6. 91.
107 Vgl. Juli 44, 13.
108 Vgl. April 43, 8, März 45, 4 u. 10.
109 Vgl. Dezember 42, 9, Juli 42, 9, Januar 43, 9.

moralischen Druck und ein aufgezwungenes Pflichtgefühl getrieben zu sein. Hiermit setzte man sich auch von den Erwachsenen ab. Daß sich die Eltern noch mit den Herkunftsländern verknüpft fühlten und in die »freien Organisationen« einträten, könne man zwar verstehen, es käme aber für die Jugend nicht in Frage. Deshalb lehnte man auch Diskussionen ab, die um die Frage kreisten, ob es ein »anderes Deutschland« gebe. »Für uns hat Deutschland nicht mehr zu bestehen.«[110] Aber auch andere Länder schienen aufgrund ihres Umgangs mit den Juden nicht wert, einen sentimentalen Gedanken auf sie zu verschwenden. Andererseits grenzte sich der Jugendbund von der Young-WIZO in Guayaquil ab, die wegen des Antisemitismus in Lateinamerika die Einwanderung nach Palästina zur einzigen Lebensperspektive der Juden erklärte.[111]

Nach dem Krieg schrumpfte die Mitgliederzahl des Jugendbundes durch Abwanderung, durch Auslandsstudien und auch dadurch, daß sich die Interessen und sozialen Bindungen von Jugendlichen, die im Land blieben, veränderten, während die nachwachsende Generation noch zu klein oder nicht zahlreich genug war, um die Lücken auszufüllen. Typisch für die Folgezeit war es, daß man versuchte, durch verschiedene Neugründungen die Jugend zusammenzufassen. Ende 1947 entstand eine zionistische Jugendgruppe unter dem Namen *Kadima*. Diese Gruppe verfolgte ähnliche Ziele wie der Jugendbund *Chanita*, scheint aber stärker national-jüdisch ausgerichtet gewesen zu sein. Seine erste Aktion war es, einen Hebräisch-Kurs einzurichten.[112] Nach dem Besuch des israelischen Ehepaars Aroch, das die südamerikanischen Länder im Auftrag des *Keren Kayemeth* bereiste, um die kulturelle Verbindung zwischen Israel und der Diaspora herzustellen, gründete sich 1950 eine Jugendgruppe dieser Organisation. Zur selben Zeit existierte auch eine Jugendgruppe *Gordonia*.[113] Schließlich entstand im Juni 1954 die *Organización Juvenil Israelita de Quito*, kurz »Jüdischer Jugendbund« genannt, der der *Beneficencia* angeschlossen war. 1955 zählte er 65 Mitglieder im Alter von zehn Jahren an aufwärts. Zeitweilig existierte parallel hierzu noch ein *Club Metropolitano*, der aber nur kürzeren Bestand hatte. Sein Präsident war Pablo Better, der 1991 in der Regierung Rodrigo Borja als erster Nachfahre von NS-Flüchtlingen ein politisches Amt innehatte, das des Finanzministers.

Auffallend an einer Würdigung des Jüdischen Jugendbundes anläßlich seines einjährigen Bestehens durch den Vorstand der *Beneficencia* ist die Betonung, daß er die Jugend »fern von den störenden Einwirkungen der Um-

110 Vgl. April 42, 7; siehe auch 1. 9. 45, 14.
111 Vgl. Juni 44, 11; Januar 43, 9, August 44, 13, März 45, 11, 1. 10. 45, 6; Alfredo Abrahamson, November 42, 9. Vgl. auch April 42, 7, 1. 10. 45, 6, 1. 9. 45, 14.
112 Vgl. 1. 12. 47, 8, 15. 6. 48, 1, 1. 2. 49, 1.
113 Vgl. 1. 3. 50, 6 f., 15. 12. 51, 2.

welt«[114] halte. Diese Abschottung nach außen, wenn sie denn nicht nur einem Wunschdenken von Erwachsenen entsprach, kann man wohl zum erheblichen Teil auf den Einfluß israelischer Emissäre zurückführen, die immer wieder die Gemeinde besuchten. Die stärkere Hinwendung zu national-jüdischer Erziehung, wie sie auch die *Federación Sionista* gefordert hatte, schlug sich nieder in der Anstellung von »Jugendbildnern« aus Israel und aus größeren Gemeinden in Südamerika, die entsprechend geschult waren. Gegen die Kritik am »Manko jüdischer Erziehung« hatte die WIZO zwar geltend gemacht, daß man die Verhältnisse in Ecuador nicht nur mit »Israeli Maß« messen könne, die Eltern sollten sich aber darüber klarwerden, »daß das heutige Kind in der Wiege oder im Kindergarten schneller als man denkt, junges Mädchen und junger Bursche ist, Menschen im Heiratsalter. Wie sollen sie die richtige Wahl für sich treffen, wenn weder eine religiöse noch nationale Bindung zum Judentum besteht.«[115]

3.7. *Der Sportclub Maccabi*

Der *Maccabi* wurde am 20. Januar 1942 unter der Leitung von Ernst Berl als selbständige Abteilung der *Beneficencia* gegründet. Er besaß eigene Statuten und ein eigenes Kassenwesen. Bis April 1943 hatte er 234 Mitglieder, von denen 121 aktiv waren. Erst nach dem Krieg erreichte er den Anschluß an den *Maccabi*-Weltverband. Innerhalb Südamerikas bestanden Kontakte zum *Maccabi* in Bogotá. Nach Geschlechtern getrennt waren die Jugendlichen in verschiedene Sportgruppen eingeteilt; daneben gab es eine Damen- und eine Herrenriege für Jiu-Jitsu und Tischtennis. Während für die Kinder Spiele und leichte Gymnastik auf dem Programm standen, übten sich die Jugendlichen in Gymnastik, Leichtathletik, Boxen, Ringen und Jiu-Jitsu. Für das Training standen Sportler/innen zur Verfügung wie Erna Preis, Max Lehmann, Hans Simon und Bernhard Spielmann. Während man in Abendkursen zunächst in einer gemieteten Halle trainierte, konnte man ab November im Gemeindehaus in der Tarqui eine eigene Sporthalle einweihen und kurze Zeit später das erste Hallensportfest durchführen. Übungen im Freien fanden am Sonntagvormittag statt, anfangs auf einem von Julius Rosenstock und einem weiteren Mitglied der *Beneficencia* zur Verfügung gestellten Privatgelände. Im Sommer 1943 pachtete man ein Gelände von über 10 000 qm, das nach und nach ausgebaut wurde. Man verfügte über eine 336 m lange Laufbahn, Sprunganlagen und einen Fußballplatz. Am 16. Juli 1944 wurde das Stadion mit dem ersten Sportfest vor etwa 400 Besuchern eingeweiht.

114 Aus einem Artikel des Vorstands der *Beneficencia*, 1. 7. 55, 2; vgl. auch 1. 6. 57, 4, 1. 7. 57, 4, 1. 10. 58, 4, 15. 11. 63, 7.
115 Aus einem Beitrag der WIZO, 1. 3. 50, 7; vgl. auch ebenda, S. 6, 15. 9. 49, 14, 1. 5. 50, 7, 15. 12. 51, 2, 15. 11. 63, 7 und die Sondernummer der *Informaciones* v. 21. 7. 56, 7.

Abb. 14: *Mitglieder des Maccabi: Herbert Gedalius (Mitte), Max Lehmann (1. v. l.), Bernhard Spielmann (1. v. r.)*

Mit Flugblättern in Spanisch und Deutsch hatte der *Maccabi* für seine Veranstaltung geworben.[116] Dieser erste große Auftritt des *Maccabi* in der Öffentlichkeit hatte auch die Aufmerksamkeit der Quiteñer Tagespresse erregt, wie überhaupt der Sport zu einem Medium der Kommunikation mit einheimischen Kreisen wurde. Hierbei spielte der Boxsport eine besondere Rolle. Nicht zuletzt hatte Max Lehmann seinen Anteil hieran. Unter seiner Leitung war Anfang 1940 in Zusammenarbeit mit der Vereinigung des Boxsports der Provinz Pichincha in der »Plaza Arenas« in der Carrera Vargas eine *Academía de Box* eröffnet worden, die rasch großen Zulauf hatte. Lehmanns Schiedsrichterlizenzen für Boxkämpfe in Deutschland, der Schweiz und in Italien beeindruckten, und die am Boxsport Interessierten erhofften sich durch ein systematisches Training nach europäischen Boxnormen einen Aufschwung dieser Sportart und die Konkurrenzfähigkeit der einheimischen Amateurboxer mit Boxern anderer Länder.[117]

116 Vgl. August 44, 12; Februar 42, 7, März 42, 7, April 42, 7, August 42, 6, September 42, 11, November 42, 9, April 43, 7 f., Juni 43, 9, September 43, 13, Dezember 43, 14, März 44, 11, Juli 44, 5, September 44, 4, März 45, 4, Mai 45, 8, 15. 12. 45, 4, 15. 1. 47, 2, 15. 9. 47, 5, 1. 12. 47, 6, 1. 12. 48, 7; La Colonia, S. 66 f.

117 Vgl. die in *El Comercio* erschienenen Artikel v. 6. 10. 39, 1. 12. 39, 29. 12. 39, 28. 1. 40, 18. 2. 40, 13. 6. 44; das Gespräch Ernesto Lehmann. Wie lange die *Academía de Box* unter der Leitung von Max Lehmann bestanden hat, ist nicht zu ersehen. Jedenfalls reichten die Einnahmen, die er aus dieser Tätigkeit bezog, nur vorübergehend für den Lebensunterhalt seiner Familie aus.

Innerhalb des *Maccabi* trainierte Lehmann die Ringer im griechisch-römischen und im Freistil sowie die verschiedenen Boxgewichtsklassen. Nach einigen internen Boxabenden trug der *Maccabi* im März 1944 in Anwesenheit ecuadorianischer Gäste seine ersten Boxmeisterschaften aus. Im Juni veranstaltete man für das Direktorium des neugegründeten *Comité de Box Barrial* Schaukämpfe und wurde aufgefordert, an dem ersten Boxchampionat der einzelnen Stadtteile Quitos teilzunehmen. Das *Comité de Box Barrial* sowie das *Colegio San Gabriel* nutzten den *Maccabi*-Ring gelegentlich auch für ihre internen Boxkämpfe. Bei einem ersten Kampf zwischen einem Mitglied des *Maccabi* und einem Ecuadorianer verlor der Amateurmeister Quitos in der ersten Runde durch k.o. Zu einer größeren Begegnung von *Maccabi*- und einheimischen Sportlern kam es im Frühjahr 1946 anläßlich des Hallensportfestes, in dessen Zentrum verschiedene Ring- und Boxkämpfe standen. Beim zweiten Leichtathletik-Sportfest im Juli 1945 bildete ein Basketballspiel gegen den Quiteñer *Club Rojo-Negro* den Abschluß der Wettkämpfe. Im Januar 1947 gewann die Mannschaft des *Maccabi* in vier von sieben Disziplinen der Leichtathletik gegen das *Colegio San Gabriel*. Ein Jahr später maß man sich mit ebenfalls gutem Ergebnis mit den Sportlern des *Colegio Militar*. Im Jahre 1947 war das Hauptereignis die erstmalige Teilnahme (wahrscheinlich aber auch die letzte) an den Leichtathletikmeisterschaften Ecuadors. Die Teilnahme wurde ein Erfolg, weil es Pablo Freund gelang, im Kugelstoßen, Diskus- und im Hammerwerfen nationale Rekorde aufzustellen.[118]

Außerhalb des *Maccabi*-Sportbetriebes nahmen einzelne seiner Mitglieder auch an Wettbewerben ecuadorianischer Veranstalter für Tennis und Bridge teil. Zeitweilig hatte man auch einen Fußballclub *Victoria*, der in der zweiten Liga spielte und an Turnieren zugunsten des Roten Kreuzes teilnahm. 1949 engagierte sich der *Maccabi* in einem Tischtennis-Wettbewerb zugunsten der Erdbebenopfer und schloß sich der neugeschaffenen *Asociación de Ping Pong de Pichincha* an, in deren Vorstand und Repräsentantenausschuß der *Maccabi* Mitglieder entsandte. Zu diesem Zeitpunkt hatte der *Maccabi* seinen Höhepunkt aber bereits überschritten und begann, um seinen Erhalt zu kämpfen. Gut zehn Jahren nach seiner Entstehung mußte er seine Aktivitäten einstellen. In den sechziger Jahre gelang es nur noch, gelegentlich Turn- und Gymnastikgruppen einzurichten.[119]

118 Vgl. 15. 3. 48, 4, April 44, 11, Juli 44, 5, Dezember 44, 2, 1. 8. 45, 7, 15. 4. 46, 6, 15. 2. 47, 5, 1. 4. 47, 6, 1. 3. 48, 6.
119 Vgl. Mai 42, S. 9, 15. 3. 47, S. 6, 1. 10. 49, S. 5, 15. 3. 50, 7, 15. 11. 63, 6, 1. 12. 63, 6; Informemonos v. Juli/August 81, 2.

3.8. Die B'nai B'rith-Loge

Die letzte der Vereinigungen, die in der Gemeinde Quito nach dem Vorbild der Organisationen in den europäischen Heimatländern gegründet wurde, war die Logenbruderschaft. Am 20. Oktober 1946 fanden sich ehemalige Mitglieder aus Logen in Deutschland, Österreich und der Tschechoslowakei zu einer Gründungsfeier zusammen. Unter der Nummer 1648 gehörte die Loge Quito zur Großloge Distrikt XX mit Sitz in Santiago de Chile, später Buenos Aires. Ihr erster Präsident wurde Georg Hirschfeld, ein ehemaliger Rechtsanwalt und Notar aus Berlin.[120]

Der Orden der »Söhne des Bundes«, 1843 in New York gegründet, hat die geistige und sittliche Weiterentwicklung des Individuums, die Förderung von Wissenschaft und Kunst sowie die Erfüllung karitativer Aufgaben zum Ziel. In diesem Sinne versuchte auch die Loge Quito zu wirken. Sie vergab den Regeln des Ordens gemäß anonyme Spenden an Bedürftige. Neben den geschlossenen Sitzungen, die ausschließlich für die Mitglieder bestimmt waren, bot sie auch sogenannte halboffene Veranstaltungen, die die Ehefrauen einschlossen, und offene für ein breites Publikum. Während die Zugehörigkeit zur Loge traditionell als »Sache der Männer« galt, legte man Wert auf die Frauen als Zuhörerinnen und forderte sie auch auf, mit eigenen Vorträgen, Rezitationen und musikalischen Darbietungen zu den offenen Veranstaltungen beizutragen. Die Loge tagte zunächst in den Räumen der *Beneficencia*, mietete später eigene in der Calle Juan León Mera 650 und besaß ab 1964 ein Haus in der Calle Pinzón 328, das sie sich von dem Architekten Otto Glass bauen ließ. Sie legte eine Bibliothek an, organisierte gelegentlich Ausstellung mit Werken jüdischer Maler und gab interne »Mitteilungen« in Form eines hektographierten Blattes für die Mitglieder heraus.[121]

Die Themen, denen sich die Loge widmete, waren in der Regel ernster Natur. Nur selten trat sie auch mit heiteren Darbietungen an die Öffentlichkeit der Jüdischen Gemeinde, wenn sie bei Sammlungen für wohltätige Zwecke ein breiteres Publikum ansprechen wollte. Im Mittelpunkt standen Vorträge zu jüdischer Geschichte, Religion und Kultur. Entsprechend galt das Hauptinteresse dem Schaffen jüdischer Komponisten, Schriftsteller und Dichter. Berichte von Überlebenden des Holocaust, Fragen zur Nachkriegsentwicklung in Deutschland, zur Beziehung zu Israel und dem Weltjudentum, aber auch zu allgemeinen Problemen des Zeitgeschehens und zur Geschichte und Gegenwart Ecuadors und zur Stellung der Immigranten im Gastland gehörten in das Repertoire der Vorträge und Diskussionen. In dem Maße,

---

120 Vgl. 1. 11. 46, 6, 15. 2. 47, 6, 15. 12. 64, 7.
121 Vgl. »Mitteilungen« der Loge Nr. 3 v. Mai 48. Es ist dies die einzige Ausgabe des internen Mitteilungsblattes, das mir zugänglich wurde. Vgl. auch 1. 8. 56, 5, 1. 12. 64, 7, 1. 4. 71, 1 f., November 78, 7 f.

wie das allgemeine Kulturprogramm der *Beneficencia* durch die Abwanderung ausgezehrt wurde, entwickelte sich die Loge von einem eher exklusiven Zirkel des gebildeten Bürgertums zu einem wichtigen Faktor im Kulturleben der Gemeinde.[122] Da die Gründer der Loge bereits in fortgeschrittenem Alter waren und Nachwuchs fehlte, entging aber auch sie langfristig nicht dem allgemeinen Auflösungsprozeß.

4. Die Gemeinden in Ambato und Cuenca

Erste Ansätze zur Bildung einer Jüdischen Gemeinde in Ambato entstanden im Sommer 1939, als die notwendige Zahl an Männern vorhanden war, um ein Minjan (Mindestzahl von zehn Betern) für den Gottesdienst zu bilden. Mit dem Anwachsen der Zahl von Flüchtlingen, die sich in der Provinzhauptstadt Tungurahuas niederließen, konstituierte sich auch formal eine religiöse Gemeinschaft unter den Namen *Sociedad Israelita Ambato*. Ihr erster und langjähriger Präsident war Juan Abrahamson. Neben dem Kultus widmete sie sich der Unterweisung der Kinder in Religion und Hebräisch sowie karitativen Zwecken. Sie verfügte über einen Friedhof und eine kleine Synagoge, in der der Gottesdienst nach orthodoxem Ritus abgehalten wurde. 1948 besaß die Gemeinde 27 Mitglieder, die mit ihren Familien gut 100 Personen ausmachten. Sie stammten hauptsächlich aus Bessarabien, Ungarn und Deutschland, ferner aus der Tschechoslowakei, Österreich und Polen. Nach dem Besuch des *Keren Kayemeth*-Delegierten Leo Halpern 1944 bildete sich eine zionistische Gruppe. Angeregt durch den Besuch der WIZO-Führung Quito im Juni 1945 gründeten Frauen auch in Ambato eine WIZO-Gruppe, die 24 Mitglieder zählte. Gelegentlich lud sie zu Veranstaltungen geselliger und unterhaltender Art ein. Die Ergebnisse ihrer Arbeit und Sammeltätigkeit übergab sie der WIZO in Quito. Darüber hinaus gab es einen Frauenverein.[123]

Wie lange diese Organisationen funktionsfähig blieben, läßt sich nicht mehr rekonstruieren. Abgesehen von der allgemeinen Tendenz, Ecuador nach dem Krieg wieder zu verlassen, gab es in Ambato nach dem Erdbeben von 1949 eine gewisse Abwanderung nach Guayaquil und Quito. Jedenfalls bestand noch 1958 eine funktionsfähige Gemeinde, geleitet von ihrem Präsidenten Jaime Prutchi. Anläßlich des zehnjährigen Bestehens des Staates Israel veranstaltete sie zu diesem Thema im Kino der Stadt eine Filmvorführung auch für die Bürgerschaft Ambatos, die in der lokalen Presse Beachtung fand.[124]

---

122 Vgl. 1. 8. 61, 3; 1. 12. 47, 8, 15. 7. 48, 2, 15. 1. 49, 2, 15. 5. 49, 2, 1. 10. 49, 6, 1. 1. 50, 3, 1. 6. 50, 4, 1. 6. 55, 6, 1. 8. 56, 5.
123 Vgl. La Colonia, S. 80; Juli 45, 14, 1. 5. 46, 5, 1. 12. 47, 6.
124 Vgl. 1. 6. 58, 5 u. 7; das Gespräch Simon Prutchi.

Während die Gemeinde in Ambato aufgrund der geographischen Nähe Kontakte zur *Beneficencia* in Quito pflegte, stand die 1943 gegründete *Sociedad Israelita* in Cuenca in erster Linie mit der Gemeinde in Guayaquil in Verbindung. In Cuenca, dem »ecuadorianischen Athen«, verkehrsmäßig von den anderen Landesteilen abgeschnitten, lebten in den vierziger Jahren maximal dreißig jüdische Familien. Bis 1948 sank ihre Zahl auf zwanzig, bis 1950 auf achtzehn. Trotzdem entstand auch hier eine WIZO-Gruppe, die bis 1952 arbeitete und die, unterstützt durch die *Sociedad Israelita*, auch Zusammenkünfte und kleinere Festlichkeiten mit unterhaltendem Programm für die Mitglieder organisierte und sich den verschiedenen Hilfskampagnen anschloß, die von der Gemeinde in Guayaquil initiiert wurden. Wie in den anderen Gemeinden beging man festlich die Staatsgründung Israels.[125] Während in den ersten Jahren die von Paul Adler, später von Kurt Dorfzaun geleiteten Sabbath-Gottesdienste in einem gemieteten Raum abgehalten wurden, konnte die Gemeinde am 2. Juli 1948 ein eigenes Haus einweihen.[126]

Unter dem Eindruck der Staatsgründung Israels entstand nun auch in Cuenca ein Ableger der *Federación Sionista*, deren Aktivitäten in der Folgezeit das kulturelle Leben der kleinen Gemeinde mit Vorträgen und Filmvorführungen belebten, die vor allem der bislang geleisteten Aufbauarbeit in Palästina gewidmet waren. Ein jüngst aus Shanghai eingetroffener Immigrant, »in zionistischen Dingen erfahren und versiert«, half, in »den Geist der Bewegung einzuführen«[127]. Kurze Zeit darauf stellte die Ortsgruppe im Festsaal der Universität dem interessierten einheimischen Publikum und der Presse ihre Ziele vor.[128]

1949 kam mit Jakob Golner erstmals ein Vertreter Israels nach Cuenca, um im Rahmen einer »Vereinigten Kampagne« in der Gemeinde für die finanzielle Unterstützung Israels aufzurufen. Welche Aufregung und welchen organisatorischen Aufwand ein solcher Besuch in einer »Nebbich-Gemeinde« wie der Jüdischen Gemeinde in Cuenca auslöste, schildert Egon Schwarz auf humorvolle Weise: Der Vorstand der Gemeinde begab sich geschlossen ins Hotel Crespo und »… ging an die Auswahl des Zimmers, welches die delikate Leiblichkeit eines direkten Israel-Abgesandten für die ausgedehnte Epoche von 24 Stunden beherbergen sollte. Wie bei allen unseren Unternehmungen befleißigten wir uns auch hier des Prinzips der Arbeitsteilung und unter dem verständnislosen Blick des Oberkellners prüfte ein Vorstandsmitglied die Sprungkraft der Bettfedern, ein anderer schnüffelte die verdächtige Luft ein,

125 Vgl. La Colonia, S. 80; November 44, 8, Februar 45, 8, 15. 6. 46, 7, 15. 5. 47, 5, 15. 1. 48, 6, 1. 6. 48, 8.
126 Vgl. 15. 7. 48, 2; das Gespräch Kurt Dorfzaun.
127 Egon Schwarz, 1. 1. 49, 6. Vgl. 1. 12. 48, 4, 1. 2. 49, 5.
128 Vgl. 1. 1. 49, 6.

die von abgelegenen Räumlichkeiten in das Prunkgemach strömte, ein anderer wieder unterwarf die Aussicht vom Fenster einem strengen Examen, und nach verhältnismäßig kurzer Beratung trat unser Präsident einen Schritt vor und erklärte dem Hotelvertreter gegenüber das Zimmer für gemietet. Dies war nun zwar die wichtigste aber keineswegs die einzige der vorbereitenden Handlungen. Die Öffentlichkeit mußte doch auch auf das Eintreffen des Sendboten präpariert werden ... In erprobtem Zionistenspanisch wurden Briefe an sämtliche zwei Zeitungen Azuays und alle drei Radios derselben gesegneten Provinz abgesandt, mit der Bedeutung, sie mögen sich mittels ihrer Repräsentanten zu der am nächsten Tage stattfindenden ›Pressekonferenz‹ einfinden. So gingen wir an die Planung von Speis und Trank. Denn von einem kriegsgehärteten Manne wie Jakob Golner, Hauptmann im israelitischen Heer und Verteidiger Jerusalems, konnte man zur Not und in Erfüllung der patriotischen Sammelpflicht eine Opfernacht im Crespo verlangen; aber anders mit dem Essen, einer heiklen und innerlichen Angelegenheit. Zum Glück bot dies keinerlei Schwierigkeiten. Cuenca ist gleich mit zwei jüdischen Restaurants ausgestattet, deren kulinarische Darbietungen die des Crespo bei weitem übertreffen. Es traf sich auch gut, daß Herr Golner zwei ganze Mahlzeiten in unserer Mitte einnehmen sollte, ein Umstand der es ermöglichte, die bekannte Empfindsamkeit jüdischer Restaurateure zu umgehen und eine gerechte Zweiteilung von Genossen Golners Appetit vorzunehmen.«[129]

Egon Schwarz, der gelegentlich in den *Informaciones* aus dem Leben der Gemeinde in Cuenca berichtete, gehörte zu jener Altersgruppe von jugendlichen Immigranten, denen durch das Exil der geplante Ausbildungs- und Berufsweg abgeschnitten wurde. Anders aber als viele seiner Altersgenossen konnte er, nach mehreren Jahren Arbeit für den Lebensunterhalt, doch noch studieren. Nachdem es ihm auf dem Umweg über New York unter schwierigsten Bedingungen gelungen war, seine Schulzeugnisse beglaubigen zu lassen, konnte er schließlich im bereits fortgeschrittenen Alter sein Abitur machen. Aus familiären und ökonomischen Gründen an Cuenca gebunden, mußte er das studieren, was die Universität zu bieten hatte. Da es keine Fakultät für Philosophie oder Linguistik gab, wählte er von den drei Fachbereichen Ingenieurwesen, Medizin, Jurisprudenz den letzteren. Er betrachtete dieses Studium von vornherein nur als Sprungbrett, um in einem anderen Land seinen eigentlichen Interessen nachgehen zu können. Seine Rechnung ging auf, er machte später Karriere als Literaturwissenschaftler in den USA und gilt heute als »elder statesman« der amerikanischen Germanistik.[130]

129 Schwarz, 1. 4. 49, 5. Vgl. 15. 4. 49, 7, 15. 8. 50, 1, 15. 12. 50, 7, 1. 2. 51, 7.
130 So nennt ihn Hans-Albert Walter in seinem Nachwort zum Buch. Vgl. Schwarz, Keine Zeit,
S. 369. Zu Schwarz' Aufenthalt in Ecuador vgl. ebenda, S. 214 – 258. Vgl. auch: Die Zeit gibt

5. Die jüdischen Organisationen in Guayaquil

Die Herausbildung von Organisationen, die die Mehrheit der jüdischen Immigranten einschloß, erfolgte in Guayaquil langsamer als in Quito. Als Erklärung hierfür heißt es in der Broschüre der Jüdischen Gemeinden Ecuadors von 1948, daß aufgrund der Mannigfaltigkeit der Herkunftsländer und der Unterschiede in der sozialen, der bildungsmäßigen und wirtschaftlichen Stellung ein gemeinsamer Nenner nicht gefunden werden konnte. Im Vergleich zu Quito lebten hier mehr Immigranten aus osteuropäischen Ländern, die zu einem Teil schon Mitte der dreißiger Jahre eingewandert waren. Einzelne Juden, die sich bereits seit dem Ende des 19. Jahrhunderts in der Stadt niedergelassen hatten, waren als Gruppe nicht in Erscheinung getreten. Überliefert ist für das Jahr 1934 eine erste Zusammenkunft zur Neujahrsfeier in einer Privatwohnung.[131] Eine erste organisatorische Zusammenfassung eines Teils der Immigranten erfolgte 1939/40 mit der Gründung der *Sociedad de Beneficencia Israelita* (Beneficencia). Bis dahin hatte lediglich ein *Hicem*-Comité als lokaler Ableger der Organisation in Quito bestanden, das von Max Wassermann geleitet wurde. Aus den Reihen der *Beneficencia* formierte sich eine Gruppe von religiösen Juden, die 1940 die *Comunidad de Culto* als unabhängige Kultusgemeinschaft bildete, und im Mai des Jahres konstituierte sich die *Sociedad de Señoras Israelitas* als Untergruppe der *Beneficencia*. Wie der Frauenverein in Quito widmete er sich in erster Linie der Sozialarbeit.[132] Schließlich entstand etwa zeitgleich mit der Entwicklung in Quito 1943 eine WIZO-Gruppe und Anfang 1944 eine zionistische Gruppe, die sich als *Sección Guayaquil* der *Federación Sionista* in Quito anschloß. Im April 1944 spaltete sich die *Beneficencia* und die Ausgetretenen gründeten das *Centro Israelita*.

Die Sociedad de Beneficencia Israelita und das Centro Israelita

Die *Beneficencia* hatte ihre Räume in der Calle Luque 218 im Zentrum der Stadt, wo auch die meisten Immigranten lebten. 1943 zählte die Organisation 135 Mitglieder, bis zum März 1944 wuchs ihre Zahl auf 143. Wie die Gemeinde in Quito hatte die *Beneficencia* das Ziel, die Juden der verschiedenen Herkunftsländer und religiösen Richtungen in ihren Reihen zu vereinen.[133] Die Statuten legten zwei Hauptaufgaben fest, nämlich Bedürftige zu unterstützen und im Rahmen der Möglichkeiten Kulturarbeit zu leisten. Auffallend ist, daß sich die Verpflichtung zur Unterstützung nicht auf die Mitglie-

die Bilder. Schriftsteller, die Österreich zur Heimat hatten, hrsg. von Ursula Seeber, Zirkular, Sondernummer v. 30. Mai 1992, S. 118.
131 Vgl. La Colonia, S. 78 und zu den folgenden Ausführungen die Gespräche Alfredo Abrahamson, Heinz Caminer, Werner Gumpel, Simon Prutchi, Rolf Stern, Dr. Helmut Wellisch.
132 Vgl. La Colonia, S. 79; August 40, 7.
133 Vgl. Juli 43, 9.

der und deren Angehörige beschränkte. Die Statuten sahen ausdrücklich vor, unabhängig von der Mitgliedschaft und dem Aufenthaltsort Hilfe zu gewähren. Bei einem Gesamtetat von 23 500 Sucres im Geschäftsjahr 1943/44 zahlte die *Beneficencia* 3700 Sucres an Unterstützungen und Darlehen an Mitglieder und rund 3400 an Nichtmitglieder. Die letztgenannte Summe entsprach exakt dem Betrag, den der JOINT zur Verfügung gestellt hatte, nämlich 250 Dollar. Anders als der *Beneficencia* in Quito war der Organisation in Guayaquil an solchen Zuschüssen gelegen. Im folgenden Geschäftsjahr erhielt sie für ihren Sozialfonds 125 Dollar, die zuzüglich eines etwas geringeren Betrages von rund 1500 Sucres aus den eigenen Einnahmen innerhalb der ersten vier Monate nach der Spaltung zu hundert Prozent an Nichtmitglieder ausgezahlt wurden. Diese lebten zu neunzig Prozent außerhalb der Stadt. Hierin sah man einen Beweis für die wirtschaftlich zufriedenstellende Lage der Juden Guayaquils. An anderer Stelle wird darauf hingewiesen, daß die in der *Beneficencia* verbliebenen Mitglieder »die ökonomisch schwächere Hälfte der guayaquilenischen Emigranten darstellen«.[134] Zu den Einrichtungen der *Beneficencia* gehörten seit 1944 je eine Kommission zur Zusammenarbeit mit der *Comunidad de Culto* und dem Frauenverein, ein Schiedsgericht, ein Kulturkomitee, eine Sterbekasse, ein Sportausschuß, eine Pressestelle sowie ein Komitee für das Europahilfswerk.[135]

Anders als in Quito, sieht man von einer kleinen Gruppe ab, die sich erst 1948 integrierte, gelang es der *Beneficencia* in Guayaquil nicht, die jüdischen Organisationen unter einem Dach zu vereinen bzw. eine Spaltung zu verhindern. Diese hatte sich mit den Wahlen zum Vorstand auf der Generalversammlung im März 1944 abgezeichnet. Nur mit einer Stimme Vorsprung war Paul Klein zum Präsidenten gewählt worden und der Kandidat Bruno Moritz unterlegen. Der neue Präsident sowie der Vorstand insgesamt stießen auf Ablehnung bei einem erheblichen Teil der Mitglieder, »die von Männern, die sich an die Spitze einer jüdischen Organisation stellen, eine absolut positive Einstellung zum Judentum und zum jüdischen Volke erwarten. Eine starke Oppositionsgruppe entstand, mit der sich zahlreiche Ostjuden verbanden, die der Beneficencia Israelita aus den verschiedensten Gründen bisher nicht angehörten.«[136] Die Absicht, durch Neuwahlen den Vorstand abzulösen, scheiterte. Erfolglos blieben auch die Vermittlungsversuche der *Hicem* und der *Beneficencia* Quito. Wie so oft bei solcher Art von

---

134 Vgl. Februar 45, 8, April 44, 7, September 44, 7. Die in der Folgezeit veröffentlichten Daten zu Einnahmen und Ausgaben der *Beneficencia* sind so bruchstückhaft, daß sich aus ihnen wenig ablesen läßt. Gleiches gilt für die Angaben zum Budget des *Centro*. Auch das *Centro* gewährte zumindest bis 1945 Nichtmitgliedern Unterstützung. Vgl. März 45, 7.
135 Vgl. April 44, 7, September 44, 7, Dezember 44, 6.
136 August 44, 9. Es fanden sich keine Hinweise, daß sich die osteuropäischen Juden zusammengeschlossen hatten, bevor sie dem *Centro* beitraten.

Abb. 15: *Mitglieder der Jüdischen Gemeinde in Guayaquil feiern einen Sieg der Alliierten, 1942/43.*

Konflikten lassen sich die Gründe hierfür mehr zwischen den Zeilen und aus nachträglich gemachten Einzelaussagen zusammentragen, als aus den direkt hierzu veröffentlichten Stellungnahmen.

Abgesehen von der Kritik an der Haltung einzelner Personen, beschränkte sich die *Beneficencia* in den Augen der Oppositionsgruppe zu sehr auf ihre Funktion als Unterstützungsverein, tat zu wenig für die Herausbildung eines jüdischen Kollektivbewußtseins und vernachlässigte die Erziehung der Kinder in diesem Sinne. Zwar wurde auf der ersten Generalversammlung des neu gegründeten *Centro Israelita* darauf hingewiesen, daß der jüdisch-politischen Erziehung der Mitglieder weiteste Freiheit gelassen werden solle, doch geschehe dies in der Erwartung einer positiven Stellungnahme zu allen Problemen des jüdischen Lebens. Nicht zuletzt geben die Ereignisse, die den Auseinandersetzungen um den neuen Vorstand vorausgingen, Aufschluß darüber, daß die Einstellung gegenüber dem Zionismus eine wesentliche Ursache für die Spaltung war. Kurz zuvor hatte der Delegierte des *Keren Kayemeth* Leo Halpern die Gemeinde besucht. Unter dem Eindruck seiner Agitation konstituierte sich einerseits eine zionistische Gruppe, andererseits entstand eine Kontroverse um die Mittel und Wege zur Besserung der Lage der Juden in der Welt sowie um die Art der zionistischen Agitation. Erster Präsident des *Centro* wurde Moritz Scharfstein, der gleichzeitig Präsident der zionistischen Organisation war. Anläßlich der Eröffnung des *Centro* hob er hervor, daß die kulturellen Aufgaben der Organisation mit dem Ziel verbunden seien, die Juden aus den Straßen und öffentlichen Lokalen abzuziehen. Seine Bilanz zum einjährigen Bestehen des *Centro* gab ein Artikel in den *Informaciones* so wieder:»Entstanden ist das Centro durch den Kampf der bewußten Juden Guayaquils gegen die, die vor ihr Judentum noch etwas anderes setzen. Es ist kein Zufall, daß bei der Gegenseite sich die freien Deutschen befinden, die an dem Aufbau Deutschlands, nicht aber an dem des jüdischen Volkes interessiert sind. ›Ich bin froh‹, fuhr Dr. Scharfstein fort, ›daß wir bei uns nur eben jüdisch bewußte deutsche Juden haben und dies ist auch die Erklärung, daß sich Ost und West auf einer gemeinsamen Plattform des Judentums gefunden haben und gut zusammenleben. Ich richte an Sie den Appell alles zu unterlassen, was das Zusammenleben trüben könnte. Wir leben hier in den Tropen unter anderen Lebensbedingungen, Klima und Menschen, als wir es gewohnt waren, unsere Nerven reagieren anders. Das Centro ist dem jüdischen Weltkongreß angeschlossen, ist aber auch für die Beneficencia und Hicem Quito die maßgebende jüdische Organisation Guayaquils.‹«[137]

Tatsächlich hörte die Berichterstattung der *Beneficencia* in den *Informaciones* mit dem März 1945 auf. Falsch wäre jedoch die Annahme, daß die *Beneficencia* zu einer rein deutschen oder deutschsprachigen Organisation geworden sei. Im Tätigkeitsbericht des Vorstandes vom August 1944 heißt es bezüglich der Forderung von Mitgliedern, häufiger rein deutschsprachige Veranstaltungen anzubieten, daß dies unter anderem deshalb nicht möglich sei,»weil die Auswahl an Personen deutscher Muttersprache, die geeignet sind, Vorträge zu halten, eine relativ begrenzte ist«.[138]

Die Spaltung der *Beneficencia* bedeutete jedoch nicht, daß die beiden um Mitglieder konkurrierenden Organisationen keine Berührungspunkte mehr hatten. Durch die *Comunidad de Culto* stand man miteinander in Verbindung, denn sie hielt für alle religiösen Juden den Gottesdienst ab und ihr Vorstand setzte sich aus Mitgliedern beider Organisationen zusammen. Die Gottesdienste sowie die Zusammenkünfte des Frauenvereins und der zionistischen Organisationen verlagerten sich in die Räumlichkeiten des *Centro*, dem sich die Mehrheit der Immigranten anschloß. Bei seiner Gründungsversammlung am 27. April 1944 hatte das *Centro* 77 Mitglieder, im Juli waren es bereits 115. Ein Lokal fand man in den ehemaligen Räumen des amerika-

---

137 Moritz Scharfstein, Juli 45, 10. Vgl. August 44, 9, September 44, 11, November 44, 9, Februar 45, 6, Juli 45, 10 f., 15. 7. 48, 6; das Gespräch Werner Gumpel und Kap. V. 3. In der Erinnerung von Immigranten erscheinen die Konflikte oft als Ausdruck persönlicher Streitigkeiten. Paul Klein gehörte später zu den Personen, deren Namen veröffentlicht wurden, weil sie sich geweigert hatten, an den Notstandskampagnen für Israel teilzunehmen. Vgl. 15. 9. 48, 7.
138 Vgl. September 44, 7.

nischen Konsulats in der 9 de Octubre 106 y Malecón.[139] Ende der fünfziger Jahre mietete man eine geräumige Villa mit Schwimmbad in der Calle Los Rios y Aguirre. Die Bewirtschaftung der Clubräume war verpachtet und die Mitglieder konnten hier preiswert zu Mittag und Abend essen. Das *Centro* richtete ebenso wie die *Beneficencia* Kommissionen und Komitees für die verschiedenen Aufgabenbereiche und wohltätigen Sammlungen ein, bei denen die Hilfe für notleidende Juden in Europa im Vordergrund stand. Auch ein Schiedsgericht und eine Abteilung für Schachspiel fehlten nicht.[140]

Über die Kontakte hinaus, die sich aus einer gemeinsamen Mitgliedschaft von Vertretern des *Centro* und der *Beneficencia* in der *Comunidad de Culto* und durch Personalunion im Frauenverein und der WIZO ergaben, kam es auch zu gelegentlicher Zusammenarbeit der Organisationen. Beide Seiten waren offenbar bemüht, keinen völligen Bruch in den Beziehungen eintreten zu lassen. Gemeinsam gründete man 1944 ein *Komitee zur Bekämpfung des Antisemitismus*. Moritz Scharfstein, der als Delegierter Ecuadors an der Tagung des Jüdischen Weltkongresses teilgenommen hatte, gab Anfang März 1945 in der *Beneficencia* einen Bericht hierüber. Im August nahmen beide Vereinigungen an einer Friedensfeier in der Universität teil. Zum Jahrestag der Balfour-Deklaration luden im November 1946 sämtliche Organisationen, auch die *Beneficencia*, zu einer Kundgebung in die Räume des *Centro* ein, um die Erfüllung der Deklaration einzuklagen und gegen die Politik der englischen Mandatsmacht zu protestieren. Man formulierte eine Resolution, die in der Presse veröffentlicht wurde. Angesichts des Holocaust und der Lage der überlebenden Juden in Europa stand die Notwendigkeit einer Staatsgründung für alle, auch für die »Jeckes«, außer Frage. Gemeinsam beging man auch 1947 die Fünfzig-Jahrfeier des Baseler Kongresses und den Beschluß der UNO über die Teilung Palästinas. Schließlich beteiligten sich im folgenden Jahr alle an der »Dringlichkeits-Aktion« für den Aufbau des jüdischen Staates und an der Feier zu seiner Proklamation.[141]

Parallel dazu diskutierten die Vorstände der verschiedenen Organisationen auf Initiative der *Comunidad de Culto* Pläne zur Errichtung eines Gemeinschaftsheimes und legten mit ihrer Zustimmung den »moralischen Grundstein« für den Bau. Schließlich fehlte es auch nicht an einem eindringlichen Appell angesichts des historischen Ereignisses der Staatsgründung, die eigenen Zwistigkeiten über Bord zu werfen und die »unmoralische« Existenz von *Comunidad, Centro* und *Beneficencia* zu beenden. »Wenn wir Juden eine Nation sind, dann ist die Trennung von 350 jüdischen Menschen in drei

---

139 Vgl. das Gespräch Rolf Stern; August 44, 9.
140 Vgl. Oktober 44, 8, Januar 45, 5 f., Februar 45, 6 f., März 45, 4, Juli 45, 10 f., 15. 11. 45, 9.
141 Vgl. 1. 2. 48, 6, März 45, 6, November 44, 7, Dezember 44, 6, September 45, 7, 15. 11. 46, 7, 15. 12. 47, 6, 1. 1. 48, 6.

verschiedene Vereine eine nationale Schande. Wir, die uns ein gütiges Schicksal vor den grausigen Ereignissen der vergangenen Jahre bewahrt hat, wir, deren neu erstandenes Mutterland sich im Kriege um Sein oder Nichtsein des neuen Staates befindet, haben nichts besseres zu tun, als von drei oder vier Vorstandstischen aus uns gegenseitig unsere Herkunft und Erziehung vorzuwerfen.«[142] Es sollte jedoch noch fast zwanzig Jahre dauern, bis sich *Comunidad, Centro* und *Beneficencia* zusammenschlossen. Zwar folgten auch nach 1948 Veranstaltungen, deren gemeinsamer Nenner der Staat Israel war, doch begann die verbindende Kraft, die dieses Ereignis ausgelöst hatte, bereits abzunehmen. Als die *Federación Sionista* die Vorstandsmitglieder der Organisationen zur Vorbereitung der Israel-Kampagne 1951 lud, erschienen die Vertreter der *Beneficencia* nicht.[143]

Während in Quito fast alle Juden unter einer Dachorganisation vereinigt waren, man aber Gottesdienste nach verschiedenem Ritus abhielt und die religiöse Führung umstritten war, gab es in Guayaquil zwar nur einen Gottesdienst, aber weiterhin zwei Organisationen, die um die gesellschaftliche und kulturelle Einbindung der Immigranten konkurrierten.

Die Comunidad de Culto

Diese 1940 von 56 Immigranten gegründete Kultusvereinigung zählte Ende 1945 rund 140 Mitglieder und war damit die größte der jüdischen Organisationen. Ihren Höchststand erreichte sie 1947 mit 154 Mitgliedern. Ihre offizielle Anerkennung durch die Regierung war im Januar 1941 erfolgt. Sie verfügte über einen Betsaal, den sie 1945 in einen großen Raum des *Centro* verlegte, und einen eigenen Friedhof auf einem abgegrenzten Gelände des städtischen Friedhofs, der bis heute besteht. Einen eigenen Rabbiner hatte man nicht. Die regelmäßig freitags und samstags und zu den hohen Feiertagen abgehaltenen Gottesdienste wurden von dafür fähigen Mitgliedern der Gemeinde durchgeführt ebenso wie das Schächten und der Religionsunterricht. Mit Hilfe des JOINT verpflichtete man ab September 1945 einen aus La Paz nach Guayaquil gekommenen Immigranten aus einer Rabbinerfamilie als Vorbeter und Lehrer in Hebräisch und biblischer Geschichte. Zu diesem Zeitpunkt lebten hier 58»Jugendliche«, von denen 24 im religionsschulpflichtigen Alter waren, wozu die fünf- bis zwanzigjährigen gezählt wurden.[144] Ebenfalls mit Unterstützung des JOINT erhielt man Kultgegenstände. Im Rahmen einer Simchas Thora-Feier mit buntem Programm für die Kinder und einem Festessen weihte man im Oktober 1946 eine neue

142 Hans Glaser, 15. 7. 48, 6. Vgl. 15. 12. 47, 6, 15. 1. 48, 6, 1. 5. 48, 7, 1. 6. 48, 6., 15. 7. 48, 6, 1. 10. 48, 4.
143 Vgl. 1. 1. 51, 7. Vgl. auch 1. 3. 49, 8, 1. 5. 50, 7.
144 Vgl. 15. 11. 51, 7, Juli 44, 10, 1. 10. 45, 7, 1. 12. 45, 7 f., 15. 10. 46, 6, 15. 1. 48, 6; La Colonia, S. 79.

Sefer Thora ein, die aus New York eingetroffen war.»Alles in Allem ein schöner, ein jüdischer Tag. Ungezwungene Heiterkeit bis in die späten Nachtstunden, jüdische Lieder wurden gesungen, jüdische Tänze getanzt, es is gewen Simchas Thoire im Stätdele.«[145]

Simchas Thora-Feiern und Sederabende gehörten zu den regelmäßig von der Kultusgemeinschaft veranstalteten Festen, die sie meist gemeinsam mit dem Frauenbund ausrichtete. Neben der religiösen Betreuung ihrer Mitglieder, der Verwaltung des Friedhofs und der rituellen Betreuung und Bestattung der Toten durch die *Chewra Kadischa* gab sie auch Darlehen und Unterstützungen an Bedürftige und investierte einen Teil der aus Mitgliedsbeiträgen, Spenden, Gebühren und Schulgeld bestehenden Einnahmen in die Kreditgenossenschaft in Quito, über deren Filiale in Guayaquil die Immigranten Darlehen beantragen konnten. Offenbar als Reaktion auf die sich verschlechternde wirtschaftliche Lage von Immigranten richtete man 1946 für die soziale Hilfe einen gesonderten Fonds»Esra« ein. Auch das *Centro* hatte bereits im Herbst des Vorjahres eine»Reis-Kampagne« für die überlebenden Juden in Europa mit der Sammlung für einen lokalen sozialen »Notstandsfonds« verbunden. Im Sommer 1948 machte der Vorstand darauf aufmerksam, daß Juden, die nicht der Gemeinde angehörten, weder mit ideeller noch mit materieller Hilfe rechnen könnten. Ebenso wurde ein Anspruch auf die Bestattung auf dem Friedhof ausgeschlossen. Wie aus der Friedhofsordnung vom Mai 1950 hervorgeht, nahm man hiervon jedoch wieder Abstand. Gegen eine entsprechend höhere Gebühr konnten auch Nichtmitglieder bei Nachweis der Zugehörigkeit zum Judentum einen Begräbnisplatz erwerben.[146]

Einer zweiseitigen Großanzeige des Vorstandes in Spanisch und Deutsch in den *Informaciones* vom September 1949 ist zu entnehmen, daß die Kultusgemeinde inzwischen mit finanziellen Schwierigkeiten zu kämpfen hatte. Sie führte sie jedoch nicht auf eine verschlechterte wirtschaftliche Lage der Mitglieder zurück, sondern auf mangelndes Verantwortungsgefühl. Es fehle an Mitteln für den Unterhalt eines Lehrers und Vorbeters, für die Ausstattung des Tempels, für die Erweiterung des Friedhofs, und es mangele an der Achtung von Tradition und Lehre.[147] Die Zahlungsmoral war auch später Gegenstand der Kritik. Einzelne weigerten sich, erhöhte Mitgliedsbeiträge zu zahlen, andere kamen ihrer Zeichnungspflicht nicht nach, die sie für einen bestimmten Zweck eingegangen waren. 1950 schloß man acht Personen wegen nicht erfüllter finanzieller Verpflichtungen aus. Am Verlauf der Generalversammlung im Dezember 1951 zeigte sich, daß sich die Gegensät-

145 Heinrich Wittels, 1. 11. 46, 7.
146 Vgl. 1. 6. 50, 6, 15. 6. 48, 5. Siehe auch 15. 10. 45, 7, 1. 12. 45, 8, 1. 1. 47, 6, 1. 8. 47, 7, 1. 4. 48, 7.
147 Vgl. 15. 9. 49, 6 f.

ze verschärft hatten. Der Antrag des Vorstandes auf Entlastung rief eine »äußerst erregte Debatte« hervor und für Neuwahlen wollte sich niemand zur Verfügung stellen. Dies sei die Folge allzu scharfer und persönlicher Kritik, der sich niemand wieder aussetzen wolle. Nur mit großer Mühe gelang es, eine neue Leitung an die Spitze der Gemeinde zu stellen.[148]

Die zionistischen Organisationen

Mit einer Veranstaltung im Club der Angestellten der amerikanischen Firma Reed & Reed trat die WIZO, die am 16. 1. 43 gegründet worden war, im Juli des Jahres zum ersten Mal vor eine größere Öffentlichkeit, um für nach Palästina gerettete Kinder zu sammeln. Diesem großen Wohltätigkeitsfest mit englischen und amerikanischen Gästen sollten noch viele kleine und große Veranstaltungen folgen, bei denen gelegentlich auch ecuadorianisches Publikum und die Konsuln verschiedener europäischer und südamerikanischer Länder zugegen waren. Wenn der Eindruck nicht täuscht, hatte die Jüdische Gemeinde in Guayaquil mehr Außenkontakte als die in Quito. Die Veranstaltungen standen fast ausschließlich unter dem Motto, Geld für Frauen und Kinder in Palästina aufzubringen und manchmal auch, um für das britische Rote Kreuz zu spenden und so Juden in Europa zu helfen. Wie die Schwesterorganisation in Quito stellten die Mitglieder Kleidungsstücke her, sammelte Wäsche und Spielsachen für die in Palästina lebenden Juden. Behilflich beim Stricken und Sammeln und bei den Darbietungen auf den Veranstaltungen war die Young-WIZO, der nicht nur eine Mädchen-, sondern auch eine Jungengruppe angehörte und die zeitweilig eine Zeitung Kadima herausgab. Als weitere Jugendorganisation existierte als Untergruppe der *Federación Sionista* seit Frühjahr 1945 eine *Maccabi*-Gruppe, der später ein *Centro Juvenil Sionista* folgte.[149]

Die WIZO, geführt von Martha Scharfstein, war zweifellos die aktivste der jüdischen Organisationen in Guayaquil. Sie organisierte Bälle, Bazare, Tanz-Tees, Musikabende, Kulturnachmittage, Spielabende, Feste für die Kinder und bot Vortragsreihen an. Wie in Quito lag der Schwerpunkt der WIZO-Aktivitäten auf der Mobilisierung für wohltätige Zwecke, während die *Federación Sionista* die politischen Intentionen des Zionismus in den Mittelpunkt ihrer Arbeit stellte. Gemeinsam mit der *Comunidad de Culto* organisierte sie Bitt- und Festgottesdienste und zusammen mit der WIZO Bankette und Festakte zu national-jüdischen Ereignissen sowie Oneg-Sabbat-Feierstunden. Bei den jährlichen Sammelkampagnen waren stets Vertreter aus-

148 Vgl. 1. 1. 52, 7; 1. 2. 50, 6, 1. 4. 50, 7, 15. 11. 50, 7.
149 Vgl. Februar 43, 8, Juni 43, 8, August 43, 8, Dezember 43, 8, Juli 44, 6, September 44, 10, Februar 45, 6, März 45, 4, Juni 45, 10, 1. 9. 45, 11, 15. 11. 45, 8 f., 15. 6. 46, 7, 15. 7. 46, 7, 15. 8. 46, 7, 1. 10. 46, 6, 1. 1. 47, 6, 1. 1. 48, 6, 1. 8. 48, 6, 1. 9. 48, 5, 15. 9. 48, 7, 15. 9. 49, 5, 15. 11. 49, 7, 15. 10. 50, 7, 1. 12. 50, 7, 15. 12. 50, 7.

ländischer jüdischer Organisationen zugegen, die wie in Quito, Cuenca und Ambato Gelegenheit hatten, über Radio für ihre Ziele um Verständnis zu werben.[150] Darüber hinaus hatte die Jüdische Gemeinde die Gelegenheit, sonntags über den Radiosender »Atalaya« Beiträge zu verbreiten. Diese »Jüdische Kulturstunde« wurde von Ghitman Beider geleitet, einem russischen Juden, dem Pressereferenten des *Centro* und Mitarbeiter in verschiedenen Zeitungen. Er sprach auch in anderen Radiosendern wie »El Télegrafo« und »Condor«. In seinen Beiträgen stellte er die Arbeit der WIZO vor, klagte die englische Politik in Palästina an und forderte die Erfüllung der Balfour-Deklaration. Auch Ecuador hatte sie seinerzeit unterzeichnet.[151] Wohl nicht zuletzt durch seinen Einfluß fanden Veranstaltungen der zionistischen Organisationen in der Presse ein breites Echo. Eine erste große öffentliche Veranstaltung führte die *Federación Sionista* am 7. August 1947 im Auditorium Maximum der Universität durch, bei der der Hauptredner Justino Cornejo, Geisteswissenschaftler und Provinzialdirektor für Erziehung, über das Thema »Judentum und Humanität« sprach. Wie er es bereits auf Veranstaltungen der zionistischen Organisation in Quito getan hatte, geißelte er den Antisemitismus und würdigte den Beitrag der Juden für den kulturellen Fortschritt.[152]

Nach der Gründung des Staates Israel wurde 1949 auf Veranlassung der *Jewish Agency* ein *Comité Económico* gegründet, dessen Aufgabe es war, für die Investierung von Kapital in Israel sowie für die Entsendung von Technikern zu werben und die Handelsbeziehungen mit Ecuador zu fördern. Die *Federación Sionista* informierte und beriet Interessenten. Für die Jugend im Alter von 18 bis 23 Jahren vermittelte sie die handwerkliche und landwirtschaftliche Ausbildung in Lagern in den USA mit dem Ziel, als Pioniere nach Israel zu gehen.[153] Die Federación Sinonista, 1944 mit 45 Mitgliedern gegründet, hatte 1948 mit 122 ihre größte Mitgliederzahl. Die Gesamtzahl der in Guayaquil lebenden Juden wird zu dieser Zeit mit 300 bis 350 angegeben. Ein Vergleich der Sammlungsergebnisse für zionistische Zwecke in Quito und Guayaquil, der allerdings nur punktuell möglich ist, ergibt für Guayaquil höhere Beiträge gemessen am prozentualen Anteil der hier lebenden Juden.[154] 1948 traten innerhalb der zionistischen Organisation in Guayaquil Fraktionierungstendenzen auf. Es scheint aber, daß es sich hier mehr um Flügelkämpfe, denn um tatsächlich erfolgte Abspaltungen handelte.[155]

150 Vgl. Februar 44, 7, März 44, 9, August 44, 8 u. 10, Februar 45, 7, Mai 45, 21, August 45, 8, 15. 11. 45, 8 f., 15. 10. 46, 6, 15. 11. 46, 6 f., 15. 12. 46, 6, 1. 9. 47, 5, 15. 12. 47, 6, 1. 6. 48, 6, 15. 9. 48, 7, 1. 3. 49, 8, 15. 5. 49, 6 f., 1. 12. 49, 8, 1. 1. 51, 7.
151 Vgl. August 45, 10, 1. 11. 45, 7, 15. 11. 45, 8, 1. 12. 45, 7, 1. 1. 46, 7, 1. 2. 46, 6, 1. 4. 46, 7, 15. 5. 46, 6, 15. 11. 46, 6, 1. 2. 47, 6, 15. 5. 47, 6.
152 Vgl. 1. 9. 47, 5.
153 Vgl. 1. 5. 49, 6, 1. 9. 49, 5, 1. 12. 49, 8, 15. 11. 50, 4; vgl. auch 1. 11. 49, 8.
154 Vgl. März 44, 9, August 44, 10, 15. 7. 48, 6, 15. 9. 48, 7, 1. 12. 48, 6, 15. 12. 48, 7.
155 Vgl. 15. 9. 48, 7.

Im folgenden Jahrzehnt nahmen die Mitgliederzahlen wie die Aktivitäten der zionistischen Organisationen allmählich ab. Während sich die WIZO Mitte der fünfziger Jahre ganz auflöste und 1957 auf Initiative der WIZO Quito von einem kleinen Kreis von Frauen wieder neu ins Leben gerufen wurde, konzentrierte sich die Tätigkeit der *Federación Sionista* auf die jährlichen Sammelkampagnen und die Veranstaltungen, die diesem Zweck dienten.[156]

Geselliges und kulturelles Leben

Die Guayaquilener »Season« nannten die Immigranten jene Zeit des Jahres, in der die Vereinigungen besonders aktiv waren und sich die Mitglieder in den Clubräumen der Gemeinde zu den verschiedensten Veranstaltung und geselligen Treffen einfanden. Im »Tropenwinter«, in der Regenzeit von Januar bis April, versuchte, wer es sich leisten konnte, der Stadt wenigstens vorübergehend zu entfliehen, um in einem erträglicheren Klima zu »überwintern«, oder sich vor Ort mit einem Minimum an Unternehmungen zu bescheiden. Mehr noch als in Quito waren die zionistischen Organisationen in Guayaquil Träger des geselligen und kulturellen Lebens in der Gemeinde. Entsprechend nahmen spezifisch jüdische bzw. jüdisch-nationale Themen breiten Raum in den Veranstaltungen ein. Diese Schwerpunktsetzung galt auch für die Veranstaltungen, die speziell für Kinder gedacht waren. Die Form der Darbietung waren Vorträge, Dialog- und Sprechchorszenen, Rezitationen, Balladen, Lieder und Tänze. In szenischen Darstellungen ließ man das Alltagsleben in Palästina erstehen, teils romantisierend und heroisierend, teils auch bemüht, die Härte und Einfachheit der Lebensbedingungen aufzuzeigen. Palästina sollte nicht nur Fluchtziel vor der »Nazibestie« sein, sondern ein Ort, der dem Verfolgten die Würde und den Stolz wiedergab.[157] Viele Veranstaltungen waren in ein musikalisches Programm eingebunden, das über Jahre unter der Gesamtleitung des Dirigenten und Pianisten Juan Riedel stand. Er war kein Jude, engagierte sich aber für die Ziele des Zionismus. Neben Riedel hatte die Jüdische Gemeinde ab 1943 in Boris Matusis einen Musiker, der auf dem Klavier und Akkordeon Lieder begleitete oder selbst sang, wie er es zuvor in Quito getan hatte. Häufig waren es jiddische Lieder und Balladen, die manchmal auch in ihrer Wirkung durch Pantomime und Tanz verstärkt, Szenen aus dem Leben der osteuropäischen Juden darstellten.[158] Die meisten Veranstaltungen, die die zionistischen Organisationen und das *Centro* anboten, gliederten sich, wie das auch im Kulturpro-

---

156 Vgl. 15. 10. 51, 7, 1. 10. 52, 7, 1. 8. 57, 6, 15. 9. 57, 7, 15. 10. 57, 6, 1. 2. 58, 6.
157 Vgl. September 44, 10. Vgl. auch August 43, 7, August 44, 8, 15. 9. 47, 10, 1. 1. 49, 6.
158 Vgl. z.B. August 43, 7, Dezember 43, 7, September 44, 6 u. 10, 15. 8. 46, 7, 1. 9. 46, 6, 1. 1. 47, 6, 1. 9. 47, 7, 1. 6. 48, 6, 1. 7. 48, 7, 1. 1. 49, 6.

gramm der Gemeinde in Quito der Fall war, in einen ernsten und einen heiteren Teil. Im letzteren hatten die leichte Muse und die »humoristische Ecke« Platz, in der man sich und seine Umwelt aufs Korn nahm. Ehe- oder Schulszenen, »Derbe Klatschgeschichten einer WIZO-Strickstunde«, »Humorvolles Gespräch mit Antizionisten«, »Kleine Bosheiten über die sonntägliche Erholung in Playas«, »Gespräch zwischen Columbus in Begleitung einer Skyway-Stewardess mit dem Ober-Inka« waren Themen, die von den Vorspielenden selbst verfaßt und in entsprechender Kostümierung vorgeführt wurden. Ein Sketch »Umschulung« zeigte einen Arzt, der sich seinen Lebensunterhalt mit der Tischlerei verdient, aber seinen alten Beruf nicht vergessen kann und versucht, einen zerbrochenen Tisch mit den Mitteln der ärztlichen Kunst zu reparieren.[159]

Über solche vergnüglichen Sketchs hinaus versuchte man, Theaterstücke aufzuführen. Im Dezember 1944 brachte man das Stück von Anton Tschechow »Der Heiratsantrag«. Im Juli 1945 eröffnete eine »kleine Gruppe Kunstbegeisterter« die Kleinkunstbühne Guayaquil mit zwei Einaktern »Lohengrin« und »Minna Magdalena« von Curt Goetz. In der zweiten Vorstellung folgten die Einakter von Arthur Schnitzler »Abschiedssouper« und »Der Hund im Hirn«. Doch anders als in Quito, wo die Kammerspiele über mehrere Jahre Bestand hatten und über den Kreis der Immigranten hinaus zu einer Theaterattraktion auch für einheimisches Publikum wurden, war es in der kleinen Gemeinde Guayaquils ungleich schwieriger, ein regelmäßiges Programm zu verwirklichen und dieses auch abwechslungsreich zu gestalten. In den Besprechungen der Aufführungen mokierte sich der Kritiker schon bald über die Inflation der Goetz-Stücke. Dieser könne sich in Kürze dank der Tantiemen aus Guayaquil eine Villa in Hollywood bauen.[160]

Es scheint, daß reine Theaterabende mit jeweils zwei Stücken nur vorübergehend geboten wurden und man sich darauf beschränkte, einen Einakter in den Rahmen eines »Bunten Abends« und ähnlicher Veranstaltungen zu stellen. Aufführungen, die in diesem Zusammenhang gebracht wurden, waren zum Beispiel »Das Souper« von Ferenc Molnar und die Stücke »Walküre« und »Trauter Familienkreis« von Georges Courteline. Neben diesen, eher der leichten Muse zuzurechnenden Stücken, führte man im Dezember 1946 im Rahmen eines Chanukka-Festes das zeitgenössische Stück »Sie haben es nicht gewollt« auf. Die Handlung spielt in Belgien in einem amerikanischen Untersuchungsbüro, in dem ein Mann, der ein Visum für die USA beantragt hat, von seinen einstigen Opfern als Nationalsozialist entlarvt wird.[161] Zu

159 Vgl. August 43, 7, Februar 45, 6, 15. 10. 45, 7 f., 15. 11. 45, 9, 15. 12. 47, 7, 15. 11. 48, 13, 15. 8. 49, 5, 1. 12. 50, 7.
160 Vgl. 1. 3. 46, 7. Vgl. auch Januar 45, 5, August 45, 11, 15. 9. 45, 7, 1. 11. 45, 7.
161 Vgl. 1. 1. 47, 6. Vgl. auch 1. 12. 47, 7, 1. 7. 48, 7.

dieser Zeit ging auch ein »langersehnter Wunsch« der Theaterliebhaber in Erfüllung: Die *Kammerspiele Quito* gaben mit »Eifersucht« von Verneuil ihr erstes Gastspiel in Guayaquil. Angesichts der geringen Zuschauerzahl im Verhältnis zum Kostenaufwand, den ein solcher Kulturaustausch zwischen den Städten erforderte, waren regelmäßige Aufführungen nicht möglich. Doch fanden sich des öfteren Einzelpersonen aus Quito ein, die mit Beiträgen zum Kulturprogramm in Guayaquil beitrugen.[162]

Vergleicht man die kulturellen Angebote von *Centro* und *Beneficencia*, soweit sich letztere bis Anfang 1945 in den *Informaciones* verfolgen lassen, so finden sich hier wie dort Vorträge, die dem Thema Gesundheit und Tropenklima gewidmet sind und teilweise von denselben Personen gehalten wurden. Die Gemeinde hatte in ihren Reihen mehrere Fachärzte. Die Interpretation klassischer Musikstücke mit entsprechenden Erläuterungen zu den Werken und zur Musikgeschichte spielten in beiden Programmen eine Rolle. Gemeinsam waren auch wöchentliche Filmvorführungen. Es handelte sich hierbei um Filme aus den USA, die man von der *Coordinación* bezog, einer von dem Geschäftsmann Allan Reed geleiteten US-amerikanischen Informations- und Propagandastelle, vergleichbar dem *Servicio Informativo Interamericano* in Quito. Als Unterschied fällt auf, daß es in der *Beneficencia* keine Beiträge mit spezifisch jüdischer Thematik gab. Wohl beschäftigte man sich mit Themen wie »Psychische Probleme der Emigration« und »Die Bestrafung der Kriegsverbrecher«, es findet sich aber kein Hinweis darauf, daß man sich mit jüdisch-nationalen Themen befaßte. Die Veranstaltungen hatten keine festgelegten Eintrittspreise, jeder sollte nach Lage seines Geldbeutels zahlen. *Centro* wie *Beneficencia* verfügten über eine Bibliothek und in beiden konnten sich die Immigranten in ausländischen Zeitungen und Zeitschriften informieren.[163]

Der Frauenverein, aus Angehörigen von *Beneficencia* wie *Centro* zusammengesetzt, widmete sich neben seiner wohltätigen Arbeit, bei der auch gelegentlich arme guayaquilenische Kinder mit Geschenken und Kleidung bedacht wurden, in erster Linie der Unterhaltung der Kinder. Traditionell richtete er für sie Chanukka- und Simchas Thora-Feste aus. Man führte Tänze und Märchen auf wie »Hänsel und Gretel« oder »Dornröschen«, ließ die »10 kleinen Negerlein« auftreten und spielte Kasperle-Theater. Mit einer ganz besonderen Veranstaltung, diesmal für die Erwachsenen, wartete der Frauenverein im August 1952 auf, nämlich mit einer Modenschau.[164]

162 Vgl. September 44, 10, 1. 11. 45, 7, 15. 8. 45, 11, 15. 6. 46, 7, 1. 1. 47, 7, 1. 11. 49, 2, 15. 6. 60, 3.

163 Vgl. September 43, 9, Oktober 43, 9, November 43, 9, Dezember 43, 7 f., Juni 44, 7 f., Juli 44, 9 f., August 44, 7 f., September 44, 7 f., Dezember 44, 6, Januar 45, 5.

164 Vgl. 1. 10. 52, 7. Vgl. auch Januar 44, 9, November 44, 7, Februar 45, 8, Januar 45, 7, 15. 10. 45, 7, 1. 11. 46, 4, 1. 6. 50, 6, 5. 11. 51, 7, 1. 10. 52, 7.

V. Probleme und Kontroversen unter Immigranten in den vierziger Jahren

1. »Wir wollen sein ein einig Volk von Brüdern! Am Äquator sitz ich, leider träumend.«

So lauten die resignativen Schlußzeilen eines Gedichtes, mit dem Sally Zanders 1942 eine Bilanz der Immigration in Ecuador zog. Wie auch andere Immigranten versuchte er, die Probleme des Exils in Gedichtform zu verarbeiten. Negativ fällt seine Bilanz deshalb aus, weil die Immigranten, anstatt dem Land, das sie aufgenommen hat, dankbar zu sein und hier in Frieden zu leben, mit allem Vorgefundenen hadern und sich untereinander bekämpfen. In der Erinnerung vieler Immigranten nach fünfzig Jahren erscheinen hingegen gerade die ersten Jahre in Ecuador als die harmonischsten, in denen es einen starken Zusammenhalt gab. Da fast alle nichts besaßen, gab es keinen Anlaß für Neid. Man war im Gegenteil aufeinander angewiesen und half sich gegenseitig. Vorkommnisse, die nicht in dieses Bild passen, werden in der Rückschau zu unbedeutenden Randerscheinungen oder naturwüchsigen Reibereien, wie sie in jedem sozialen Gefüge zu Tage treten. »The 3,000 Jews of Quito were one big family, with all the positive aspects of family life, as well as its normal share of family quarrels.«[1]

Zweifellos hatte die Exilsituation auf der einen Seite eine integrierende Wirkung, die Aufbauleistung der Jüdischen Gemeinden in Ecuador ist ein Zeugnis dafür. Aber das, was die Integration bewirkte, barg zugleich ihr Gegenteil in sich, nämlich das Trennende. Der Zusammenschluß war kein freiwilliger, er war von außen aufgezwungen. Und das Bekenntnis zum Judesein als gemeinsamer Wurzel und Klammer für den Zusammenhalt war eine passive und keine aktive Entscheidung. Menschen, die sich unter anderen Bedingungen nie zusammengeschlossen hätten, lebten nun auf engem Raum miteinander und teilten Alltag und Freizeit in einer Umgebung, die ihnen fremd war und wenig Ausbruchsmöglichkeiten aus dem Rahmen der gebotenen Solidarität zu lassen schien. Die immer wiederkehrenden Aussagen, es herrsche einvernehmliches Zusammenleben, man mache keinen Unterschied zwischen arm und reich, keinen zwischen Ost und West, wenn es jemals so etwas gegeben habe, gehöre dies der Vergangenheit an, waren nur die halbe Wahrheit. Sie gerannen zu Beschwörungsformeln, die im Gegensatz zu den zahlreichen Appellen standen, die Einheit zu wahren und zu den Warnungen, diese nicht durch übelwollende Gerüchte, unbedachte Worte

---

1   B. Weiser, Professions, S. 101. Zum Gedicht von Sally Zanders vgl. Januar 42, 2.

und offene Lügen zu gefährden. Die Immigranten waren keine homogene Masse. Nicht nur zwischen Ost- und Westjuden gab es soziale, kulturelle, sprachliche, religiöse und politische Unterschiede.

So stellt sich das Verhalten der Immigranten höchst widersprüchlich dar: Auf der einen Seite entfaltete sich ein erstaunlicher Aufbauwille, auf der anderen Seite scheinen sich destruktive Energien überproportional entladen zu haben, die schwerlich als »Familienstreitigkeiten« abgetan werden können. Wenn immer wieder, meist fassungslos, die Frage gestellt wurde, wie denn angesichts der gemeinsam erlittenen Verfolgung und Entwurzelung und des grausamen Schicksals derer, die nicht das Glück hatten, ihren Henkern zu entkommen, soviel Hader und Zwist überhaupt denkbar sei, müssen die Ursachen auch in den trennenden Faktoren gesucht werden und in der Exilsituation selbst, die ungewöhnliche Belastungen mit sich brachte. In ihrem Roman »Ararat« läßt die Autorin Stella Wilchek, die als Immigrantin in Ecuador lebte und später in die USA ging, den Ich-Erzähler sagen: »One would think that living under Hitler for almost a year would make a person immune to little idiosyncrasies. But observing the people around me – myself included – I have discovered that as soon as an imminent threat is removed, people will return as speedily as possible to the original pattern of their lives. Perhaps this is one reason why we can't learn from history.«[2]

Spannungen und Konflikte zwischen Privatpersonen

Im Juli 1942 erschien in den *Informaciones* unter der Überschrift »Unas Palabras de Verdad« (Einige wahre Worte) ein Artikel des ecuadorianischen Senators M. B. Cueva García, der gelegentlich für die Zeitung schrieb. Er suchte nach Ursachen für antisemitische Strömungen in Ecuador und kam zu dem Schluß, daß ein »guter Teil des Antisemitismus« dem Verhalten der Juden selbst zuzuschreiben sei, die sich nach seiner wiederholten Beobachtung in Streitfällen, unter anderem bei der Vertretung ihrer wirtschaftlichen Interessen, mit einer ungewöhnlichen Verbissenheit und Erbitterung bekämpften, womit sie nicht nur dem Gegner einen augenblicklichen Schaden zufügten, sondern der gesamten Kollektivität. »Ich fordere die Juden dazu auf, hierüber nachzudenken, daran zu denken, was das gemeinsame

---

2   Stella Wilchek, Ararat. New York 1962, S. 21. Im Vorwort weist Stella Wilchek darauf hin, daß ein Land mit dem Namen »El Paramo« nicht existiert und das Buch, obwohl es auf historischen Fakten basiert, ein Roman ist und die Charaktere des Romans nur insofern Ähnlichkeit mit lebenden oder toten Personen haben, als jede Romanfigur, um glaubhaft zu sein, allgemein menschliche Züge tragen muß. »I hope the book will throw light on a little-known phase of the Jewish emigration. It was a labor of love and desperation.« Ich gehe im folgenden relativ ausführlich auf Wilcheks Roman ein, weil hier Probleme angesprochen werden, die mit anderen Quellen kaum zu erfassen sind.

Leid war, zu bedenken, daß den Kampf, den sie hier führen mit Haß, mit übler Nachrede, mit Erbitterung, mit gegenseitigen Diffamierungen am Ende nicht die Juden gewinnen, sondern der Antisemitismus gewinnt.«[3].

Neben solchen Konflikten, die nach außen drangen und einen billigen Anlaß für antisemitische Ressentiments abgaben, spielten innerhalb der Gemeinde Tratsch- und Klatschgeschichten eine Rolle, die nicht immer harmlos waren. Einem Witz zufolge grüßte man sich auf der Straße nicht mit »Wie geht es Ihnen/Dir?«, sondern mit »Wie geht es mir?«, denn der andere wußte gewiß besser Bescheid, wie es einem ging als man selbst. Hier sah man »sensationslustige Elemente« und »berufsmäßige Friedensstörer« am Werk. »Wohl erweisen sich solche Ausstreuungen bald als böswillig erfunden, da Lügen bekanntlich kurze Beine haben; aber ständige Skandale und entstehende Feindschaften sind unausbleibliche Folgen.«[4] Freilich ist bei der Gewichtung der zahlreichen Klagen über das die Gemeinschaft oder einzelne schädigende Verhalten mitzubedenken, daß es sich hierbei gelegentlich um Übertreibungen handeln könnte, die Ausdruck einer um die Wahrung der Einheit allzu besorgten Gemeindeleitung oder einzelner Personen waren. Verallgemeinernde Schlußfolgerungen aus solchen Aussagen sind daher unter einem gewissen Vorbehalt zu ziehen. Dies gilt ebenso für die viele Beschwerden über mangelndes Interesse an »jüdischen Dingen« einerseits, die vor allem von Vertretern der Kultusverwaltung gemacht wurden, wie für die allzu euphemistischen Reden und Kommentare, die ein völlig harmonisches Bild der jüdischen Gemeinschaft zeichnen, und die nicht weniger zahlreich waren.

Unter diesen Einschränkungen ist auch der oben erwähnte Roman »Ararat« von Stella Wilchek, der 1962 in New York erschien, zu betrachten. Das Gebirge Ararat, wo nach der biblischen Erzählung die Arche Noah landete, ist hier alles andere als ein Ort der Zuflucht, wo man miteinander in Eintracht lebte. Der Roman konzentriert alle negativen Seiten der Exilsituation und des »typischen« Verhaltens von Flüchtlingen, aus dem nur wenige halbwegs integer hervorgehen, indem sie sich dem allgemein gängigen Lebensstil weitgehend entziehen. Dieser ist gekennzeichnet durch gegenseitiges Mißtrauen, durch kleinliche Eifersüchteleien und Gehässigkeiten. Ein persönliches Geheimnis zu hüten, erweist sich als unmöglich. In den Ehen herrscht Kleinkrieg, die Seitensprünge überkreuzen sich. Von gesellschaftlichem Interesse ist: Welche Frau hat was angehabt, wer flirtet mit wem, wer war betrunken auf dem letzten Ball? Abgesehen davon spricht man hauptsächlich über die Vergangenheit, und mancher hat das Exil dafür genutzt,

---

3   Cueva García, Juli 42, 1 (Übersetzung MLK); vgl. ebenda, S. 2, März 42, 1 f., 1. 7. 45, 1.
4   C. Weiser, September 44, 6. Vgl. Juni 42, 8, Dezember 42, 6, November 43, 6 f., Juli 45, 1, 15. 3. 48, 5, 1. 1. 49, 4.

um seine eigene zurechtzurücken und aufzuwerten. Man führt eine Art Doppelleben oder besser ein zwiespältiges: Das Land will man so schnell wie möglich wieder verlassen, auf die Indígenas blickt man mit Verachtung, wie man überhaupt den Kontakt zu den Einheimischen meidet. Auf der einen Seite drücken die Sorgen um den Lebensunterhalt und die in Europa verbliebenen Verwandten und Freunde, auf der anderen Seite gibt man sich diversen Vergnügungen hin und sucht Kompensation in der »Romanze«, in stärker ausgelebter Sinnlichkeit.[5] Daß Ehen unter den Bedingungen des Exils größeren Spannungen ausgesetzt waren und häufiger zerbrachen, gilt für verschiedene Exilländer als belegt. Auch unter den Immigranten in Ecuador gab es Ehescheidungen, ob diese aber auf die besonderen Bedingungen des Exils zurückzuführen waren, läßt sich nicht beantworten. Ähnliches gilt für das Problem der indirekten Prostitution aus wirtschaftlicher Not. Von besonders zahlreichen Scheidungen und einer ausgeprägten »Unsittlichkeit der Weiber« wird aus Bolivien, einem Ecuador in vieler Hinsicht vergleichbaren Land, berichtet. »An vielen Häusern, in denen Emigranten wohnen, steht groß angeschrieben ›Casa de Puta‹ – Haus der Hure.«[6] Auch in ihrem Roman läßt Stella Wilchek den um die Reputation der Jüdischen Gemeinde besorgten Präsidenten sagen: »You know what the Parameños say? Todas las gringas son putas. All the gringas are whores.«[7] Man sollte allerdings bei der Interpretation dieses Wortes vorsichtig sein, denn oft sagt es mehr über die Phantasie dessen aus, der es gebraucht, als über das wirkliche Verhalten der so Beschimpften. Schon ein selbstbewußtes und ein wenig freizügigeres Verhalten, das in Europa kein Aufsehen erregt hätte, konnte schnell an die Grenzen der streng konservativen Konventionen des Gastlandes stoßen.

Was das Verhältnis der Geschlechter unter den Immigranten anbetraf, so konnte es ein Problem sein, eine Partnerin bzw. einen Partner zu finden. Da die Immigranten zumindest in den ersten Jahren so gut wie ausschließlich unter sich heirateten, war die Suche nach einem Partner wegen der beschränkten Zahl der Heiratsfähigen schwierig. In Wilcheks Roman erscheint dieses Problem unter anderem in Gestalt von zwei Frauen, die sich um einen

---

5 Vgl. in diesem Zusammenhang auch B. Weiser, Professions, S. 101 f.
6 Rudolf Tolksdorf, zitiert nach: von zur Mühlen, Fluchtziel, S. 57. Vgl. Schwarz, Keine Zeit, S. 121 u. 137 f., der dort unter anderem von einem Nachtlokal in La Paz berichtet, in dem Immigrantenmädchen an Einheimische meistbietend versteigert wurden. Auffallend ist, daß ostjüdische Immigranten im Gegensatz zu westeuropäischen die Zahl der gescheiterten bzw. der Immigranten, die in extremer Armut gelebt haben, höher veranschlagen und auch von verdeckter Prostitution aus Hunger und über Ehescheidungen aufgrund der beengten Wohnverhältnisse und der fehlenden ökonomischen Mittel zu berichten wissen. Vgl. die Gespräche Sergio Solon, Simon Prutchi.
7 Wilchek, Ararat, S. 138.

Liebhaber prügeln und in einer unglücklichen Ehe, die von den Eltern aus Konvention und Sicherheitsgründen noch kurz vor der Flucht betrieben worden war. Nach Egon Schwarz war dies ein Phänomen, das auf viele Bolivien-Immigranten zutraf und die Ursache für die Brüchigkeit dieser Ehen.[8] »Der Verlust der Zugehörigkeit, die Erschütterung der Wertnormen, eine Schwächung des moralischen Sicherheitsgefühls – alles das machte sich bald bemerkbar und erzeugte ein bedenkliches Schwanken im sozialen Klima.«[9] So kennzeichnet Schwarz die Folgen der Immigration einhergehend mit dem »Kulturschock«, dem sich die Immigranten in Ländern ausgesetzt sahen, in denen nichts mehr an die vertraute Umgebung des Herkunftslandes erinnerte. Entwurzelung, Selbstentfremdung, Verlust des seelischen Gleichgewichts und Urteilsstörung seien als Stichworte für die Erklärung von Überreaktionen genannt, die sich gegen das Gastland und gegen die eigenen Schicksalsgenossen richteten.

In einer Auseinandersetzung um wirtschaftliche Interessen läßt Wilchek den bereits lange im Lande lebenden Juden aus einem osteuropäischen Land drohen: »... you foreigners come here and you think you can take our business away from us. We worked hard here, we gained the respect of the natives ... and you come with your doctor's titles and your education and you speak German and you mock our Yiddish and you make believe you can't understand, especially you, with your name, your father was a Russian Jew, you should be ashamed, but I'll show you! Not with me, you won't! I've been here over twenty years! I have my connections! You bring in stockings and I'll have you deported! I'm warning you, I'll have you deported!«[10] Drohungen solcher Art kamen vor, auch wenn der Anlaß nichtiger war, als im angeführten Beispiel des Romans. Streit unter Immigranten im Wirtschaftsleben scheint einen nicht unerheblichen Anteil an den Konfliktfällen gehabt zu haben, etwa wenn ein Immigrant die Tätigkeit eines anderen kopierte und so zum wirtschaftlichen Konkurrenten wurde oder bei Unstimmigkeiten über die Einhaltung von Verträgen, bei Veruntreuungen durch einen Partner und finanziellen Ansprüchen verschiedenster Art. Es läßt sich vorstellen, daß solche Konflikte eine besondere Brisanz erhielten, wenn Immigranten aus verschiedenen Kulturkreisen hier aneinandergerieten. Da Juden aus osteuropäischen Ländern zum Teil schon länger in Ecuador lebten und sich eine neue Existenz, meist im Handel, bereits aufgebaut hatten, konnten sie für Neuankommende zum Arbeitgeber werden. Tradierte gegenseitige Vorurteile und real bestehende Unterschiede waren dann schnell mobilisiert, um »Argumentationshilfe« zu leisten.

8 Vgl. Schwarz, Keine Zeit, S. 137
9 Ebenda, S. 130. Vgl. auch S. 121 ff.; W. Schiller, Juni 44, 6.
10 Wilchek, Ararat, S. 213. Vgl. das Gespräch Martha Z.

»Die Westjuden waren vielmehr Professionelle usw., und sie haben sich als höherstehend angesehen, als kultiviertere Menschen angesehen. Und sie haben bestimmt mehr Erziehung gehabt, die meisten, nicht alle. Die meisten der sogenannten Ostjuden sind als ganz junge Menschen mit fast keiner Erziehung nach Ecuador gekommen. Da waren Spannungen, natürlich.«[11]
Daß es in den Reihen der aus Westeuropa stammenden Juden besonders viele gebildete Personen gab, wird von Juden aus osteuropäischen Ländern nicht bestritten. Man erkennt die Leistungen jener besonders im Hinblick auf das Niveau des kulturellen Lebens an, sah sich aber andererseits durch deren Streben nach Dominanz und durch sozialen Dünkel herabgesetzt.[12]

Nicht nur Sprache, Bildungsgrad und allgemeine Lebensweise bildeten Barrieren, sondern auch die Religion, die eigentlich der »feste Kitt« zwischen den verschiedenen Gruppen sein sollte. Als geradezu grotesk beschrieb ein Immigrant die Uneinigkeit unter den jüdischen Einwanderern in Quito, die es 1938 unmöglich machte, auch nur einen gemeinsamen Gottesdienst an den hohen Feiertagen abzuhalten.[13] Die osteuropäischen Juden waren in der Regel die religiöseren und sie waren orthodox. In der Erziehung der Jugend gingen die Vorstellungen der liberalen und orthodoxen Juden weit auseinander. Eine Teilnahme an den Gottesdiensten nach Vorstellung deutschsprachiger Juden, in denen die hebräischen Texte auch in der deutschen Übersetzung gesprochen wurden, lehnten die orthodoxen Juden ab. Die Lösung des Problems, verschiedene Gottesdienste innerhalb einer Gemeinde abzuhalten, wie dies dann auch in der *Beneficencia* geschah, war trotzdem nicht für alle akzeptabel, wohl deshalb, weil die Differenzen vielschichtiger waren. In der ersten Generalversammlung der *Beneficencia* Quito in ihren Räumen in der Calle Vargas, die wegen der dort geführten heftigen Debatten die »Schlacht an der Vargas« genannt wurde, erwiesen sie sich als unüberbrückbar und führten zur Abspaltung einer Gruppe von religiösen Juden, die sich zwar mehrheitlich, doch keineswegs ausschließlich aus Juden osteuropäischer Länder zusammensetzte. Auch gehörte ihr nur ein Teil der orthodoxen Juden an. Die neue Organisation trug den Namen *Comunidad de Culto, Quito y Asociación Chewrah Cadischah*, nannte sich später *Sociedad de Culto Israelita* und führte zum Zeitpunkt der Vereinigung mit dem Kultusausschuß der *Beneficencia* 1948 die Bezeichnung *Schomre Schabbos*. Die Ursachen für die Gründung einer von der *Beneficencia* unabhängigen Gemeinde zur Pflege des Kultus sind angesichts der vorhandenen Quellen nur als ein schwer zu durchschauendes Gemisch von gegensätzlichen kultu-

11 Gespräch Prof. Dr. Miguel A. Schwind. Vgl. auch das Gespräch Willi Bamberger.
12 Vgl. die Gespräche Salomon Isacovici, Simon Prutchi, Sergio Solon.
13 Vgl. Hanns Aris, in: *Jüdisches Nachrichtenblatt* v. 31. 1. 39, S. 2.

rellen, religiösen und administrativen Auffassungen zu erkennen, zu dem sich persönliche Eitelkeiten, Rivalitäten um Einflußsphären sowie individuelle Abneigungen gesellten, die sich auch gegen die Person des Rabbiners richteten. Während in der Folgezeit einzelne Immigranten, die beiden Vereinigungen angehörten, wegen offener Propaganda gegen die *Beneficencia* aus dieser ausgeschlossen wurden, gehörten ihr andererseits Personen an, die innerhalb des Gemeindelebens der *Beneficencia* ungeachtet ihrer Zugehörigkeit zu dieser konkurrierenden Kultusgemeinde eine bedeutende Rolle spielten.[14]

Der Konflikt zwischen den Vereinigungen bzw. der *Beneficencia* und einflußreichen Mitgliedern innerhalb der *Comunidad de Culto* spitzte sich angesichts des Streits um die Nutzung des Friedhofs in der Magdalena zu. Er läßt sich allerdings nur aus den Stellungnahmen der *Beneficencia* rekonstruieren und ergibt das Bild eines regelrechten Intrigenspiels, bei dem private Wirtschaftsinteressen einzelner Mitglieder der *Comunidad de Culto* eine Rolle spielten.[15] Als sich herausstellte, daß das Gelände gar nicht die notwendige behördliche Genehmigung hatte, um als Friedhof genutzt zu werden und die *Beneficencia* beschloß, ein eigenes Gelände zu erwerben, erreichten die Auseinandersetzungen ihren Höhepunkt. Flugblätter und Rundschreiben wurden von der Gegenseite verteilt, die nun ihrerseits die Legalität der *Beneficencia* bestritt: Sie habe sich ihre gesetzliche Anerkennung illegal verschafft, mit Schwierigkeiten von Seiten der Behörden sei zu rechnen, sie verstoße mit dem Ankauf des Friedhofs, den ohnehin nur eine kleine Gruppe wünsche, gegen geltendes ecuadorianisches Recht und wolle hierbei Gelder der *Beneficencia* statutenwidrig verwenden.[16] Die weitere Entwicklung gab der *Beneficencia* recht, ihr Friedhof wurde aus freiwilligen Spenden und einem Zuschuß des JOINT gekauft und von den Behörden legalisiert.

Wie viele Juden die *Comunidad de Culto* repräsentierte, läßt sich nicht mehr feststellen. Einem Schreiben von Julius Rosenstock an den Vorstand der Vereinigung vom September 1940, in dem er Vorschläge für ein Zusammengehen der Organisationen machte, ist zu entnehmen, daß sie »einen ansehnlichen Teil der hiesigen Judenschaft«[17] vertrat. Hier wie in Guayaquil hatte diese Spaltung, so heftig man sich auch teilweise bekämpft haben mochte, ebenfalls keine völlige Trennung der beiden Organisationen zur Folge. So wurde der Gottesdienst für die Mitglieder der *Beneficencia*, die ihn

---

14 Zu diesen Personen gehörten Berthold Weinberg und Walter Karger. Vgl. den »Offenen Brief« von Rosenstock, Oktober 40, 7; C. Weiser, ebenda, S. 3; April 43, 5; Liebmann, 15. 11. 63, 6 f.; Herbert Gedalius, 1. 12. 63, 6; November 78, 3.

15 Vgl. Rosenstock im Namen des Vorstandes der *Beneficencia* in einem Flugblatt »Zur Aufklärung!« v. Mai 43. Vgl. auch April 43, 2 u. 8; das Gespräch Gustav Zanders.

16 Vgl. Flugblatt »Zur Aufklärung!« v. Mai 43.

17 Vgl. Oktober 40, 7.

nach orthodoxem Ritus wünschten, an den hohen Feiertagen vom Rabbiner der *Comunidad de Culto* abgehalten und gelegentlich traf man sich zu besonderen Anlässen wie zum Beispiel bei der Verabschiedung des langjährigen Präsidenten der *Sociedad de Culto Israelita* Elkuno Rosenheck, der in die USA ging.[18]

»Opfer« der Auseinandersetzungen um den Kultus und den Friedhof wurde, wenn auch nicht unmittelbar, Julius Rosenstock. Die Konflikte waren immer auch mit Angriffen gegen ihn ausgetragen worden. Es kam auch vor, daß jemand öffentlich Abbitte leistete, weil er Verleumdungen gegen Rosenstock in die Welt gesetzt hatte.[19] In der Friedhofsangelegenheit erschien er als der eigentlich Verantwortliche für die angeblich illegalen Machenschaften der *Beneficencia*. Da Angriffe einzelner gegen ihn nicht aufhörten, trat er im Februar 1945 zurück. Die außerordentliche Generalversammlung vom 4. Juni 1945 ernannte ihn einstimmig zum Ehrenpräsidenten der *Beneficencia*.[20]

Nachdem es schließlich 1948/49 zum Zusammenschluß beider Kultusgemeinden gekommen war, sah sich die liberale Mehrheit enttäuscht. »Beide Teile machten Concessionen. Man wollte einen Gottesdienst schaffen, der allen Richtungen entsprach. Ich frage mich heute oft, ob in den späteren Kultusverwaltungen diese Erwartungen der liberalen Mehrheit, die damals große Opfer gebracht hat, nicht sehr erheblich vernachlässigt wurden.«[21] Welcher Art die Differenzen etwa in rituellen Fragen sein konnten, zeigt ein Beispiel aus dem Jahre 1951. Mehrere Wochen lang beschäftigte sich der Kultusausschuß mit der Frage, ob ein Junge, der durch »ungewöhnliche Umstände« nicht nach jüdischem Brauch beschnitten war, die Bar Mizwah-Weihe erhalten könne. Da sich die örtlichen Experten in dieser Frage als befangen ansahen, beschloß man mit Zustimmung der orthodoxen Mitglieder, die Entscheidung einem orthodoxen Rabbiner in den USA zu überlassen. Als dieser für den Jungen positiv entschied, boykottierte das »Schabbosminjan« dennoch die Bar Mizwah-Feier.[22] Während so in Quito die Differenzen in Sachen Kultus mehr Zündstoff für Spannungen und Spaltungstendenzen lieferten als die Auseinandersetzungen um den Zionismus, war es in Guayaquil umgekehrt.

18 Vgl. 15. 6. 46, 6; das Gespräch Prof. Dr. Miguel A. Schwind.
19 So José Zanger, einer der Eigentümer des Friedhofs, der als Beweis seiner »aufrichtigen Buße« 1000 Sucres zugunsten der *Beneficencia* spendete, was zu dieser Zeit eine erhebliche Summe darstellte. Vgl. Juni 42, 8.
20 Vgl. Dezember 43, 3, März 45, 1 u. 2, Juni 45, 5. In ihrem Roman läßt Stella Wilchek den Präsidenten der Jüdischen Gemeinde, der unverkennbar Züge des realen Rosenstock aufweist, frühzeitig sterben. Die kleinkarierte und gehässige Kritik an seiner Person steht im Roman im Zusammenhang mit der Tatsache, daß er mit einer Einheimischen und damit mit einer Katholikin verheiratet ist. Rosenstock war mit einer Ecuadorianerin aus einflußreicher Familie verheiratet.
21 H. D. Rothschild, 15. 11. 63, 8. Vgl. auch 1. 12. 47, 3, 15. 12. 48, 4, 15. 12. 49, 4.
22 Vgl. 1. 12. 51, 2.

Unabhängig von diesen in erster Linie religiös motivierten Konfrontationen machten sich in der *Beneficencia* und in den ihr verbundenen Organisationen Gegensätze durch die Bildung von Gruppen bemerkbar, die versuchten, ihre jeweiligen Interessen durch manipulatorische Einwirkung auf die Wahlen zu den Körperschaften durchzusetzen. Die Motive hierfür wurden als »meist persönliche Rivalitäten« bezeichnet. »Es ist unzulässig und in höchstem Grade undemokratisch, die Wählerschaft kurz vor der Wahl am Tage der Generalversammlung mit Wahlvorschlägen zu überrumpeln und etwa vorhandenen Gegengruppen die Möglichkeit zu nehmen, ihrerseits Wahlvorschläge herauszubringen und Wahlpropaganda zu betreiben.«[23] Reformversuche erbrachten keine Besserung, und eine grundsätzliche Wahlrechtsreform, die jeden Mißbrauch ausschließen sollte, scheiterte letztlich am Desinteresse der Mitglieder. Sie erschienen mehrfach nicht zu den außerordentlichen Generalversammlungen in der satzungsmäßig vorgesehenen Anzahl von mindestens fünfzig Prozent, um die Reform zu verabschieden. Mit der Zeit wurde es schwieriger, Kandidaten zu finden, die zur Übernahme von Ämtern bereit waren. Ein Mandat zu übernehmen, bedeutete zwar auf der einen Seite persönliches Prestige und Einfluß auf die Geschicke der Gemeinde, da aber fast alle Ämter ehrenamtlich bekleidet wurden, hieß dies andererseits, Zeit und Mühen ohne jedes Entgelt zu investieren. Dies konnten sich nur diejenigen erlauben, deren wirtschaftliche Lage gesichert war und deren Beruf eine gewisse Abkömmlichkeit gestattete.[24]

Neben den beschriebenen Spannungen, Auseinandersetzungen und Konflikten sowohl auf der privaten wie auf der Ebene der Organisationen bildeten die Beziehungen zu Organisationen und Personen außerhalb der Jüdischen Gemeinde ein weiteres Problemfeld. Hierzu zählten die Position gegenüber den politischen Vereinigungen von Immigranten und nicht zuletzt das Verhältnis zu den abseits aller jüdischen Einrichtungen stehenden Flüchtlingen.

2. Liegend oder stehend getauft?
Identitätsprobleme und Abgrenzungen unter Immigranten

Abgesehen von einigen wenigen Immigranten, die aus politischen Gründen ihre Heimatländer verlassen hatten, war den Flüchtlingen in Ecuador eines gemeinsam: die Verfolgung aufgrund der nationalsozialistischen Rassengesetzgebung, die sie als Juden bzw. Juden verschiedenen Grades definierte. Jenseits dieses, ihnen von außen aufgedrückten Stempels, unterschieden sie sich in mancher Hinsicht, was nicht ohne Auswirkungen auf ihr Zusammen-

23 Weinberg, April 44, 2.
24 Vgl. 15. 2. 46, 6, 1. 6. 46, 6, 1. 7. 46, 6, 15. 11. 48, 3.

leben blieb. Neben der großen Zahl derjenigen, die sich seit jeher dem Judentum zugehörig zählten, sei es aus religiösen Gründen, sei es weil sie sich als Angehörige einer Schicksalsgemeinschaft, eines Volkes oder gar einer Rasse empfanden, gab es jene Menschen, die den Nazis »zu jüdisch« und den Juden »nicht jüdisch genug« waren. Sie waren zwar als Juden geboren, fühlten sich aber weder religiös, noch kulturell dem Judentum verbunden. Während ein Teil von ihnen unter dem Eindruck von Verfolgung und Exil ihre Assimilation als Trugschluß revidierte und zum Judentum zurückfand, suchten andere keinen Anschluß an die Jüdische Gemeinde, weil sie sich auch weiterhin als Bürger jener Länder betrachteten, aus denen sie stammten und ihr Judesein als untergeordneten Gesichtspunkt ansahen. Hierzu gehörten auch die meisten Flüchtlinge aus der kleinen Gruppe der italienischen Juden. Daneben gab es eine größere Gruppe von getauften Juden. Manche hatten sich erst als Erwachsene taufen lassen, die meisten waren aber bereits als Kinder getauft worden und vollkommen assimiliert aufgewachsen. Viele hatten erst durch die Verfolgung erfahren, daß sie jüdischer Herkunft waren. Schließlich waren da noch diejenigen, die in sogenannten Mischehen lebten, von denen es in Ecuador vor allem unter den Deutschen eine verhältnismäßig große Zahl gab. Arthur Weilbauer erklärt dies damit, daß gerade dieser Personenkreis versucht hatte, solange wie möglich in Deutschland auszuharren und ihm schließlich kaum noch ein anderes Land als Ecuador offenstand.[25]

Von Seiten der jüdischen Organisationen war eine Abschottungstendenz gegenüber denjenigen Flüchtlingen, die ihnen nicht angehörten, erkennbar. Von einer Minderheit abgesehen, die keinen Wert auf Kontakte mit Juden legte, sah sich die Mehrheit der übrigen Flüchtlinge durch diese Haltung ausgegrenzt. Die Botschaft, die sie wahrnahmen, lautete: Wer sich nicht zum Judentum bekennt, hat bei uns nichts zu suchen. Daß die Jüdische Gemeinde jeden Kontakt mit solchen Immigranten ablehnte, die die Juden für die Verfolgung verantwortlich machten, sich geschmeichelt fühlten, wenn sie für einen »Arier« gehalten wurden und sich bei deutschen Stellen anbiederten, versteht sich von selbst. Suspekt machten sich auch diejenigen, die sich weiterhin als Deutsche betrachteten, Beziehungen zu ansässigen Deutschen hatten oder gar ihre Kinder in die Deutsche Schule schickten, weil sie diese für nicht nazistisch beeinflußt hielten. Eine solche Haltung wurde von jüdischer Seite als würdelos angesehen und als Zeichen krankhafter Assimilierungssucht.[26] Das Verhalten einzelner Immigranten, das in dem Bedauern gipfeln konnte, nicht als vollwertiger Deutscher selbst zur Durchsetzung nationalsozialistischer Politik beitragen zu dürfen, mag

25 Vgl. Weilbauer, Ein weiter Weg, S. 39; das Gespräch Dr. Alberto Di Capua.
26 Vgl. B. Weiser, März 42, 1 f.; Rosenstock, Oktober 40, 7.

mit dazu geführt haben, daß von jüdischer Seite nur selten Verständnis für die Identitätsprobleme aufgebracht wurde, denen sich Menschen ausgesetzt sahen, die bis zu ihrer Verfolgung durch den Nationalsozialismus nichts anderes kannten, als Deutsche zu sein. So mancher begriff auch, nachdem er den »definitiven Fußtritt« erhalten hatte, seine wirkliche Lage nicht. »Auf der Überfahrt von Deutschland nach hierher wird in Gibraltar das Schiff von den Engländern aufgehalten. Beamte des englischen Intelligence Service fragen die Passagiere über dies und jenes in Deutschland aus. Darauf gibt einer der auf Hicemkosten reisenden Passagiere die folgende geistreiche Antwort: ›Ich sage nichts gegen meine Heimat aus.‹ Schließlich ist noch ein Fall zu erwähnen, wo ein Mann auf einen Aufruf der *Hicem* an die Juden, die sich noch nicht registriert haben, dies nunmehr zu tun, erscheint und dabei sagt: ›Ich weiß eigentlich nicht, ob ich es tun soll. Ich setze mich dabei zwischen zwei Stühle.‹«[27] Während so die einen noch immer an einer illusionären Bindung an Deutschland festhielten, lebten andere in der Angst, sie könnten eines Tages im Exil als feindliche Deutsche betrachtet und interniert werden.

Unabhängig vom Verhalten einzelner gegenüber Deutschland oder deutschen Einrichtungen spielte die Konfessionszugehörigkeit eine Rolle dabei, ob man mit einander verkehrte oder nicht. Von den »christlichen Juden«, wie sie Raul Hilberg[28] nennt, brachte man den »liegend«, also den als Baby getauften, ein gewisses Verständnis entgegen, da sie auf diesen Vorgang keinen Einfluß und in ihrem weiteren Leben keinerlei äußere wie innere Bindung zum Judentum erlebt hatten. Ähnliches galt für das Verhältnis zu den Menschen, die in »Mischehen« lebten, wobei meist der Mann jüdischer Herkunft war. Während für einen Teil der Juden solche »Mischehen« nicht akzeptabel waren, erkannten andere es an, daß die Ehefrauen ihren Männern ins Exil gefolgt waren und respektierten sie und die »halbjüdischen« Kinder, auch wenn diese christlich erzogen wurden. Doch wurden auch hier Unterschiede gemacht. War der Mann kein »praktizierender« Jude, konnte dies Grund genug sein, auf Distanz zu gehen. Dies galt in noch stärkerem Maße für die Beziehungen zu Immigranten, die sich erst als Erwachsene hatten taufen lassen. Ihr Verhalten wurde als eine Art Verrat am jüdischen Volk empfunden. Zu denen, die spät konvertiert waren, gehörten vor allem tschechische Juden. Die Tatsache, daß sie sich hatten taufen lassen, um so der Verfolgung zu entgehen, war nicht der eigentliche Stein des Anstoßes,

27 B. Weiser, März 42, 2. Vgl. das Gespräch Willi Bamberger.
28 Vgl. Raul Hilberg, Täter, Opfer, Zuschauer. Die Vernichtung der Juden 1933 – 1945, Frankfurt a.M. 1992, S. 168 – 177. In Peru beschäftigte sich die deutsch-jüdische Gemeinde mehrfach mit der Frage, ob »nicht-arische Christen« oder »jüdische Christen« in die Gemeinde aufgenommen werden könnten. Vgl. Trahtemberg Siederer, La Inmigración Judía, S. 128 u. 139 f.

sondern daß sie im Exilland, in dem ihnen keine Lebensgefahr mehr drohte, nicht wieder zum Judentum zurückkehrten.[29]

Wie sehr sich derlei Ab- und Ausgrenzung im Alltag tatsächlich durchsetzten, läßt sich kaum erfassen, weil die Beispiele nicht darauf überprüft werden können, wie repräsentativ sie waren. Die Abgrenzung entsprach einer allgemeinen Tendenz, wurde aber von einzelnen und Familien durchbrochen. So sind denn auch die Erfahrungen von nichtjüdischen Immigranten durchaus unterschiedlich. Manche hatten regelmäßige und gute Beziehungen zu Juden, andere sahen sich gemieden. Man kannte sich zwar, lud sich aber nicht gegenseitig ein. Als ein nichtjüdischer Immigrant glaubte, er könne sich seinen Lebensunterhalt damit verdienen, indem er jüdischen Kindern auf einem Stück gepachteten Boden in Ambato Landwirtschaft beibringe, hatte er sich getäuscht. Man boykottierte sein Vorhaben. Es gab nichtjüdische Flüchtlinge, die zu Veranstaltungen der *Beneficencia* nicht zugelassen wurden. Ein offizieller Beschluß, bestimmte Personen hiervon auszuschließen, erfolgte aber erst im Juni 1945 durch den Vorstand der *Beneficencia*, nachdem bei einem Diskussionsabend heftige Kritik seitens der Vertreter der sogenannten Freien Bewegungen an einem Referat des Präsidenten der *Federación Sionista* geübt worden war. Die Generalversammlung wies den Vorstand an, für »Veranstaltungen dieser Art« keine Räume mehr zur Verfügung zu stellen. In Zukunft sollte jede Politik aus der *Beneficencia* herausgehalten und sollten nur noch jüdische Interessen, wie dies die Satzung vorschreibe, verfolgt werden. »Zutritt zu den Räumen unseres Heims sowie den kulturellen Veranstaltungen haben nur Mitglieder und durch sie eingeführte Gäste. Als Gäste werden nicht zugelassen solche in Quito wohnhaften Personen, die statutengemäß Mitglieder sein könnten, ihre Aufnahme als Mitglieder jedoch bisher nicht beantragt haben. Alle sonstigen Einrichtungen, Bibliothek u.s.w. stehen nur den Mitgliedern zur Verfügung.«[30]

Als mit dem Abbruch der Beziehungen Ecuadors zu den Achsenmächten im Januar 1942 nach Herkunftsländern zusammengesetzte Vereinigungen entstanden waren, wurden die Abgrenzungen unter Immigranten, jetzt auf der Ebene der Organisationen, vorübergehend um zwei Varianten bereichert, um eine im weiten Sinne politische und eine im engeren Sinne nationale oder nationalistische. Aus zionistischer Sicht hatten Juden in solchen Organisationen nichts zu suchen, schon gar nicht in einer deutschen Vereinigung, auch wenn diese sich explizit als antifaschistisch verstand. So waren die Mitglieder des *Movimiento Alemán Pro Democracia y Libertad* und des sich später

29 Vgl. die Gespräche Dr. Gertrud Tietz und Suse Tugendhat; siehe auch die Gespräche Dr. Gerhard Anker, Willi Bamberger, Georg K., Dr. Ilse Grossmann, Ernesto Lehmann, Dr. Martin Rosenthal, Helen Rothschild, Dr. Ewald Schiller, Prof. Dr. Miguel A. Schwind; W. Aron, Der Heiligenschein, S. 178 f.
30 Juni 45, 7; vgl. ebenda, S. 6.

abspaltenden *Freien Deutschland* auch in ihrer Mehrzahl keine Angehörigen der Jüdischen Gemeinde, sondern jene Immigranten, die Juden sein sollten, es aber nicht sein wollten. Andere ordneten die Verfolgung national-jüdischer Ziele der Teilnahme am Widerstand gegen das »Dritte Reich« mit dem Ziel der Veränderung der politischen Verhältnisse in Deutschland unter. Bobby Astor, der Präsident des *Freien Deutschland*, gehörte auch der *Beneficencia* an. Er legte im Zusammenhang mit den Auseinandersetzungen um die oben erwähnte Veranstaltung sein Mandat als Vorstandsmitglied der *Beneficencia* nieder.[31] Eine nationalistisch gefärbte Tendenz hatten die politischen Vereinigungen insofern, als die Immigranten, die nicht aus Deutschland stammten, sich hiermit von den deutschen Flüchtlingen als diejenigen absetzten, die mit dem Land der nationalsozialistischen Barbarei qua nationaler Herkunft nichts zu tun hatten, während die deutschen Immigranten mit ihrem Verein in den Geruch kamen, für dieses nichtswürdige Land Partei zu ergreifen.

3. Alle Kraft für den Aufbau eines jüdischen Staates?
Zionismus im Widerstreit

In einem Artikel in den *Informaciones* vom Oktober 1941 beklagte Benno Weiser nicht zum letztenmal, daß die große Mehrheit der Juden Quitos als politischer Faktor völlig wertlos sei, da sie keinerlei Interesse an zionistischen Themen zeige und die »jüdische Kulturarbeit« sich in »an die Mittelschule erinnernde Redeübungen« erschöpfe.[32]

Die fehlende Begeisterung für zionistische Ziele und die mangelnde Bereitschaft durch Spenden an deren Verwirklichung mitzuwirken, hatte eine Reihe von Ursachen, die nicht zuletzt auch auf ein gewisses Mißtrauen über die Verwendung der Spenden zurückgingen und auf Zweifel daran, ob zionistische Ziele jemals zu verwirklichen seien, und so Mittel vergeben würden, die man vor Ort sinnvoller anlegen könnte. Angesichts der eigenen schwierigen wirtschaftlichen Situation, der Sorgen, die Gemeinde könne ihre örtlichen finanziellen Anforderungen nicht decken, sollte vorhandenes Geld besser für schlechte Zeiten gespart werden. Die »Lokalpatrioten« mußten keine Gegner des Zionismus sein, sie setzten aber andere Prioritäten. In diesem Zusammenhang waren auch die Besuche der ausländischen Emissäre umstritten, die zu den jährlichen Kampagnen anreisten und deren Aufenthaltskosten die örtliche Gemeinde übernehmen mußte. Während die einen auf das rhetorische Talent der Emissäre keinesfalls verzichten wollten, sahen andere darin eine unnötige Ausgabe. Auch spielte die Befürchtung eine Rolle, eine zionistische Organisation könne zur Spaltung in der Jüdischen Ge-

31 Vgl. Juni 45, 5; siehe auch September 42, 9, Dezember 42, 8, Februar 43, 1 f.
32 Vgl. B. Weiser, Oktober 41, 2; vgl. auch Mai 43, 8, Oktober 43, 5 f.

meinde führen. Wie das Beispiel Guayaquil zeigt, waren solche Bedenken nicht unbegründet und auch in Quito traten nicht nur wegen der angespannten Finanzlage erhebliche Gegensätze auf. 1950 wäre es fast zu einer Spaltung der Gemeinde gekommen, als in einer wirtschaftlich schwierigen Lage zu einer Israel-Kampagne aufgerufen wurde.[33] Von zionistischer Seite argumentierte man, daß die Gelder für den Aufbau Palästinas nicht abgezogen werden sollten, von dem, was der einzelne der Gemeinde zugedacht habe; es handele sich um eine zusätzliche Abgabenpflicht, um ein Opfer, das weh tun solle.[34]

Die zögernde Identifizierung mit zionistischen Zielen hatte auch eine Ursache darin, daß dieses Thema für viele Immigranten neu war. Sie besaßen kaum Kenntnisse hierüber und schon gar keine emotionale Bindung wie Juden aus osteuropäischen Ländern, in denen der Zionismus seit jeher tiefer verwurzelt war. Während die einen den Zionismus weniger als eine politische Bewegung verstanden, sondern als eine »rein jüdische« Angelegenheit, lehnten andere ein Engagement für die Ziele des Zionismus gerade deshalb ab, weil sie meinten, sich als Immigranten von jedweder Politik fernhalten zu müssen, um nicht aufzufallen bzw. nicht mit den Interessen des Gastlandes in Konflikt zu geraten. Auch dürfte die nur zögernde Identifikation mit dem Zionismus darauf zurückzuführen sein, daß ein Teil der politisch interessierten jüdischen Immigranten eher in den antifaschistischen Vereinigungen ein Betätigungsfeld sah, während die unpolitische Mehrheit nur allmählich für ein Engagement im Sinne des Zionismus mobilisiert werden konnte.

Als typisches Beispiel für einen »Westjuden«, der erst allmählich beginnt, sich zionistischen Idealen anzunähern, druckten die *Informaciones* im Januar 1944 die Rede des Vizepräsidenten der *Beneficencia* ab, in der dieser unter anderem ausführte: »Wir stehen der Bewegung noch distanciert gegenüber. Was den Zionisten als selbstverständliche Gedankengänge erscheint, nämlich die Idee der nationalen Wiedergeburt und der staatlichen Selbständigkeit ist uns neues Gedankengut und vor allem eine neue Gefühlssphäre. Jede Idee hat eine doppelte Basis. Die eine Basis ist die Logik, die andere Basis liegt im Unbewußten der menschlichen Natur, im Gefühl. Wenn auch eine neue Logik leicht erkannt werden kann, so bedarf es eines tieferen seelischen Vorganges, um auch das Gefühl für die Idee zu gewinnen. Wenn wir daher noch nicht mit wehenden Fahnen der uns neuen Idee zujubeln, so bedeutet dies noch lange nicht, daß wir verstockte Assimilanten und vergrämte Gegner des Zionismus sind.«[35]

33 Vgl. 1. 4. 50, 1; November 43, 6 f. u. 10, Oktober 43, 5 f., Dezember 43, 13, Januar 44, 6, März 44, 5, 1. 9. 45, 14.
34 Vgl. Dezember 43, 13.
35 Otto Rosenfeld, Januar 44, 8. Vgl. 1. 10. 57, 3, März 41, 1 f., 15. 6. 63, 3; La Colonia, S. 72.

Nicht zuletzt mag das apodiktische Auftreten der »strammen Zionisten«
als Anmaßung empfunden worden sein, die keinen Raum für eigene Entscheidungen zuließ. Zwar hatte die Führung der zionistischen Organisation
für sich reklamiert, sie wolle keine Opportunisten in ihren Reihen, sondern
nur wirklich Überzeugte und man werde Werbung betreiben und keine Propaganda, da diese immer übertreibe, vergröbere und verfärbe, so war doch
der Ton, den sie anschlug, oftmals alles andere als moderat. Natürlich gab es
auch hier Unterschiede zwischen einzelnen zionistischen Vertretern, ebenso wie sie in der Herleitung des Anspruchs auf Palästina und der Bedeutung
und der Aufgaben des Zionismus für die gesamte Judenheit keine einheitliche Position verkörperten. 1944, als die zionistische Bewegung in Quito
einen unverkennbaren Aufschwung genommen hatte, und nur noch eine
»kleine Minorität« abseits jeder Spendenbereitschaft stand, kritisierte der
Präsident der zionistischen Organisation in scharfer Form die verschiedenen Ausreden derer, die über Geld verfügten, davon aber nichts abzugeben
bereit seien. Solche seien nicht wert, Juden zu heißen und dem jüdischen
Volk angelastet zu werden. »Es ist zu hoffen, daß einmal der Moment kommen wird, daß unter uns Juden derjenige nicht mehr gesellschaftsfähig ist,
der seinen Beitrag für die Aufbauarbeit in Palästina verweigert. In Kriegszei-
ten für das jüdische Volk sollten wir für solche Leute eine interne ›Schwarze
Liste‹ anlegen.«[36] Während man nach der Staatsgründung Israels tatsächlich dazu überging, Namen von Spendenunwilligen zu veröffentlichen, stieß
eine solche Forderung damals noch auf erheblichen Protest. Der Vorstand
der *Beneficencia* gab eine Erklärung ab, in der er den Artikel rügte, der »berech-
tigte Erregung« ausgelöst habe und gegen die Grundsätze der Organisation
verstoße. Der Autor hatte den Artikel entgegen den Gepflogenheiten nicht
dem Pressereferat zur Genehmigung vorgelegt.[37]

Etwa zeitgleich mit diesen Vorgängen in Quito hatte der Besuch des Keren-
Kaymeth-Delegierten Leo Halpern in Guayaquil der zionistischen Organisation zum Durchbruch verholfen. Halpern gehörte innerhalb der zionistischen
Bewegung der *Paole Zion* an. In den *Informaciones* erschienen unter der Überschrift »›Zionistenaufruhr‹ in Guayaquil« verschiedene Dankschreiben an
den *Keren Kayemeth* und den *Keren Hayessod* dafür, daß sie einen Mann wie
Halpern nach Guayaquil gesandt hatten, sowie solche, die sich an Halpern
selbst richteten und in denen die Betreffenden in der Art von Bekehrungs-
erlebnissen über ihre Eindrücke berichteten. Man druckte sogar die »Worte«
von Personen ab, von denen vorneweg gesagt wurde, daß sie sich scheuten,
von anderen gehört zu werden und deshalb persönlich zu Halpern sprachen,

---

36 B. Weiser, März 44, 5. Vgl. auch November 43, 6 f.
37 Vgl. April 44, 1. Siehe auch Oktober 41, 2.

so daß nur er allein sie hören konnte.[38] Zweifellos hatte der Besuch Halperns einen tiefen Eindruck hinterlassen, doch regte sich auch Widerspruch gegen seine Art der Agitation, die nur auf die Gefühle seiner Zuhörer abziele und »überspitzten nationalen, ›bodenständigen‹ Theorien« Raum gebe, anstatt nüchtern zu argumentieren. »Bei dieser Gelegenheit sei auf die amüsanten Nebenerscheinungen, die anläßlich der Gründung der Ortsgruppe Guayaquil zum Vorschein kamen, hingewiesen. Man fängt an, alte Mitgliedskarten zionistischer Organisationen aus Europa auszukramen, man geht zwar nicht zu den Reden, aber zu den Banqueten, in einem Wort, es ist eine ›gesellschaftliche‹ Pflicht geworden, Zionist zu sein. Und man beginnt, Nichtzionisten als eine Art von Untermenschen zu betrachten.«[39]

Letztlich hing die Stellung gegenüber dem Zionismus auch mit der Definition des Judentums zusammen. Die Streitfrage, als was die Juden anzusehen seien, hatte man aus Europa ins Exil mitgebracht. War man ein Volk, eine Nation, eine »Bluts- und Gottesgemeinschaft«, eine durch »Traditionsreste« verbundene, aber ebenso gespaltene Schicksalsgemeinschaft oder war man lediglich eine Religionsgemeinschaft? Nicht nach objektiven Konstanten des Judentums fragend, formulierte Bobby Astor das Volkstum einer Gruppe als ein in erster Linie subjektives Phänomen. Danach waren nur solche Juden als Volk zu betrachten, die sich selbst so verstanden und gemäß dem Selbstbestimmungsrecht der Völker Anspruch auf nationale Freiheit geltend machen konnten.[40]

Kennzeichnend für die turbulenten Diskussionen und Polemiken in der Zionismusdebatte unter den jüdischen Immigranten in Ecuador, so faßte es der erste Präsident der zionistischen Organisation zusammen, waren im Gegensatz zu anderen Exilländern die Auseinandersetzungen zwischen Zionisten und ihren Widersachern. Diesen Umstand führte er auf den hohen Anteil deutschsprachiger Immigranten zurück, für die der Zionismus Neuland war. Dies habe einerseits Platz geboten für mehr »Bekehrungseifer« und andererseits verhindert, daß, wie in anderen Ländern, die Debatte oft mit schweren Nachteilen für die Idee des Zionismus zwischen verschiedenen zionistischen Fraktionen und Parteien geführt wurde.[41] In den Artikeln von

38 Vgl. März 44, 10. Zu Halpern vgl. z.B. Januar 44, 1 ff., März 44, 8.
39 Herbert Peter Spritzer, März 44, 10, vgl. ebenda S. 9.
40 Vgl. Bobby Astor, in: *Demokratisches Deutschland*, Jg. 2, Nr. 1 v. Januar 45, S. 8. Vgl. Juli 40, 1, Oktober 41, 1, Dezember 41, 3, Januar 43, 1, Juni 43, 8; die Gespräche Dr. Martin Rosenthal, Prof. Dr. Miguel A. Schwind, Gustav Zanders. Zur Person Astors siehe Kap. VI. 3. 4.
41 Vgl. B. Weiser, in: La Colonia, Kr. 73. Welche Rolle der Zionismus in den deutsch-jüdischen Gemeinden anderer lateinamerikanischer Staaten spielte, ist aufgrund des bisherigen Forschungsstandes nicht eindeutig zu beantworten. Zwar kann als Fazit festgestellt werden, daß der organisierte Zionismus vor allem von Immigranten aus Osteuropa getragen wurde, andererseits scheint er aber auch in den Organisationen deutschsprachiger bzw. mitteleuropäischer Juden zumindest vorübergehend von größerer Bedeutung gewesen zu sein, als bis-

zionistischen Autoren und Politikern aus einzelnen Ländern, die die *Informaciones* abdruckten, kamen Vertreter verschiedener Richtungen zu Wort, allerdings finden sich keine Beiträge, die im Sinne der Revisionisten den offenen Kampf gegen die Mandatsmacht und die Araber propagierten. Soweit erkennbar, war eine Diskussion um die Schaffung eines jüdischen Staates auch mit Waffengewalt unter den Immigranten zumindest bis 1945 kein Thema, ebenso wie das Problem des Verhältnisses zu den Arabern bis dahin nur am Rande berührt wurde. Später zeigte man in Guayaquil Bewunderung für die *Haganah*, die Untergrundbewegung der Juden in Palästina, und ließ Wladimir Jabotinsky, den verstorbenen Gründer der Revisionisten, hochleben.[42]

Die Grenze in der Zionismusdebatte verlief in erster Linie zwischen denen, die möglichst alle Juden auf den Auszug aus der Diaspora verpflichten wollten bzw. in der Staatsgründung die einzige Möglichkeit der Auto-Emanzipation des jüdischen Volkes wie die Lösung der »Judenfrage« und die Beseitigung des Antisemitismus schlechthin sahen und denen, die eine Position des »Sowohl-als-auch« vertraten. Man war sich bewußt, daß Palästina gar nicht die Kapazitäten besaß, alle Juden der Diaspora aufzunehmen und daß viele gar nicht bereit wären, dorthin auszuwandern. Für diese »Realpolitiker« sollte Palästina zwar das geistige und kulturelle Zentrum des Judentums sein, was aber keineswegs die Rückkehr der Immigranten in ihr Herkunftsland ausschloß. Weniger pragmatisch, aber mit dem gleichen Ergebnis, sahen in der Tradition des jüdischen Liberalismus stehende Vertreter einer »Weltmission« des Judentums als »Träger des humanen Geistes gegen die Gewalt« ein Nebeneinander von Diaspora und jüdischem Staat.[43]

Ohne Zweifel erwies sich das Schicksal der Juden in Europa als treibende Kraft, die immer mehr Immigranten dazu bewegte, sich dem Zionismus anzuschließen oder zumindest für dessen Ziele Geld zu spenden. Auch diejenigen, die den Zielen des Zionismus weiterhin skeptisch gegenüberstanden, sahen sich angesichts der Schreckensnachrichten, die nun immer häufiger eintrafen, veranlaßt, zur Rettung der von der Vernichtung bedrohten Juden beizutragen und die Kolonisierung in Palästina zu unterstützen. Für sie war Palästina in erster Linie ein Land, das die überlebenden europäischen Juden

---

her angenommen. Vgl. von zur Mühlen, in: Europäische Juden, S. 247; Pohle, Das mexikanische Exil, S. 77 f. Für die deutsch-jüdische Gemeinde in Lima konstatiert Trahtemberg Siederer, daß das Interesse an Palästina wuchs und zionistische Aktivitäten seit 1942 ständig zunahmen und mit der Staatsgründung Israels 1948 ihren Höhepunkt erreichten. Vgl. Trahtemberg Siederer, La Inmigración Judía, S. 155 u. 241 f. Zur Entwicklung in Chile vgl. Wojak, Exil in Chile, S. 183 u. S. 189 ff.

42 Besonders oft wurden Beiträge von Kurt Blumenfeld, dem ehemaligen Präsidenten der *Zionistischen Organisation für Deutschland*, abgedruckt. Zum Thema Revisionisten und Araber vgl. z.B. 15. 12. 46, 6, 15. 12. 47, 6 und Kap. IV. 3. 5. Anm. 99.

43 Vgl. Januar 43, 9, Januar 44, 8, August 44, 8, Dezember. 44, 9, März 45, 11, April 45, 7 f., Juni 45, 6, 1. 9. 45, 4, 15. 9. 45, 3, 1. 5. 49, 7.

aufnehmen sollte. Das Eintreten für die Gründung eines jüdischen Staates erschien so hauptsächlich als die Einlösung einer Verpflichtung derjenigen, die hatten fliehen können und denen durch das Exil Schlimmeres erspart geblieben war. So appellierten die Zionisten in diesem Sinne immer wieder an das Gewissen der Immigranten, doch war eine solche Einstellung gegenüber dem Zionismus nicht unumstritten, weil sie ihn auf eine humanitäre und Flüchtlingsfrage reduzierte oder wie Hannah Arendt es kritisch genannt hatte, auf ein »gigantisch erweitertes Asyl für Obdachlose«.[44]

Palästina wurde aus historischen und ideologischen Gründen im allgemeinen als das für einen zukünftigen jüdischen Staat prädestinierte Land angesehen. Auch erfüllte sich für andere die biblische Prophezeiung auf die Rückkehr in das Land der Väter, was man schon daran sehen könne, daß es den Juden einzig und allein in Palästina gelungen sei, sich erfolgreich als Landwirte zu betätigen. »Diese Erde war ihnen nicht fremd, trotz 2000-jähriger Abwesenheit.«[45] Entgegen solch mystifizierenden Sichtweisen wurde im allgemeinen die bis zum Kriegsende in Palästina geleistete Aufbauarbeit als ein wichtiges Faustpfand angesehen, um bei zukünftigen Verhandlungen nicht als Bittsteller, sondern als Partner mit berechtigten Ansprüchen und Forderungen auftreten zu können. Angesichts der internationalen Reaktionen auf die nazistische Vernichtungspolitik wurde vor der Hoffnung gewarnt, man werde Palästina als Entschädigung für ausgestandene Leiden ohne zusätzliche eigene Anstrengungen zugesprochen bekommen.[46]

Eine Stellung besonderer Art innerhalb der Diskussion über den Zionismus nahm Berthold Weinberg ein. Er war promovierter Jurist und hatte bis zum Entzug der Arbeitserlaubnis im Jahre 1937 als Dezernent der Rechtsberatungsstelle im *Centralverein Deutscher Staatsbürger Jüdischen Glaubens*, ab 1935 *Centralverein der Juden in Deutschland*, in Berlin gearbeitet. Sein Interesse galt einer auf die Grundtendenzen und Triebkräfte des Weltgeschehens abzielenden Geschichtsphilosophie, in deren Rahmen er auch die Ursachen des Antisemitismus und die Stellung der Juden in der internationalen Politik analysierte. Das Ergebnis seiner Überlegungen, die in zahlreichen Artikeln in den *Informaciones* erschienen, wurde 1951 als Buch mit einem Vorwort von Thomas Mann veröffentlicht. In einer seiner ersten Erörterungen zur »Judenfrage« hatte er als eine der Folgen der Diaspora den Verlust des kol-

---

44 Vgl. Hannah Arendt, Die Krise des Zionismus. Essays und Kommentare 2, Berlin 1989, S. 192; Oktober 42, 5, Dezember 43, 13, Januar 44, 8, Dezember 44, 9 sowie die zahlreichen Appelle für Sammlungen und die Beiträge in den Veranstaltungen der zionistischen Organisationen, besonders der WIZO.

45 I. Pohorille, März 44, 7. Vgl. März 41, 1 f., August 42, 1 f., Januar 43, 1 f., Januar 44, 8, März 44, 6, August 44, 13, September 44, 15, November 44, 9, 15. 3. 46, 7.

46 Vgl. z. B.: Februar 41, 7, August 41, 1 f., Februar 42, 1 f., Juli 42, 3, März 43, 3 f., Mai 44, 5 f., März 45, 5 f., 1. 3. 47, 4.

lektiven Machtgefühls und der eigenen Machtträgerschaft genannt. Zwar habe der Zionismus weite Massen ergriffen, aber in den emanzipierten Judenheiten keinen Bewußtseinswandel in Richtung Nationalisierung und Heimkehrbewegung größeren Ausmaßes erzeugt. Ganz zu schweigen von den geographischen und politischen Beschränkungen Palästinas sei aus diesen inneren Gründen keine »national-territoriale Gesamtlösung der Judenfrage« möglich. »Es bleibt die Schlußfolgerung, daß die Judenfrage mit der Existenz des Judentums identisch ist. Diese Tragik schließt aber zugleich den Stolz ein, Jude zu sein, dem Volk anzugehören, das der Menschheit die höchste religiöse Idee gegeben hat. Die Diaspora hat erhaltende Kraft, sofern sie die Juden befähigt, der Unentrinnbarkeit weltpolitischer Abläufe zu entgehen. Das jüdische Lebensgesetz heißt: Fortdauer des Geschichtslosen, Überzeitlichen innerhalb der geschichtlichen Mächte.«[47] Da Weinberg den inneren Willen des jüdischen Volkes zum Staat in Frage stellte und seinen Bestand nicht in nationaler Kollektivität, sondern in geistiger Kontinuität, in jüdischem Selbstbewußtsein gepaart mit Weltoffenheit sah, stießen seine Thesen bei Zionisten als »Grau-in-Grau-Theorie« auf Ablehnung. Zwar revidierte er angesichts der Gründung des Staates Israel seine Theorie insofern, als er gerade in der Einheit von Volk und Religion die Wurzel nationaler Dynamik sah, ohne die eine Staatsgründung nie möglich geworden wäre, hielt aber an einem Sonderschicksal des jüdischen Volkes fest, das er durch ein dauerndes Spannungsverhältnis zwischen menschlichem Universalismus und Stammesgebundenheit gekennzeichnet sah. Da diese Sonderstellung weder eine nationale, soziale, noch eine Rassenfrage sei und letztlich in seelischen Tiefenschichten wurzele, die Argumenten der Vernunft und der Ethik nicht zugänglich seien, sei sie auch durch politische Veränderungen nicht aufzuheben.[48]

In der Idee vom Judentum als dem Träger höchster religiös-ethischer Werte hatte Weinberg zunächst die Quelle für die Sonderstellung der Juden gesehen. In Weiterentwicklung seiner Theorie wurde sie zum Angelpunkt für die Erklärung der Entstehung des Antisemitismus schlechthin. Danach ist die Vorstellung vom zersetzenden, ewigen, heimatlosen Juden nicht entstanden, weil die Juden kein Heimatland haben, sondern weil sie im innersten Kern ihres Wesens nicht in einem irdischen Verband beheimatet sind, sondern vielmehr im Mythos, in der Auserwähltheit als Träger einer über-

47 Weinberg, April 41, 8. Vgl. Januar 41, 7; ders., Deutung des politischen Geschehens unserer Zeit, entwickelt aus einer Wesensbetrachtung der Völker und der allgemeinen Bewegungen der Zeit, New York 1951 (hier S. 147 ff.). Von Weinberg erschienen ferner in Buenos Aires und Ecuador kleinere Schriften, die auch um die Themen »Judentum« und »Weltgeschehen« kreisen. Vgl. Oktober 41, 8, 15. 12. 58, 2.

48 Vgl. Weinberg, 15. 11. 63, 11. Vgl. auch Dezember 42, 7, Januar 44, 8, Oktober 44, 4, 15. 9. 45, 6, 1. 6. 50, 3 f., 1. 4. 64, 5, 15. 4. 66, 12 f., 1. 10. 66, 7, 15. 5. 67, 12.

zeitlichen, unzerstörbaren Substanz, die sie außerhalb des geschichtlichen Prozesses stellt. Die Maßlosigkeit des Judenhasses sei daher nur zu begreifen, wenn man »die Tiefe und Maßlosigkeit des menschlichen Hasses gegen den Geist und gegen alles begreift, was sich nicht voll in die irdischen Kollektive einfügt«.[49]

Als unzweifelhaft originell und geistvoll bewertete Georg Schwerin, ebenfalls Rechtsanwalt und Mitglied des *Freien Deutschland*, Weinbergs Erklärung des Antisemitismus. Doch stellte er die trockene Frage: »Hat die vom finsteren Instinkt des Judenhasses fanatisierte Masse auch nur im entferntesten das Bewußtsein, daß das Judentum die höchsten religiös-ethischen Werte repräsentiert und als Träger derselben seine Angehörigen über den Rahmen der Kollektivität erhebt?«[50]

4. Gibt es das »Andere Deutschland«?
Eine Debatte

Diskussionen darüber, ob es ein »anderes« Deutschland gebe, für das einzutreten es sich lohne, wurden in allen Exilländern geführt. Allerdings lehnte ein Teil der Immigranten aufgrund der Erfahrung der jüngsten Vergangenheit eine solche Diskussion gänzlich ab. Zu ungeheuerlich waren die Verbrechen, die im Namen dieses Volkes vor allem gegenüber den Juden begangen wurden. Andere zeigten ein lebhaftes Interesse an solchen Fragen, die unter den Ecuador-Immigranten besonders 1942 debattiert wurden, nachdem sich nach dem Bruch Ecuadors mit den Achsenmächten Organisationen zu bilden begannen, deren Mitglieder sich nach Herkunftsländern zusammensetzten und die sich als Teil einer antifaschistischen Bewegung verstanden. Die Mitarbeit in solchen Organisationen bedeutete für deutsche Juden, sich für ein Land zu engagieren, das ihnen ihr Deutschsein abgesprochen hatte. Wer sich dennoch hierfür entschied, glaubte an eine demokratische Umgestaltung Deutschlands nach dem Sieg über den Faschismus und setzte voraus, daß Deutsche hierzu willens und fähig seien und das Land auch über eine demokratische und fortschrittliche Tradition verfüge, an die man anknüpfen konnte. Den Gegnern einer solchen Einschätzung warf man vor, zu Unrecht das gesamte Volk mit Hitler und der nationalsozialistischen Barbarei zu identifizieren, und nicht bestimmte Interessen- und Machtgruppen, die hierfür verantwortlich seien und denen andere wiederum Widerstand entgegengesetzt hatten und es auch in der Zukunft tun

49 Ders., 1. 5. 49, 7.
50 Georg Schwerin, 15. 8. 51, 6. Schwerin war langjähriger geschäftsführender Sekretär der *Beneficencia*. Er hatte zunächst dem *Movimiento Alemán Pro Democracia y Libertad* angehört. Vgl. 15. 11. 57, 2, 15. 7. 63, 3; *Aufbau* v. 15. 4. 52, S. 11.

würden. Dieser Kampf sollte aus dem Exil heraus unterstützt und so der Welt bewiesen werden, daß Deutschland aus seiner Geschichte gelernt habe und würdig sei, in die Gemeinschaft der freien Völker einzutreten.[51]

Soweit sich die Debatte über das »andere« Deutschland innerhalb der Jüdischen Gemeinde durch den Abdruck von Beiträgen zu diesem Thema in den *Informaciones* widerspiegelt, stellten vor allem diejenigen die Frage hiernach, deren Antwort negativ ausfiel. Die eher schweigende Mehrheit der Befürworter dokumentierte ihren Glauben an ein »anderes« Deutschland, indem sie deutsche Kultur in den Veranstaltungen aufleben ließ und im Zionismus nicht die einzige Lösung der »Judenfrage« sah. Innerhalb der Jüdischen Gemeinde machte sie sich nur dann laut bemerkbar, wenn ihr die Forderungen derjenigen, die alles ablehnten, das in irgendeiner Beziehung zu Deutschland stand, zu weit gingen. Empfindlich reagierte man vor allem dann, wenn sich die Kritik gegen die deutsche Sprache richtete, die Sprache der Klassiker und der Schriftsteller, unter denen zahlreiche Juden waren, und die für viele Immigranten wesentlich das »andere« Deutschland verkörperten. »Muß es wirklich noch betont werden, daß die deutsche Sprache nicht nur diejenige Goethes, Heines und Lessings ist, sondern auch die Sprache eines entarteten Verbrechervolkes, das in feiger Bestialität über eine Million wehrloser Glaubensbrüder hingemordet hat?!«[52] So gesehen, sei es kein Rückschritt, wenn die Heranwachsenden die Klassiker in nichtdeutscher Sprache kennenlernen würden. Der Artikel von Ernst Steinberg, in dem er Brasilien, das den Gebrauch der deutschen Sprache in der Öffentlichkeit unter Strafe gestellt hatte, als nachahmenswertes Beispiel nannte, rief Proteste hervor. Die Redaktion machte, den Präsidenten des jüdischen Weltkongresses und Großrabbiner von New York Stephen Wise zitierend, darauf aufmerksam, daß selbst Zionisten ihre Liebe zu Deutschland, dem deutschen Volk und seiner Sprache bekundeten und sich beides nicht von Hitler und Goebbels rauben ließen. Zwar erschienen in den *Informaciones* viele Beiträge, vor allem von zionistischer Seite, die eine Teilnahme von Juden an den sogenannten Freien Bewegungen verurteilten, die Führung der *Beneficencia* bzw. die Redaktion der Zeitung hielt sich in dieser Frage jedoch zurück.[53]

Während für manchen die jüngste deutsche Vergangenheit Grund genug war, die Frage nach dem »anderen« Deutschland erst gar nicht zu stellen, versuchten andere, diese im Zusammenhang deutscher Geschichte und Tradition zu beantworten. Der Begriff das »Andere Deutschland«, so argumentierte Wenzel Goldbaum, stamme aus dem Ersten Weltkrieg und habe schon

---

51 Vgl. Schwerin, in: *Demokratisches Deutschland*, Jg. 2, Nr. 1 v. Januar 45, S. 5. Vgl. auch Jg. 1, Nr. 4 v. Sept./Okt. 44, S. 6 (= S. M. 410; vgl. Kap. VI. 1. Anm. 5); Februar 42, 5, 15. 11. 48, 7.
52 Ernst Steinberg, Dezember 42, 8.
53 Vgl. Januar 43, 2; November 44, 4; September 44, 11.

damals dazu gedient, ein nur scheinbares Rätsel zu lösen: Wie erklärt es sich, daß das »Volk der Dichter und Denker« zum Kriegsverbrecher wurde? So entstand die Mär vom Volk mit zwei Seelen in einer Brust. Daß der »unheimliche Begriff« vom »Anderen Deutschland« auch nach dem Überfall auf Polen und weitere Länder, den verschiedensten Greueltaten und schließlich den Massenmorden am jüdischen Volk noch populär sei, gehe gerade auch auf emigrierte Schriftsteller bis hin zu Thomas Mann zurück, der glauben machen wolle, der Deutschen »tiefster, heimlicher Wunsch ist, geliebt zu werden«.[54] In seiner Betrachtung der deutschen Geschichte kommt Goldbaum zu dem Schluß, daß der Charakter eines Volkes durch seine Herrscher bestimmt werde. Und diese Herrscher sieht er sämtlich in der Tradition des preußischen Junkertums. Vertreter fortschrittlicher sozialer und politischer Strömungen waren für ihn nur lächerliche Marionetten und die »Goethes, Schillers, Beethovens, etcetera bomba‹ bildeten doch nur einen hauchdünnen Lacküberzug«.[55]

Ein ganz ähnliches Fazit zog Berthold Weinberg. Zwar existierte für ihn das »andere«, das »bessere« Deutschland nicht nur als Farce, sondern als »Gesinnung«, die aber entweder keinen entscheidenden Einfluß auf die politische Wirklichkeit hatte oder sich als käuflich erwies und die Staatsmacht zum Gott erhob. Dies gelte für den Liberalismus ebenso wie für Goethe, Hegel und Treitschke.[56] Auch bei Weinberg erscheint der preußisch-konservative Ordnungsstaat als Bollwerk, das jedem Fortschritt entgegensteht. Doch anders als bei Goldbaum sind es nicht die Herrscher, die den Charakter des Volkes bestimmen, sondern der Volkscharakter bestimmt die unveränderlichen Tendenzen der Geschichte eines Volkes. Während Goldbaum in erster Linie auf der Ebene der politischen Ereignisgeschichte argumentierte, suchte Weinberg nach den Triebkräften der äußeren Erscheinungen des politischen Geschehens und fand sie, ähnlich wie in seiner Definition des Judentums, in einer Art völkerpsychologischer Gesetzmäßigkeit. Danach ist für das deutsche Volk seine nationale Zerrissenheit und die stammesmäßige wie kulturelle Vielfältigkeit kennzeichnend. Die Folge war auf der einen Seite eine »unerhörte schöpferische Vielfalt« und auf der anderen Seite die nationale Unsicherheit, die mangelnde Begabung staatlicher Formgebung, das Fehlen einer solidarisierenden Staats- und Gesellschaftsidee und somit die Unfähigkeit, die soziale Wirklichkeit mit all ihren Gegensätzen in eine dauerhafte und flexible staatliche Form einzubinden. Da eine echte, Einheit

54 Wenzel Goldbaum, März 42, 2. Die Redaktion merkte an, daß sie den Artikel als »interessante Diskussionsbasis« veröffentliche, sich aber nicht mit dem Inhalt identifiziere. Zur Person Goldbaums vgl. Kap. VIII. 3. Vgl. auch Goldbaums Artikel über das Verhältnis der Engländer zu Deutschen und Juden, August 42, 7 sowie Weinbergs Erwiderung, September 42, 5.

55 Vgl. Goldbaum, Mai 42, 2.

56 Vgl. Weinberg, Juni 42, 7.

stiftende Staatsidee im Gegensatz zu anderen Ländern fehlte, bedurfte es eines Lückenbüßers, der Ordnung und der Gewalt.

Nach Weinberg erklärt dies zugleich, warum Deutschland zum klassischen Land des Judenhasses wurde, und dieser nicht wie in anderen Ländern in Schranken verwiesen worden sei. Der nationalen und sozialen Unsicherheit entspringt ein kollektives Minderwertigkeitsgefühl, das Kompensation suchte in einem die eigenen Kräfte überspannenden aggressiven Imperialismus und in der angeblichen rassischen Überwertigkeit. Die Rassenpolitik war demnach nichts anderes als der »grotesk-wahnwitzige Versuch«, die Deutschen zur Einheit zu zwingen.[57] Bei allen Unterschieden im »Volkscharakter« sah Weinberg eine Wesensverwandtschaft zwischen Deutschen und Juden, nämlich in der Unfähigkeit, zu einer in sich ruhenden Lebensgestaltung zu kommen. So gab es für Weinberg nicht nur eine »Judenfrage«, sondern auch eine »Deutschenfrage«, beide von unauflösbarer Tragik.[58]

Daher war es für ihn auch nach der militärischen Niederlage des nazistischen Regimes keine Frage, ob es sich lohne, mitzuhelfen, ein demokratisches Deutschland aufzubauen. Als das *Movimiento Alemán Pro Democracia y Libertad*, die politische Vereinigung der deutschen Flüchtlinge, 1947 ein programmatisches Werbeschreiben auch an Mitglieder der jüdischen Gemeinde schickte mit der Aufforderung, sich der Organisation anzuschließen, um an der Seite dieses »Anderen Deutschlands« gegen den Nazismus zu kämpfen, der nicht nur ein deutsches Phänomen sei, begründete Weinberg seine Ablehnung mit eben jenem deutschen Volkscharakter, der zur Demokratie nicht fähig sei. Eine Hoffnung für die Zukunft sah er lediglich darin, daß »das deutsche Gewaltprinzip« mit Hitler seine nicht mehr »steigerungsfähige Höchstleistung« vollbracht habe und die politische Substanz Deutschlands von innen her ausgebrannt sei.[59]

<hr/>

57 Ders., Juni 42, 7. Vgl. auch April 41, 8, 1. 6. 50, 3 f.
58 Vgl. Juni 42, 7; vgl. auch April 42, 7, Mai 42, 9.
59 Vgl. 15. 3. 47, 5; vgl. auch 15. 4. 47, 6; die Antwort A. Kargers auf das programmatische Werbungsschreiben und das Schreiben von Hans Sober und Heinrich Tietz an Weinberg, 15. 3. 47, 5, 1. 4. 47, 5.

VI. Politische Vereinigungen von Immigranten in den vierziger Jahren

1. Immigranten und alteingesessene Deutsche

»So manchem Paria von gestern erscheint es unter dem Ghettokomplex eine Ehre und Auszeichnung, wenn ein Mitglied der Edelrasse mit ihm verkehrt. Für mich steht aber fest, daß dieses Mitglied der Edelrasse zum Pariasvolk von morgen gehört. Folglich fühle ich mich durch seinen Gruß weder geehrt, noch geschmeichelt.«[1] Vorwürfe gegen Immigranten, die nicht genügend Distanz gegenüber alteingesessenen Deutschen wahrten, sich geehrt fühlten, wenn man sie für einen »Arier« hielt, angeregt mit Angestellten der Deutschen Botschaft plauderten oder Nazis aus wirtschaftlichen Gründen hofierten, erschienen gelegentlich in den *Informaciones*. Ludwig Bemelmans hat in seinem Buch »The donkey inside« in der Gestalt des Dr. Gottschalk jenen Prototypen nachgezeichnet: Dieser verkehrt als Stammgast im Lokal der NSDAP, biedert sich dem Ortsgruppenleiter in Quito an und versteht nicht, was Hitler gegen ihn haben sollte, da er kein Jude sei wie die anderen, und der darauf hofft, wieder nach Deutschland gerufen zu werden.[2]

Doch waren solche Verhaltensweisen nicht typisch für die Immigranten, denn sie traten den alteingesessenen Deutschen und Österreichern im allgemeinen mit Mißtrauen entgegen. Das Gleiche galt für die italienischen Immigranten, die ihre von Mussolini begeisterten Landsleute mieden. Es gab Immigranten, die aus Verbitterung und auch aus Haß gegen Deutschland prinzipiell jeden Kontakt mit Deutschen ablehnten, die nicht das eigene Schicksal teilten. In der Regel verhielten sich die nichtjüdischen Immigranten unbefangener. Etwas vereinfacht kann man das Verhältnis zwischen den beiden Gruppen so kennzeichnen: Je jüdisch-bewußter ein Immigrant war, um so mehr mied er Kontakte zu alteingesessenen Deutschen. Doch konnte es auch hier von der Persönlichkeit des einzelnen abhängen, ob er bereit war, zwischen der deutschen Herkunft einer Person und ihrer politischen Gesinnung zu differenzieren.[3]

Mit den Begriffen deutschnational und konservativ kann man den politischen Standort der meisten alteingesessenen Deutschen in Ecuador wie in anderen lateinamerikanischen Staaten beschreiben. Ihr Deutschlandbild orientierte sich noch am Kaiserreich. Einen solchen nationalen und kon-

1   B. Weiser, September 41, 9. Vgl. März 43, 3.
2   Vgl. Ludwig Bemelmans, The Donkey Inside, New York 1943, 4° Ed.; hier das Kapitel: »Adolf in Quito«, S. 151 ff.
3   Vgl. z.B. die Gespräche Dr. Gerhard Anker, Erna Better, Dr. Alberto Di Capua, Dr. Ilse Grossmann, Käthe Kywi, Federico Leffmann, Gustav Zanders.

servativen Standpunkt teilten sie mit nicht wenigen Immigranten, von denen sich so mancher fragte, ob diese Deutschen überhaupt begriffen, was in Deutschland vor sich ging und welche Ziele der Nationalsozialismus verfolgte. Die Auslandspropaganda des Regimes zielte weniger auf die Verbreitung der nazistischen Ideologie als auf »patriotisch drapierte Ansprüche auf deutsche Weltgeltung und Größe«.[4] Allerdings hatte mit den Jahren der Einfluß aktiver Nazis in Ecuador zugenommen. Diese gestalteten die bestehenden deutschen Einrichtungen in ihrem Sinne um. Und je mehr militärische Siege auf deutscher Seite zu verzeichnen waren, um so größer war die Versuchung für alteingesessene Deutsche, sich in die Reihen der »Camisas Café«, der Braunhemden, einzugliedern. 1934 war ein Ableger der Auslandsorganisation der NSDAP gegründet worden. 1937 gehörten von den 500 in Ecuador registrierten Reichsdeutschen 58 der Partei an. Der 1923 in Quito entstandene *Deutsche Club* ging bereits 1935 in ein »Deutsches Haus« über, dasselbe geschah zwei Jahre später mit dem *Club Germania*, der seit 1910 in Guayaquil bestanden hatte. Es bildeten sich Ortsgruppen, die sich in der Art von Zechgemeinschaften und Kegelbruderschaften im »Deutschen Haus« in der 9 de Octubre neben der *Deutschen Schule* oder auf der außerhalb Quitos gelegenen Hacienda von Heinz Schulte trafen, dem in Quito eine Bäckerei gehörte. Schließlich fehlten auch Uniformen nicht: Hitlerjugend, Bund Deutscher Mädel, NS-Frauenschaft, SA und Arbeitsfront waren vertreten. Als Leiter fungierte Walter Giese, ein ehemaliger Matrose. Im allgemeinen blieb man aber unter sich und trat nicht öffentlich in Erscheinung.[5]

Dennoch mag es erstaunen, daß es Immigranten gab, die eine Institution wie die *Deutsche Schule* nicht für nationalsozialistisch beeinflußt hielten. Sie zogen sich die Feindschaft derjenigen zu, die vom Gegenteil überzeugt waren. »Eines Tages drohte mir sogar ein christlicher Emigrant aus Österreich in diesem Zusammenhang, die Kugeln für uns seien schon gegossen.«[6] Aus Berlin mit finanziellen Mitteln versehen, hatte die Schule 1934 einen eigenen Neubau beziehen und die Schülerzahl bis 1938 auf 185 steigern können. Vier Lehrer und eine Kindergärtnerin waren aus Deutschland entsandt, die

4 Vgl. von zur Mühlen, Fluchtziel, S. 60.
5 Vgl. Weilbauer, Die Deutschen, S. 59 f.; ders., Ein weiter Weg, S. 41; Hans Adolf Jacobsen, Nationalsozialistische Außenpolitik 1933 – 1938, Frankfurt a. M., Berlin 1968, S. 650, 663, 666; die Gespräche Maria Seidl, Gustav Zanders und die Berichte über Aktivitäten von Nazis in der Zeitschrift *Antinazi*. Die Zeitschrift erschien 1988 in Quito als Sammelband unter dem Titel: Antinazismo en Ecuador, Años 1941 – 1944, herausgegeben von Raymond Mériguet Cousséal. Die Sammlung enthält auch Artikel aus der Zeitschrift *La Defensa* und der Tagespresse. Sofern ich auf Artikel dieser Sammlung rekurriere, steht hinter dem jeweiligen Datum als Quellennachweis unter dem Kürzel S. M. (für Sammlung Mériguet) die Seitenzahl des Artikels in dieser Sammlung. Vgl. z. B.: *Antinazi* v. 23. 4. 42 (S. M. 46), 9. 5. 42 (S. M. 53), 29. 5. 42 (S. M. 66), 27. 8. 42 (S. M. 116), 20. 9. 42 (S. M. 124, 128), 14. 12. 42 (S. M. 166), 28. 2. 43 (S. M. 202); *La Defensa* v. 8. 9. 42 (S. M. 120 ff.).
6 Weilbauer, Ein weiter Weg, S. 39.

restlichen drei Lehrer stammten aus Ecuador. Für die Schule spricht, daß ihr Direktor Wilhelm Sacklowski mit Zustimmung des Schulvereins, dem Rechtsträger der Schule, Immigranten-Kinder aufnahm. Freihalten konnte sich die Einrichtung allerdings nicht von nazistischen Einflüssen, mögen sie auch im Schulalltag tatsächlich gering gewesen sein und mehr bei besonderen Veranstaltungen außerhalb des eigentlichen Schulbetriebs zutage getreten sein.[7]

Eines guten Rufs unter Immigranten erfreute sich im allgemeinen auch der damalige deutsche Gesandte Eugen Klee, der als überzeugter Katholik versuchte, den nazistischen Einfluß auf die Gesandtschaft zu begrenzen. Zwar schrieb die Zeitschrift *La Defensa*, in der sich auch der Immigrant Benno Weiser engagierte, Klee tue nur so, als bleibe er auf seinem Posten, damit kein Nazi an seine Stelle trete, doch bestätigt ihm Weiser in seinen Memoiren, daß er Juden wie andere deutsche Bürger behandelt habe, wenn sie ihn zum Beispiel in Paßangelegenheiten aufsuchten. Allerdings gab es auch Immigranten, denen erst in Ecuador das »J« in den Paß gestempelt oder denen die Bestätigung von Zeugnissen verweigert wurde.[8] Im Frühjahr 1941 scheiterte der Versuch der Deutschen Botschaft, den Immigranten Benno Weiser durch Intervention beim Innenminister mundtot zu machen. Weiser hatte in seiner Kolumne »Mirador del Mundo« in sarkastischen Worten dem »Führer« zum Geburtstag gratuliert, ihn ein »Monstrum« genannt und dazu aufgefordert, den »transozeanischen Müll« nicht mehr zu verteilen.[9]

Transocean war der Name der deutschen Nachrichtenagentur, deren Meldungen insbesondere von der seit 1936 bestehenden Wochenzeitschrift *Voz Obrera* (Arbeiterstimme) verbreitet wurde, die sich eindeutig als nationalsozialistisches Sprachrohr identifizieren läßt. Die Zeitung berichtete über Ereignisse in Betrieben, über gewerkschaftliche Versammlungen ebenso wie über Arbeitsunfälle oder die Erkrankung von Unternehmern, ganz im Sinne der Ideologie der Betriebsgemeinschaft der Deutschen Arbeitsfront. Wirkliche oder angebliche Arbeiter konnten ihre Meinung kundtun und über ihre patriotischen Taten berichten, wenn sie zum Beispiel verhindert hatten, daß im Tanzpalast des Immigranten Boris Matusis die Marseillaise gespielt

7   Vgl. das Gespräch Minne Mampoteng de Bodenhorst. Vgl. auch Weilbauer, Die Deutschen, S. 60; Huber, Raritätenjäger, S. 93; das Gespräch Dr. Gerhard Anker.
8   Vgl. die Gespräche Gustav Zanders, Dr. Isabel Robalino-Bolle, Minne Mampoteng de Bodenhorst; Weilbauer, Die Deutschen, S. 60; B. Weiser, Professions, S. 99. *La Defensa* v. 8. 9. 42 (S. M. 122).
9   Vgl. B. Weiser; *Ultimas Noticias* v. 19. 4. 41. Vgl. auch ders., in: *Ultimas Noticias* v. 22. 11. 41 (S. M. 14); *El Comercio* v. 10. 5. 40, 30. 5. 40, 77. 40, 26. 7. 40, 25. 8. 42, 17. bis 28. 8. 43; My brilliant Career, in: Midstream, Juni/Juli 1988, S. 50 ff.; Professions, 120 ff. Eine Sammlung von Weisers Artikeln erschien bereits 1941 in Quito als Buch unter dem Titel »Mirador del Mundo«, das ich leider nicht auffinden konnte. Vgl. Oktober 41, 8. Der Versuch, mit Benno Weiser selbst in Kontakt zu treten, blieb erfolglos.

wurde. Die Deutsche Botschaft gehörte zu den Einrichtungen, die Syndi-
kate zu Weihnachten mit Geldspenden bedachte, wovon die Mitglieder
Geschenke für ihre Kinder kaufen konnten. Wer die *Voz Obrera* las, dem erschien Deutschland ganz im Gegensatz zu den kapitalistischen Ländern als
das Land, in dem die soziale Gerechtigkeit verwirklicht worden war und wo
man sich mit dem größten Stolz Arbeiter nennen konnte. In der Zeitschrift
inserierten die deutschen Unternehmen und Geschäftsleute, die *Deutsche
Schule* gab darin ihre Einschreibungstermine bekannt. Vertreter deutscher
Einrichtungen setzten sich in Wort und Bild in Szene und gaben Stellungnahmen ab, wenn sie sich zum Beispiel als verlängerter Arm der deutschen
Regierung oder der Gestapo bezichtigt sahen. Hier konnte man Hitlers Botschaften an das »große deutsche Volk« lesen und hier wurde dem »Führer«
zum Geburtstag gratuliert. Die Redaktion verstand sich als germanophil,
weil sie die kultivierten Völker bewundere, die eine glorreiche Geschichte
hätten und hierfür wäre Deutschland das Paradebeispiel, hätte es doch erst
kürzlich die christliche Zivilisation in Spanien gerettet. Man gab sich in
Ecuador selbstverständlich katholisch und so fehlten auch Berichte über
»Greueltaten« gegen die katholische Kirche in Polen und der Sowjetunion
nicht. Laut *Voz Obrera* war das friedliebende deutsche Volk, das nie Kolonial-
besitz auf dem amerikanischen Kontinent angestrebt hatte, wie im Ersten
Weltkrieg das Opfer verbrecherischer Staaten, die zu seiner Vernichtung angetreten waren, allen voran die imperialistischen Plutokratien Englands und
Frankreichs. Hinter der Vergewaltigung des internationalen Rechts durch
den Deutschland aufgezwungenen Krieg verberge sich niemand anderes als
das internationale Judentum und das kriminelle Freimaurertum, die Ausbeu-
ter und Unterdrücker der Arbeiter in aller Welt. Diese Kreise seien es auch,
die das Märchen in die Welt gesetzt hätten, die Zeitschrift sei ein Organ der
Gestapo und die Souveränität Ecuadors durch die nazistische Durchdrin-
gung gefährdet. Eines erschien allerdings gewiß, Deutschland würde siegen
und das Freimaurertum, den Liberalismus und Marxismus vernichten und
die »vaterlandslose, hochmütige und verfluchte jüdische Rasse, die Mörder
Christo« in ihre Schranken verweisen.[10]

Ähnlich wie in anderen lateinamerikanischen Ländern bewegte die Öffentlichkeit seit 1940 die Existenz einer »Fünften Kolonne«, die mit Hilfe der
Auslandsdeutschen Lateinamerika germanisieren wolle und eine Invasion
vorbereite. In diesem Zusammenhang wurde auch die SEDTA *(Sociedad Ecuatoriana De Transporte Aerea)* als getarnte Nazi-Organisation beschuldigt. Sie

10 Vgl. *Voz Obrera* v. 22. 12. 40. Die erste Ausgabe der Zeitschrift erschien im Februar 1936. Von
den späteren Jahrgängen konnte ich nur den von 1940 ausfindig machen. Er befindet sich im
Archivo Jacinto Jijón y Caamaño. Vgl. zu den Ausführungen z.b. folgende Ausgaben von 1940:
7. 1., 4. 2., 18. 2., 31. 3., 7. 4., 14. 4., 21. 4., 12. 5., 16. 6., 23. 6., 7. 7., 25. 8., 1. 9., 29. 9., 6. 10., 13.
10., 29. 12. Vgl. auch *La Defensa* v. 5. 6. 42 (S. M. 67).

war eine 1937 von der Lufthansa gegründete Tochtergesellschaft mit Sitz in der Calle Bolívar, die Passagierflüge mit dreimotorigen Junkermaschinen durchführte. Das Treiben einer »Fünften Kolonne« im Lande beschäftigte auch den ecuadorianischen Kongreß und führte zur Verschlechterung der deutsch-ecuadorianischen Beziehungen.[11] Als die ecuadorianische Marine das deutsche Schiff »Cerigo« in Guayaquil besetzen wollte, steckte die deutsche Besatzung es am 1. April 1941 in Brand. Im Juli 1941 kam es zu ersten Verhaftungen und Ausweisungen von Reichsdeutschen. Einer möglichen Verhaftung des Ortsgruppenleiters der NSDAP Walter Giese kam der Botschafter Eugen Klee zuvor, indem er um dessen Abberufung bat. Im September beschlagnahmte die Regierung die Flugzeuge der SEDTA, nachdem eine US-amerikanische Fluggesellschaft ein mit dem der SEDTA identisches Streckennetz aufgebaut hatte. Im November kündigte Ecuador das Handelsabkommen mit Deutschland, wenig später wurde die Nachrichtenagentur geschlossen. Im Januar 1942 erfolgte der Abbruch der diplomatischen Beziehungen. Eine Kriegserklärung erfolgte erst im Februar 1945.[12]

Im Zusammenhang mit wirklichen oder vermuteten Aktivitäten von Nationalsozialisten oder deutschen Einrichtungen in Ecuador fällt auf, daß die Zeitung der Jüdischen Gemeinde auf eine Berichterstattung darüber verzichtete. Sie begründete dies mit ihrem Prinzip, sich politischer Erörterungen zu enthalten. So findet sich lediglich eine Notiz über die Herkunft des Begriffs der »Fünften Kolonne« aus dem Spanischen Bürgerkrieg und über den Aufkauf des Buches von Hermann Rauschning »Gespräche mit Hitler« durch die Deutsche Gesandtschaft. Im Mai 1940 hatte ein ecuadorianischer Verlag das Buch unter dem Titel »Lo que Hitler me dijo« herausgegeben. Das Buch, dessen Erscheinen in der Tageszeitung *El Comercio* per Großanzeige

---

11 Vgl. Huber, Raritätenjäger, S. 93; das Gespräch Gustav Zanders; *Antinazi* v. 23. 4. 42 (S. M. 47) und *Voz Obrera* v. 7. 4. 40, 2. 9. 40, 29. 9. 40, 6. 10. 40. Pareja Diezcanseco, Ecuador. La Republica, S. 391 ff.; der Autor sieht in diesem Zusammenhang eine aktive Rolle des »Dritten Reichs« im Krieg mit Peru 1941. Zum Grenzkonflikt aus ecuadorianischer Sicht vgl. ebenda, S. 396 ff.; Efren Reyes, Breve Historia, Tomos II – III, S. 291 ff. Vgl. auch Reiner Pommerin, Das Dritte Reich und Lateinamerika. Die deutsche Politik gegenüber Süd- und Mittelamerika 1939 – 1942, Düsseldorf 1977, S. 128 ff. u. 236 f.; Friedrich Katz, Einige Grundzüge der Politik des deutschen Imperialismus in Lateinamerika 1898 bis 1941, in: Der deutsche Faschismus in Lateinamerika 1933 – 1943, Berlin (DDR) 1966, S. 22 ff., hier bes. S. 49 ff.

12 Zu den einzelnen Maßnahmen gegen deutsche Einrichtungen und Personen sowie die Reaktion von deutscher Seite vgl. Pommerin, Das dritte Reich, S. 192 f., 209, 236 ff., 263, 288, 310, 330. Zum Abbruch der diplomatischen Beziehungen der lateinamerikanischen Länder zu den Achsenmächten mit Ausnahme von Argentinien und Chile vgl. ebenda, S. 321 ff. Vgl. auch Huber, Raritätenjäger, S. 93 f., dort von einem Einbruch in die Deutsche Gesandtschaft berichtet, bei dem Dokumente kopiert wurden, die »gewisse subversive Aktivitäten« der lokalen Nazigruppe bewiesen und zum Abbruch der diplomatischen Beziehungen beigetragen haben sollen. Während Weilbauer den Einbruch in die Gesandtschaft einmal als »angeblich« bezeichnet, beschreibt er ihn an anderer Stelle als tatsächlich erfolgt. Vgl. Die Deutschen, S. 61; Ein weiter Weg, S. 41.

angekündigt worden war, war umgehend vergriffen.[13] Sofern sich Immigranten öffentlich mit dem Verhalten von Nazis in Ecuador auseinandersetzten, taten sie dies im Rahmen der Zeitschrift *La Defensa*, die im Herbst 1941 zum erstenmal erschien. Ihr Herausgeber war der Senator Colonel Filemon Borja, der im Kongreß wiederholt Aktivitäten von Nazis in Ecuador angesprochen hatte. Vertriebsleiter der Zeitschrift war Artur Eichler, ein gebürtiger Berliner, Buchdrucker von Beruf und Sozialist. Er floh als »illegaler Kämpfer«[14] gegen den Nazismus aus Deutschland und lebte zunächst in Puyo. Zur Redaktion von *La Defensa* gehörten die Immigranten Benno Weiser, Wenzel Goldbaum und Mijail Nerumenko. In ihrer Ausgabe vom 8. September 1942 veröffentlichte das Blatt unter der Überschrift »Tropas de Asalto en nuestra Capital« (»Sturmtruppen in unserer Hauptstadt«) Fotos von uniformierten Deutschen vor dem »Deutschen Haus« und auf der Hacienda von Heinz Schulte. Die meisten abgebildeten Personen wurden namentlich genannt. Ebenso wie der am 12. März 1942 zum erstenmal erschienene *Antinazi*, das Organ des im November 1941 gegründeten *Movimiento Antifascista del Ecuador*, einer von der kommunistischen Partei initiierten ecuadorianischen antifaschistischen Organisation, schrieb *La Defensa* einer Reihe von Auslandsdeutschen verschiedene vollzogene oder sich noch im Stadium der Planung befindliche Sabotageakte und eine rege Spionagetätigkeit zu. Bei dem Versuch, diese zu belegen, war sie allerdings auf Vermutungen und schwer nachweisbare Indizien angewiesen. Beide Zeitschriften riefen dazu auf, Geschäfte von Personen, die sich als Nazis verdächtig gemacht hatten, zu boykottieren und die Regierung zu bewegen, es nicht bei der Schließung deutscher Einrichtungen und der Erfassung von verdächtigen Personen in einer »Schwarzen Liste« zu belassen, sondern Nazis konsequent zu verfolgen und ihren Besitz zu konfiszieren.[15]

Jene »Schwarze Liste« war Ende 1941 entstanden, als der Abbruch der diplomatischen Beziehungen zu Deutschland absehbar wurde. Unter der Präsidentschaft des Franzosen Pierre Lafargue wurde ein »Interalliiertes Komitee« gebildet, das diejenigen Deutschen erfaßte, die interniert werden sollten. Im Laufe des Jahres 1942 verließ ein Teil von ihnen das Land, andere konnten in unzugänglichen Landesteilen untertauchen, während die Mehrzahl der kriegsdienstfähigen Männer in Cristal City in Texas inter-

13 Vgl. Juni 40, 3, Juli 40, 4; *El Comercio* v. 10. 5. 40.
14 Vgl. 15. 7. 48, 2. Eichler ging später nach Venezuela, wo er an der Universität in Caracas lehrte. Sehr bekannt wurde in Ecuador sein 1952 erstmals in Guayaquil im Verlag von Bruno Moritz erschienenes Buch »Nieve y Selva en Ecuador«.
15 Vgl. *La Defensa* v. 8. 9. 42 (S. M. 120 ff.); *Antinazi* v. 23. 4. (S. M. 43). Zum *Movimiento Antifascista del Ecuador* vgl. das Gespräch Nela Martínez. Frau Martínez gehörte dem Direktorium der Organisation an. Vgl. *Hoy* v. 8. 2. 92. Im Handbuch der deutschen Exilpresse, Bd. 3, S. 961 wird der *Antinazi* irrtümlich als deutsche Exilzeitschrift angegeben.

niert wurde. Nur ein kleiner Teil von ihnen wurde im Land selbst, in Cuenca, festgesetzt. Die Maßnahme richtete sich nicht generell gegen Deutsche. Sie sollte die Nazis und ihre Sympathisanten treffen, doch wurde diese Differenzierung in der Praxis nicht immer eingehalten. Aufgrund von Denunziationen wurden auch Personen festgenommen, die keine Verbindung zum Nationalsozialismus hatten. Flüchtlinge waren von den Maßnahmen in der Regel aber nicht betroffen. Nur in Ausnahmefällen geschah es, daß das Gewerbe eines Flüchtlings vorübergehend auf die »Schwarze Liste« des zu konfiszierenden deutschen Besitzes kam oder der Immigrant selbst als Nazi eingesperrt wurde.[16]

2. Die politischen Vereinigungen von Italienern, Österreichern, Polen, Tschechen und Deutschen

Im Vergleich zu anderen Ländern Südamerikas kam es in Ecuador relativ spät zur Bildung von politischen Exilorganisationen. Dies hatte verschiedene Gründe. Die meisten Immigranten waren erst kurze Zeit im Land und mit dem Aufbau einer neuen Existenz beschäftigt. Ein erheblicher Teil war politisch wenig interessiert bzw. ihm war die Vorstellung, in eine politische Organisation einzutreten, fremd. Darüber hinaus hatte es die Jüdische Gemeinde verstanden, die übergroße Mehrheit der Immigranten einzubinden und sie war stets bemüht, nicht durch politische Fraktionierungen die Einheit innerhalb der Judenschaft zu gefährden und nach außen in Konflikt mit dem Gastland zu geraten. Das Ausländergesetz verbot jede Einmischung in die innere wie äußere Politik des Landes. Erst der Bruch Ecuadors mit den Achsenmächten und die Bildung eines *Comité Interaliado*, das mit Billigung der ecuadorianischen Regierung die Entstehung von politischen Exilorganisationen förderte, schienen Sicherheit für eine politische Betätigung zu bieten, ohne den Immigrantenstatus zu gefährden.[17] Nun trat auch die *Beneficencia* zum erstenmal mit einer Veranstaltung an die ecuadorianische Öffentlichkeit. Im März 1942 organisierte sie eine posthume Ehrung Stefan Zweigs in der Universität Quitos, die ein breites Presseecho fand.[18]

16 Vgl. B. Weiser, März 42, 1. Vgl. auch März 43, 2 und die Gespräche Dr. Gerhard Anker, Dr. Ilse Grossmann, Werner Gumpel, Charly Hirtz, Dr. Isabel Robalino Bolle, Rolf Stern, Gustav Zanders; Weilbauer, Die Deutschen, S. 61.

17 Nicht zutreffend ist von zur Mühlens Annahme, die späte Entwicklung von politischen Exilorganisationen gehe auch darauf zurück, daß in Ecuador die Immigranten stärker als in anderen Ländern in die Landwirtschaft geschickt wurden, über ländliche Gebiete verstreut waren und erst nach dem Krieg in die Hauptstadt abwanderten. Vgl. von zur Mühlen, Fluchtziel, S. 268. Vgl. auch B. Weiser, September 40, 6.

18 Vgl. April 42, 6; *Antinazi* v. 27. 3. 42 (S. M. 38 f.).

Das Comité Interaliado

Die Initiatoren des Ende 1941 gegründeten *Comité Interaliado* waren Privatpersonen, in Ecuador lebende Ausländer mit Verbindungen zu Frankreich, England und den USA. Man kann davon ausgehen, daß die Botschaften dieser Länder dabei Hilfestellung leisteten. Der Präsident des Comités Pierre Lafargue war ein alteingesessener Franzose und erfolgreicher Geschäftsmann mit guten Beziehungen zur ecuadorianischen Oberschicht. Das Komitee trat mit humanitären Hilfsaktionen für europäische Juden an die Öffentlichkeit und arbeitete in diesem Sinne auch mit der Jüdischen Gemeinde zusammen.[19] Sein eigentliches Ziel war es, die Ausländer nach ihren Herkunftsländern in Vereinigungen zusammenzufassen, sie für ein aktives Eintreten für die Politik der Alliierten zu gewinnen und so ein Gegengewicht gegen den deutschen Einfluß in der Öffentlichkeit herzustellen. Nicht zuletzt stand dahinter das Interesse, sich ein Kontrollinstrument über die Ausländergruppen zu verschaffen und sie für eine Art Spionage über Aktivitäten und Pläne von Angehörigen der Achsenmächte zu gewinnen. Der Gründungsaufruf der *Austriacos Libres* wie der der italienischen Gesellschaft MAZZINI datiert vom März 1942. Möglicherweise etwas früher war der *Club Checoeslovaco* entstanden. Spät erscheint im Verhältnis hierzu die Gründung der deutschen Vereinigung im November des Jahres, wenn man den Zeitpunkt, als die ersten Mitgliedsanträge gestellt wurden, als Gründungsdatum nimmt. In den November fällt auch der erste Hinweis auf die Existenz der *Asociación Polaca* in Gestalt einer Anzeige in den *Informaciones*.[20]

Gründer, Ziele und Aktivitäten der Vereinigungen

Obwohl diese nach Herkunftsländern zusammengesetzten Organisationen alle antifaschistisch eingestellten Ausländer zusammenfassen wollten, waren sie doch in erster Linie Vereinigungen von Flüchtlingen. Am deutlichsten zeigt sich dies bei der deutschen Vereinigung, in der alteingesessene Deutsche praktisch keine Rolle spielten. Im Falle der Österreicher waren die Gründer allesamt Flüchtlinge, in der Mehrheit Juden, die auch der *Beneficencia* angehörten. Ihr erster Präsident war nichtjüdischer Herkunft, aber Flüchtling. Die Unterzeichner des Gesuchs an den Innenminister auf Zu-

19 Vgl. April 43, 2, Mai 43, 2, April 44, 3, April 44, 10.
20 Vgl. April 42, 2, November 42, 7; *Antinazi* v. 27. 3. 42 (S. M. 39); *El Día* v. 21. 3. 42. *El Día* druckte am 24. 3. 42 den Brief von Federico H. Bloch an den Direktor der Zeitung ab, in dem im Rahmen eines Vortragsabends u.a. von einer Übergabezeremonie eines tschechoslowakischen Nationalemblems im Namen »all meiner Landsleute« die Rede ist, ohne daß allerdings von der Gründung einer Organisation gesprochen wird. Bloch war bereits Ende 1941 im Rahmen einer antifaschistischen Veranstaltung öffentlich aufgetreten. Vgl. *El Día* v. 18. 11. 41 (S. M. 9). Am 16. 8. 42 berichtete *El Comercio* von einem Konzert des *Club Checoeslovaco*. Vgl. auch die Gespräche Willi Bamberger und Dr. Alberto und Dr. Constanza Di Capua; Weilbauer, Ein weiter Weg, S. 40.

Abb. 16: *Collage von Carlos Kohn-Kagan*

lassung der italienischen Gesellschaft MAZZINI waren jüdische Flüchtlinge. In diesem Gesuch heißt es, daß sich die Mitglieder aus Amerikanern italienischen Ursprungs und in Ecuador lebenden Italienern zusammensetzten. Führende Mitglieder des Polenclubs waren ebenfalls jüdische Flüchtlinge. Beim Tschechenclub fällt auf, daß die in den viel beachteten kulturellen Veranstaltungen auftretenden Künstler der *Beneficencia* angehörten. Zumindest der zweite Präsident des Clubs war Mitglied der *Beneficencia*, der bei der Auflösung des Clubs dafür sorgte, »daß das bedeutende Vermögen dieses Vereins jüdischen Zwecken zugeführt wurde.«[21]

Die Aufklärung der ecuadorianischen Bevölkerung über den Charakter des Faschismus zählte zu den politischen Zielen der Vereinigungen ebenso wie die Verbreitung demokratischer und liberaler Ideale in Zusammenarbeit mit den Alliierten und Institutionen des Gastlandes. In diesem Zusammenhang gehörte die Teilnahme an Veranstaltungen der ecuadorianischen antifaschistischen Bewegung.[22] Zeitweilig besaßen die Vereinigungen der Tsche-

21 Vgl. 15. 5. 70, 6; ferner: April 42, 2; Juli 44, 6, 1. 5. 46, 6; *El Comercio* v. 16. 8. 42. Zum Gründungsaufruf der Italiener vgl. *El Día* v. 21. 3. 42. Man wählte wohl den Namen MAZZINI weil der Name Garibaldi schon besetzt war durch eine von im 19. Jh. eingewanderten Italienern gegründete Vereinigung. Vgl. José Ulloa Verminen, Los Italianos en el Ecuador, in: *Vistazo*, Año 17, No 202, 1976, S. 30 – 36.

22 Das *Movimiento Antifascista del Ecuador* sah ausdrücklich die Mitarbeit von »expatriierten Ausländern« vor. Vgl. das Manifest vom 11. 12. 41, in: Mériguet Cousségal, Antinazismo, S. 17;

chen, Österreicher und Deutschen eigene Zeitschriften. Während die Zeitschrift des *Freien Deutschland* in Deutsch abgefaßt war, also in erster Linie als Kommunikationsmittel innerhalb der eigenen Organisation gedacht war, erschien die tschechische Zeitschrift *El Checoeslovaco* in Spanisch.[23]

Mit Erfolg hatte der Tschechenclub nicht nur seine Anerkennung als politische Interessenvertretung der in Ecuador lebenden Tschechoslowaken, sondern auch als offizieller Verhandlungspartner gegenüber den Behörden in allen sie betreffenden Angelegenheiten erreicht.[24] Im Gegensatz hierzu waren die Österreicher offiziell als Deutsche registriert. Die *Austriacos Libres* bemühten sich, diesen Status zu ändern, was bedeutete, bei der Regierung die Änderung der Paßeintragung zu erreichen. Im Mai 1944 erging unter ausdrücklicher Nennung eines Gesuchs der *Austriacos Libres* ein Dekret, das die Änderung der Nationalität ermöglichte.[25] Offen bleibt, inwieweit das Dekret praktische Anwendung fand. Fest steht, daß ehemals österreichische Bürger ein Interesse daran hatten, zumal sich mit dem Abbruch der Beziehungen Ecuadors zu den Achsenmächten in Teilen der Öffentlichkeit ein Wandel in der Einstellung gegenüber den Flüchtlingen vollzog. Tschechische und polnische Juden rechnete man automatisch den Alliierten zu, deutsche Juden den Achsenmächten, während Österreicher eine Mittelposition einnahmen und bestrebt waren, ihre Identifizierung mit Deutschland loszuwerden, zu beweisen: »Wir sind keine Deutschen, wir sind keine Feindlichen.«[26]

Das Verhältnis der Vereinigungen untereinander und zur Beneficencia

Im Rahmen der allgemeinen Politisierung, die sich nun Bahn brach, blieben Flüchtlinge untereinander nicht frei von gegenseitigen national geprägten Anwürfen. Dies ging nach den Schilderungen von Benno Weiser so weit, daß Tschechen und Polen nicht mehr an Veranstaltungen der *Beneficencia* in deutscher Sprache teilnahmen, obwohl ein Teil von ihnen weder Tschechisch noch Polnisch sprach, sondern nur Deutsch. Man mag in diesem Verhalten nicht zuletzt auch eine Reaktion auf die Dominanz deutscher Juden in der *Beneficencia* sehen. Tschechen und Polen eröffneten Restaurants, die Österreicher ein Café und die Deutschen ihr »Heim«. Man tanzte in Nationaltracht, trug nationale Embleme im Knopfloch und pflegte das jeweilige

---

Antinazi v. 17. 11. 41 (S. M. 9), 21. 11. 42 (S. M. 151), 28. 2. 43 (S. M. 199, 201), 14. 12. 43 (S. M. 165, 172); *El Comercio* v. 19. 11. 41 (S. M. 10 f.), 22. 11. 41 (S. M. 13); *El Telégrafo* v. 22. 11. 41 (S. M. 15). Laut *Antinazi* v. 5. 9. 43 (S. M. 262) gehörte auch Benno Weiser der Bewegung an.

23 Vgl. *Antinazi* v. 15. 1. 43 (S. M. 181). Die Zeitschrift der tschechischen wie der österreichischen Organisation war nicht auffindbar. Zur Zeitschrift der Freien Deutschen siehe Kap. VI. 4.

24 Vgl. das Gespräch Dr. Ewald Schiller; September 42, 3.

25 Vgl. Tamayo, Endara, Recopilación, S. 90 f.

26 Gespräch Prof. Dr. Miguel A. Schwind. Vgl. auch B. Weiser, Professions, S. 125 f.; ders., Recuerdos (V), in: *El Comercio* v. 8. 6. 85.

Liedgut. Auch unter den Flüchtlingen eines Landes brachen nun bisher zurückgehaltene politische und ideologische Differenzen auf, die im Falle der Deutschen zu konkurrierenden politischen Vereinigungen führten. »Alle Welt sprach über Politik. Tschechische Juden argumentierten mit monarchistischen Österreichern. Deutsche Juden der Linken betitelten ihre Gegner, deutsche Juden der Mitte, als ›Faschisten‹. In einem patriotischen Anfall löste ein polnischer Jude das Stalinbild von der Wand des Polnischen Clubs, was andere polnische Juden, die prosowjetisch eingestellt waren, veranlaßte, den Club zu boykottieren. Deutsche, österreichische und tschechische Zeitschriften begannen zu zirkulieren. Der Monte Ararat verwandelte sich in einen Turm zu Babel.«[27]

Diskussionen über das Verhältnis zur Sowjetunion spielten auch im Tschechenclub, bei den *Austriacos Libres* und besonders bei den Vereinigungen der Deutschen eine Rolle. Für die *Austriacos Libres* hatte Benno Weiser auf der Provinzialtagung des *Movimiento Antifascista del Ecuador* im September 1943 seine Position dargelegt. Die Tageszeitung *El Día* druckte seinen Beitrag als den herausragendsten der Tagung ab. Weisers Rede zielte mit Blick auf die Nachkriegszeit darauf, den Kampf gegen den Faschismus nicht auf seine militärische Niederlage beschränkt zu sehen. Ein solcher Sieg bedeute nur eine Pause bis zum nächsten Krieg. Mit der Versicherung kein »linksgerichteter Mensch« zu sein, stellte er die Entstehung des Faschismus in den Zusammenhang mit der Furcht des Kapitals vor notwendigen sozialen Reformen, der gleichen Quelle, der auch die Diskriminierung der Antifaschisten und die Angst vor der Sowjetunion entspringe. Diese Angst habe zur Entwicklung des Faschismus beigetragen und führe bis heute dazu, daß »bestimmte Kreise«, die mit der Kriegführung viel zu tun hätten, den Faschismus im Prinzip weniger haßten als den Antifaschismus. Die Sowjetunion bezeichnete er als die »ehrlichste, antifaschistische Macht« im derzeitigen Konflikt. Dem Pro-Alliierten, der sich lediglich auf die Seite des zukünftigen Siegers schlage, stellte er den Antifaschisten gegenüber, der für wirkliche Demokratie und soziale Gerechtigkeit kämpfe, der einzigen Möglichkeit, den Faschismus nicht nur militärisch zu besiegen und ihn in allen auch weniger sichtbaren Erscheinungsformen auszurotten.[28]

Hatte der Hitler-Stalin-Pakt von 1939 im allgemeinen bei den Immigranten Verblüffung und Empörung ausgelöst, so modifizierte sich ihre ablehnende Haltung mit dem Überfall der deutschen Wehrmacht auf die Sowjet-

27 B. Weiser, ebenda, (Übersetzung MLK). Vgl. Juli 44, 6. Die *Asociación Polaca* faßte ihre Verlautbarungen wie sonstige Annoncen in den *Informaciones* stets in Deutsch ab, während der *Club Checoeslovaco* in Spanisch annoncierte. Siehe auch Weilbauer, Ein weiter Weg, S. 40; die Gespräche Josefine Barasch, Dr. Constanza und Dr. Alberto Di Capua, Prof. Dr. Miguel A. Schwind.

28 Vgl. B. Weiser, in: *El Día* v. 21. 9. 43 (S. M. 269 ff.).

union. Auseinandersetzungen um das Verhältnis zur Sowjetunion spielten in dem Maße wieder eine Rolle, wie man das Ende des Krieges nahen sah und Differenzen zwischen den westlichen Alliierten und der Sowjetunion deutlich wurden. Diese Tatsache bestärkte jene, die aufgrund ihrer ablehnenden Haltung gegenüber dem Kommunismus auch jede Solidarität mit der Sowjetunion in ihrem Kampf gegen den faschistischen Aggressor ablehnten. Dennoch kam es Anfang 1945 auf Initiative des *Freien Deutschland* zu einer Solidaritätskampagne für das sowjetische Rote Kreuz, an der sich die *Austriacos Libres*, der *Club Checoeslovaco* und die *Beneficencia* samt Frauenverein, Kultusgemeinde und *Maccabi* beteiligten.[29]

Soweit sich eine Zusammenarbeit der *Beneficencia* mit den politischen Exilorganisationen in den *Informaciones* widerspiegelt, scheint diese Solidaritätskampagne eine der wenigen Gelegenheiten gewesen zu sein, bei denen eine gemeinsame Aktion auf breiter Basis erfolgte. Sieht man von den personellen Verbindungen ab, die gegeben waren, weil Mitglieder der politischen Vereinigungen gleichzeitig der *Beneficencia* angehörten, finden sich nur sporadisch Hinweise auf Kontakte zwischen den Organisationen. So lud das zum Zwecke der Unterstützung des sowjetischen Roten Kreuzes gebildete Komitee am 19. April 1945 anläßlich des zweiten Jahrestages des Aufstandes im Warschauer Ghetto in den Räumen der *Beneficencia* zu einer Gedenkveranstaltung ein. Auf der Feier der *Beneficencia* für Stefan Zweig im März 1942 sprach laut *Antinazi* Benno Weiser in seiner Funktion als Vertreter der gerade gegründeten *Austriacos Libres*. Im Anschluß an die Feier des *Movimiento Antifascista del Ecuador* zum französischen Nationalfeiertag im Juli 1943, auf der Vertreter der politischen Exilorganisationen als Redner auftraten, gab die *Beneficencia* ein Bankett für Teilnehmer dieser Veranstaltung. Auf einer Feier der *Beneficencia* anläßlich des sechzigsten Geburtstages des Präsidenten der tschechischen Republik Eduard Benesch hielt der Präsident des Tschechenclubs Victor Gach eine Rede. Der Delegierte Leo Halpern sprach im Rahmen der *Keren Kayemeth*-Kampagne 1944 auch vor »den landsmännisch zusammengesetzten Kolonien der tschechischen und italienischen Juden«[30]

Auch nach dem Krieg kündigten die Vereinigungen der Österreicher und Tschechen ihre geselligen und kulturellen Veranstaltungen in den *Informaciones* an. Zusammenarbeit auf der Ebene der Organisationen und politische Dialoge scheinen allerdings mit der Veranstaltung über »Das jüdische Problem in der Aktualität« vom 2. Juni 1945 ein Ende gefunden zu haben, als die *Beneficencia* den Beschluß faßte, in Zukunft jede Politik aus der Gemeinde herauszuhalten. Die Redner, die auf jener Veranstaltung aus der Sicht der Führung der *Beneficencia* einen Skandal verursacht hatten, indem sie die Aus-

---

29 Vgl. Februar 45, 4 u. 12, April 45, 4 sowie das Flugblatt in der Märzausgabe von 1945.
30 Vgl. Januar 45, 9; siehe auch Juli 44, 8, März 45, 12, April 45, 9; *Antinazi* v. 27. 3. 42 (S. M. 38 f.).

führungen des Präsidenten der zionistischen Organisation scharf angegriffen hatten, waren genau jene, die auch im Rahmen der Solidaritätskampagne für das sowjetische Rote Kreuz als Hauptredner aufgetreten waren. Sie gehörten dem *Freien Deutschland* an.[31] Auch für die Zusammenarbeit der politischen Exilorganisationen untereinander finden sich wenig Belege, abgesehen vom Beispiel der gemeinsamen Hilfe für das sowjetische Rote Kreuz und von der Beteiligung an Veranstaltungen des *Movimiento Antifascista del Ecuador*.[32] Zumindest für die erste Zeit nach der Gründung der hier beschriebenen Vereinigungen scheinen regelmäßige Kontakte aufgrund der national geprägten Rivalitäten eher unwahrscheinlich, insbesondere wenn man das Verhältnis der Vereinigungen zu den Deutschen bedenkt. Diese wiederum waren ab 1944 in zwei konkurrierende Vereine gespalten. Über die Landesgrenzen Ecuadors hinaus hatte das *Freie Deutschland* Verbindung zur gleichnamigen Organisation in Mexiko, der man sich angeschlossen hatte. Im Falle der *Austriacos Libres* war die Verbindung zur 1942 in den USA gegründeten, aber wenig einflußreichen Dachorganisation österreichischer Exilgruppen *Austrian National Committee* nur eine kurze Episode.[33]

Vielen Immigranten ist weniger der politische Aspekt jener Vereinigungen in Erinnerung geblieben als der gesellige. Dies hängt zweifellos damit zusammen, daß jeweils nur ein kleiner Kreis aktiv an den politischen Diskussionen jener Zeit teilnahm, während für die Mehrheit diese Vereinigungen in erster Linie gesellschaftliche Treffpunkte waren. Während der gesellige und kulturelle Charakter über das Kriegsende hinaus erhalten blieb, ebbte die Politisierungswelle ab und die politische Funktion der Vereinigungen als

---

31 Vgl. zu den Auseinandersetzungen Kapitel V. 2. Auch in anderen Ländern des lateinamerikanischen Exils gab es nur wenig Kontakte zwischen den politischen Vereinigungen und den jüdischen Gemeinden bzw. war ihr Verhältnis gespannt. Vgl. Europäische Juden, (Bankier, S. 213 – 225 ; Pohle, S. 226 – 241; von zur Mühlen, S. 242 – 249); Pohle, Das mexikanische Exil, S. 311 ff. Zu den Exilorganisationen in den einzelnen Ländern vgl. von zur Mühlen, Fluchtziel, S. 110 ff. u. 136 ff.

32 Vgl. den Aufruf zur Zusammenarbeit, in: Mériguet Cousségal, Antinazismo, S. 273.

33 Goldner zählt Ecuador zu den Ländern Lateinamerikas, in denen die in Toronto 1940 gegründete Frei-Österreicher-Bewegung, die dem genannten Committee angehörte, zuerst Fuß faßte. Vgl. Franz Goldner, Die österreichische Emigration 1938 – 1945, Wien, München 1977, 2. erw. Aufl., S. 248 – 264, hier: S. 250; vgl. auch ebenda, S. 107 – 125. Einem Telegramm des Botschafters Eugen Klee aus der Auswärtige Amt ist zu entnehmen, daß ein Vertreter dieser Bewegung, Felix von Habsburg, Quito besuchte und unter den österreichischen Juden »Echo« fand. Vgl. das Schreiben Klees vom 13. 11. 41. PA AA: Pol. IX: Ecuador-Judenfragen. Benno Weiser, der die Vertretung des Austrian National Committee für Ecuador 1942 zugesagt hatte, nahm wenig später davon Abstand, u.a. weil das Committee in den USA nicht staatlich anerkannt war. Angesichts der internen Gegensätze und der Zersplitterung innerhalb der österreichischen Bewegungen hielt er jegliche Zusammenarbeit mit einer Auslandsorganisation für wertlos. Vgl. September 42, 9. Zu den österreichischen Exilorganisationen in Lateinamerika vgl. auch von zur Mühlen, Fluchtziel, S. 131 ff.

Teil einer antifaschistischen Bewegung verlor an Bedeutung, obwohl gerade die Nachkriegszeit nicht wenig Anlaß für politische Diskussionen bot. Während für deutsche Flüchtlinge die Frage im Vordergrund stand, ob sich in Deutschland ein grundlegender Wandel zu einem demokratischen Staat vollziehe, sahen sich Polen und Tschechen mit der Tatsache konfrontiert, daß in ihren Ländern kommunistische Regime die Macht übernahmen.

Zumindest sporadisch erfüllten nun die Vereinigungen eine Funktion als Clearingstelle für Fragen, die gesetzliche Regelungen in den jeweiligen Heimatländern betrafen und für die Flüchtlinge von Bedeutung sein konnten.[34] Mit der zunehmenden Abwanderung aus Ecuador schrumpften die ohnehin nur kleinen Gruppen zusammen. Die Vereinigungen lösten sich Ende der vierziger und spätestens Anfang der fünfziger Jahre auf. Nur der zahlenmäßig größten Gruppe, den Deutschen, gelang es, langfristig eine eigene Organisation beizubehalten.

3. Das Movimiento Alemán Pro Democracia y Libertad Ecuador

Die »Deutsche Bewegung für Demokratie und Freiheit Ecuador« wurde von den Immigranten kurz »Deutsche Demokratische Vereinigung« genannt. Sie verfügte über gemietete Räume zunächst in der Calle Vargas, später in der Calle Washington. Vor der Gründung des *Movimiento Alemán* gab es außer privaten Zusammenkünften keinen organisatorischen Rahmen, innerhalb dessen sich die vorwiegend nichtjüdischen Immigranten zusammenfanden. Es existierte lediglich ein kleiner intellektueller Zirkel, von Außenstehenden ironisch »Club der Weisen« genannt, in dem sich die Akademiker trafen und Vorträge wissenschaftlicher Art hielten.[35]

Erhalten geblieben sind rund 240 Aufnahmegesuche für den Eintritt in das *Movimiento Alemán*. Abgesehen von wenigen Ausnahmen, nicht-deutschen Ehefrauen, einem Sudetendeutschen und einem in Rumänien geborenen Staatenlosen besaßen alle am 1. Januar 1933 die deutsche Staatsbürgerschaft, und bis auf einen alteingesessenen Deutschen kamen sie ab 1934 nach Ecuador, die meisten von ihnen 1939. Es waren vor allem nichtjüdische Flüchtlinge, die von den Nazis wegen ihrer jüdischen Vorfahren verfolgt worden waren. Es gab auch zahlreiche Ehepaare, die gemeinsam eintraten und von denen einer der Partner, meist die Ehefrau, christlicher Herkunft war. Ein kleiner Teil der Mitglieder gehörte auch der Jüdischen Gemeinde in Quito an. Mindestens vier von ihnen waren im Vorstand der Bewegung.

Die ersten Anträge auf Aufnahme wurden im November 1942 gestellt und am 16. Dezember des Jahres genehmigt. Die Mehrzahl seiner Mitglieder trat

34 Vgl. Gespräch Dr. Ewald Schiller; 1. 9. 46, 2, 15. 10. 46, 7, 15. 6. 47, 5, 15. 12. 47, 5.
35 Vgl. Weilbauer, Ein weiter Weg, S. 43 f., Gespräch Dr. Ilse Grossmann.

MOVIMIENTO ALEMAN PRO DEMOCRACIA Y LIBERTAD

E C U A D O R ●

AUFNAHME-GESUCH • FRAGEBOGEN

CUESTIONARIO PARA LA ADMISION DE MIEMBROS

1. Namen: Stern- Astor   Vornamen: Heinz Alfred Bobby
   (Apellidos)   (Nombres)

2. Geburtsname bei verheirateten Frauen:
   (Apellido paterno de mujeres casadas)

3. Genaue Adresse: Ort: Quito   Strasse: Avda. Colon 361
   (Dirección exacta: Ciudad)   (Calle)

4. Geburtsdatum: 17. März 1903
   (Fecha de nacimiento)

5. Geburtsort: Oberstein (Birkenfeld)
   (Lugar de Nacimiento)

6. Staatsangehörigkeit am. 1. Januar 1933: Birkenfeld/Oldenburg/Deutschland
   (Nacionalidad, el día 1º de Enero de 1933)

7. Ausreisedatum aus Deutschland: August 1934
   (Fecha de salida de Alemania)

8. Einreisedatum in Ecuador: Mai 1938
   (Fecha de llegada al Ecuador)

9. Aufenthaltsorte seit der Ausreise aus Deutschland: USSR, Luxemburg? Schweiz,Holland
   (Lugares donde ha residido desde su salida de Alemania)

10. Namen, Vornamen und Aufenthaltsort von Familienangehörigen (Eltern, Kinder und Geschwister):
    (Nombres, apellidos y paradero de familiares (padres, hijos y hermanos)
    Schwester: Elly Stern, Lyon, France

11. Früherer Beruf: Radio Ingenieur
    (Profesión anterior)

12. Jetziger Beruf: Artist
    (Profesión actual)

13. Schriftliche Unterlagen für 6, 7, 9, 11:
    (Documentación para Nos. 6, 7, 9, 11)

14. Persönliche Bemerkungen:
    (Observaciones personales)

Ich erkläre ehrenwörtlich, dass meine obigen Angaben der Wahrheit entsprechen, und dass ich jederzeit, in Deutschland und im Ausland, entschieden im antihitleristischen Lager gestanden habe.—Ich verpflichte mich, dass ich als Mitglied des "Movimiento Alemán Pro Democracia y Libertad", mich mit allen Kräften für die Verwirklichung seiner Ziele einsetze.

Declaro bajo mi palabra de honor que estas mis declaraciones son verídicas, y que he pertenecido decididamente y en todo instante—tanto dentro de Alemania como en el extranjero—al bando opuesto al hitlerismo. Me comprometo además que, como miembro del "Movimiento Alemán Pro Democracia y Libertad", colaboraré con todas mis fuerzas en la realización de los fines del mismo.

Ort: Quito
(Lugar)

Datum: 15. Nov. 1942
(Fecha)

Unterschrift (firma)

Abb. 17: *Der Aufnahmegesuch-Fragebogen von Bobby Astor für das Movimiento Alemán Pro Democracia y Libertad*

dem *Movimiento Alemán* bis zum März 1943 bei und lebte in Quito. Bis zu diesem Zeitpunkt waren es 123. Ihre Zahl erhöhte sich bis zum Januar 1945 auf 194. Die Zulassung wurde in der Anfangszeit von einem »Comité« geprüft und bewilligt. Als Unterzeichner im Namen dieses Comités erschienen vor allem vier Personen, Bobby Astor, Artur Eichler, Ernst Herz und Walter Seckel. Es folgten Werner Falck, Heinrich Hahn und Hans Julius Sober, die neben weiteren Personen zu den Gründern zählten und den Vorstand stellten. Der erste Vorsitzende Artur Eichler, Maschinensetzer aus Berlin und Vertriebsleiter der Zeitschrift *La Defensa* wurde schon bald durch Ernst Herz abgelöst. Der Sozialdemokrat hatte bis zu seiner Einreise nach Ecuador im Juli 1940 als Beamter im Internationalen Arbeitsamt in Genf gearbeitet.[36]

Innerhalb des Vorstandes, der von der Hauptversammlung einmal im Jahr demokratisch gewählt wurde, gab es einen nicht rechenschaftspflichtigen Ausschuß. Dieser versuchte über Verbindungskanäle mit Deutschland, eine Art Spionage zu betreiben und Nachrichten zu sammeln, die er an das *Comité Interaliado* weiterleitete.[37] In der Erinnerung von Immigranten hat es von Anfang an eine Rivalität zwischen Personen gegeben, die als links oder kommunistisch eingestuft und denen, die mehr der Mitte zugerechnet wurden. »Unser Kreis war mehr demokratisch, nicht antikommunistisch, aber wir wollten doch nicht mit den Kommunisten in einen Topf geworfen werden. Es waren auch angesehene, seriöse Menschen. Jahrelang war im Vorstand ein Ingenieur Sober. Er war hier Professor an der Politécnica. Solche Menschen, Intellektuelle, aber nicht Bohemiens ... Ich erinnere mich noch an den Ausdruck von Sober, den ich nie benutzte: Nach dem Krieg wird es zu einer solennen Kommunistenhetze kommen. Und wir müssen uns von diesen Kreisen weghalten.«[38] Zu einem Zeitpunkt, als das *Movimiento Alemán* bereits mit heftigen inneren Gegensätzen zu kämpfen hatte, empfing Arroyo del Rio Ernst Herz und Bobby Astor und sicherte ihnen die Unterstützung seiner Regierung zu.[39]

36 Vgl. die Sammlung der »Aufnahme-Gesuch-Fragebogen« des Movimiento Alemán. AsD: Lateinamerika-Exil/Ecuador. Siehe die Darstellung bei von zur Mühlen, Fluchtziel, S. 268–272. Da von zur Mühlen die Spaltung der Organisation nicht bekannt war, kommt er zu Fehlinterpretationen. Die höchste Mitgliedsnummer 262 datiert vom September 1945. Da man aber nicht mit der Nr. 1, sondern mit der Nr. 51 zu zählen begonnen hatte, bedeutet dies eine Mitgliedschaft von gut 200 Personen bis zu diesem Zeitpunkt. Die Aufnahmebögen von später eingetretenen Personen enthalten keine Mitgliedsnummern. Bei der Numerierung fällt auf, daß Frauen, die gleichzeitig mit ihren Männern eintraten, stets eine wesentlich höhere Nummer erhielten als ihre Gatten. In der Führung der Bewegung waren Frauen nicht vertreten.

37 Vgl. das Gespräch Willi Bamberger, der dem Movimiento Alemán von Beginn an angehörte und später auch im Vorstand war. Der »Hauptspitzel« soll Dimitri Kakabadse, ein Weißrusse, gewesen sein, der neben Henrik Graf zu den wenigen Mitgliedern zählte, die nicht die deutsche Staatsangehörigkeit besaßen.

38 Gespräch Willi Bamberger; vgl. auch das Gespräch Dr. Ilse Grossmann; Weilbauer, Ein weiter Weg, S. 42.

39 *Freies Deutschland*, México, Nr. 7 v. Juni 43, S. 34.

Der Konflikt um den politischen Kurs der Vereinigung verkörperte sich vor allem in den beiden Personen Bobby Astor und Ernst Herz. Er fand seinen Ausdruck in den Auseinandersetzungen darüber, ob man sich der *Bewegung Freies Deutschland* (BFD) in Mexiko City oder der Bewegung *Das Andere Deutschland* (DAD) in Buenos Aires anschließen solle. Die Ereignisse bis zur Spaltung lassen sich nur aus Stellungnahmen der Befürworter eines Anschlusses an die Mexiko-Richtung rekonstruieren. Ein Hinweis für die Position von Herz stammt allerdings von ihm selbst. Als Hanns Heiman, eine der führenden intellektuellen Persönlichkeiten unter den Immigranten in Quito, seinen Antrag auf Aufnahme in das *Movimiento Alemán* stellte, hatte er in der Rubrik »Persönliche Bemerkungen« hinzugefügt: »Nicht vereinbar wäre m. E. gemäß der Satzung: mit der Zugehörigkeit zur Vereinigung der Erwerb der ecuadorianischen Staatsangehörigkeit, noch mit den satzungsmäßigen Zielen der Vereinigung eine derzeitige prodeutsche oder aber eine kommunistische Richtung und Betätigung der Vereinigung.«[40] Heimans Anmerkungen sind insofern typisch für Vorbehalte von Immigranten, als erstens nur die wenigsten von ihnen prokommunistisch eingestellt waren, und es zweitens insbesondere von jüdischer Seite die Befürchtung gab, eine Vereinigung von Deutschen laufe Gefahr, einem verherrlichenden Deutschlandbild Vorschub zu leisten oder irrtümlicherweise mit dem Deutschland der Nationalsozialisten identifiziert zu werden. Da bei der Prüfung des Antrags an Heimans Einfügungen Anstoß genommen wurde und er ein neues Formular »incondicional« ausfüllen sollte, kam es zu einem Briefwechsel zwischen Herz und Heiman, in dem Herz seine Übereinstimmung mit der von Heiman vorgetragenen Position formulierte und schloß: »Ein demokratisches Deutschland in einer demokratischen Welt, dies ist das Ziel, dem wir nachstreben.«[41]

Dieses von Herz formulierte Ziel hätte allerdings auch Bobby Astor jenseits seines politischen Standortes als Kommunist unterschreiben können. Es lag durchaus auf der politischen Linie der BFD Mexiko, dem sich das *Movimiento Alemán* nach dem Willen Astors anschließen sollte, wohingegen Herz den Anschluß an DAD Buenos Aires vorzog. DAD zählte neben der BFD zu den bedeutendsten politischen Vereinigungen, die das Exil in Lateinamerika hervorbrachte. In den meisten Exilgruppen, die auf diesem Kontinent entstanden, waren ihre unterschiedlichen politischen Konzeptionen Gegenstand von Kontroversen. Die BFD war zwar eine Gründung von Mitgliedern und Anhängern der KPD unter Führung des ehemaligen Reichstagsabgeordneten Paul Merker, doch war ihr Programm keineswegs kommunistisch. Die programmatischen Forderungen waren so allgemein

---

40 Antragsformular Nr. 118 von Hanns Heiman. AsD: Lateinamerika-Exil/Ecuador.
41 Brief von Ernst Herz v. 12. 2. 43. Vgl. ebenda.

formuliert, daß sie auch von liberalen, konservativen und christlichen Gruppierungen ohne weiteres mitgetragen werden konnten. Sie zielten im wesentlichen auf die Zusammenarbeit aller antifaschistisch eingestellten Deutschen zur Niederschlagung des Nazismus, auf die Unterstützung der Alliierten und der Widerstandsgruppen in Deutschland und in den besetzten Ländern, auf die Verteidigung der Demokratie im Gastland und die Bekämpfung der »Fünften Kolonne«. Im Interesse einer breiten Bündnispolitik enthielt das Programm der BFD auch keine konkreten Forderungen für das Nachkriegs-Deutschland. Lediglich von Verteidigung und Förderung der freiheitlichen deutschen Kultur und von der Wiederherstellung des deutschen Ansehens durch Bekämpfung der Verbrechen des Nationalsozialismus war die Rede. Sofern führende Vertreter der BFD zur wirtschaftlichen Gestaltung Deutschlands Stellung nahmen und zum Beispiel eine »Nationalisierung« von Großindustrie und Großgrundbesitz befürworteten, wollten sie dies als demokratische und nicht als sozialistische Maßnahme verstanden wissen.

Im Gegensatz hierzu waren die Nachkriegsziele der Bewegung DAD auf eine sozialistische Wirtschaftsordnung gerichtet. DAD suchte seine Anhänger in erster Linie im linken Lager unter Ausschluß von Kommunisten, die sich nicht vom Hitler-Stalin-Pakt distanzierten, weil sie hierin lediglich eine Maßnahme sahen, zu der die Sowjetunion nicht zuletzt wegen der Appeasement-Politik der Westmächte gezwungen worden sei. DAD gruppierte sich um die unter der Führung des ehemaligen Reichstagsabgeordneten der *Sozialistischen Arbeiterpartei* (SAP) August Siemsen in Buenos Aires entstandene Bewegung. In der Konsequenz bedeuteten die Forderungen des DAD für das Deutschland der Nachkriegszeit, daß man nicht vorbehaltlos den Zielen der Alliierten zustimmte, sondern den sich langsam herauskristallisierenden Abtretungs-, Besatzungs- und Teilungsplänen ablehnend gegenüberstand. Auf der anderen Seite sah sich die BFD im Interesse ihrer weitgefaßten Bündniskonzeption als bedingungslose Verfechterin alliierter Politik, eine Position, die freilich in dem Maße rissiger und widersprüchlicher wurde, wie die Divergenzen zwischen den Westalliierten und der Sowjetunion deutlicher wurden und sich die politische Führung der BFD gezwungen sah, ihre Präferenzen für die Sowjetunion offenzulegen.[42]

---

42 Bei der Kürze der Darstellung der beiden Bewegungen konnten Vereinfachungen nicht vermieden werden. Zu einem differenzierteren Bild über die Entwicklung und Programmatik, die unterschiedlichen Strukturen und Rahmenbedingungen der Bewegungen im jeweiligen Exilland, über taktische und manipulatorische Vorgehensweisen zur Durchsetzung des Führungsanspruchs vgl. von zur Mühlen, Fluchtziel, S. 117 – 131, 146 – 159, 174 – 183; Pohle, Das mexikanische Exil, S. 167 – 178, 245 – 298. Vgl. auch die auf der Linie der BFD liegende Darstellung von Kießling, Alemania Libre, Bd. 1, hier besonders S. 165 – 219; Bd. 2, S. 112 f., 353 – 431.

Ende 1942, Anfang 1943 machten sich beide Bewegungen an die Gründung eines länderübergreifenden Zusammenschlusses, der die antifaschistischen Gruppen gegenüber den Alliierten, den Exilländern wie der Weltöffentlichkeit vertreten sollte. Im Zuge dieser Bestrebungen konstituierte sich in Mexiko ein *Lateinamerika Komitee Freies Deutschland* (LAKFD), das neben Organisationen aus Brasilien, Chile, Cuba, Costa Rica auch das *Movimiento Alemán* als ihm angeschlossene Bewegung zählte. Dieses hatte seine Zusage zum Beitritt gemacht, ohne zu diesem Zeitpunkt zu wissen, daß die Bewegung DAD ebenfalls bestrebt war, eine »Einheitsfront« herzustellen. Als man hiervon nachträglich erfuhr, zog man die Zusage an das Organisationskomitee in Mexiko zurück.[43] In dem folgenden Tauziehen zwischen DAD und BFD um die Führungsrolle schlug das *Movimiento Alemán* für den März ein Treffen von Merker und Siemsen in Ecuador vor, damit diese in direkter Aussprache Wege für eine Einigung suchen sollten. In der Folgezeit kam es im *Movimiento Alemán* zu heftigen Auseinandersetzungen, die zum Rücktritt eines Teils des Vorstandes führten. Das persönliche Treffen zwischen Merker und Siemsen fand nicht statt, ebensowenig wie eine Einigung über einen gemeinsamen organisatorischen Zusammenschluß der beiden Bewegungen BFD und DAD erfolgte. Im Gegenteil verschärften sich die Differenzen, und spätestens im Mai 1943 mit dem ersten Kongreß des LAKFD war die Spaltung besiegelt und jeder Einigungswille abhanden gekommen. Nach wie vor betrachtete man in Mexiko Teile des *Movimiento Alemán*, repräsentiert durch Bobby Astor, als zugehörig. Die Zeitschrift *Freies Deutschland* führte ihn als eines der Präsidiumsmitglieder an und das Tagungsprotokoll verzeichnete neben anderen nicht namentlich gekennzeichneten Grußadressen auch eine der LAKFD-Anhänger in Ecuador. Astor war auf diesem Kongreß weder anwesend, noch besaß er ein Mandat des *Movimiento Alemán*.[44]

In seiner Ausgabe vom 5. September 1943 berichtete der *Antinazi* über die »divisionistischen Machenschaften« des Präsidenten Herz. Das *Movimiento Alemán* habe sich mit großer Mehrheit der Mexiko-Richtung angeschlossen, Herz aber weigere sich, den Beschluß auszuführen. Laut *Antinazi* war Herz so weit gegangen, sich bei einer »alliierten Persönlichkeit« zu beschweren und

---

43 Von zur Mühlens Vermutung, der Zeitpunkt der Gründung des Movimiento Alemán deute auf eine Abstimmung mit der Bewegung in Mexiko hin, erscheint mir fragwürdig. Vgl. von zur Mühlen, Fluchtziel, S. 269. Siehe hierzu den Zeitpunkt der Entstehungsgeschichte des LAKFD bei Pohle, Das mexikanische Exil, S. 245 – 274, hier insb. S. 252 ff. Vgl. auch: Kießling, Alemania Libre, Bd. 1, S. 165, 167, 186 f., 302 Fn 87.

44 Vgl. Pohle, Das mexikanische Exil, S. 263, 270, 290; *Freies Deutschland*, México, Nr. 7 v. Juni 43, S. 32 u. 34. Nur in Chile kam es im März 1943 zu einem Zusammenschluß der lokalen Ableger von BFD und DAD. Die gemeinsame Organisation brach 1944 an den Diskussionen über die Aufteilung Deutschlands und der Zustimmung des LAKFD zu den auf der Konferenz von Teheran beschlossenen Gebietsabtretungen wieder auseinander. Vgl. Wojak, Exil in Chile, S. 239 f. u. 249 ff.

hatte diejenigen Mitglieder, die den Anschluß an die Bewegung in Mexiko befürworteten, als Kommunisten denunziert. Er sollte ihnen auch angedeutet haben, daß sie im Falle des Anschlusses an Mexiko mit Schwierigkeiten zu rechnen hätten, bis hin zur Verbannung. Das Verhalten von Herz verglich der *Antinazi* mit nazistischen Methoden und beschuldigte Herz, unter dem Vorwand, für ein sozialistisches Deutschland zu kämpfen, wo er nur könne, die Errichtung eines wirklich demokratischen Regimes in Deutschland zu verhindern. Der Artikel schloß mit der Gewißheit, daß sich das *Comité Interaliado* nicht irreleiten lassen werde durch solche sattsam bekannten Methoden »falscher Demokraten«, die immer dann, wenn sie die Arbeit der »ernsthaften Antifaschisten« unter den »Fremden« behindern wollten, diese kommunistischer Agitation gegen die Regierung des Landes beschuldigten. Wenn man auch den Wahrheitsgehalt des Artikels bezweifeln mag, der sicher aus der Feder eines Mitglieds des *Movimiento Alemán* stammte, so zeigt er, wie sehr die Fronten zwischen den Befürwortern und den Gegnern eines Anschlusses an die BFD in Mexiko verhärtet waren.[45]

In der gleichen Tonart meldete die Zeitschrift der BFD im Mai 1944 unter Berufung auf den *Antinazi*, daß die durch Herz verursachte Krise beigelegt sei und sich die Vereinigung den *Freien Deutschen Mexiko* angeschlossen habe.[46] Die endgültige Abspaltung der Befürworter des Mexiko-Anschlusses dürfte spätestens im März erfolgt sein, wenn man davon ausgeht, daß die erste Ausgabe der Zeitschrift des *Freien Deutschland* Ecuador im März/April erschien. Die erhalten gebliebene Ausgabe der Zeitschrift mit dem Namen *Demokratisches Deutschland* vom September/Oktober 1944 trägt die Nummer vier.[47]

Die Entscheidung derjenigen Mitglieder des *Movimiento Alemán*, die sich einem Anschluß an die BFD Mexiko widersetzt hatten, ist nicht gleichzusetzen mit einer Entscheidung für den Anschluß an die Bewegung DAD. Wenn auch mehrfach von der Absicht die Rede war, sich ihr anzuschließen, so gibt es keinen Hinweis darauf, daß dies geschah, nachdem die Mexiko-Protagonisten die Vereinigung verlassen hatten. Zwar legen die erhalten gebliebenen Quellen nahe, daß die Debatte um den Anschluß der eigentliche Konfliktstoff war und die erfolgte Spaltung belegt dessen Bedeutung. Dennoch bleibt zu fragen, ob ein »sozialistisches Deutschland« im Sinne der Bewegung DAD für einen Großteil der Mitglieder, die sich zur bürgerlichen

45 Vgl. *Antinazi* v. 5. 9. 43 (S. M. 264)
46 Wohl nennt der Artikel den Namen der neuen, abgespaltenen Gruppe »Alemania Libre«, unterstellt aber, es handele sich hierbei noch um die ursprüngliche Organisation und spricht von »gestärkter Einheit in Ecuador«. Im Juli meldeten sowohl der *Antinazi* wie das *Freie Deutschland*, México, die Gründung eines Komitees *Freies Deutschland* in Ecuador und seinen Anschluß an das LAKFD, ebenfalls ohne das *Movimiento Alemán* zu erwähnen. Vgl. *Freies Deutschland*, México, Nr. 6 v. Mai 44, S. 33 u. Nr. 8 v. Juli 44, S. 33; *Antinazi* v. 4. 7. 44 (S. M. 397).
47 Vgl. *Demokratisches Deutschland*, Nr. 4 v. September/ Oktober 44 (S. M. 405 – 412). Hierbei handelt es sich nicht um ein Original, sondern um eine Kopie.

Mitte zählten oder nationalkonservativ eingestellt waren, tatsächlich eine Alternative zur Mexiko-Richtung war.

Zum Verhältnis der beiden deutschen Vereinigungen

Zum Verhältnis der beiden Organisationen gibt die Zeitschrift *Demokratisches Deutschland* einige Einblicke. Zwar ist auch hier der Wahrheitsgehalt der Artikel mit Vorsicht zu betrachten, doch sind die Artikel insofern von Interesse als sie zeigen, daß die beiden Gruppen sich verfeindet gegenüberstanden und eine Zusammenarbeit der beiden Organisationen im Sinne ihrer antifaschistischen Zielsetzungen ausgeschlossen werden kann. So berichtete das *Demokratische Deutschland* von einer außerordentlichen Generalversammlung des »geschrumpften« Movimiento am 29. Juli 1944 mit ca. 45 anwesenden Mitgliedern. Auf den Hinweis von einigen Mitgliedern, man solle in Anbetracht der Fortschritte der russischen Heere, die bisher vorwiegend negative Einstellung zum Anschluß an das LAKFD revidieren, habe der ehemalige Rechtsanwalt Hermann Stern den Standpunkt vertreten, Politik, ob von rechts oder links, gehe die Immigranten nichts an. Sie hätten sich um weiter nichts als um ihr Fortkommen im Asylland und später »drüben« zu kümmern.»Die Rede gipfelte in der skandalösen Erklärung, daß dem Redner eins so lieb sei wie das andere, Kommunismus wie Nationalsozialismus (!), da die russische Revolution viele Blutopfer gekostet habe. Der Sprecher erhielt starken Beifall der Mehrheit der Anwesenden.«[48] Unter der Überschrift »>Saubere‹ Methoden« berichtete das *Demokratische Deutschland* im Januar 1945, das Vorstandsmitglied des *Movimiento Alemán* Heinrich Hahn habe einen eingeschriebenen Brief des LAKFD an das *Freie Deutschland* in Ecuador, obwohl exakt adressiert, auf der Post quittiert und erst nach wiederholten Reklamationen mit dem Vermerk »irrtümlich geöffnet« zurückgegeben.[49]

In derselben Ausgabe beschäftigte sich Bobby Astor in einem Leitartikel mit »Feinden des Friedens«, mit jenen Kräften, die getarnt als Antinazis versuchten, einen Keil zwischen die Alliierten zu treiben. Im Bündnis mit jenen sah Astor die Anhänger Otto Straßers und in Henrik Graf deren Verbindungsmann in Quito. In diesem Zusammenhang bezog er sich auf einen zurückliegenden Vorfall im *Movimiento Alemán*. Am 4. März 1943 habe besagter Graf versucht, sich dort einzuschleichen. Da aber im Vorstand »damals noch einige deutsche Antifaschisten saßen«, wurde die Aufnahme des »Straßerfaschisten« verhindert.»Nachdem ›Henrik‹ seinen Aufnahmeantrag zurückziehen mußte, trat sein Vater, Dr. Alfred Graf bei, und wurde nach Rücktritt der demokratischen Vorstandsmehrheit (infolge der bekannten undemo-

48   Ebenda, S. 8 (S. M. 412)
49   *Demokratisches Deutschland*, Nr. 1 v. Januar 45, S. 7.

kratischen Machenschaften der Herren Dr. Herz, Sober, Leib und Hein[rich] Hahn) auch sofort von diesen Herren zur Wahl vorgeschlagen und in den Vorstand gewählt.«[50] Der 4. März war genau der Tag, an dem Alfred Graf seinen Aufnahmeantrag gestellt hatte. Er war einen Monat später von Herz und Astor gemeinsam gebilligt worden. Zwar bezeichnete Astor Alfred Graf nicht wörtlich als Straßer-Anhänger, legt aber mit seiner Art der Darstellung nahe, der Vater sei für den abgewiesenen Sohn eingetreten.

Die *Schwarze Front* Otto Straßers, die 1941 in die *Frei-Deutschland-Bewegung* übergegangen war, hatte ihren Schwerpunkt in Argentinien, Paraguay und Uruguay. Seit Februar 1942 gab es in El Salvador eine Geschäftsstelle der Bewegung für Mittelamerika und das nördliche Südamerika, Ecuador eingeschlossen. Dieser Bewegung gelang es, zumindest vorübergehend, auch nationalkonservative Immigranten, denen andere Exilorganisationen zu weit links standen, an sich zu binden.[51] Auch in Ecuador soll es Straßer-Anhänger gegeben haben. Was Henrik Graf anbelangt, so besagt eine andere Quelle, daß er sogar als Sekretär jenem Ausschuß des *Movimiento Alemán* angehörte, der eine Art Spionage für die Alliierten betrieb. Gegen Alfred Graf, der bis zu seinem Weggang in die USA 1947 die kulturelle Abteilung der Vereinigung leitete, hegte die Jüdische Gemeinde offensichtlich keinen Verdacht. Im Bericht über einen literarisch-musikalischen Abend in der *Beneficencia* ist von »dem unter uns weilenden und herzlich begrüßten Alfred Graf« die Rede, der auch am Programm dieses Abends mitwirkte.[52]

Jenseits aller Polemik Astors weist der »Fall« Graf auf ein anderes Problem hin, nämlich, daß es schwierig sein konnte, die Eignung eines Bewerbers für die Mitgliedschaft festzustellen. Dies geht aus der Prüfung einzelner Eintrittsformulare des *Movimiento Alemán* hervor ebenso wie der Hinweis, daß man darauf gefaßt war, Straßer-Anhänger könnten versuchen, einzutreten. Wurde einem Eintrittswilligen Sympathie für den Nationalsozialismus nachgesagt, war es schwer nachprüfbar, ob es sich hierbei um eine Tatsache oder lediglich um ein haltloses Gerücht handelte.[53]

Soweit erkennbar trat das *Movimiento Alemán* nach der Spaltung nicht mehr bei antifaschistischen Veranstaltungen in der Öffentlichkeit in Erscheinung. Diejenigen, die hier bislang aufgetreten waren, befanden sich nun im *Freien Deutschland*, auf dessen Seite sich das *Movimiento Antifascista*

50   Ebenda, S. 1.
51   Vgl. den Aufnahmeantrag Nr. 148 von Alfred Graf. AsD: Lateinamerika-Exil/Ecuador. Graf besaß einen norwegischen Fremdenpaß. Zur Straßer-Bewegung siehe von zur Mühlen, Fluchtziel, 113 ff.; ders., Der »Gegenführer« im Exil. Die Otto-Strasser-Bewegung in Lateinamerika, in: Exilforschung. Ein Internationales Jahrbuch 3 (1985), S. 143 – 157.
52   Vgl. Juli 44, 8; siehe auch Weilbauer, Die Deutschen, S. 65; ders., Ein weiter Weg, S. 42 sowie die Gespräche Willi Bamberger und Gustav Zanders.
53   Vgl. z.B. die Antragsformulare Nr. 125 und 141. AsD: Lateinamerika-Exil/Ecuador.

del Ecuador deutlich gestellt hatte. Auch bei der großangelegten Sammel-
kampagne zur Unterstützung des sowjetischen Roten Kreuzes war das *Movimiento Alemán* nicht dabei.

Und wenn Bobby Astor auf der Solidaritäts-
kundgebung zur Eröffnung der Kampagne in der *Beneficencia* im März 1945
von einer »kleinen Minderheit der semifaschistischen Saboteure, die dieses
humanitäre Werk zu stören versuchen«, sprach, so wird er nicht zuletzt das
Movimiento Alemán gemeint haben.[54] Der Begriff Faschismus war in Ecuador
wie auch in anderen Ländern längst zu einem Schimpfwort geworden, mit
dem vor allem Kommunisten jedweden politischen Gegner titulierten. Aber
auch diese blieben nicht untätig und brachten das *Freie Deutschland* in
Rechtfertigungszwang gegen in Umlauf gesetzte »Gerüchte«, die Mitgliedschaft im LAKFD sei den Alliierten unerwünscht und das *Freie Deutschland*
verfolge radikale oder extremistische parteipolitische Zielsetzungen.[55]

Als sich das *Movimiento Alemán* 1949 in *Asociación Alemana del Ecuador*
umbenannte und 1955 als Humboldt-Gesellschaft weitergeführt wurde,
sollte es zu einer Organisation aller Deutschen werden. Nun traten Personen ein, die als ehemalige Parteigänger des Nationalsozialismus bekannt
waren. Andere traten aus, weil ihnen der Prozeß des Versöhnens und Ver-
gessenwollens zu schnell ging.[56]

4. Das Komitee Freies Deutschland

Dem *Freien Deutschland* gehörten bei seiner Gründung laut *Antinazi* vierzig
Personen an. Der erste Präsident des Exekutivkomitees war danach nicht
Astor, sondern Eduard Hammer, ein ehemaliger Schuhfabrikant aus Dres-
den. Astor nahm zunächst den Posten des Sekretärs ein, war aber spätestens
im September 1944 Präsident des Exekutivkomitees und seit seinem Erscheinen Herausgeber des *Demokratischen Deutschland*. Das siebenköpfige
Exekutivkomitee setzte sich aus dem Präsidenten, seinem Stellvertreter, einem Sekretär, einem Kassierer, zwei Beisitzern und zwei Regionaldelegierten
zusammen, wovon der eine für das Hochland, der andere für die Küste zuständig war. In Guayaquil hatte sich eine Ortsgruppe gebildet, geführt von
Herbert M. Katz und Peter Jolowicz.[57]

Die Statuten des *Freien Deutschland* in Ecuador waren, wie dies bei anderen
Organisationen der Bewegung der Fall war, allgemein gehalten. Im Januar
1945 meldete das *Demokratische Deutschland* die Genehmigung der Statuten

---

54 B. Astor, April 45, 4. Vgl. *Antinazi* v. 4. 7. 44 (S. M. 397).
55 Vgl. *Demokratisches Deutschland*, Nr. 1 v. Januar 45, S. 8. Vgl. ebenda, S. 4.
56 Vgl. die Gespräche Willi Bamberger, Dr. Gerhard Anker, Dr. Gertrud Tietz, Federico Leffmann.
57 Vgl. *Demokratisches Deutschland*, Nr. 1. v. Januar 45, S. 1; *Freies Deutschland*, México, Nr. 10 v.
    September 44, S. 34; *Antinazi* v. 1. 7. 44 (S. M. 397); Aufnahmegesuch Nr. 104 von Eduard
    Hammer. AsD: Lateinamerika-Exil/Ecuador.

durch die Regierung per »Präsidenzialbeschluß«. Als »statutenmäßige Ziele«
der Organisation werden dort genannt: »1] Alle, in Ecuador wohnhaften,
antinazistischen und demokratischen Deutsche zusammenzuschließen;
2] Gegen den Nazi-Faschismus, den Antisemitismus und den Rassenwahn
zu kämpfen; 3] Die Einheit der Freien Deutschen zu fördern; 4] Die Vereinten Nationen zu unterstützen in ihrem Kampf gegen den Nazismus auf der
Grundlage der Erklärungen von Teheran; 5] Der ekuadorianischen Demokratie jede Hilfe zu gewähren.«[58] Art. 3 der Statuten legte fest: »Die Organisation gehört dem Lateinamericanischen Komitee der Freien Deutschen,
mit Sitz in México D. F., an, und kämpft für ein demokratisches Deutschland, für die Bestrafung aller Kriegsschuldigen und ihrer Komplizen, und für
die Entschädigung der Opfer des Nazismus.«[59]

Die Mitteilungen über das *Freie Deutschland* in Ecuador in der Zeitschrift
der BFD Mexiko und die Artikel in der Zeitschrift *Demokratisches Deutschland*
zeigen, daß es sich bei der Mitgliedschaft im LAKFD nicht nur um einen for-
mellen Beitritt handelte. Das *Demokratische Deutschland*, von dem, soweit
erkennbar, nur zwei Ausgaben erhalten geblieben sind, veröffentlichte die
offiziellen Bekanntmachungen des LAKFD und Beiträge führender Persönlichkeiten der mexikanischen Organisation. Die Eigenbeiträge wiederum
spiegeln die politische Linie der BFD Mexiko wider. In den beiden erhalten
gebliebenen Ausgaben erschienen Artikel von Alexander Abusch, Paul Merker und Ludwig Renn, wobei besonders dem im Verlag »El Libro Libre« 1944
in Mexiko erschienenen ersten Band von Merkers Buch »Deutschland, Sein
oder Nicht Sein?« Beachtung geschenkt wurde.[60]

Zweifelsohne wird man das *Freie Deutschland* Ecuador und seine Zeitschrift in erster Linie als Werk Bobby Astors ansehen können. Er gehörte zu
den schillerndsten Personen unter den Immigranten und trat nicht nur
durch sein politisches Engagement, sondern auch durch seine kulturellen
Aktivitäten in Erscheinung. 1908 in Idar-Oberstein als Heinz Alfred Stern
geboren, hatte er sich 1928 den Namen Bobby Astor zugelegt, als er begann,
als Unterhaltungskünstler aufzutreten. Er verfaßte und interpretierte gesell-
schaftskritische und antifaschistische, aber auch volkstümliche Lieder. Von
der Reichsmusikkammer mit Auftrittsverbot belegt und zweimal in »Schutz-
haft« genommen, entging er einer erneuten Verhaftung 1934 durch Flucht

58 *Demokratisches Deutschland*, Nr. 1 v. Januar 45, S. 3. Merkwürdig erscheint in diesem Zusammenhang die Meldung des *Freien Deutschland*, México im Februar, die Statuten seien am
   22. 8. 44 von der Regierung Ecuadors genehmigt worden. Vgl. *Freies Deutschland*, México,
   Nr. 3 v. Februar 45, S. 33.
59 *Demokratisches Deutschland*, Nr. 1 v. Januar 45, S. 3.
60 Vgl. *Demokratisches Deutschland*, Nr. 4 v. September/Oktober 44, S. 4 u. 8 (S. M. 408 u. 412)
   und Nr. 1. v. Januar 45, S. 5; *Freies Deutschland*, México, Nr. 10 v. September 44, S. 34 u. Nr. 9
   v. August 45, S. 34.

PREIS
1 Sucre

AUSLAND:
10 cents U.S.A.

DEMOKRATISCHES DEUTSCHLAND

FREIES DEUTSCHLAND, ECUADOR

HERAUSGEBER | JAHRGANG II | JANUAR | QUITO, ECUADOR | CASILLA
BOBBY ASTOR | N°. 1 | 1945 | AVENIDA COLON 361 | 821

Abb. 18: *Kopfzeile der Zeitschrift des Komitees Freies Deutschland.*

in die Tschechoslowakei. Nach Aufenthalten in der Sowjetunion, Luxemburg, Holland und der Schweiz gelangte er 1938 nach Quito, wo er an seine frühere Tätigkeit anknüpfen konnte. Er eröffnete ein Lokal in der Avenida Colón y Amazonas, in dem er sein Publikum mit kaberettistischen Einlagen, mit Akkordeonspiel und Gesang unterhielt. In der *Beneficencia* gehörten seine Auftritte zu den beliebten Höhepunkten. Auch bei den *Kammerspielen*, dem deutschsprachigen Theater, und bei Wohltätigkeitsfesten im Rahmen alliierter Veranstaltungen trat er als Künstler auf. Schließlich war er es, der zunächst für das *Movimiento Alemán* und danach für das *Freie Deutschland* bei antifaschistischen Kundgebungen im Namen eines demokratischen Deutschlands vor das ecuadorianische Publikum trat.[61]

In seinen Reden und Artikeln spiegelt sich die Position des BFD wider, im Interesse einer breiten Bündnispolitik keinen Zweifel an der ungeteilten Unterstützung der Alliierten aufkommen zu lassen. Gleichzeitig zeigen sie aber auch das wachsende Bemühen, besonders die Leistungen der Sowjetunion im Kampf gegen den Faschismus hervorzuheben und das dort herrschende System als Vorbild für eine gerechte Gesellschaftsordnung darzustellen. Zur selben Zeit, als in der *Asociación Polaca* heftige Auseinandersetzungen um die Aufhängung eines Stalinbildes geführt wurden, gaben die *Informaciones* im Juli 1944 den Inhalt eines Artikels der New York Times wieder, wonach ein Hauptmann der Roten Armee und Beauftragter der sowjetischen Regierung für wirtschaftliche Angelegenheiten erklärt hatte, er sei aus den Diensten seiner Regierung ausgetreten, weil Stalin ein Doppelspiel treibe und andere Ziele verfolge, als er den Alliierten gegenüber vorgebe.[62] In der folgenden Ausgabe druckten die *Informaciones* eine Erklärung Bobby Astors ab unter Hinweis auf seine Funktion als Präsident des *Freien Deutsch-*

---

61 Vgl. Biographisches Handbuch, Bd. 1, S. 22; die Gespräche Nela Martínez, Dr. Martin, Rosenthal, Gustav Zanders.
62 Vgl. Juli 44, 4.

land und Vizepräsident des LAKFD, in der dieser die Glaubwürdigkeit des zitierten Hauptmanns zu widerlegen suchte. In einem weiteren Beitrag wurde der Artikel in der New York Times als Versuch gewertet, die Gemeinschaft der Alliierten zerstören zu wollen und die »Persönlichkeit des großen Staatsmannes« Stalin herabzusetzen. Demgegenüber wurde die Sowjetunion als das Land herausgestellt, das den Antisemitismus mit Stumpf und Stiel ausgerottet habe, die Todesstrafe gegen aktiven Antisemitismus verhänge, auf allen Gebieten die volle bürgerliche Gleichberechtigung sowie religiöse und kulturelle Autonomie der Juden verwirklicht habe, dem Zionismus wohlwollend gegenüberstehe und nicht zuletzt die größte Zahl an jüdischen Flüchtlingen aufgenommen habe. Der Text entsprach genau späteren Verlautbarungen Astors und Dow Rappaports, der ebenfalls dem *Freien Deutschland* angehörte.[63]

Die Sowjetunion als »fortschrittlichste und fortgeschrittendste Nation«[64] war auch Gegenstand eines »Grußes an das französische Volk« von Astor auf der Kundgebung des *Movimiento Antifascista del Ecuador* am 25. August 1944 anläßlich der Befreiung von Paris. Daß Astor vor ecuadorianischer Öffentlichkeit so offen Partei für die Sowjetunion ergriff, ist auch auf dem Hintergrund des Regierungswechsels zu sehen, der inzwischen in Ecuador stattgefunden hatte. Auf der Veranstaltung hatte der Innenminister den Ehrenvorsitz inne. Zu den ersten Maßnahmen der neuen Regierung gehörte die Freilassung von Personen des *Movimiento Antifascista del Ecuador*, die unter der Regierung Arroyo del Rio wegen »kommunistischer Aktivitäten« gefangen genommen bzw. verbannt worden waren. Der neue Präsident Velasco Ibarra hatte in seiner Antrittsrede vor der verfassunggebenden Versammlung am 10. August des Jahres selbst große Sympathie für die Sowjetunion gezeigt und den »Wahn des Nazismus« als größten Gegensatz zu den »russischen Idealen« gekennzeichnet, auch wenn diese erst in weiter Ferne verwirklicht sein würden.[65] Solche Aussagen hinderten Velasco Ibarra allerdings wenig später nicht daran, die mit ihm zuvor verbündeten Sozialisten und Kommunisten als »Terroristen« und »Bolschewisten« blutig zu verfolgen.[66]

Mit der Sowjetunion beschäftigte sich Bobby Astors auch in einer Abhandlung, die sich speziell mit der Frage auseinandersetzte, welchen Stellenwert der antifaschistische Kampf von und für Juden habe. Mit Blick auf die Nachkriegszeit plädierte Astor für eine demokratische, das heißt eine

---

63 Vgl. August 44, 6, *Demokratisches Deutschland*, Nr. 1 v. Januar 45, S. 8; Dow Rappaport, April 45, 4. Vgl. auch Februar 45, 4 u. 12.
64 B. Astor, in: *Demokratisches Deutschland*, Nr. 4 v. September/Oktober 44, S. 1 (S. M. 405).
65 Vgl. ebenda, S. 3 (S. M. 407) u. 6 (S. M. 410); September 44, 3; siehe auch *El Comercio* v. 31. 4. 44 (S. M. 368) sowie die diversen Beiträge in anderen Publikationen zum Regierungswechsel, in: Mériguet Cousségal, Antinazismo, S. 377 – 389; Juni 44, 1; September 44, 2.
66 Vgl. Efren Reyes, Breve Historia, Tomos II – III, S. 305.

»vielseitige« Lösung der »Judenfrage«: ein eigener Staat für die, die diesen wollten und für die übrigen das sozialistische Modell der Sowjetunion als Garant für völlige Gleichberechtigung, nationale und soziale Gerechtigkeit oder ein auf demokratischen Prinzipien aufgebauter Staat. Weshalb das sowjetische Beispiel angesichts seiner einzigartigen Errungenschaften nicht ohne Alternative nach dem Sieg über den Faschismus sein sollte, begründete Astor mit den verschiedenen Stadien der historischen Entwicklung in den Ländern, die nach Lösungen verlangten, die dem jeweiligen Entwicklungsstand angepaßt seien. Im »Rahmen der wirtschaftlichen Neuordnung« sollten die Juden als nationale Minderheit ihre Entschädigungsansprüche stellen können, da sie auch als nationale Minderheit ausgeraubt und vertrieben worden seien.[67]

Anfang September 1944 konstituierte sich in Quito eine neue Organisation unter dem Namen *Mundo Libre*. Präsident des Exekutivkomitees war Bobby Astor, sein Generalsekretär Raymond Mériguet, der diese Funktion auch im *Movimiento Antifascista del Ecuador* innehatte. Mit einer Ausnahme waren die übrigen Funktionsträger Angehörige des *Freien Deutschland*. Das Manifest der Organisation appellierte an Staatsangehörige aller Nationen, in diese von »aktiven Verteidigern der demokratischen Prinzipien« ins Leben gerufene Bewegung einzutreten. Die formulierten Ziele sowie die Diktion des Aufrufs lassen ihre Nähe zur BFD unschwer erkennen. Es war der Versuch, den politischen Kurs dieser Bewegung von Deutschen auf eine nicht national gebundene Bewegung zu übertragen. Ob die Organisation über ihr Anfangsstadium hinauskam und die angekündigte Zeitschrift je erschien, konnte nicht ermittelt werden. Nach einer anderen Quelle soll *Mundo Libre* nichts anderes gewesen sein als der Versuch, eine getarnte kommunistische Organisation zu Spionagezwecken aufzubauen.[68]

Ein letzter Hinweis auf die Existenz des *Freien Deutschlands* Ecuador findet sich in der Zeitschrift der BFD Mexiko, wo von der Generalversammlung am 5. Juni 1945 in Quito berichtet wurde.[69] Die BFD Mexiko befand sich indessen bereits in einem Zerfallsprozeß. Die Verteidigung der unter Immigranten umstrittenen alliierten Nachkriegspläne und schließlich die zahlreichen Kurskorrekturen in Anpassung an die sowjetische Deutschlandpolitik zehrten an der Glaubwürdigkeit der Bewegung auch bei den eigenen Anhängern und an ihrem Ansehen bei den verschiedenen Exilorganisationen in Lateinamerika. Die Zentrale der BFD in Mexiko löste sich im Juni 1946 auf.[70]

67 Vgl. *Demokratisches Deutschland*, Nr. 1 v. Januar 45, S. 8.
68 Vgl. das Gespräch David Z., der dem Mundo Libre bei seiner Gründung angehörte, aber schon kurz danach austrat. Die Tageszeitung *El Comercio* druckte das Manifest am 9. 9. 44 (S. M. 404) ab.
69 Vgl. *Freies Deutschland*, México, Nr. 9 v. August 45, S. 34.
70 Vgl. von zur Mühlen, Fluchtziel, S. 181 ff., Pohle, Das mexikanische Exil, S. 338 – 383.

Bobby Astor verließ Ecuador 1948 und ging nach Berlin-Ost. Dort wurde er mit kulturpolitischen Funktionen betraut. Wie auch andere der sogenannten Westemigranten und Mitglieder des *Freien Deutschland* fiel er in den fünfziger Jahren in politische Ungnade. Einer drohenden Verhaftung konnte er 1952 entgehen, indem er sich in die Bundesrepublik absetzte. Ein Jahr später ließ er sich in der Schweiz nieder, in der er schon einmal Asyl gefunden hatte.[71]

71 Vgl. Biographisches Handbuch, B. 1, S. 22.

VII. Panorama des kulturellen und geselligen Lebens in Quito von den Anfängen bis Mitte der fünfziger Jahre

1. Die politischen Vereinigungen

Neben der politischen hatten die Vereinigungen stets eine kulturelle und gesellige Funktion, und man kann davon ausgehen, daß diese für die Mehrheit der Mitglieder im Vordergrund stand. Wie für die jüdischen Immigranten der Zusammenschluß in den Gemeinden so waren die Vereinigungen für die nichtjüdischen Flüchtlinge Ersatz für eine verlorene Lebenswelt. Sie boten Orientierung und Zusammengehörigkeitsgefühl in einer ansonsten fremden Umgebung. Hier konnte man in Gesellschaft anderer die eigene Sprache sprechen und sich den angestammten Lebensgewohnheiten und Wertvorstellungen gemäß verhalten. So befriedigten die Vereinigungen zunächst einmal die einfachsten Kommunikationsbedürfnisse, das gesellige Beisammensein in vertrauter Atmosphäre, und sie boten zugleich Ablenkung von den täglichen Existenzsorgen außerhalb der beengten, primitiven Wohnverhältnisse, in denen die meisten lebten. Tschechen, Polen, Österreicher und Deutsche, alle besaßen sie ein Restaurant oder zumindest eine Bewirtschaftung bei Veranstaltungen, sofern nicht ein regelmäßiger Mittagstisch und mehr geboten wurde, wo man preiswert nach »heimischer« Art essen konnte. Insbesondere am Wochenende traf man sich zu Kaffee und Kuchen, zum Kartenspiel, zum Austausch von Erinnerungen und Neuigkeiten. Man sang die Lieder, tanzte zu den Melodien des Herkunftslandes und feierte traditionelle Feste.[1]

Der Pflege der kulturellen Tradition galten Vorträge, musikalische Darbietungen mit Schallplatten oder Livemusik, Theateraufführungen und vieles mehr. Die meisten Immigranten kamen aus großen Städten, die über ein reiches Kulturangebot verfügt hatten, das man nun schmerzlich vermißte. Das Exilland bot fast nichts dergleichen und das wenige, das es gab, verstand man nicht, weil man die Sprache nicht beherrschte. Das kulturelle »Ambiente« mußte man sich selber schaffen. Einige Immigranten hatten eine künstlerische Ausbildung, die meisten lernten erst in Ecuador, vor ein Publikum zu treten und zu singen, zu musizieren, vorzutragen und zu schauspielern. Schon früh ragte der Tschechenclub mit seinen musikalischen Darbietungen heraus, an denen auch ecuadorianische Musiker mitwirkten. In der Musik waren die Sprachbarrieren relativ unbedeutend. Das Ensemble des

---

1 Vgl. die Gespräche Dr. Ilse Grossmann, Käthe Kywi, Dr. Ewald Schiller, Prof. Dr. Miguel A. Schwind, Dr. Gertrud Tietz, Suse Tugendhat.

Abb. 19: *Die Akteure des Wilhelm Busch-Abends, 1952*

Tschechenclubs brachte auch einzelne Akte aus Opern auf die Bühne. Hierbei wirkten Schauspieler der *Kammerspiele* und sein Regisseur Karl Löwenberg mit, wie überhaupt dieses deutschsprachige Theater in Quito ein kulturelles Bindeglied zwischen verschiedenen Immigrantengruppen war. Hier spielten nicht nur Deutsche mit, und Akteure wie Zuschauer kamen sozusagen aus zwei »Lagern«, dem der Jüdischen Gemeinde und dem der politischen Vereinigungen.[2]

War die Pflege der kulturellen Tradition für die aus verschiedenen Ländern stammenden Immigranten auch eine Demonstration dafür, daß man sich von Nationalsozialisten nicht vorschreiben ließ, welcher Nation man angehörte und welches Kulturgut als erhaltenswert galt, so traf dies im besonderen Maße auf das *Movimiento Alemán* zu. Der Nationalsozialismus verbot, verfolgte und vernichtete all das, was in Politik, Recht, Wissenschaft und Kunst für die Immigranten das »andere Deutschland« verkörperte. »Hier draußen im überseeischen Ausland schien es mir eine wichtige Aufgabe zu sein, immer wieder an diese von den Nazis mißachteten Werte zu erinnern, sie neu erstehen zu lassen und mitzuhelfen, das Bild vom Deutschen vom nationalsozialistischen Schmutz zu befreien.«[3] Insofern war das kulturelle Programm auch politisches Programm und Bekenntnis und damit Gegenstand kriti-

2   Vgl. *El Comercio* v. 16. 8. 42; 15. 4. 46, 2, 1. 5. 46, 6; Juni 45, 12, 1. 5. 46, 6.
3   Weilbauer, Ein weiter Weg, S. 43.

Abb. 20: *Szenenfoto aus »Der böse Rauch« mit Nora Hahn und Heinrich Tietz (Mitte), 1954*

scher Betrachtung von außen. Ein Beispiel hierfür, das allerdings erst aus der Nachkriegszeit stammt, gibt Arthur Weilbauer in seinen Lebenserinnerungen. Er hatte es sich zu einem besonderen Anliegen gemacht, den Immigranten, später auch dem literarisch interessierten ecuadorianischen Publikum, das Werk von Thomas Mann nahezubringen. Hiermit stieß er bei Immigranten, auch bei denen, die er als »deutschfeindlich« empfand, im allgemeinen auf Verständnis, nicht zuletzt, weil Thomas Mann selber Emigrant war. »Wohl aber hat man mir in diesen Kreisen die Veranstaltung eines Schallplattenabends Richard Strauß'scher Musik nebst Einführung in sein Werk übel genommen. Man hat mir sogar brieflich Vorwürfe gemacht, wie geschmacklos es von mir sei, mich für einen solchen Nazi einzusetzen, aber m. E. geht es ebenso fehl, R. Strauß als Nazi einzustufen, wie sein Werk wegen seiner Haltung in der Nazizeit zu ächten ... dies grenzt an Hitlermethoden, wo Musik und Literatur von Künstlern jüdischer Herkunft verdammt worden waren.«[4]

Die Kulturabteilung des *Movimiento Alemán* wurde mehrere Jahre von dem Schriftsteller und Dichter Alfred Graf geführt. Graf war bis 1933 Leiter des bayerischen Rundfunks Nürnberg. 1937 verließ er Deutschland auf der

4 Ebenda. Die Vierteljahreshefte der *Casa de la Cultura Ecuatoriana* druckten 1965 einen von Weilbauer in Spanisch gehaltenen Vortrag über Thomas Mann ab. Vgl. »Letras del Ecuador«, No. 132, Septiembre – Diciembre de 1965, S. 17, 10, 22 f.

Abb. 21: *Ausflug an die Küste, 1949*

»Flucht mit seiner Familie vor Hitler«[5] und kam nach längeren Aufenthalten in Norwegen und Panama Ende 1941 in Ecuador an. 1947 ging er in die USA, wo er 1960 starb. In der Immigration schrieb er »Die zwölf Rauhnächte«, die unter seiner Leitung mit verteilten Rollen vorgetragen wurden. Wie die meisten seiner Werke spielen die »Rauhnächte« in seiner lutherisch geprägten fränkischen Heimat mit ihren Mythen und Bräuchen.[6]

Ab Ende der vierziger Jahre, in der Zeit des Übergangs des *Movimiento Alemán* in die *Asociación Alemana del Ecuador* geben Fotos Auskünfte über einige Veranstaltungen und sind einzelne Vorträge erhalten, die sich mit deutscher bzw. preußischer Geschichte befassen, in deren Mittelpunkt die Verfasser historische Persönlichkeiten wie Otto von Bismarck, Karl Freiherr von und zum Stein, Friedrich II. und Personen aus dem Geistes- und Musikleben wie Humboldt, Schiller, Kleist und Mozart stellten. Ein kleines Liebhabertheater präsentierte Wilhelm-Busch- und Hans-Sachs-Abende. Man spielte »Der böse Rauch« und »Der farent Schüler ins Paradies«. Auch »Meister Jakob und seine Kinder« von Adam Müller-Guttenbrunn stand auf dem Programm. Ein Teil der Akteure gehörte den *Kammerspielen* an. Mit den Kindern studierte man vor allem für die Weihnachtszeit Aufführungen von Märchen ein wie die »Bremer Stadtmusikanten«, »Hans im Glück«, »Frau

---

5   So Anton Hardörfer in seinem Vorwort zu Grafs »Das Haus im Tor«, das 1963 in Nürnberg erschien.
6   Vgl. Alfred Graf, Die zwölf Rauhnächte, Nürnberg 1955; Weilbauer, Die Deutschen, S. 65 f.

Abb. 22: *Ausflug im gemieteten Bus auf Gebirgswegen, 1950*

Abb. 23: *Ausflug mit dem »autocarril« von Ibarra nach San Lorenzo, 1954*

Holle« und »Schneewittchen«. Ein Puppenspiel trug den Titel »Wie Kasperle die Weltpolitik erlebte«. Da nicht für alle Stücke deutsche Texte vorhanden waren, aber auch, weil nicht alle der im Ausland aufgewachsenen Kinder

233

literarisches Deutsch verstanden, machten sich Erwachsene daran, einfache Reime zu verfassen.[7]

Die Vereinigung organisierte nun auch häufiger Tagesausflüge in die nähere und weitere Umgebung Quitos. Da kaum jemand ein Auto besaß, wurde ein Bus gemietet. Schließlich unternahm man auch mehrtägige Fahrten in fernere Gegenden, ans Meer und in die Urwaldregion. Aufgrund mangelnder Unterkunftsmöglichkeiten waren solchen Unternehmungen aber Grenzen gesetzt. Trotzdem lernten viele Immigranten das Land besser kennen als die meisten Einheimischen. Ihre Neugierde und ihre Reiselust waren größer.

2. Die Jüdische Gemeinde in Quito

2.1. *Die Kultursektion*

Die Anfänge des gesellschaftlichen Lebens in der Jüdischen Gemeinde waren den Umständen entsprechend bescheiden. Die Räumlichkeiten waren beengt, Ausstattung kaum vorhanden. Für die jüngst angekommenen Flüchtlinge standen die Existenzsorgen im Vordergrund und das Bemühen, die in Europa Zurückgebliebenen nach Ecuador zu retten. Die Menschen neigten dazu,»die ganze europäische Kultur verantwortlich zu machen für das ihnen zugestoßene Unglück«.[8] An den Aufbau einer Kulturabteilung dachten zunächst nur wenige. Die ersten gemeinschaftlichen Zusammenkünfte bestanden in Gottesdiensten, kleinen Festlichkeiten anläßlich religiöser Feiertage, in musikalischen Darbietungen und Vorträgen, die noch unter dem unmittelbaren Eindruck von Vertreibung und Flucht und dem Neubeginn in Ecuador standen.»Eindrücke aus England«,»Erlebnisse im französischen Lager«,»Von Stockholm nach Quito« gehörten zu den ersten Themen von Vorträgen ebenso wie solche über Land und Leute und über gesundheitliche Risiken im Asylland und Fragen der wirtschaftlichen Eingliederung.

Als man 1940 in die Carrera Guayaquil zog, konnte erstmals ein Raum als ständiger Betsaal eingerichtet werden, wo man 1940 eine Trauerfeier anläßlich des zweiten Jahrestages des Novemberpogroms beging. Wenig später feierte man ein Chanukkafest, eines der wenigen fröhlichen Feste in der Anfangszeit. Man verfügte über ein»Klubzimmer für Mußestunden und zur Erörterung geschäftlicher Angelegenheiten« und über eine angeschlossene Gaststätte.[9] Mit jedem weiteren Umzug wurden die Räumlichkeiten größer

---

7   Vgl. Weilbauer, Ein weiter Weg, S. 44 u. 49 f.; die Gespräche Dr. Ilse Grossmann, Dr. Gertrud Tietz und Suse Tugenhat. Eine Sammlung von Fotos wie Kopien von Vorträgen, die von Arthur Weilbauer und Werner Aron, gehalten wurden, liegen mir vor. Die *Asociación Humboldt*, die Humboldt-Gesellschaft, die Nachfolgerin der *Asociación Alemana*, besitzt keine Unterlagen über ihre Vorgängerorganisationen.

8   Geza Fisch, 1. 6. 54, 2.

9   Vgl. Dezember 40, 5, Januar 41, 3, April 42, 5.

und besser und konnte die Ausstattung erweitert werden. In der Calle Manabí y Vargas verfügte man im März 1941 bereits über ein Lese- und Bibliothekszimmer und der von dem Veterinär Julius Zanders begonnene Aufbau einer Bibliothek hatte Fortschritte gemacht. Am 1. Mai wurde sie eröffnet, nachdem die ersten Bücherspenden aus den USA eingetroffen waren. Man hatte sich dort über ausländische Zeitungen an verschiedene jüdische Institute gewandt. Mitglieder der Gemeinde gaben Geld zum Ankauf von Büchern und spendeten eigene. Bis zum Sommer 1943 hatten sich rund 1000 Bände angesammelt, von denen die Hälfte in deutscher Sprache war und zu neunzig Prozent Unterhaltungslektüre bot. 250 jiddische, einige hebräische, 200 englische und rund 100 in weiteren Sprachen gehörten zum Bestand, der sich bis 1948 fast verdoppelte. Zeitschriften in Spanisch, Jiddisch und Deutsch lagen aus, später auch in Englisch und Hebräisch. Die ausgebildete Bibliothekarin Käthe Cohen übernahm die Leitung der Bibliothek. 1945 zählte man 214 eingeschriebene Leser. 1944 war es gelungen, ein Klavier zu kaufen und eine Schachabteilung mit eigenen Schachtischen einzurichten. Hier fanden Wettkämpfe mit ecuadorianischen Spielern statt und Simultanspiele von Bruno Moritz, dem deutschen Schachmeister, der in Guayaquil lebte.[10]

Langsam hatte sich aus dem Wohltätigkeitsverein eine kulturelle Gemeinschaft entwickelt, als deren Schöpfer Paul Benedick galt. Benedick, ehemals Mitinhaber des Immobilienhauses Israel Schmidt,»deren Plakate jeder Berliner kannte«, hatte dem Vorstand der Berliner Reformgemeinde angehört.[11] Unter seiner Leitung bildete sich 1941/42 die Kultursektion heraus, zu deren Aufgabenbereich auch die Durchführung von Sprachkursen und die Mitgliederwerbung für die *Beneficencia* zählte.»Als Paul Benedick das Kulturreferat der Beneficencia übernahm, er der gebildete Berliner Jude mit seiner gründlichen und universellen Bildung, war die Judengemeinde Quitos eine zusammengewürfelte Gruppe von Juden aus den verschiedensten Ländern Europas und aus den verschiedensten gesellschaftlichen Klassen. Nur zwei Dinge hatten diese Juden gemeinsam, ihr Judentum und den Wohnsitz in Ecuador ... Für ein solches Kulturreferat gab es kein Vorbild, alles was Paul Benedick leistete, war seiner eigenen Initiative entsprungen ...«[12]

Für Benedick waren die Kulturgüter aus den Heimatländern, das einzige, das»man uns nicht, wie alles Andere, hat rauben können«[13]. Ihre Übertragung ins Asylland sollte»geistige Anregung und Unterhaltung als eines der Heilmittel für den Verlust materieller und ideeller Werte im alten Eu-

10 Vgl. November 40, 2, August 41, 2, April 43, 5, Juli 43, 10, September 44, 4, Dezember 44, 11, 15. 1. 46, 4, 15. 11. 48, 4.
11 Liebmann, 1. 7. 53, 2.
12 G. Fisch, 1. 6. 53, 2; vgl. März 45, 5, 1. 4. 50, 2, 1. 7. 53, 1 f.
13 Benedick, 1. 7. 51, 1.

ropa«[14] vermitteln und die so unterschiedlichen Mitglieder zu Einheit und Zusammenhalt führen. Vor allem aber sollte sie zum Mittler zwischen den Angehörigen unterschiedlicher Kulturkreise werden, den west- und den osteuropäischen Juden. Zusammenhalt und Einigkeit, als oberstes Ziel der Arbeit der Kultursektion definiert, bedeutete, ein Programm zu gestalten, das die kleinere Gruppe der osteuropäischen Juden nicht benachteiligte. Von Anfang an finden sich Beiträge in Jiddisch, meist wurde aus den Werken bekannter jiddischer Schriftsteller und Dichter vorgetragen oder wurden jiddische Lieder gespielt und gesungen. Einzelne Vorträge befaßten sich mit jiddischer Sprache und Literatur oder wurden zu allgemeinen Themen oder bei Gedenkreden in Jiddisch gehalten. Es waren aber oft nur kleinere Beiträge, die in Veranstaltungen in deutscher Sprache eingebettet waren und die manchmal den Eindruck hinterlassen, als handele es sich um folkloristisches Beiwerk. Im Schnitt gelang es nur zweimal im Jahr, einen gesamten Abend in Jiddisch abzuhalten. So gehörte die mangelnde Pflege jiddischen Kulturguts und »die mangelnde Aktivität unserer Brüder jiddischer Zunge«[15] zu den immer wiederkehrenden Klagen Benedicks. Benedick vermißte vor allem Darbietungen ernster jiddischer Literatur und hielt das Argument, hierfür mangele es an geeigneten Personen, für eine Ausrede.

Zur Negativbilanz zählte Benedick in den ersten Jahren auch den Kulturaustausch mit dem Gastland. Zu Vorträgen ecuadorianischer Wissenschaftler und Intellektueller erschienen so wenige Zuhörer, daß man 1943 darauf verzichtete, sich um Mitarbeit von Ecuadorianern zu bemühen, um Vortragende nicht durch schlechten Besuch zu brüskieren. Mangelndes Interesse und fehlende Sprachkenntnis hielten die meisten von einem Besuch solcher Veranstaltungen ab. »Es ergeht die herzliche Bitte an alle, das kleine Opfer des Besuches eines Vortrags in spanischer Sprache zu bringen, wenn er, selten genug, verlangt wird, zur Unterstützung unserer Bestrebungen, die doch in aller Interesse aufgewendet werden.«[16] Unerfüllt blieb der Wunsch der Kultursektion, ein eigenes Liebhabertheater einzurichten. Solche Pläne gab man endgültig auf, als sich im Herbst 1944 die *Kammerspiele* etablierten. Ein Problem erwuchs der Kultursektion aus den zunehmenden Aktivitäten der Organisationen, die der *Beneficencia* angeschlossen waren und deren Mitglieder zum allgemeinen Programm beigetragen hatten. Sie zogen »die guten, durch uns entdeckten und herangezogenen Kräfte« für ihre eigenen Veranstaltungen ab.[17] Die Zusammenstellung des Programms, seine Vorbereitung, Durchführung und Koordinierung mit dem Veranstaltungskalender

14 Ders., Januar 44, 4; vgl. Januar 44, 10.
15 Ders., 15. 1. 46, 4; vgl. Dezember 44, 3, Januar 44, 4, 15. 11. 48, 7.
16 Benedick, Dezember 44, 3; vgl. Januar 43, 7, Januar 44, 4, August 44, 10, 15. 1. 46, 4.
17 Ders., 15. 10. 45, 6; vgl. Januar 44, 4 u. 10, Dezember 44, 3, 15. 1. 46, 4.

der einzelnen Organisationen wurden schwieriger. Zeitweise häuften sich die kulturellen Angebote so, daß darunter der Besuch litt und es trat das Phänomen auf, daß Beiträge zu den Veranstaltungen der *Beneficencia* vorenthalten wurden, weil man sie werbewirksamer für die Ziele der eigenen Organisation präsentieren konnte. Hier entstand eine Konkurrenzsituation ebenso wie auf dem Gebiet des Sammelns für wohltätige und andere Zwecke, unter deren Motto viele Veranstaltungen besonders ab 1945 standen.

Ihre Einnahmen bezog die Kultursektion aus Eintrittsgeldern und Spenden, wobei allerdings für die Mehrzahl der Veranstaltungen keine oder nur eine geringe Gebühr erhoben wurde. Wer diese nicht zu zahlen in der Lage war, konnte einen Antrag auf freien Eintritt stellen. Um die Jugend einzubinden, erhielt der Jugendbund Freikarten. Trotzdem erwirtschaftete man kleine Gewinne, die an die *Beneficencia* abgeführt wurden. Den angeschlossenen Organisationen standen die Räume der *Beneficencia* für ihre Veranstaltungen dann kostenlos zur Verfügung, wenn sie hierfür keine Eintrittsgebühren erhoben. Die »merkwürdige Erscheinung«, daß Veranstaltungen mit freiem Eintritt schlechter besucht wurden als solche, für die Eintrittsgeld zu zahlen war, dürfte nicht zuletzt darauf zurückzuführen sein, daß es vor allem die Vortragsabende waren, die unentgeltlich besucht werden konnten.[18] Stets waren es die heiteren Veranstaltungen, die die Mehrheit anlockten, eine Haltung, die auf Kritik stieß, nicht nur weil sich hierin geistige Bequemlichkeit und politisches Desinteresse auszudrücken schienen, sondern weil angesichts des Mordens am jüdischen Volk für Heiteres kein Platz sein sollte.[19] Ende 1942 waren Nachrichten nach Ecuador gelangt, wonach die Ermordung von vier Millionen Juden bevorstand. Die Kultursektion verzichtete daraufhin 1943 weitgehend auf heitere Veranstaltungen.

Trotz aller Schwierigkeiten und uneingelöster Ziele konnte die Kultursektion auf beachtliche Leistungen blicken. Für das Jahr 1944 zählte sie 67 Abendveranstaltungen, nicht eingerechnet diejenigen, die nachmittags oder im Gebäude in der Calle Tarqui stattfanden. Hiervon hatte sie 39 selbst, die übrigen hatten die angeschlossenen Organisationen ausgerichtet. Im darauffolgenden Jahr waren es insgesamt 92 Veranstaltungen einschließlich der Generalversammlungen der Organisationen, 48 davon unter der Regie der Kultursektion, darunter 5 Kinovorführungen, 8 musikalische Darbietungen, davon 4 Plattenvorführungen, 3 Jiddische Abende, 15 Vorträge, 2 Kinderveranstaltungen, 1 Eröffnungsfeier, 2 Trauerfeiern, 1 Siegesfeier, 3 Gastvorträge, 1 Bunter Abend, 2 Operetten-Abende, 3 Gastspiele der Kammerspiele, 1 Theater-Abend, 1 Ball, 1 Chanukkafeier mit Oratorium.[20]

---

18 Vgl. Dezember 44, 11.
19 Vgl. Benedick, Januar 44, 4.
20 Vgl. Dezember 44, 3 u. 11, 15. 1. 46, 4.

Mit dem Jahr 1945 hatte die Kultursektion allerdings den Höhepunkt ihrer Aktivitäten überschritten. 1947 waren es noch 29 Abendveranstaltungen, 1950 nur noch 11. Viele »Stars« verließen Ecuador oder hatten kein Interesse mehr, auf den »Brettern« der *Beneficencia* aufzutreten. Die Situation verbesserte sich vorübergehend in dem Maße, wie Neu-Immigranten sich einlebten und die Weggegangenen zum Teil ersetzen konnten, unter ihnen das polnische Schauspielerehepaar Hanka und Bogdan Wasiel. Den Neu-Immigranten galten nun auch Veranstaltungen, die im Stile der »Bunten Abende« als »Aktualitätenabende« zu ihrer sozialen Integration und zu ihrer finanziellen Unterstützung beitragen sollten. Der Schrumpfungsprozeß der Gemeinde, das wachsende Angebot an ecuadorianischen kulturellen Veranstaltungen seit der Gründung der *Casa de la Cultura Ecuatoriana* 1944, das man dank verbesserter Sprachkenntnisse häufiger wahrnahm, aber auch die Konkurrenz der angeschlossenen Organisationen und das nachlassende Interesse an spezifisch jüdischer Thematik zehrten die Kultursektion allmählich aus. Die Einrichtungen der *Beneficencia*, wie das Restaurant und die sonstigen Räumlichkeiten, in denen man früher gelesen, Karten und Schach gespielt oder sich einfach zum Reden getroffen hatte, wurden weniger aufgesucht.[21]

Offensichtlich hatte auch der Versuch, für die Jugend ein regelmäßiges Bildungsangebot aufzubauen, nur kurzen Erfolg. Das Anliegen, mit dem Kulturprogramm besonders den Jugendlichen die kulturelle Tradition der Eltern, europäisches Bildungsgut nahezubringen, fand bei diesen nicht das erwartete Echo. Schließlich beschlossen die *Beneficencia* und alle ihr angeschlossenen Organisationen den Aufbau einer *Jüdischen Jugendakademie*, in der regelmäßige Vortragskurse und Diskussionen in den Sparten »Jüdische Wissenschaften«, Naturwissenschaften und Geisteswissenschaften stattfinden sollten. Die Einrichtung scheint über das erste Semester nicht hinausgekommen zu sein.[22]

1951 zog Benedick Bilanz: »Unser Vortragspult, unsere Bühne, unser Konzertpodium sind beinahe verwaist … Wo sind die deutschen Glaubensgenossen, die früher einen solch hohen Prozentsatz der Besucher unseres Heimes bildeten?«[23] Als der »Haus- und Hofdichter« Benedick 1953 starb, kamen die kulturellen Aktivitäten für eine Zeitlang völlig zum Erliegen, bis mit der Konsolidierung der Gemeinde Mitte der fünfziger Jahre wieder ein Aufwärtstrend begann.

21 Vgl. 15. 10. 15, 6, 1. 11. 46, 6, 15. 8. 47, 3, 1. 12. 47, 2 u. 3, 1. 11. 48, 5, 15. 11. 49, 6, 15. 3. 50, 7, 1. 12. 51, 2.
22 Vgl. 15. 10. 49, 2, 1. 11. 49, 2, 1. 12. 49, 10; siehe auch Mai 43, 7 und Kap. IV. 3. 6.
23 Benedick, 1. 7. 51, 2. Vgl. auch 15. 3. 50, 7.

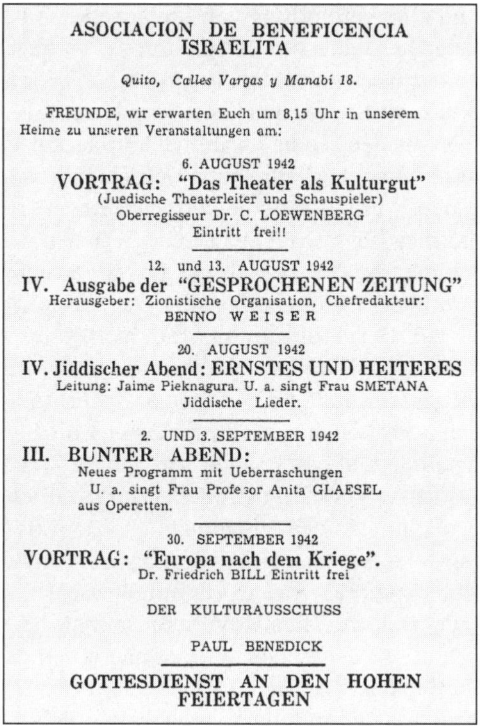

ASOCIACION DE BENEFICENCIA ISRAELITA

Quito, Calles Vargas y Manabi 18.

FREUNDE, wir erwarten Euch um 8,15 Uhr in unserem Heime zu unseren Veranstaltungen am:

6. AUGUST 1942

VORTRAG: "Das Theater als Kulturgut"
(Juedische Theaterleiter und Schauspieler)
Oberregisseur Dr. C. LOEWENBERG
Eintritt frei!!

12. und 13. AUGUST 1942

IV. Ausgabe der "GESPROCHENEN ZEITUNG"
Herausgeber: Zionistische Organisation, Chefredakteur:
BENNO WEISER

20. AUGUST 1942

IV. Jiddischer Abend: ERNSTES UND HEITERES
Leitung: Jaime Pieknagura. U. a. singt Frau SMETANA
Jiddische Lieder.

2. UND 3. SEPTEMBER 1942

III. BUNTER ABEND:
Neues Programm mit Ueberraschungen
U. a. singt Frau Professor Anita GLAESEL
aus Operetten.

30. SEPTEMBER 1942

VORTRAG: "Europa nach dem Kriege".
Dr. Friedrich BILL Eintritt frei

DER KULTURAUSSCHUSS

PAUL BENEDICK

GOTTESDIENST AN DEN HOHEN FEIERTAGEN

Abb. 24:
Programmankündigung des Kulturausschusses in den »Informaciones« vom August 1942

2.2. *Literarische Vorträge und musikalische Darbietungen*

Vorträge spielten in der Anfangszeit des kulturellen Gemeindelebens neben Darbietungen klassischer Musik eine besondere Rolle und fanden in der Regel vor gefüllten Räumen statt. Da die Immigranten von früheren Bildungsmöglichkeiten und schöngeistiger Erbauung abgeschnitten waren, sollten diese Vorträge wenigstens einen kleinen Ersatz bieten und die Verbindung mit der kulturellen Tradition nicht abreißen lassen. Gleichzeitig waren sie für die akademisch Gebildeten ein Forum, wo sie ihre Kenntnisse einsetzen konnten, die sie mit ihrer Allgemeinbildung, im Beruf oder aus Liebhaberei erworben hatten. Bis auf wenige Ausnahmen waren die Vortragenden Männer. Verfolgt man die Themen der Vorträge, so ist zu erkennen, daß sie ihre Bedeutung wesentlich in einer identitätsstiftenden Funktion hatten. Abgesehen von den Vorträgen, die im Rahmen der zionistischen Organisationen gehalten wurden und jüdischen, vor allem aber zionistischen Themen gewidmet waren, hatten auch die von der Kultursektion angebotenen Vorträge einen Schwerpunkt, der sich speziell mit jüdischer Thematik befaßte und eine Verbindung von literarischen Aussagen mit dem Schicksal der Juden herstellte. Je nach Standort des Vortragenden überwog das Bestreben, den universellen Charakter jüdischen Schaffens oder die hierin sich ausdrückenden spezifisch jüdischen Elemente hervorzuheben.

Neben den bereits erwähnten Vorträgen der Anfangszeit, die unmittelbare Reaktionen auf Vertreibung und Flucht sowie den Neuanfang in Ecuador waren, wurde 1941 eine Vortragsreihe unter dem Titel »Jüdische Figuren« eröffnet, die sowohl literarische Gestalten wie reale Personen zum Gegenstand hatte. »Shylock«, Lessings »Nathan der Weise« als »Hohelied der Toleranz in der Weltliteratur«, »Uriel Acosta« und »Benjamin Disraeli« gehörten hierzu. Den Eröffnungsvortrag hielt Julius Zanders über den »Shylock« Shakespeares und seine Rezeption in der Fachliteratur.[24] Drei Jahre später griff Oscar Rocca das Thema wieder auf. Im Gegensatz zu Zanders, der den universellen, den allgemeinmenschlichen Charakter der Shylock-Figur herausgestellt hatte, sah Rocca in ihr die Versinnbildlichung des jüdischen Leidensweges schlechthin, der nur in einem eigenen Staat sein Ende finden könne. In den Zusammenhang zionistischer Zielsetzungen hatte auch Miguel A. Schwind seinen Vortrag über den Religionsphilosophen und Vorläufer Spinozas Uriel Acosta gestellt.[25]

Oscar Rocca, ehemals Vorstandsmitglied der Berliner Goethegesellschaft, gehörte zu denjenigen, die am häufigsten das Vortragspult betraten. Sein Vortrag über »Leben und Wirken Heinrich Heines« mußte wiederholt werden, weil der Andrang so groß war. In Heine, der auch ein »jüdisches Emigrantenschicksal« verkörperte, sahen wohl in allen Asylländern die Immigranten eine Identitätsfigur, vor allem diejenigen, die durch die Immigration wieder zu einer inneren Bindung an das Judentum fanden.[26] Weitere Vorträge Roccas befaßten sich unter anderem mit Stefan Zweig, Ferdinand Lassalle, Benjamin Disraeli und der »Dreifußaffaire und das heutige Frankreich«. Roccas Vortrag über Goethe gehörte zu den wenigen Vorträgen, die nichtjüdischen Persönlichkeiten gewidmet waren, aber auch hier war weniger das Werk des Dichters als seine Beziehung zum Judentum Gegenstand der Betrachtung.[27]

In Jiddisch scheint es nur einen einzigen Vortrag von Chaim Pienknagura gegeben zu haben, der auch die »Jiddischen Abende« leitete. Er sprach über die Dichter Scholem Alejchem und Isaak Lejb Perez. Im Februar 1942 hatte Charles Rappaport in Deutsch einen Vortrag über Entstehung und Wesen der jiddischen Sprache und eine Einführung in die jiddische Literatur ge-

24 Vgl. J. Zanders, September 41, 6; vgl. Oktober 41, 3.
25 Vgl. Dezember 41, 3, Juni 44, 9.
26 Vgl. August 42, 8.
27 Vgl. August 41, 7, April 42, 8, November 42, 7, Februar 43, 6, Juli 43, 8, Juni 44, 9, Juli 44, 8.

halten.[28] Weitere Vorträge befaßten sich mit dem Wirken von Juden in der Musik und dem Theater. Gelegentlich gab es auch Vorträge, die über den spezifisch jüdischen Aspekt hinausgingen. So der Vortrag Hanns Heimans über »Wechselbeziehungen zwischen Musik und Malerei« und Waldemar Ungers Vortrag über die Bedeutung des Gefühls in der Sprache der Musik »Musik als Seelenausdruck.«[29] Wie teilweise die Vorträge über jüdische Schriftsteller und Dichter mit Rezitationen aus deren Werken begleitet waren, boten Vorträge über »Die Rolle der Juden in der Geschichte der Musik« und über »Jüdische Komponisten« die Möglichkeit, die Darlegungen per Schallplatte zu veranschaulichen. Liebhaber klassischer Musik hatten ihre Plattenbestände nach Ecuador gerettet. Zu ihnen gehörte Albert Sussmann, der in einem Vortrag über »Die Juden und ihre Musik« nachzuweisen suchte, daß die Juden eine »arteigene« Musik hervorgebracht hätten und »… daß das Verhältnis der Juden zu ihren Melodien ein viel innigeres war als bei anderen Völkern«.[30]

Zum erstenmal hatte der Pianist Enrique Fenster Anfang 1943 einen »literarisch-musikalischen Abend« über Leben und Werk von Schumann und Schubert gestaltet und die musikalischen Einlagen am Klavier selbst beigesteuert, unterstützt durch die Sopranistin Gisela Smetana und den Kantor der Gemeinde. Neben solchen Darbietungen organisierte die Kultursektion auch reine Musikabende, bei denen in einer Art Potpourri Ernstes und Heiteres aus dem Bereich der klassischen und der Unterhaltungsmusik gemischt wurde und »Musikalische Abende«, die ganz der Klassik gewidmet waren. Hier waren gelegentlich Vertreter aus dem ecuadorianischen Musikleben anwesend, die Stücke begleiteten oder eigene Kompositionen vorstellten.[31] Anders als auf dem Gebiet der Literatur, wo man nichtjüdischen Schriftstellern fast keine Beachtung schenkte, machte man auf dem Gebiet der klassischen Musik weniger Unterschiede. Am häufigsten spielte man aus den Werken von Beethoven, Chopin, Mendelssohn-Bartholdy, Mozart und Brahms, aber auch Oskar Straus, Schubert, Verdi, Puccini, Dvorak, Haydn und Max Bruch. Besonderer Beliebtheit erfreuten sich Arien und Lieder von Mozart, Brahms und Schubert.

Als Höhepunkt des musikalisch-literarischen Lebens in der Jüdischen Gemeinde galt eine Veranstaltung vom Juni 1944 unter dem Titel »Verfolgte Menschen«, den die Schauspielerinnen Huberta Reuscher-Heiman und Hildegard Löwenberg zusammenstellten und weitgehend selbst durchge-

---

28 Vgl. März 42, 5, vgl. Mai 41, 5, April 43, 8.
29 Vgl. September 42, 10, Januar 44, 7, Dezember 44, 2, Februar 45, 12, August 45, 6.
30 A. Sussmann, September 43, 9; vgl. Februar 45, 12.
31 Vgl. Januar 42, 2, Februar 42, 6, Juni 42, 6, September 42, 10, Februar 43, 3, Juli 43, 8, April 44, 3, September 44, 4, Februar 45, 12.

führt hatten, beide »insbesondere begrüßt als die getreuen und tapferen christlichen Ehefrauen ihrer jüdischen Männer«. Eingebettet in Musik von Chopin, Beethoven und Mendelssohn»... hörten [wir] meisterhaft interpretiert, das mit dem unseren ach so verwandte Schicksal verfolgter Menschen, der Hugenotten und unserer jüdischen Menschen in der Wanderung, in der Verfolgung längst geschwundener Zeiten.«[32] Als »Festlicher Chanukka-Abend« fand im Dezember 1945 unter der Leitung des Musikwissenschaftlers Gerardo Gotthelf ein »Makkabäer Abend« statt. Rosa Schneider rezitierte aus der den Makkabäern gewidmeten Dichtung ihres Vaters in Sephardim-Spanisch. Als Hauptstück des Abends folgten die wesentlichen Partien aus dem Händel-Oratorium »Judas Makkabäus«, gespielt und gesungen von einem aus Musikliebhabern und Musikern der jüdischen Gemeinde und des Konservatoriums zusammengesetzten Chor und Orchester. Einem ebenfalls biblischen Thema galt die von Gotthelf und dem Regisseur der *Kammerspiele* 1946 geleitete Aufführung von Jean Racines »Esther«. Im Juli 1946 verabschiedete sich Gotthelf mit der Inszenierung von Szenen aus Jacques Halevys Oper »Die Jüdin«. Gotthelf ging zunächst nach Uruguay und starb 1949 in der Schweiz.[33]

2.3. *Geschichtliche, philosophische, politische und andere Vorträge*

Außerhalb des literarischen und musikalischen Bereichs bildeten Vorträge einen Schwerpunkt, die sich mit der Geschichte des jüdischen Volkes, mit den ethischen Grundsätzen aus Bibel und Talmud und ihrem Einfluß auf das neuzeitliche Denken sowie der aktuellen und zukünftigen Lage der Juden beschäftigten. In diesen Zusammenhang gehörten, abgesehen von den Beiträgen von Vertretern der Zionisten im Rahmen von Veranstaltungen ihrer Organisation, Vorträge von Wenzel Goldbaum, Friedrich Bill und nicht zuletzt die geschichtsphilosophischen Abhandlungen Berthold Weinbergs. Diese Vorträge riefen auf Grund ihrer politischen Aktualität kontroverse Diskussionen hervor, obwohl solche Vortragsabende nur selten auch als Diskussionsabende gedacht waren. In Jiddisch scheint es nur einen Vortrag gegeben zu haben, den Charles Rappaport über die Entstehungsgeschichte des Antisemitismus und seine Entwicklung vom Altertum bis zum Nationalsozialismus hielt.[34]

Ab 1945 bzw. ab 1948 traten Themen, die sich mit Palästina bzw. Israel beschäftigten, stärker in den Vordergrund. Jüdische Geschichte und Religion

---

32 Juli 44, 8; vgl. Juni 44, 9.
33 Vgl. 15. 12. 45, 4, 1. 4. 46, 4, 1. 8. 46, 6, 15. 2. 48, 5, 1. 12. 49, 5.
34 Vgl. April 41, 3 u. 8, August 41, 2, Februar 42, 5, März 42, 2, Mai 42, 2, November 42, 7, Januar 43, 1 f. u. 7, März 44, 6, Oktober 44, 4, Juni 45, 6.

waren auch Gegenstand von Vorträgen, die ecuadorianische Intellektuelle wie der Dichter Remigio Romero y Cordero in der *Beneficencia* hielten und hierbei umfangreiche Kenntnisse über das Judentum bewiesen.[35] Zu den Vortragenden gehörten auch der Schriftsteller und Journalist Jorge Reyes und der Professor für Pädagogik und Literatur Rafael Euclides Silva mit Beiträgen über die Sefarditen in Lateinamerika und den jüdischen Einfluß auf die hispano-amerikanische Kultur. Mehrfach trat auch der Schriftsteller und zeitweilige Leiter der staatlichen Zensurstelle Justino Cornejo ans Rednerpult der *Beneficencia*, unter anderem mit einem Vortrag über die ecuadorianischen Dichter/innen Eugenio Espejo, Dolores Veintimilla und Juan Montalvo. Die Kultursektion zählte ihn zu den »wenigen in Wort und Schrift bewährten Freunden und Kämpfern für die Sache des Judentums«.[36] Angesichts der Bedeutung der katholischen Kirche in Ecuador verbuchte es Benedick als besonderen Erfolg, als im Dezember 1945 zum erstenmal ein Vertreter des Klerus in Anwesenheit kirchlicher Würdenträger einen Vortrag hielt, in dem er den Antisemitismus scharf verurteilte und dem jüdischen Volk seine besondere Wertschätzung ausdrückte.[37] Die *Beneficencia* ließ den Vortrag als Broschüre drucken. Diese in Spanisch gehaltenen Vorträge wurden »für alle Fälle« von sprachkundigen Immigranten in Deutsch resümiert und waren in der Regel trotzdem, wie bereits erwähnt, schlecht besucht.

Über das Exilland selbst finden sich in den *Informaciones* in der Anfangszeit eine Reihe von Artikeln, doch scheint es nur selten Gegenstand von Vorträgen gewesen zu sein. Die ungarische Künstlerin Olga Fisch-Anhalzer hielt einen Vortrag über Architektur, Plastik und Malerei in den Kirchen Quitos und das sich hierin ausdrückende Ineinandergreifen von Stilelementen, Formen und Farben der unterschiedlichsten Herkunft. Dem Verhältnis von Exilland und Immigranten widmete Julius Zanders seine Ausführungen über die Notwendigkeit für Flüchtlinge, landwirtschaftliche Berufe zu ergreifen und einen Vortrag über »Bolívar, der Befreier Südamerikas«. Hanns Heiman trug an mehreren Abenden in deutscher Übersetzung seine in Spanisch veröffentlichte geschichtliche Betrachtung »Einwanderer in Ecuador«, vor, deren Schlußkapitel sich mit der jüdischen Einwanderung befaßte.[38] Nur gelegentlich finden sich in den ersten Jahren Vorträge aus der Naturwissenschaft wie zum Beispiel die Vorträge über Atomtheorien und Strahlen in der Medizin von Isidor Kaplan, einem in Rußland geborenen Röntgenologen und Universalgelehrten, der lange in Frankreich gelebt hatte. Der Arzt

35 Vgl. z.B. Juni 42, 3.
36 Vgl. Januar 43, 7, März 42, 5, Januar 43, 7, Mai 44, 10, August 44, 10.
37 Vgl. Benedick, 15. 2. 46, 4, vgl. 15. 1. 46, 4, 15. 5. 46, 6.
38 Vgl. April 41, 3, März 42, 5, August 42, 8 f., Oktober 42, 6, November 42, 8, Mai 43, 7.

Waldemar Unger brachte Beiträge zur Psychoanalyse Sigmund Freuds und referierte über Krankheiten, die in Ecuador endemisch waren, wie Fleck- und Bauchtyphus, und über Kinderlähmung, die 1944 grassierte.[39] Solche Vorträge, die für den Laien verständlich verfaßt, medizinische Fragen praktischer Art thematisierten, fanden das besondere Interesse des Publikums. Neben solchen zwei Stunden und länger dauernden Vorträgen bildeten sich für den medizinischen Themenbereich »Medizinische Plaudereien« heraus. Sie waren der »Gesprochenen Zeitung« nachempfunden. Ihr »Chefredakteur« war Geza Fisch, von Geburt Ungar, Kinderarzt in Wien, Vertrauensarzt des ecuadorianischen Präsidenten Arroyo del Rio. Es waren dies mehrere, auf zwölf Minuten angesetzte Kurzbeiträge, die zum Schluß eine »Lustige Ecke« hatten mit Witzen und Anekdoten aus der ärztlichen Praxis.[40] Weniger für das allgemeine Publikum gedacht, sondern als Forum fachspezifischer und beruflicher Information und Diskussion waren Vorträge von Juristen mit Themen wie »Ursachen des Rechtsverfalls«, »Arbeitsrechtliche Fragen des Alltags«, »Schiedsgerichte«. Das Vorhaben der Kultursektion, im Stile der »Medizinischen Plaudereien« auch eine solche für juristische und technische Fragen einzurichten, scheint nicht realisiert worden zu sein.[41]

2.4. Die »Gesprochene Zeitung« der zionistischen Organisation

Besonderer Beliebtheit erfreute sich die »Gesprochene Zeitung« der zionistischen Organisation, die im Januar 1942 unter der Leitung von Benno Weiser zum erstenmal »erschien«.[42] Sie bot in ihrer Anfangszeit Information und Unterhaltung über Themen verschiedenster Art. Bis heute ist sie vielen Immigranten als besonderes Ereignis in Erinnerung geblieben, vor allem als eine Gelegenheit, bei der man herzhaft lachen konnte, wenn Lebenssituationen und das Gebaren von Personen karikiert wurden. »Gesprochene Zeitung« hieß sie, weil sie idealtypisch wie eine Zeitung mit Leitartikel und verschiedenen Sparten einschließlich eines Feuilletons aufgebaut sein sollte. Die frei vorgetragenen oder vorgelesenen Beiträge sollten zu aktuellen Fragen wie grundsätzlichen Problemen sozialer, politischer, wissenschaftlicher, kultureller und religiöser Art Stellung beziehen. Man begann mit ernsten Beiträgen und gelangte dann zu Ernstem, das in eine humoristische Form gekleidet war und schließlich zum »Heiteren« schlechthin. Anders als bei den Vortragsabenden beteiligten sich auch Frauen in größerem Maße mit Beiträgen. Im Abstand von sechs Wochen erschienen zunächst vier Ausgaben der »Zeitung«, die wegen des starken Andrangs an je zwei auf-

39 Vgl. Dezember 41, 3, April 43, 8, Juni 43, 7, Januar 44, 7, Dezember 44, 5, 1. 9. 45, 6, 15. 7. 47, 6.
40 Vgl. Juni 44, 9, April 44, 3, Juli 45, 9.
41 Vgl. August 42, 3, November 42, 6, Dezember 42, 3.
42 Vgl. März 42, 6.

einanderfolgenden Abenden dargeboten und per Lautsprecheranlage in verschiedene Räume übertragen wurden.

Gelegentlich wurden Beiträge in den *Informaciones* abgedruckt wie der Leitartikel Weisers in der ersten Ausgabe, in der er in scharfer Form die Naivität und Dummheit von jüdischen Flüchtlingen anprangerte, die ihre Lage immer noch nicht begriffen hätten, sich gegenüber Deutschen und offiziellen deutschen Stellen anbiederten oder sich gar mit dem Nationalsozialismus identifizierten. Daß sich sein dritter Leitartikel ebenfalls kritisch mit den Immigranten auseinandersetzte, legt der Titel »Getaufte und Halbgetaufte« nahe.[43] Größerer Beliebtheit als diese Art von Beiträgen erfreuten sich aber solche, die sich auf Ironisch-Heiteres beschränkten. Die »humoristische Ecke« füllte man mit jüdischen Witzen, mit Glossen über Artikel in den *Informaciones* und zum lokalen Tagesgeschehen, mit den Eigenheiten, Problemen und Problemchen in der Anpassung an die Gegebenheiten des Exillandes und der Immigranten untereinander.[44]

Zunächst fand sich eine bunte Vielfalt von Beiträgen, wie sie dem Konzept einer mündlichen Zeitung entsprach. Es wurde aber schon bald Kritik laut am »Mangel zionistischer Färbung oder Propaganda« der »Gesprochenen Zeitung«, als deren Herausgeber die zionistische Ortsgruppe Quito ja zeichnete. Auch das geistige Niveau, in den *Informaciones* anfangs als besonders hoch gelobt, und die sachliche Kompetenz einzelner Vortragender wurden besonders von Ernst Steinberg in Zweifel gezogen. Themen ernster Natur waren schlecht in kurzer Zeit abzuhandeln und in einem Rahmen, in dem die Zuhörer nicht »auf schwere Kost« eingestellt waren.[45] Sie erwarteten eine abwechslungsreiche, knappe, eingängige Information und Unterhaltung und keine langen tiefschürfenden Ausführungen. Dies spiegelt sich auch wider in dem Versuch der Kultursektion, eine eigene »Gesprochene Zeitung« auf die Beine zu stellen. Im Juni 1943 erschien sie unter dem Namen »Tribüne«. Ausdrücklich wies man darauf hin, daß die »Tribüne« ein Forum für alle sei und keiner politischen oder jüdisch-politischen Richtung diene.[46] Man brachte unter anderem ein Referat über Paul Merkers Buch »Deutschland. Sein oder Nicht Sein?« (Julius Zanders), über den Außenhandel Ecuadors (Hanns Heiman) und der junge Miguel A. Schwind hatte zur Beantwortung der Frage, ob Kolumbus ein Jude war, »alle Argumente vorgeführt, die für diese Tatsache sprechen«.[47] Nicht nur in Ecuador bewegte die Immigranten die Frage, ob es ein Jude war, der die »neue Welt« entdeckte

43 Vgl. März 42, 1 f., Juli 42, 8.
44 Vgl. Dezember 42, 8. Vgl. März 42, 6, Mai 42, 8, Juli 42, 7 f., September 42, 10, Oktober 42, 5.
45 Vgl. E. Steinberg, Dezember 42, 8.
46 Vgl. Juli 43, 8.
47 Ebenda.

und so die Rasselehre von der Minderwertigkeit der Juden Lügen strafe.[48] Den Abschluß der »Tribüne« bildete eine Filmvorführung, die von nun an zu einer festen Einrichtung der Kultursektion werden sollte. Filme und Gerät stellte in der Regel kostenlos der *Servicio Informativo Interamericano*, eine US-amerikanische Informations- und Propagandastelle.

Als die »Gesprochene Zeitung« nach längerer Unterbrechung im November 1943 wieder »erschien« hatte sie ihr politisches Profil geändert. Sie beschäftigte sich in der Folgezeit fast ausschließlich mit Themen, die mit der Lage in Palästina, den Leistungen der Juden dort, der englischen Mandatspolitik, die scharf angegriffen wurde, und der Notwendigkeit der Schaffung eines jüdischen Staates in Zusammenhang standen. Auch das humoristische Feuilleton war jetzt dem Zionismus und seinen Gegnern gewidmet. Max Weiser erfand einen Herrn Rehfisch, seines Zeichens Antizionist, mit dem er fingierte Gespräche führte. In der Oktobernummer 1945 stieß der Beitrag Oscar Roccas über die Gründe, die Immigranten zur Rückwanderung veranlassen könnten, auf Kritik.[49] Als nach erneuter Unterbrechung die »Gesprochene Zeitung« im Januar 1947 wieder vorgestellt wurde, hatte sie endgültig eine andere Aufgabe, sie sollte ausschließlich über all das informieren, was mit dem Ziel, einen jüdischen Staat zu errichten, in Verbindung stand und die Zuhörer dazu bewegen, dieses Ziel ideologisch und materiell zu unterstützen. »Ideologisch polemische Themen zum Zionismus« waren nicht mehr zugelassen.[50]

2.5. *Jiddische und »Bunte Abende«*

Wie die »Gesprochene Zeitung« fanden auch die »Bunten Abende« den besonderen Zuspruch des Publikums und wurden jeweils an zwei Abenden angeboten. Sie stellten neben den Chanukkafesten, den Purimabenden, den »Gardenpartys« der WIZO und anderen Wohltätigkeitsfesten mit Tanz und Verlosung einen Höhepunkt im gesellschaftlichen Leben der Jüdischen Gemeinde dar. 1942 dreimal veranstaltet, fanden sie danach nur noch in größeren Abständen statt. Auch wenn man angesichts der immer häufiger eintreffenden Schreckensnachrichten aus Europa dazu überging, zwischen einem ernsten und einem darauf folgenden heiteren Teil zu unterscheiden, hatten die »Bunten Abende« in erster Linie unterhaltenden Charakter und sollten den Immigranten ein unbeschwertes Vergnügen bieten. 200 und mehr Personen besuchten diese Vorstellungen und bis zu 25 Akteure trugen zu ihrem Gelingen bei. Bis zu seinem Weggang in die USA im Herbst 1946 gestaltete Werner Rosenthal die Bühnendekoration für die verschiedenen Darbietungen.

---

48 Vgl. *Aufbau* v. 12. 4. 40, S. 20; Zehn Jahre Aufbauarbeit, S. 320 ff.
49 Vgl. 1. 11. 45, 6; vgl. auch Januar 44, 8, April 44, 3, Juli 44, 4 u. 12, März 45, 11.
50 Vgl. M. Weiser, 1. 2. 47, 3; vgl. auch B. Weiser, ebenda; 15. 8. 47, 6, 1. 4. 53, 2.

Abb. 25: *Aus einem »Bunten Abend« mit Kabarettprogramm*

Zum festen Bestandteil des Programms gehörten verschiedenste Tänze, häufig auch von Kindern vorgeführt und von der Tanzlehrerin Erna Epstein einstudiert, klassische Lieder und Arien in verschiedenen Sprachen von Gisela Smetana, Anita Gläsel und Bella Peisach gesungen. Klassische Klavierstücke und Variationen bekannter Operettenmelodien, vorgetragen von Enrique Fenster, gefielen vor allem der älteren Generation. Deutsche, englische, jiddische Lieder und Chansons, Berliner und andere Couplets, zum Teil von den Vortragenden selbst verfaßt, fanden ein dankbares Publikum. Auch Bobby Astor trug hier Chansons vor, die er auf dem Akkordeon oder dem Klavier begleitete. 1945 verpflichtete man zum erstenmal ein ecuadorianisches Jazzorchester.[51]

Einen breiten Raum nahmen stets satirisch-humoristische Beiträge ein. Mit sogenannten humoristischen Skizzen, Fabeln und Gedichten nahm man, dem Beispiel der »Gesprochenen Zeitung« folgend, Vorkommnisse in der Gemeinde aufs Korn. Schließlich brachte man auch Einakter oder musikalische Sketchs, in denen mit Musik, Tanz und Gesang Szenen aus dem Alltag nachgestellt wurden, wobei man auch die »Nationaltypen« Ecuadors oder das Verhalten von Touristen im Land persiflierte. Beiträge, die auf politische Ereignisse der Gegenwart anspielten, scheinen eine Ausnahme gewesen zu sein wie eine Persiflage auf Hitler und Goebbels. Wie in der »Gesprochenen

51 Vgl. z.B. Mai 42, 8, Oktober 42, 8, Oktober 43, 6, Mai 44, 10, 15. 11. 45, 6.

Zeitung« richtete sich der Spott meistens an die eigene Adresse. So erfand zum Beispiel Gerhard Anker den »Besuch des Patienten Pinkus bei Dr. Sauerbrei«, um auf Ereignisse in den verschiedenen Orten anzuspielen, in denen sich Immigranten niedergelassen hatten.[52] In einem Gedicht »Der Nachrichtendienst« legte Paul Benedick in »drastischer Weise« dar, »wie Gerüchte in Quito entstehen und mit welcher Geschwindigkeit sie sich verbreiten«[53]. Julius Zanders trug gereimte Tierfabeln vor, die er um eine selbstverfaßte Nutzanwendung zur Behebung von Mißständen in der Gemeinde erweiterte. Bei Klavierbegleitung unter Verwendung bekannter Schlagermelodien karikierten Benno Weiser und Inge Friedberg Einstellungen von Immigranten, zum Beispiel die Erwartung der »Superpatrioten«, man werde sie bei der Rückkehr ins Heimatland mit offenen Armen und einem Empfangskomitee willkommen heißen.[54] Nimmt man den Tenor der Berichterstattung über diese Art von Beiträgen, so waren sie wohl zum Teil bissig, aber in einer Weise, die nicht wirklich verletzte. Als der *Hicem*-Präsident Oscar Rocca eine nicht »verzuckerte« Kritik am Verhalten einer Anzahl von Mitgliedern vorbrachte, hieß es in der Nachbesprechung, seine Äußerungen seien eine »sehr zeitgemäße Warnung«, paßten aber nicht in den Rahmen eines »Bunten Abends«.[55]

Im Sommer 1945 zählte der erste Auftritt der *Kammerspiele* in der *Beneficencia* zu den Attraktionen des Unterhaltungsprogramms. An zwei Abenden gastierte das Ensemble mit der Operette »Liebeszauber« und trug zwei Jahre später mit dem Einakter Tschechows »Der Bär« zu einem »Bunten Abend« bei.[56]

Auch die »Jiddischen Abende« gehörten zu den Veranstaltungen, die stets ausverkauft waren und zu denen auch die »Jeckes« kamen. Ihre Planung und Durchführung lag weitgehend in den Händen von Charles Rappaport und Jaime Pienknagura, die auch einen großen Teil der Darbietungen selbst bestritten. Pienknagura war einer von sechs Brüdern aus Polen, die zum Teil schon 1934 mit ihren Familien nach Ecuador gekommen waren. Das Schwergewicht des Programms lag im Vortrag jiddischer Volkslieder, in der Rezitation aus den Werken von Jizchak Lejb Perez, Abraham Rejsen, vor allem aber von Scholem Alejchem. Musikalischer Star dieser Abende war Boris Matusis, der, sich auf dem Klavier oder dem Akkordeon selbst begleitend, mit ernsten und heiteren Liedern immer wieder Zugaben geben mußte. Im Februar 1945 war die »Hauptattraktion« die polnische Soubrette Sara Ruzga, die die Lieder aus einer Welt vortrug, die schon nicht mehr bestand.[57]

52 Vgl. 1. 11. 46, 6; vgl. auch Mai 42, 8, Oktober 43, 6, Mai 44, 10, 1. 11. 46, 6, 1. 12. 47, 2, 1. 11. 48, 5.
53 Vgl. Mai 44, 10, Juli 42, 7 f., Oktober 42, 8, März 45, 12, 15. 10. 45, 6, 1. 7. 46, 6, 15. 7. 46, 6.
54 Vgl. B. Weiser, Professions, S. 126; Oktober 42, 8, 15. 7. 46, 6.
55 Vgl. Mai 44, 10, 15. 11. 49, 6.
56 Vgl. 15. 8. 45, 6, 15. 7. 47, 6, 1. 11. 48, 5.
57 Vgl. März 45, 5; vgl. auch Juni 42, 3, September 42, 10, Mai 43, 7, Januar 44, 7.

In den Liedern, den Rezitationen und den gespielten Szenen aus den Werken der jiddischen Schriftsteller kamen so ganz andere jüdische Figuren zum Leben, als sie sich der westeuropäische Jude als Gegenstand von Literatur vorstellte: ein hungernder Talmudschüler, ein Schusterlehrling und der Arbeiter »Bontsche Schweig«, dem in seinem elenden Leben nie ein Wort der Klage über die Lippen gekommen war. Nach seinem Tod aber ereilt ihn die »himmlische Gerechtigkeit«; er kann sich wünschen, was er will, und er wünscht sich jeden Morgen ein warmes Brötchen mit frischer Butter.[58] Natürlich fehlte auch »Tewje, der Milchiger« nicht, jene bekannte von Alejchem geschaffene Figur des »schtetls«, die bei aller Armut, Erniedrigung und Leid, das ihr widerfährt, das Gottvertrauen nicht verliert.[59] Auch aktuelle, von Jaime Pienknagura verfaßte, Rezitationen und Szenen, wurden vorgetragen. »... in der einen ermahnte er die Juden Amerikas, sich der ihnen zu Teil gewordenen Gnade, in freien Ländern leben zu dürfen, bewußt zu sein, in der anderen richtete er ein Gebet zu Gott mit der Bitte, die über das jüdische Volk ergangene Prüfung zu beenden ... Es folgte eine Szene ›Zurück zum Judentum‹, darstellend einen getauften deutschen Juden, der unter den Qualen des Konzentrationslagers zu seinem Volke und zu seiner Religion zurückfindet. Der Einakter wurde von den Brüdern Jaime und Leon Pienknagura glänzend dargestellt.«[60]

Nach 1945 gelang es offensichtlich über zwei Jahre lang nicht mehr, einen Abend »zur Gänze in Jiddisch« zu veranstalten. Nach »langen und mühsamen Versuchen« fand erst wieder im März 1948 ein »Jiddischer Abend« statt. Er stand, wie auch der kurz darauffolgende, der dem Werk und Leben von Perez gewidmet war, unter dem Eindruck der Gründung des Staates Israel.[61]

2.6. *Trauer- und Gedenkfeiern*

Neben diesen Darbietungen, die in erster Linie der Bildung, der schöngeistigen Erbauung, der leichten Unterhaltung oder der heiter-traurigen Reminiszenz dienten, umfaßte das kulturelle Programm der Jüdischen Gemeinde Veranstaltungen ernsten Charakters, die im Zusammenhang mit den Zeitereignissen standen. Außer Veranstaltungen, die in erster Linie informative und agitatorische Zielsetzung hatten, wie die »Palästina-Abende«, gehörten hierzu Trauerfeiern, mit denen man einzelner Personen gedachte wie Stefan Zweig oder Franklin D. Roosevelt, Gedenkfeiern anläßlich der Wiederkehr des Aufstandes im Warschauer Ghetto und vor allem die Herzl-Gedenkfei-

58 Vgl. Juni 42, 3.
59 Vgl. ebenda; März 45, 5, Mai 43, 7, 15. 3. 48, 5; Otto F. Best, Mameloschen. Jiddisch – eine Sprache und ihre Literatur, Frankfurt a.M. 1988, 2. Aufl.; Mark Zborowski, Elisabeth Herzog, Das Schtetl. Die untergegangene Welt der osteuropäischen Juden, München 1991.
60 September 42, 10.
61 Vgl. Juni 45, 7, August 45, 7, 1. 7. 46, 6, 15. 3. 48, 5, 1. 6. 48, 5.

ern, die meist von der zionistischen Organisation ausgerichtet wurden. In ihrem Mittelpunkt standen, eingerahmt in Beiträge klassischer Musik, Vorträge, die die Person und vor allem das Werk Theodor Herzls und seiner Mitstreiter würdigten. Julius Rosenstock, der langjährige Präsident der Gemeinde, hatte Herzl noch persönlich gekannt.[62] Mit der Entstehung des Staates Israel traten an die Stelle der Herzl-Gedenkfeiern die »Staatsgründungsfeiern«, die noch für viele Jahre zum festen Bestandteil des jährlichen Veranstaltungskalenders gehören sollten.

Bis zu diesem Zeitpunkt richtete die *Beneficencia* seit 1940 regelmäßig am 9. oder 10. November eine Trauerfeier aus, bei der man der Opfer des Pogroms von 1938 gedachte, den man als Beginn der nationalsozialistischen Vernichtungspolitik ansah. In den Reden, die führende Mitglieder der Gemeinde aus diesem Anlaß hielten, dominierten tiefe Bitterkeit darüber, daß die Weltöffentlichkeit sich den Vorgängen in Deutschland gegenüber gleichgültig verhalten hatte und sogar mit Hitler paktierte sowie die stete Mahnung zur Einigkeit unter Juden und die Verpflichtung der Überlebenden, alles zu tun, damit sich die Geschichte nicht wiederhole. Darunter verstand man zum einen, sich unter Verzicht auf die Austragung politischer Differenzen für die Gründung eines jüdischen Staates einzusetzen und zum anderen, sich gegenüber dem Exilland dankbar und bescheiden zu zeigen und keinen Anlaß für Kritik in der ecuadorianischen Öffentlichkeit zu bieten. »Hört Ihr ihn nicht, den Ruf unserer Toten: Wir sind nicht mehr, aber Ihr lebt und könnt zeigen und beweisen durch Euer Tun und Wandeln, daß Ihr nicht die Pest seid, als die jene uns bezeichnen wollen, um sich und ihr Verbrechen zu rechtfertigen. Seid bescheiden, einfach zurückhaltend, unauffällig in Eurem Wesen und Aufheben: Denn Ihr seid Gäste in diesem Lande! Seht, hört und fühlt Ihr ihn denn nicht, wie er aufkeimt der schlimme Same, den jene gesät, wie er sproßt und wächst? Wollt Ihr selber noch den Dünger hinzutragen, daß er weiter wachse und die gewollten Früchte trage durch Euer Verhalten und ungeniertes Auftreten in der Öffentlichkeit, im gesellschaftlichen Leben? Gedenkt es stets: Gäste seid Ihr in diesem Lande!«[63]

Als 1945 angesichts des Ausmaßes der nationalsozialistischen Vernichtungspolitik die Meinung vertreten wurde, der 10. November sei als besonderer Gedenktag überholt, behielt man ihn dennoch bei. Wenzel Goldbaum wies »… mit Recht darauf hin, daß nach Maidanek und Auschwitz, um nur 2 Namen zu nennen, die Schandtaten des Jahres 1938 in den Hintergrund treten und verblassen, daß aber die Juden noch allen Anlaß haben, am 10. November zu trauern, weil an diesem Tage die zivilisierte Welt dem Mor-

62 Vgl. z.B. August 43, 3, August 44, 12, Juni 45, 6, 15. 3. 46, 7, 1. 12. 47, 2 u. 8; Kap. IV. 3. 5.
63 Benedick, Januar 42, 8; vgl. Dezember 40, 5, Dezember 41, 3, Dezember 42, 5 u. 7, Januar 44, 7, Dezember 44, 5.

den und Martern der Juden teilnahmslos zusah und als eine innere Angelegenheit Deutschlands erklärte, in die sie sich nach internationalem Recht
nicht einmengen dürfe.«[64]

3. Die Kammerspiele Quito

Im kulturellen Leben der Immigranten spielte das Theater eine zentrale
Rolle. Fast in allen Exilländern wurde zumindest der Versuch gemacht, an
die heimatliche Tradition des Theaters anzuknüpfen, wenn auch die meisten Bühnen über ein sogenanntes Liebhabertheater nicht hinauskamen. Es
fehlte an Berufsschauspielern, an technischer Ausstattung, an finanziellen
Mitteln und bis in die Nachkriegszeit hinein an deutschsprachigen Bühnen-
texten. Am bekanntesten ist die *Freie Deutsche Bühne* in Buenos Aires geworden, die über den längsten Zeitraum kontinuierlich Aufführungen inszenier-
te, freilich unter ungleich anderen Bedingungen, als sie in Ecuador mit seiner
verhältnismäßig kleinen Anzahl von Immigranten gegeben waren. Der
Regisseur der *Kammerspiele in Quito* stand sowohl mit dem Leiter der *Freien
Deutschen Bühne* Paul Walter Jacob in Verbindung wie mit Albert Maurer,
dem Regisseur der *Komödie* in Montevideo. Mehrfach bat er diese um die Aus-
leihe von Manuskripten von Theaterstücken. So finden sich denn auch eine
Reihe von Aufführungen, die auf dem Spielplan aller drei Theater standen.[65]

Die Entstehung der Kammerspiele

Der erste Hinweis auf die Absicht, ein Theater in Quito zu gründen, findet sich
im August 1942, als Karl Löwenberg (Carl Loewenberg) in der *Beneficencia*
einen Vortrag über »Das Theater als Kulturgut« hielt. Löwenberg, geboren in
Düsseldorf, von Beruf »Oberregisseur«[66] war an verschiedenen Theatern in
Deutschland tätig gewesen, darunter am Schauspielhaus in Frankfurt am
Main. Er gehörte zu den Gründern des *Jüdischen Kulturbundes* und führte
Regie, als im Sommer 1933 das Theater des *Jüdischen Kulturbundes Berlin*
mit »Nathan der Weise« seine erste Aufführung gab. Löwenberg verließ
Deutschland noch im selben Jahr, lebte in Italien und gelangte im März
1939 mit seiner Frau, der Schauspielerin Hildegard Löwenberg, nach Ecua-
dor. »Der Vortragende verficht die Auffassung, daß die hiesige jüdische
Gemeinde sich der Pflege der jüdischen Theaterkunst widmen und in regel-

---

64 1. 12. 45, 4; vgl. 1. 12. 46, 5, 15. 11. 47, 6.
65 Zum Theater im südamerikanischen Exil vgl. Pohle, Emigrationstheater. Zum Briefwechsel
    Löwenbergs vgl. ebenda S. 10 f. u. 13. Rojer, Exile in Argentina, S. 134 – 163. Hans-Christof
    Wächter, Theater im Exil. Sozialgeschichte des deutschen Exiltheaters 1933 – 1945, München
    1973, S. 191 – 210. Kießling, Exil, Bd. 4, S. 279 ff.
66 So bezeichnete sich Löwenberg selbst in seinem Beitrittsformular (Nr. 127) zum *Movimiento
    Alemán*. AsD: Lateinamerika-Exil/Ecuador.

mäßigen Abständen Darstellungen jüdischer Dichter stattfinden sollten. Nur auf diese Weise könnte es gelingen, das Kunstleben aufrecht zu erhalten und der Jugend, die echtes Theaterleben nie kennengelernt habe, fruchtbare Anregung zu vermitteln.«[67] Im Anschluß an den Vortrag bildete sich ein Komitee zur Vorbereitung von Theaterabenden.

Ein Jahr später gab die Kammerspielbühne *Das Spiel* ihre erste Aufführung, jedoch nicht als Theater der Jüdischen Gemeinde, sondern als Theater des *Movimiento Alemán*, dem Löwenberg seit 1943 ebenfalls angehörte. Gespielt wurde im Clubhaus der Vereinigung in der Calle Vargas 85. Auf dem Programm standen Hugo von Hofmannsthals dramatischer Einakter »Frau am Fenster« und die Schlußszene aus dem »Anatol-Zyklus« von Arthur Schnitzler »Anatols Hochzeitsmorgen«, beides Stücke, die um das Thema Liebe, Treue, Schuld kreisen und im wesentlichen aus Monologen bzw. Dialogen bestehen. In Hofmannsthals Einakter war die Rolle der Dianora mit Hildegard Löwenberg besetzt, die der Amme mit Huberta Reuscher-Heiman, den Part des eifersüchtigen Ehemanns übernahm Löwenberg selbst. Die Darsteller in Schnitzlers Stück waren schauspielerische Laien.[68]

Im Dezember brachte Das Spiel die Gesellschaftskomödie »Lady Windermeres Fächer« von Oscar Wilde. Wie aus einer Anzeige hervorgeht, spielte man mit einer Ausnahme jeweils samstags und sonntags. Als dritte Aufführung war Molières Lustspiel »Der eingebildete Kranke« in Vorbereitung. Das Stück wurde aber offensichtlich erst ein Jahr später aufgeführt und statt dessen der Einakter von Anton Tschechow: »Der Heiratsantrag« gegeben.[69] Die *Informaciones* berichteten in den folgenden Monaten nicht über weitere Aufführungen. Erst im September 1944 findet sich dort wieder eine Anzeige, diesmal über die Eröffnung der *Kammerspiele Quito. Freies Unabhängiges Theater.* Wie zwei Artikel in der folgenden Ausgabe der *Informaciones* zeigen, hatte es hinter den Kulissen ein Tauziehen über die Zugehörigkeit bzw. über den Standort des Theaters innerhalb der Immigrantenschaft gegeben. »Der Untertitel soll darauf hinweisen, daß die Leitung sich von jeder politischen Bindung losgesagt hat und nur künstlerische Ziele verfolgen will.«[70]

Spielort der *Kammerspiele*, die am 1. Oktober 1944 ihr Debut gaben, war ein Raum im Privathaus des Ehepaars Löwenberg in der Calle Pinzón am nördlichen Rand der Stadt. Hier fanden etwa sechzig Zuschauer Platz. Auf dem »Nudelbrett« von Bühne traten bis zu fünfzehn Akteure auf. Als Prolog zur Eröffnung der *Kammerspiele* wurde ein von Hanns Heiman verfaßtes Ge-

---

67 September 42, 10. Vgl. Geschlossene Gesellschaft. Der Jüdische Kulturbund in Deutschland 1933 – 1941, hrsg. von der Akademie der Künste Berlin, Berlin 1992, S. 68 f. u. 259.
68 Vgl. September 43, 10.
69 Vgl. Dezember 43, 14; *Demokratisches Deutschland*, Nr. 1 v. Januar 45, S. 4.
70 Oktober 44, 4; vgl. September 44, 2.

dicht vorgetragen, in dem er sich mit der Frage auseinandersetzte, wieso in diesen Zeiten des Grauens die Eröffnung eines Theaters ihre Berechtigung habe. Die letzte Strophe lautet:
»Und wie in Furcht und Mitleid heut Sie mit erleben/All der Bedrückten Not, den Jubel der Befreiten,/So mag die Lebensbilder, die wir wiedergeben/ Ihr menschlich anteilnehmend Mitgefühl begleiten./Vom Druck des Alltags soll befreind Sie erheben/Der Bühne Spiegel Anblick eigner Menschlichkeiten:/Daß sich in solcher Zeit der Mensch auf sich besinne/Ist unser Ziel und Wunsch. Wohlan! Das Spiel beginne!«[71]

Das Repertoire der Kammerspiele und seine Akteure

Das Spiel begann mit der Komödie von Oscar Wilde »Bunbury«. Sowohl in den *Informaciones* wie im *Demokratischen Deutschland* fanden Inszenierung und schauspielerische Leistungen große Anerkennung. Kritisch merkte der Berichterstatter des *Demokratischen Deutschland* Peter Jalowicz an, es sei angebracht gewesen, die *Kammerspiele* mit einer deutschen Komödie zu eröffnen oder eine solche wenigstens an die zweite Stelle zu setzen, anstatt das »verstaubte Lustspiel« von Tschechow »Der Heiratsantrag« zu wiederholen. »Oder soll das Kind mit dem Bade ausgeschüttet, die deutsche Kultur mit der Nazi-Ideologie ausgemerzt werden?«[72] Auf dem Spielplan stand als nächstes »Der eingebildete Kranke« von Molière, gefolgt von einem weiteren Lustspiel »Die (deutschen) Kleinstädter« von August von Kotzebue, einer Satire auf das Gesellschaftsleben in einer kleinen Provinzstadt.[73]

Den Auftakt der zweiten Spielzeit bildete Arthur Schnitzlers »Liebelei«, ein Schauspiel in drei Akten. In der Rolle der Christine war mit dieser Aufführung der spätere »Star« der *Kammerspiele* geboren: Vera Kohn-Kagan, die von nun an neben Gerti Goldmann tragende Rollen übernahm und später auch vor ecuadorianischem Publikum in spanischer Sprache Erfolge erzielte.[74] Huberta Reuscher-Heiman, Vera Kohn-Kagan, Gerti Goldmann und Inge Friedberg qualifizierte der Theaterkritiker Wenzel Goldbaum als »ein Quartett weiblicher Spielkräfte«, um das manche große Bühne das Ensemble beneiden könne.[75] In ihrer Rolle als Eliza Doolittle in Bernard Shaws Komödie »Pygmalion«, mit der die zweite Spielzeit endete, verglich Goldbaum Vera Kohn-Kagan mit den »großen Menschendarstellerinnen« der Aufführungen von Otto Brahm und Max Reinhardt.[76] Der herausragende

71 Dezember 44, 4; vgl. Januar 45, 3.
72 Peter Jalowicz, in: *Demokratisches Deutschland*, Nr. 1. v. Januar 45, 4; vgl. Oktober 44, 4.
73 Das Wort »deutschen« im Titel des Stücks von Kotzebue hatte man offensichtlich gestrichen. Vgl. Januar 45, 3.
74 Vgl. Mai 45, 21. Vgl. das Gespräch Vera Kohn-Kagan; *Hoy* v. 22. 7. 89.
75 Vgl. Goldbaum, 1. 11. 45, 6. Vgl. den Nachruf Löwenbergs auf Gerti Goldmann, 1. 3. 50, 5.
76 Vgl. Goldbaum, 15. 2. 46, 7.

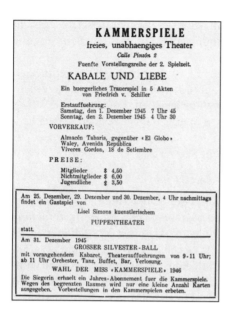

Abb. 26:
Programmzettel der »Kammer-spiele« für Dezember 1945

Abb. 27:
*Szenenfoto aus der
Aufführung »Esther« von 1946
mit Vera Kohn-Kagan und
René Taube (rechts)*

Schauspieler jener Anfangsjahre war der aus Wien stammende René Taube. Bis auf Huberta Reuscher-Heiman und Hildegard Löwenberg, die allerdings nur in den ersten Stücken auf die Bühne trat, begannen alle als Laiendarsteller und wurden von Löwenberg an die Schauspielerei herangeführt. Geprobt wurde abends und am Wochenende, denn in der Regel mußten alle tagsüber ihren Lebensunterhalt verdienen. »Immer wieder wurden neue Kräfte ausprobiert, und dabei geschah das Unerwartete, daß sich unter diesen einige starke Begabungen befanden, die nun im Laufe dieser vier Jahre herangebildet wurden, nicht anders wie durch die Schulung in den europäischen Theatern. Man tut also gut in diesem Sinne nicht immer von Dilettanten zu sprechen, denn schließlich sind die bedeutendsten russischen Theater auf diese Weise entstanden. Es muß zugegeben werden, daß der künstlerische Kampf der *Kammerspiele* ebenso schwierig war wie der finanzielle und es gehörte viel Begeisterung, viel Energie und viel Mut dazu, die Krisen zu überwinden.«[77] Abgesehen von einer Vielzahl von Personen, die nur hin und wieder oder in kleinen Nebenrollen auftraten, zählten zum Kern des Ensembles neben den bereits genannten: Renate Aron, Rudolf Chaim, Karl Danziger, Elly Hirschfeld, Ernst Liebner, Leopold Lindemann, Erich Marcus, Werner Rosenthal, Gisela Smetana, Friedl Steinlauf und ab 1948 Heinrich Tietz, der vor allem mit komischen Rollen hervortrat. In der Anfangszeit gestaltete Werner Rosenthal die Bühnenbilder. Vor allem 1947

77 15. 5. 48, 5.

war es der damals schon in Ecuador bekannte und heute weit über die Landesgrenzen berühmte Maler Oswaldo Guayasamín, der für die Bühnenbilder
verantwortlich zeichnete. Die Mitglieder der Schauspielgruppe gehörten
zum größeren Teil der Jüdischen Gemeinde an, andere zählten zur nichtjüdischen Immigrantenschaft bzw. gehörten dem *Movimiento Alemán* an.

Bis zum Mai 1948, als die Leitung der *Kammerspiele* ankündigte, in Zukunft »um die Verbindung mit unserer Zeit aufzunehmen, eine Serie von
ganz modernen Werken«[78] herauszubringen, waren rund dreißig Stücke in
deutscher Sprache aufgeführt worden. Im Schnitt kam man ungefähr alle
zwei Monate mit einer neuen Inszenierung heraus. Den größten Anteil am
Spielplan hatten Lustspiele und Komödien, die vor allem in der ersten
(1944/45) und der vierten (1947/48) Spielzeit überwogen. Franz Molnar
gehörte neben Schnitzler, Tschechow und Shaw zu den meistgespielten Autoren. Abgesehen von je einer Aufführung von Molière, Racine, Kotzebue
und Schiller, dessen »Kabale und Liebe« das einzige klassische Drama war,
entstammten die Autoren der zweiten Hälfte des 19. und dem 20. Jahrhundert. Zu ihnen zählten auch Louis Verneuil, Dario Dicodemi und Karel
Capek. Von den »Klassikern der Moderne« gelangte Henrik Ibsen 1947 mit
»Ein Puppenheim« zur Aufführung, allerdings in Spanisch im Teatro Sucre
unter Mitwirkung von ecuadorianischen Darstellern. Einen ersten Versuch
in Spanisch hatten die *Kammerspiele* im Sommer 1946 mit der Aufführung

78 Vgl. ebenda.

des Märchens Schneewittchen »Blanca Nieves y los Siete Enanos« gemacht. Keinen Eingang in den regulären Spielplan fanden Autoren, deren Bühnenstücke aktuelle politische Themen zum Inhalt hatten.[79] Von November 1947 bis März 1948 folgte eine Spielpause, in der die *Kammerspiele* soweit ersichtlich nur zwei bereits gespielte Stücke, »Eifersucht« von Verneuil und »Moral« von Ludwig Thoma, in der *Beneficencia* in teils neuer Besetzung wiederholten. Die *Informaciones* schrieben damals, die *Kammerspiele* seien in die *Beneficencia* »übersiedelt«. Doch spielten sie wieder in der Calle Pinzón, als die neue Spielzeit im April 1948 mit drei Einaktern, Hofmannsthals »Der Tor und der Tod« und den zwei Stücken von Georges Courteline »Am Postschalter« und »Herr Baudin«, eröffnet wurde.[80] Zur Feier des vierjährigen Bestehens, womit offensichtlich das Gründungsdatum des Theaters und nicht der Beginn der ersten Spielzeit gemeint war, kam im Mai 1948 zum erstenmal ein zeitgenössisches französisches Drama zur Aufführung, »Die Wilde« von Jean Anouilh[81], der ein Jahr später »Antigone« folgte und kurz darauf die Komödie »Die ehrbare Dirne« von Jean Paul Sartre. Dieses Stück, in der Hauptrolle mit Hanka Wasiel, spielte man jedoch nicht unter dem Originaltitel, sondern als »Schwarz und Weiß«, um nicht bereits durch den Titel die »mimosenhafte Moral« der Immigranten zu verletzen. Das Publikum zeigte sich so mimosenhaft nicht, es »geizte nicht mit dem Beifall«.[82]

Im August 1950 führte man mit dem zeitgenössischen Drama aus Israel »In den Steppen des Negev« von Igal Mossensohn, zum erstenmal ein politisches Stück auf, das sich mit der Gründung des jüdischen Staates befaßte. Die Handlung des Dramas spielt im Jahre 1948 in einem Kibbutz, der von feindlichen Kräften umschlossen ist. Israel erscheint hier als »die einzige Erde der Welt, die uns nicht zu Flüchtlingen und Bettlern macht«.[83] Obwohl der Aufführung, die von der zionistischen Organisation finanziert wurde, wochenlange Proben vorausgingen, wurde das Stück nur einmal im Teatro Espejo in Quito vor ausverkauftem Haus aufgeführt. Gegenwartsprobleme waren gelegentlich auch früher schon Themen von Veranstaltungen der *Kammerspiele* außerhalb des regulären Spielplans. Von seiten des *Freien Deutschland* war die Forderung aufgestellt worden, das Theater müsse Stellung beziehen zu den Problemen der Zeit und zeitgenössische antifaschistische Werke aufführen. »Hier in Quito soll ... ›Das Leben der Herrenrasse‹

---

79 Bis 1951 führten die *Kammerspiele* rund 50 Stücke auf. Die meisten von ihnen wurden in den *Informaciones* besprochen.
80 Vgl. 1. 1. 47, 7, 1. 3. 48, 6, 15. 4. 48, 6.
81 Vgl. das Angebot Löwenbergs an Hans Walter Jacob, ihm das Stück zur Verfügung zu stellen, das »hier mit großem Erfolg aufgeführt wurde«, in: Pohle, Emigrationstheater, S. 11.
82 Vgl. 1. 8. 49, 6.
83 Vgl. 1. 7. 50, 4; vgl. auch 15. 5. 50, 13, 1. 9. 50, 4 und den Programmzettel zur Aufführung.

KAMMERSPIELE

CALLE PINZON No. 166

Samstag, den 21. Mai, abends 8 Uhr
Sonntag, den 22 Mai, nachmittags 4,30 Uhr
Sowie jeweils Samstag und Sonntag

AMERIKANISCHE   URAUFFUEHRUNG

"ANTIGONE"

VON JEAN ANOUILH
INSZENIERUNG: Dr. KARL LOEWENBERG

PERSONEN:

Antigone ....Vera Kohn K.
Kreon ....René Taube
Sprecher .. .. Karl Loewenberg
Die Wache .... Friedl Steinlauf
Zweite Wache .... Erich E. Jahn
Hemon .... Tomas Yaro
Ismene . ... Renate Aron
Die Amme .... Hanka Wasiel

VORVERKAUF:

Librería C.G. Liebmann, Olmedo 707
Waley, Bolivia 140.

Abb. 28:
Aus dem Programmheft zur
Aufführung der »Antigone«
von 1949

von Brecht vorliegen, und der Regisseur Dr. Karl Löwenberg hält es für überholt.«[84] Ob dies zutraf, muß dahingestellt bleiben, jedenfalls setzten sich solche Forderungen nicht durch. Vorstellungen mit aktuellen Bezügen und explizit politischem Inhalt blieben Sonderveranstaltungen vorbehalten wie 1944 bei einem Kleinkunstabend, der sechsmal wiederholt wurde. Auf Tschechows »Der Heiratsantrag« folgte eingebettet in »szenische Bilder« der Vortrag antifaschistischer Lieder vor allem durch Bobby Astor. »Die brillanteste Nr. war das Lied ›Heimwärts‹ (Text und Musik Bobby Astor), das die Soldaten aufruft, in die Heimat zurückzukehren und Schluß zu machen mit den Nazi-Mördern.«[85] Auch »Lili Marlen« gehörte zum Repertoire Astors. Im Mai 1945 luden die *Kammerspiele* zusammen mit dem von Carlos G. Liebmann gegründeten *Victory Book Club* zu einem literarischen Nachmittag ein unter dem Motto »Wir sprechen zu Ihnen von Krieg und Frieden«. Die Schauspieler rezitierten aus Gedichten »von Hölderlin bis Kästner«, aus Dramen und Prosastücken von Heinrich Mann, Ferdinand Bruckner, aus Georg Büchners »Dantons Tod«, aus den Werken von Bertolt Brecht und führten eine »ernste Szene« aus einem nicht näher beschriebenen Stück von

84 *Demokratisches Deutschland*, Nr. 1. v. Januar 45, S. 4.
85 Ebenda (als übersetztes Zitat aus den *Ultimas Noticias* wiedergegeben).

Berthold Weinberg vor, über das »schwierige Problem zur Erziehung des deutschen Volkes«.[86]

Diesem Thema war auch Wenzel Goldbaums Drama »Dorothea erzieht die Deutschen« gewidmet, das im Oktober 1945 als eine mit verteilten Rollen gelesene Uraufführung der *Kammerspiele* vorgetragen wurde. In vier Akten hatte Goldbaum seine Vorstellung von der Sinnlosigkeit, das deutsche Volk zur Demokratie erziehen zu wollen, entwickelt. Wie in den politischen Debatten brachte er hier seine These zum Ausdruck, daß es das »andere Deutschland« nicht gebe. Bereits zuvor hatte eine Sonderveranstaltung »Lessing 1945« gezeigt, »daß der verantwortliche Leiter, Herr Dr. Karl Löwenberg, sich höhere Ziele gesteckt hat und nicht nur amüsieren will.«[87] Auf Lesungen aus dem Werk Lessings und einem Vortrag mit dem Thema »Was bedeutet Lessing der heutigen Jugend?« folgte der Einakter »Die Juden«, der die Auseinandersetzung mit antisemitischen Vorurteilen zum Gegenstand hat und den der Autor selbst als Vorläufer zu »Nathan der Weise« betrachtet hatte. 1949 folgte anläßlich der 200. Wiederkehr des Geburtstages von Goethe wieder eine literarische Lesung, die in politisch-philosophische Zeitfragen eingebettet war.[88] Im Februar 1951 widmete man dem im Jahr zuvor verstorbenen George Bernard Shaw einen »Gedächtnisabend«, an dem unter anderem Szenen aus »Die heilige Johanna« und »Der Arzt am Scheideweg« aufgeführt wurden.[89]

1951 hatten die *Kammerspiele* als deutschsprachiges Theater praktisch aufgehört zu existieren. Soweit erkennbar wurde im September noch eine Aufführung von drei Einaktern unter dem Titel »Ehe und Liebelei« gegeben.[90] Seit längerer Zeit liefen die Bemühungen um den Aufbau einer den *Kammerspielen* vergleichbaren Bühne in Spanisch. Die überwiegende Mehrheit der Schauspieler, sofern sie das Land nicht verließ, trat nun nur noch in kleineren Rollen im Rahmen von Abendveranstaltungen der *Beneficencia* oder bei Theaterabenden der *Asociación Alemana* auf.

Die Leistung der Kammerspiele im Spiegel der Theaterkritik zu einzelnen Aufführungen

Die Theaterkritik wurde zunächst in den *Informaciones* ohne erkennbare Autorenschaft abgedruckt. In der Folgezeit kam sie hauptsächlich aus der Feder

---

86 Vgl. Juni 45, 6. Entgegen der Darstellung bei Kießling handelte es sich bei den Szenen aus den Werken von Bruckner und Brecht nicht um eine Theateraufführung, sondern um eine kurze Lesung. Vgl. Kießling, Exil, S. 281 und Pohle, Emigrationstheater, S. 9 u. 13, der die Darstellung von Kießling übernimmt.

87 15. 8. 45, 6; vgl. 15. 10. 45, 6.

88 Vgl. 1. 9. 49, 4.

89 Vgl. 15. 2. 46, 7, vgl. 1. 4. 51, 3.

90 Vgl. 15. 9. 51, 5 und den Programmzettel zur Aufführung.

Wenzel Goldbaums und gelegentlich von Berthold Weinberg, beide gute Kenner des deutschen wie des europäischen Theaters. Der Versuch freilich, die Qualität von Aufführungen anhand der zeitgenössischen Kritik darzustellen, muß in seinen engen Grenzen gesehen werden, die durch das individuelle Werturteil des Kritikers gezogen sind. Ein Paradebeispiel hierfür liefert die Beurteilung der Aufführung des Schauspiels »Der Dieb« des französischen Dramatikers Henri Bernstein, das die *Kammerspiele* im Oktober und November 1945 brachten und die von einem Kritiker »zu den Sternen« emporgehoben, von einem anderen »in die tiefsten Schluchten« hinabgeschleudert wurde, während ein dritter sich mit dem goldenen Mittelweg versuchte.[91] Wie sich in späteren Besprechungen zeigt, ging es dabei nicht zuletzt um die Beurteilung der Hauptdarstellerin Gerti Goldmann, deren schauspielerisches Talent ein anfangs sehr unterschiedliches Echo fand.

Kunstkritik war im kleinen Kreis der Immigranten eine zwiespältige Angelegenheit. Man wollte diejenigen, die sich um das Kulturleben bemühten durch zu harsche Kritik nicht entmutigen und schon gar nicht denjenigen in die Hände spielen, »die damit protzen, was sie schon alles in Berlin, Wien, Paris und Mailand gesehen und gehört haben und blasiert alles andere herunterreißen«.[92] Ebenso wenig sollte die Kritik, wollte sie ihren Sinn nicht völlig verlieren, denen folgen, die jede kritische Betrachtung ablehnten. Im »Tauziehen der Enthusiasten und Miesmacher« plädierte Weinberg für die Respektierung der »Autonomie der Wertebereiche«, auch das »Kleinere« sollte in seiner Eigenart begriffen und entsprechend geschätzt werden. »Eines allerdings ist unabweislich: Grenzüberschreitungen im Typus wie im Können sind nicht statthaft. Es gibt Wertbereiche der Kunst, die nur adäquaten Naturen und Leistungsgroßen vorbehalten sind. Um ein Beispiel zu nennen: Die gesteigerte, gewaltige Sprache, die großen Leidenschaften der klassischen Dichter haben auf einer durchschnittlichen Laienbühne nichts zu suchen, deren Bretter nur eine sehr begrenzte Welt bedeuten.«[93] Die »Grenzüberschreitung« hatten die *Kammerspiele* in den Augen Weinbergs mit der Inszenierung von »Kabale und Liebe« begangen. In der Ankündigung über die bevorstehende Aufführung des Stücks hatte Löwenberg angedeutet, welche Auffassung von Theater er verfolgte: »Es handelt sich hierbei nicht etwa [darum], durch leere Äußerlichkeiten wie »Hamlet im Frack« modern zu spielen, sondern wir wollen von Innen heraus modern sein, indem wir heutige Menschen darstellen. Ich brauche nicht zu sagen, daß das Theater kein Museum ist. Das wirkliche Theater verwandelt die Werke wie das Leben.«[94]

91   Vgl. 1. 11. 45, 6, 15. 12. 45, 3, 1. 1. 46, 4, 15. 10. 46, 7.
92   Weinberg, 1. 1. 46, 4. Vgl. ders., 15. 9. 51, 5.
93   Ders., 1. 1. 46, 4.
94   Löwenberg, 15. 11. 45, 7.

Wie auch der nur sehr vorsichtig und indirekt geübten Kritik Goldbaums zu entnehmen ist, waren die Schauspieler sowohl darstellerisch wie in ihrer Sprachtechnik dem Stück nicht gewachsen.[95] Es blieb bei diesem ersten Versuch, ein klassisches Drama aufzuführen. Herbe Kritik an der Regie übte Goldbaum anläßlich der Aufführung der Tragödie »Esther« von Jean Racine im Frühjahr 1946. Die Aufführung fand außerhalb des normalen Spielplans unter der Schirmherrschaft der *Beneficencia* statt. Zum erstenmal wirkten auch einige ecuadorianische Schauspieler mit und waren einheimische Gäste in größerem Maße vertreten. In der Absicht, dem Drama stärkere Spannungsreize zu verleihen, hatte Löwenberg »scharfe Kürzungen« vorgenommen, damit aber die Entfaltung dramatischer Wirkungen unmöglich gemacht. Sprachchöre und einzelne Chorgesänge waren durch religiöse Vokal- und Instrumentalmusik ersetzt und in Ermangelung einer deutschen Textvorlage hatte man offensichtlich mehr schlecht als recht selbst aus dem Original übersetzt.[96]

Es mag erstaunen, daß hier wie in vielen anderen Aufführungsbeschreibungen es immer wieder die Schauspieler waren, die durch ihre Leistungen dem Stück dennoch einen künstlerischen Wert verliehen, es sozusagen herausrissen durch ihr intensives Spiel und maximale Ausschöpfung dessen, was die jeweilige Rolle zu bieten hatte. Die anfänglichen Probleme wie Chargieren, Überpointieren von komischen Rollen oder fehlende Mimik scheinen mit der Zeit überwunden worden zu sein. Eine ebenso positive Beurteilung durch die Kritiker gilt in der Regel auch für die Arbeit Löwenbergs, dessen sorgfältige Inszenierung, seine auf Tempo und Kontrastierung setzende Regieleistung hervorgehoben wurde, mit der er die oft »spärliche Handlung« von Stücken verstärkte oder die retardierende Wirkung »endloser Phraseologie« verminderte.[97] Letzteres galt insbesondere für solche Stücke, die nur einen dünnen Komödienstoff lieferten und in den Augen des Kritikers in die Kategorie der »billigen Theaterunterhaltung« fielen, aber für einen »starken Lacherfolg« allemal gut waren, wie die 1947 aufgeführten Lustspiele von Franz Molnar »Spiel im Schloß« und »Der Teufel« und in abgeschwächter Form das im August 1948 aufgeführte Lustspiel »Drei Männer im Schnee« von Erich Kästner. Beklagt wurde in diesem Zusammenhang der Mangel an zeitgemäßen Stoffen, der zu Rückgriffen auf verstaubte Stücke verführe, die zwar in ihrer Zeit ihren Stellenwert hatten, angesichts der gesellschaftlichen Entwicklung aber überholt erschienen wie Hugo von Hofmannsthals Einakter »Der Tor und der Tod«, Ludwig Thomas »Moral« oder

95 Vgl. 15. 12. 45, 6.
96 Vgl. Goldbaum, 1. 4. 46, 4.
97 Vgl. 1. 8. 47, 2, 15. 6. 47, 6, 15. 11. 47, 6.

auf dem Hintergrund der politischen Zeitereignisse problematisch waren wie Carl Roesslers Lustspiel »Die Fünf Frankfurter« oder Bruno Franks »Sturm im Wasserglas«. »Eine trostlose Epoche: das Alte wird ungenießbar und Neues gibt es nicht,« kommentierte der Kritiker, doch dem Publikum gefielen solche Stücke.[98]

Als Höhepunkte sowohl der Regieleistung wie der Darsteller erschienen in der dritten Spielzeit mit Beginn im Mai 1946 neben dem Lustspiel »Tovaritch« von Jacques Deval das Kriminalstück in drei Akten »Der Prozeß der Mary Dugan« von Bayard Veiller und das Schauspiel von Verneuil »Herr Lamberthier«. Zu letzterem hieß es: »In atemloser Spannung folgte das vom ersten Augenblick gepackte Publikum dem Spiel der beiden Darsteller René Taube und Gerty Goldmann, die geführt von einem ausgezeichneten Regisseur, eben dem Dr. Löwenberg, eine künstlerische Leistung ersten Ranges vollbrachten, wie sie fesselnder nirgends geboten werden kann.«[99] Von Löwenbergs Regieleistung könne nichts Besseres gesagt werden, »als daß er die große Tradition des Theaters der Brahm, Reinhardt, Jessner – die einzige, der zu folgen lohnt – aufrecht erhält und weiterführt.«[100]

Zu den Glanzstücken der Löwenbergschen Regie wurden seine Inszenierungen der modernen französischen Dramatiker gezählt ebenso wie die Bewältigung der Hauptrollen insbesondere durch Vera Kohn-Kagan und René Taube. Auf dem Programmzettel zur amerikanischen Erstaufführung der »Antigone« von Jean Anouilh wurde auf die Entstehung des Dramas zur Zeit der deutschen Besatzung verwiesen. Die Frage, warum gerade dieses Stück den bisher »stärksten Erfolg« beim Publikum hatte, beantwortete der Kritiker auf dem Hintergrund der Zeitereignisse, der Furcht vor einem neuen Weltkrieg und dem besonderen Schicksal als Verfolgte.[101]

Die Fortführung der Kammerspiele in Spanisch

Zu den besonderen Leistungen Löwenbergs gehört zweifellos sein Versuch, in Quito ein Theater europäischen Stils in spanischer Sprache aufzubauen. Als erster Schritt auf diesem Weg kam im März 1947 Ibsens Drama »Ein Puppenheim« im Teatro Sucre zur Aufführung. Während hier noch Schauspieler aus dem Ensemble der *Kammerspiele* in den Hauptrollen zu sehen waren, wie Gerti Goldmann als »Nora«, war es in den folgenden Aufführungen von wenigen Ausnahmen abgesehen, nur noch Vera Kohn-Kagan, die von diesem Ensemble übrigblieb. Sie trainierte systematisch die spanische Sprache,

98 Goldbaum, 15. 11. 47, 6; vgl. 1. 12. 46, 6, 15. 6. 47, 6, 1. 8. 47, 2, 1. 10. 47, 5, 1. 3. 48, 6, 15. 4. 48, 6, 1. 9. 48, 5.
99 Goldbaum, 15. 10. 46, 7.
100 Ebenda; vgl. 15. 5. 48, 5.
101 Vgl. Goldbaum, 1. 6. 49, 4 und den Programmzettel zur Antigone-Aufführung.

nahm Sprech- und Gesangs- und vorübergehend in den USA Schauspiel-unterricht. Gerti Goldmann hatte Quito 1948 verlassen, sie starb 1950 an den Folgen eines Autounfalls.[102] René Taube ging in die USA. Die Schauspie-ler, die nun unter der Anleitung Löwenbergs spielten, waren aus Ecuador und anderen lateinamerikanischen Staaten. Die aufgeführten Stücke, so-weit sie vorliegen, erforderten eine relativ kleine Schauspielerzahl, die sich zwischen drei und maximal acht Personen bewegte.

Die Entwicklung des Theaters ist aufgrund der Quellenlage nur bruchstück-haft rekonstruierbar. Deutlich bleibt jedoch zu erkennen, daß sie keineswegs geradlinig verlief und immer wieder von längeren Spielpausen unterbrochen war. Es fehlte an ausgebildeten Schauspielern, an Ausstattung, finanziellen Mitteln und an öffentlichem Interesse. Die erste Schauspielschule Quitos wurde im Oktober 1954 eröffnet. Sofern es jemals Interesse für anspruchs-volles Theater gegeben habe, klagte die Tageszeitung *El Comercio*, sei es dem Kino geopfert worden.[103] Theaterliebhaber aus dem universitären Bereich, aus dem Institut *Casa de la Cultura Ecuatoriana*, zeitweise aus dem Erzie-hungsministerium und aus den Reihen der verantwortlichen Politiker der Stadt unterstützten die Bemühungen des Löwenbergschen *Teatro de Camara*, im Rahmen einer von ihm gegründeten *Asociación Teatro Moderno* Werke der Weltliteratur in Quito aufzuführen. Auch von ecuadorianischer Seite ent-standen verschiedene Theatervereinigungen, in deren Aufführungen Löwen-berg Regie führte und denen er als künstlerischer Direktor vorstand. Seine Inszenierungen erschienen als Präsentationen des *Teatro Experimental Uni-versitario*, des *Teatro Intimo* oder des *Teatro Moderno*. Obwohl man sich mit der Auswahl der Stücke und der Art der Inszenierung in erster Linie nicht an ein breites Publikum wandte, sondern an den kleinen Kreis der künstlerisch interessierten Intellektuellen, gab es Aufführungen, die einer größeren Öf-fentlichkeit zugänglich wurden. Einzelne Schulen, die Post oder die Zentral-bank kauften für die Schüler bzw. ihre Angestellten ganze Aufführungen, die *Casa de la Cultura Ecuatoriana* und die »LIFE« übernahmen die Schirm-herrschaft über Vorstellungen und trugen so finanziell wie propagandistisch zum Gelingen bei. Die Aufführungen fanden das Interesse der Presse, und Löwenberg erschien hier als die Person, die dem Theater in Quito überhaupt erst zum Durchbruch verholfen hatte und Vera Kohn-Kagan als »Gestalt im Vordergrund der ecuadorianischen Theaterwelt«, die über alle Mittel des modernen Theaters verfügte.[104]

102 Vgl. 15. 2. 47, 6, 1. 4. 47, 5, 15. 5. 48, 5, 1. 3. 50, 5; *Ultimas Noticias* v. 16. 3. 54.
103 Vgl. *El Comercio* v. 22. 3. 54, 17. 10. 54. Zur Geschichte des Theaters in Ecuador vgl. Ricardo Descalzi, Historia Crítica del Teatro Ecuatoriano, 6 Vols., Quito 1968.
104 Vgl. *El Sol* v. 31. 5. 53; *El Comercio* v. 17. 10. 54; Descalzi, Historia Crítica, Vol. 3, S. 743 f.; Vol. 6, S. 2036. Gerardo Luzuriaga, La Generación del 60 y el Teatro, in: *Caravelle. Cahiers du Monde Hispanique et Luso-Brésilien* 34, 1980, S. 160.

Abb. 29: *Szenenfoto aus der spanischsprachigen Aufführung »Zwischenspiel über den Junggesellen, der sich mit einer wilden Frau verheiratete« von 1955 mit Vera Kohn-Kagan in der Hauptrolle.*

Daß Löwenberg in seinen Inszenierungen nun im Gegensatz zu seiner Regieführung in den deutschsprachigen *Kammerspielen* mit Arbeitstechniken und Darstellungsformen experimentierte, zeigt unter anderem die Besprechung der Anfang 1952 im *Teatro Espejo* aufgeführten französischen Komödie »Frenesi« von Charles de Peyret Chappuis. Dort heißt es: »Löwenbergs Regie bezog die verdeutlichende, symbolhafte Darstellung aus vier Quellen: der Musik, dem Tanz, der – während der Szene – wechselnden Lichtfarbe und dem grausigfratzenhaften Bühnenbild Guayasamíns. Die Götter dieses Theaters heißen Kokoschka und Strawinsky.«[105]

Besonders erfolgreich war Löwenberg augenscheinlich mit der Aufführung von »El niño sonador« (Der träumende Junge) von O'Neill und »El feliz viaje« (Die glückliche Reise) von Thornton Wilder, die 1954 in der ersten Spielzeit des *Teatro Intimo* 33 mal aufgeführt wurden. Das *Teatro Intimo* gab seine Vorstellungen in der *Cueva de Buho*, einem Treffpunkt von Künstlern im Zentrum der Stadt. Nur einem »rigoros ausgewählten Publikum« bot dieser Ort Platz.[106] Es folgten in der zweiten Spielzeit drei, je aus einem Akt

105 Weinberg, 15. 2. 52; vgl. das Programmheft zu »Frenesi«.
106 Vgl. *El Comercio* v. 17. 10. 54.

bestehende Komödien, die man jeweils an einem Abend hintereinander aufführte: Auf »El pedido de mano« (»Der Heiratsantrag«) von Tschechow folgte »Entremés del Mancebo que se casó con mujer brava« (»Zwischenspiel über den Junggesellen, der sich mit einer wilden Frau verheiratete«), ein Stück das auf eine Erzählung Don Juan Manuels »Der Graf Lucanor« zurückgriff, die auch Shakespeare das Thema für seine »Der Widerspenstigen Zähmung« geliefert hatte. Den Abschluß bildete ein Stück des ecuadorianischen Bühnenautors Demetrio Aguilera Malta. »Dientes Blancos« (»Weiße Zähne«) war als Tragikomödie konzipiert, in deren Mittelpunkt drei Schwarze stehen, die Kapelle eines Nachtclubs. Einer von ihnen hat, was auch immer geschieht, die Aufgabe, durch ständiges Lachen die Gäste bei Laune zu halten. Das Stück, das der Autor in einer US-amerikanischen Stadt angesiedelt hatte, spielt in der Aufführung in einer Nachtbar in Zentralamerika.[107] In allen genannten Stücken setzte Löwenberg auf die »innere Wahrhaftigkeit« in der Rollengestaltung wie sie von Konstantin S. Stanislavskij gefordert und entwickelt worden war. Es sollte ein »Theater ohne Illusion« sein, in dem die Schauspieler weder das Leben noch die Gefühle kopieren, sondern die Rolle ohne Ausschmückung vor dem Publikum leben.[108]

Zu den weiteren Aufführungen, die zwischen 1952 und 1956 auch an größeren Spielorten stattfanden, zählten »El niño y la niebla« (Der Junge und der Nebel) des Mexikaners Rodolfo Usigli, »El zoológico de cristal« (Die Glasmenagerie) von Tennessee Williams, »Living Room« von Graham Greene und das Drama des Italieners Ugo Betti »Delito en las islas de las cabras« (Die Ziegeninsel). Die beiden letztgenannten waren nur wenige Jahre zuvor in Europa zum erstenmal aufgeführt worden. Zur Aufführung von »Living Room« 1955 schrieb Löwenberg »Wenn das Theater kein ›Spiegel der Zeit‹ ist, ist es kein Theater. Damit meine ich nicht nur das Bühnenstück, sondern noch mehr die Darstellung. Ich weiß, daß die Kunst niemals wirklich ›experimentell‹ ist. Experiment ist etwas Unvollkommenes in den Augen des Publikums. Aber während meines Lebens für das Theater habe ich immer neue Erfahrungen gesucht, vom Realismus bis hin zum Expressionismus. Das was unser Ensemble unter außerordentlichen Opfern in zwei Monaten mit Proben erreicht hat, kann das Publikum erleben. ›Living Room‹ wirft ein Problem unserer Tage auf: zwei fundamentale Kräfte, die Religion und die Wissenschaft, beide mit unserem politischen und sozialen Leben verbunden.«[109]

107 Vgl. Descalzi, Historia Crítica, Vol. 4, S. 1154 f. und die Programmhefte zu den drei genannten Komödien.
108 Vgl. Löwenberg, in: El Comercio v. 17. 10. 54.
109 Ders., in: Programmheft zu Living Room (Übersetzung MLK). Vgl. auch das Gespräch Vera Kohn-Kagan. El Sol v. 21. 5. 55. Das Programmheft zu »El zoológico de cristal« und den Programmzettel zur Sondervorstellung von »Delito en las islas de las cabras« und »Dientes Blancos«.

Löwenberg verließ Ecuador und kehrte nach Deutschland zurück. Seinen Bemühungen um ein modernes ständiges Theater im europäischen Stil in Quito blieb kein dauernder Erfolg beschieden. In der Erinnerung der Immigranten gehören die *Kammerspiele* jedoch bis heute zu den stolzen Ergebnissen des kulturellen Überlebenswillen im Exil.

VIII. Zwischen erneuter »Flucht« und langsamer Integration in Beruf und Gesellschaft

1. Rückkehren, weiterwandern, bleiben?

»Wie ein Lauffeuer hatte sich das Gerücht in der Stadt verbreitet. Der hatte es von dem gehört, jeder wußte etwas, aber keiner Sicheres. Alles fieberte vor Aufregung. Endlich erscheinen die Extraausgaben. Da steht sie schwarz auf weiß, die Nachricht, auf die wir Juden um Jahre länger gewartet haben als die übrige Welt. Für einen Moment setzt das Herz aus, es ist also doch wahr, auch dieser große Feind unseres Volkes, er hat sein Ziel nicht erreichen können und hat dafür sein Volk, das ›erwachen‹ sollte, ins Verderben geführt. Immer wieder liest man die kurzen inhaltsschweren Worte. Erinnerungen steigen auf, man will jubeln, man kann aber nicht. Zu schwer war das Leid, zu teuer mußte dieser Augenblick bezahlt werden. Und doch, heute darf man nicht traurig sein.«[1]

Mit Festen und feierlichen Ansprachen begingen die Immigranten den Sieg der Alliierten über den Faschismus, das Ende von Verfolgung, Mord und Zerstörung. Viele feierten bereits das Ende ihres Exils, denn für sie stand fest, Ecuador so schnell wie möglich wieder zu verlassen. Diejenigen, die Ecuador nur als ein Durchgangsland betrachtet hatten, sahen bis gegen Kriegsende zwei Optionen für einen Wechsel vor sich: Weiterwanderung in die USA oder Rückkehr in das europäische Herkunftsland. Von untergeordneter Bedeutung waren Überlegungen, in ein anderes lateinamerikanisches Land zu emigrieren, das, aufgrund seines wirtschaftlichen Entwicklungsstandes und seiner Kultur weniger fremd zu sein schien als Ecuador und mehr politische und wirtschaftliche Stabilität versprach. Gegner der Abwanderung warnten vor stärker ausgeprägtem Antisemitismus in anderen lateinamerikanischen Ländern und vor »sozialen und politischen Auswüchsen« in den jüdischen Gemeinden dort.[2]

Es stellte sich schnell heraus, daß eine sofortige Rückkehr nach Europa aus verschiedenen Gründen nicht ratsam und aufgrund der restriktiven Politik der Alliierten auch kaum möglich war. Zwar galten restriktive Einwanderungsbestimmungen zunächst auch für die USA, aber dennoch gelang es einer ganzen Reihe von Immigranten in der unmittelbaren Nachkriegszeit, sich dort niederzulassen. Die USA, schon früher Wunschland vieler Immigranten, schienen nun geradezu das zu konservieren, was in Europa vertrie-

---

1   Wittels, Juni 45, 8; vgl. 15. 9. 45, 7.
2   Vgl. 15. 8. 45, 11.

ben oder vernichtet worden war: die europäische Kultur mit ihren herausragendsten Exponenten.»Nun waren sie sich bewußt, daß Europa für sie tot war. Das was ihnen an Europa lieb gewesen war, war emigriert und hauptsächlich nach New York. Im *Aufbau* lasen sie von ihren Lieblingssängern, -dichtern, -schauspielern und -musikern. Die Koffer waren schon gepackt, bloß die Route wurde geändert. Der Kompaß wies nach Nordamerika. Zuerst flog vereinzelt eine Taube fort, dann waren es mehrere, dann ganze Schwärme. Die Sintflut war vorbei, die Wasser sanken wieder. Die Menagerie von der Arche Noah begann sich zu verlaufen. Verärgert stellte die Regierung die Naturalisierung der Immigranten ein, die gleich nach Erlangung der Staatsbürgerschaft das Land verließen. In 1946 verlor die jüdische Gemeinschaft Ecuadors ein Viertel ihres Bestandes.«[3]

Viele Immigranten hatten Freunde und Verwandte in den USA, die ihnen behilflich sein konnten, bürokratische Hürden zu überwinden, andere erhielten nun ihr vor Jahren beantragtes Visum, das aufgrund der Quotenregelung inzwischen zuteilungsreif geworden war. Folgt man den Klagen der *Beneficencia*, so wanderten in dieser Phase in erster Linie die finanzstarken Mitglieder weiter. Wer in Ecuador wirtschaftlichen Erfolg hatte, verfügte über das notwendige Geld, um die teuren Reisekosten zu bezahlen und über das Bewußtsein, dort erst recht wirtschaftlich wieder Fuß zu fassen.

Während die USA sowohl die ältere wie die jüngere Generation anzogen, war Deutschland Ziel eines kleinen Teils der älteren Generation, die sich mit der deutschen Kultur verwurzelt fühlte und die an Deutschland nicht nur Erinnerungen der Erniedrigung und des Schreckens hatte. Angesichts des Ausmaßes an Zerstörung und Not in Deutschland kam eine unmittelbare Rückkehr für sie nicht in Frage. Man wartete erst einmal ab, wie sich die wirtschaftliche und politische Lage in Deutschland entwickeln würde. Hatte man gehofft, daß die Nachrichten über die NS-Verbrechen übertrieben seien, so zeigte sich bald, daß die Wirklichkeit sie im Gegenteil übertraf. Es stellte

---

3   B. Weiser, 15. 9. 47, 4. Betrachtet man die Entwicklung der Mitgliederzahlen, so dürfte der Anteil der bis dahin tatsächlich Abgewanderten geringer gewesen sein. 1944/45 wurde die Mitgliederzahl mit 534 bzw. 544 angegeben. Für 1945/46 werden im Bericht der Generalversammlung keine Angaben gemacht. An anderer Stelle werden für diesen Zeitraum 463 Mitglieder angegeben. Für 1946/47 findet sich die Zahl von 466 Mitgliedern. Vgl. 1. 1. 46, 6, 1. 12. 46, 5, 1. 12. 47, 3, 15. 12. 48, 7, 1. 12. 63, 5. Allerdings ist bei den Mitgliederzahlen zu bedenken, daß sie bereits viele Neuankömmlinge einschließen, über deren Zahl sich bis 1948 jedoch keine Angaben finden. Die seit Ende 1946 sich mehrenden Solidaritätsaufrufe mit den Neu-Immigranten legen nahe, daß es sich um eine größere Gruppe handelte. Vgl. z.B. 15. 11. 46, 5, 1. 8. 47, 1, 15. 8. 47, 3. Vgl. auch die Angaben zu den Aktivitäten der *Hicem* 1946. Dort ist von 300 Immigrationsbegehren in andere Länder die Rede. Zum Teil betraf dies Personen, die nur vorübergehend nach Ecuador gekommen waren, um auf die Fälligkeit ihrer Visa für die USA zu warten. Dies erklärt möglicherweise auch die hohe Zahl von 729 von der *Hicem* 1946 beantragten und von der Regierung bewilligten Einreisevisa nach Ecuador. So jedenfalls lauten die Zahlenangaben in: La Colonia, S. 62. Vgl. Kap. IV. 3. 1.

sich die Frage, ob es nicht moralisch verwerflich sei, in das Land der Mörder zurückzukehren.

Verunsichernd wirkte auf Rückkehrwillige das Eintreffen von Menschen aus Europa, die den Holocaust überlebt hatten. Sie kamen nach Ecuador, weil in diesem Winkel der Erde ihre einzigen Verwandten überlebt hatten und sie so weit wie möglich weg wollten von jenem Teil der Erde, in dem ihnen das Leben zur Hölle geworden war. Einige von ihnen hielten in der *Beneficencia* Vorträge, in denen sie ihren Leidensweg schilderten und ihre Interpretation der Nachkriegssituation mitteilten. Die *Informaciones* druckten auch Auszüge aus Briefen ab, die Immigranten von Verwandten aus Europa erhalten hatten, oder berichteten über das elende Schicksal von Juden in verschiedenen europäischen Städten. »Zur Frage der Rückwanderung nach Deutschland sagte der Vortragende mit erhobener Stimme, daß er es nicht fassen könne, wie ein Jude in einem Lande, in welchem seine nahesten Verwandten und Freunde auf so grausame Art mitleidlos umgebracht worden seien, wieder wohnen könne. Aber auch in keinem anderen Staat Europas mit ganz wenigen Ausnahmen sehe Herr Simon eine Lebensmöglichkeit für Juden. Deshalb habe er sich entschlossen, was manche nicht begreifen wollen, trotz Ende des Krieges aus Europa auszuwandern.«[4] Gewarnt wurde vor »romantischen Erinnerungen«, die den Blick vor der Tatsache versperrten, daß die Folgen des verlorenen Krieges die Wirkung der langjährigen Nazipropaganda noch vertieft hätten. Warnungen, die »Lehren der Geschichte« nicht noch einmal außer acht zu lassen und auf »unser befreites Deutschland, Österreich und Polen« zu hoffen, waren nicht neu. Sie waren von Anfang an zentraler Punkt in der Argumentation der Zionisten. Sie befürchteten zu Recht, daß Deutschland nach dem Krieg mehr mit dem eigenen Schicksal befaßt sein würde, als mit dem Mitgefühl für die Ermordeten und Geflüchteten und daß die übrigen Völker, die unter der Nazibarbarei gelitten hatten, nicht bereit wären, den Juden einen besonderen Platz einzuräumen.[5]

In einem Artikel unter der Überschrift »Bereuen die Deutschen?« war die »Unlogik des Antisemitismus« als wirklicher oder angeblicher Ausspruch eines Kindes so zusammengefaßt worden: »Hitler muß wohl ein Jude gewesen sein. Er trieb uns in den Krieg und verlor ihn.«[6] Derselbe Artikel zählte auch

---

4 15. 11. 45, 7; vgl. 15. 2. 47, 5. Zur Situation von Juden im Nachkriegsdeutschland vgl. Wolfgang Jacobmeyer, Jüdische Überlebende als »Displaced Persons«. Untersuchungen zur Besatzungspolitik in den deutschen Westzonen und zur Zuwanderung osteuropäischer Juden 1945 – 1947, in: Geschichte und Gesellschaft. Zeitschrift für Historische Sozialwissenschaft, Heft 3, 9. Jg. (1983), S. 421 – 452; Angelika Königseder, Juliane Wetzel, Lebensmut im Wartesaal. Die jüdischen DPs (Displaced Persons) im Nachkriegsdeutschland, Frankfurt a.M. 1994.

5 Vgl. Februar 41, 7, März 43, 3, 1. 9. 47, 5. Vgl. auch Exilforschung. Ein Internationales Jahrbuch, Bd. 9 (1991), hier bes. die Beiträge von Sven Papcke (S. 9 –24), Hans Georg Lehmann (S. 90 – 103), Jan Foitzik (S. 104 – 114).

6 1. 4. 46, 2.

positive Beispiele auf wie die Umbenennung von Plätzen mit Namen deutscher Juden und die Rückberufung vertriebener Professoren an Universitäten. In der Berichterstattung der *Beneficencia* überwog aber im allgemeinen der negative Tenor. Zu diesem Bild trug bei, daß kaum jemand der politisch Verantwortlichen zur Rechenschaft gezogen und »alte Kämpfer« bald wieder in Wirtschaft, Politik und Justiz den Ton angaben, auch wenn sich dieser selbst geändert hatte.[7] Nicht zuletzt waren es diejenigen, die am meisten an Deutschland gehangen hatten, die die Ereignisse genau beobachteten und nun über die Entwicklung der Nachkriegszeit verbittert waren. Andere hatten bereits vorher mit diesem Land gebrochen, sie empfanden eine »kolossale innere Ablehnung«, ihr Stolz ließ es nicht zu, Deutschland noch eines Blickes zu würdigen, zumindest nicht in den ersten Nachkriegsjahren. Eine Rückkehr nach Deutschland wäre einer zweiten Niederlage gleichgekommen: »Da, wo ich durch die Vordertür rausgeworfen werde, gehe ich nicht durch die Hintertür zurück.«[8] Im allgemeinen galt, je mehr sich ein Immigrant dem Judentum zugehörig fühlte, um so geringer war die Neigung, dorthin zurückzukehren.

Von untergeordneter Bedeutung scheint die Frage nach Rückkehr in das Herkunftsland für die Immigranten aus osteuropäischen Ländern, in erster Linie aus Polen, Rumänien und der Sowjetunion gewesen zu sein. Die meisten von ihnen hatten ihr Land mit der Perspektive verlassen, nicht wieder dorthin zurückzugehen. Die Meldungen über antisemitische Ausschreitungen vor allem in Polen bestätigten sie in dem einmal eingeschlagenen Weg. Wer dennoch vorhatte, zum Beispiel in die Tschechoslowakei oder nach Polen zurückzukehren, sah der politischen Entwicklung in diesen Ländern mit Mißtrauen entgegen. Auch die deutschen Immigranten, von Ausnahmen abgesehen, verbanden den Gedanken an Rückkehr nicht mit Ost-, sondern mit Westdeutschland. Von der kleinen Gruppe der italienischen Juden gingen einige nach Italien zurück, andere zogen Argentinien vor.[9]

Neben prinzipiellen Überlegungen aus wirtschaftlichen, politischen und psychologischen Motiven, ob man Ecuador verlassen oder bleiben sollte, waren letztlich eine Reihe praktischer Gründe ausschlaggebend. Manche Menschen waren zu alt oder zu krank, resigniert und müde. Es fehlte an Mitteln für die Reise, für einen Neuanfang. Viele hatten im Herkunftsland niemanden mehr, den sie kannten. Das Problem der Vereinsamung, gescheiterte Versuche, im Herkunftsland wieder Fuß zu fassen, erlebten einige, die wie-

7 Vgl. z.B. Juli 45, 5, 1. 1. 46, 8, 15. 5. 46, 1. 9. 46, 2 u. 6, 1. 2. 47, 6, 1. 3. 47, 3, 1. 9. 47, 6, 1. 2. 48, 7, 1. 5. 49, 6.

8 Gespräch Willi Bamberger. Vgl. z.B. 1. 9. 52, 3, 15. 10. 52, 3, 1. 12. 58, 8 und die Gespräche Dr. Gerhard Anker, Hugo Deller, Prof. Dr. Miguel A. Schwind, Frank Seelig, Suse Tugendhat.

9 Vgl. die Gespräche Dr. Alberto und Dr. Constanza Di Capua, Dr. Ewald Schiller; Mai 45, 26, 15. 11. 45, 7, 1. 5. 46, 7, 1. 9. 46, 2, 1. 12. 46, 1, 1. 2. 47, 5, 15. 1. 48, 8.

der nach Deutschland zurückgingen. Es war kein Einzelfall, wenn ein Immigrant nach einer gewissen Zeit wieder nach Ecuador zurückkehrte.[10] Nicht selten »löste« die Zeit das Problem des Bleibens oder Weggehens. Wer nicht bald nach dem Krieg ausreisen konnte, weil er kein Visum für das Land seiner Wahl bekam oder unsicher war, wohin er eigentlich wollte, weil er aus wirtschaftlichen Gründen oder anderen eingegangenen Verpflichtungen warten mußte, sah sich nach einigen Jahren halbwegs etabliert. Es schien unangemessen, das in Ecuador Erreichte für eine ungewisse Zukunft in einem anderen Land aufzugeben. Vielen wurde klar, daß sie in Deutschland oder anderswo den Lebensstandard, den sie nun in Ecuador hatten, nicht würden halten können. Den deutschen Immigranten ermöglichte die »Wiedergutmachung« in Ecuador ein Lebensniveau, das über dem Landesdurchschnitt lag, andere hatten es bereits Ende der vierziger Jahre zu beträchtlichem wirtschaftlichen Erfolg gebracht. Ecuador war landschaftlich reizvoll, Sitten und Lebensgewohnheiten waren schon ein wenig Teil des eigenen Lebens geworden. So gesehen, stellte das Exil nicht nur Beschränkung dar, sondern bot auch Bereicherung. Mit der Entscheidung, in Ecuador zu bleiben, verband sich auch die Frage nach der Einbürgerung. Wer sie nicht als bewußten Schlußstrich unter seine Vergangenheit verstand, entschied pragmatisch, welche Nationalität für ihn am günstigsten war.[11]

Wie viele Immigranten Ecuador letztlich verließen, wie viele in ihr Herkunftsland, in die USA oder andere lateinamerikanische Länder vor allem nach Kolumbien, Chile, Argentinien oder aber nach Israel gingen, läßt sich nicht in Zahlen fassen. Der Schrumpfungsprozeß der Jüdischen Gemeinde zeigt jedoch, daß ein großer Teil, wenn nicht die Mehrheit, Ecuador wieder verließ. Waren es anfangs ganze Gruppen, die innerhalb kurzer Zeit weggingen, vollzog sich die Abwanderung später langsamer. In der Erinnerung von Immigranten blieben die USA, vor allem New York, auch nach der ersten Welle der Abwanderung das bevorzugte Ziel. Bis heute gibt es dort eine *Sociedad Israelita-Ecuatoriana de New York*.[12]

Die USA waren auch weit mehr als Israel Einwanderungsland von Zionisten. Mit fröhlichen Festen und Dankgottesdiensten hatten die jüdischen Gemeinden Ecuadors den Teilungsplan für Palästina und schließlich die lange erhoffte Staatsgründung Israels gefeiert. »Erez Israel« blieb auch weiterhin Ziel materieller Unterstützung durch die Gemeinden, doch als Heimstätte kam es nur für eine Minderheit in Frage. Dies galt nicht nur für die

10 Vgl. die Gespräche Ernesto Lehmann, Alice Kalhöfer, Frank Seelig, Suse Tugendhat; 1. 7. 47, 5, 1. 9. 58, 9, 15. 9. 59, 2; Weilbauer, Ein weiter Weg, S. 42.
11 Vgl. ebenda, S. 47 u. 52; die Gespräche Dr. Gerhard Anker, Willi Bamberger, Dr. Alberto und Constanza Di Capua, Werner Gumpel, Käthe Kywi, Federico Leffmann, Helen Rothschild, Martha Z., David Z., Gustav Zanders.
12 Vgl. *El Comercio* v. 8. 1. 93; schriftliche Mitteilung von Dr. Luis W. Levy vom 30. 1. 93.

Ecuador-Immigranten, sondern auch für die in anderen lateinamerikanischen Staaten. Diejenigen, die begeistert für den Aufbau des jüdischen Staates eingetreten waren, stellten fest, daß sie an den Realitäten in diesem Land vorbeigeträumt hatten. In ihrer Phantasie trug Israel die vertrauten Züge des Herkunftslandes mit dem dortigen Wohlstand und seinen kulturellen Annehmlichkeiten und nicht die eines Landes, das unter schwierigsten Bedingungen von Menschen verschiedenster Herkunft und Tradition, darunter vielen aus arabischen Staaten, aufgebaut wurde. »Die erste Reaktion ist die des Widerwillens gegen diese Masse fremden Orients. Doch die zweite ist die Scham. Nicht sie sind schuldig, denkt man sich, die da sind, sondern die, die wir nicht da sind. Sie wären großartige Elemente in der Polychromie des Kibbutz Galuyoth, wären sie zugleich mit einer Einwanderung von dieser Seite des Oceans gekommen. Man fragt sich still, warum die Regierung so viele von denen hineingelassen hat, und gibt sich ebenso still und leicht verschämt die Antwort, daß dies wohl deshalb war, weil andere nicht kamen und das Land Menschen braucht.«[13]

Als nach der Aufnahme diplomatischer Beziehungen zwischen Israel und Ecuador israelische Techniker und Landwirte mit ihren Familien ins Land kamen, entwickelten sich nur wenig private Kontakte zwischen ihnen und Immigranten. Sprachliche, soziale und religiöse Unterschiede wie divergierende Interessen stellten auch hier eine Barriere dar. So blieben die Beziehungen zwischen den beiden Gruppen im wesentlichen auf die offizielle Ebene von Botschaft und Gemeinde beschränkt.[14]

2. »Da gehöre ich nicht mehr hin.«
Besuch in der »alten Heimat«

Für einen Teil der Immigranten, die aus Deutschland oder Österreich stammten, war die Entscheidung, in Ecuador zu bleiben, auch die Entscheidung, das Herkunftsland nie mehr zu betreten. Dies kam nicht unbedingt einem völligen Bruch mit der Vergangenheit gleich. Häufig waren die Gefühle sehr widersprüchlich. Abneigung, Haßgefühle paarten sich mit eingestandener oder uneingestandener Sehnsucht nach dem, was man verloren hatte. Andere wollten wenigstens noch einmal ihre alte Heimat wiedersehen oder ihren

13 B. Weiser, 15. 12. 51, 5 f., vgl. auch S. 1; 1. 12. 47, 6 u. 8, 15. 12. 47, 5, 15. 1. 48, 6, 1. 6. 48, 2, 6 u. 8, 1. 7. 63, 4; Sergio DellaPergola, Demographic Trends of Latin American Jewry, in: Elkin, Merkx, The Jewish Presence, S. 120 ff. DellaPergola gibt die Zahl der zwischen 1948 und 1983 aus Ecuador nach Israel Emigrierten mit rund 100 an. Vgl. ebenda, S. 121. Zu den Anpassungsproblemen vom Immigranten aus lateinamerikanischen Ländern in Israel vgl. Judaica Latinoamericana, S. 248 – 257 (Itzigsohn).
14 Der Immigrant Max Weiser wurde erster Konsul von Israel in Ecuador. Vgl. 1. 12. 59, 2, 1. 7. 62, 2, 1. 2. 63, 1 u. 6, 15. 5. 63, 1, 30. 4. 64, 2, 1. 5. 66, 4 und das Interview mit dem israelischen Botschafter Sinai Rome, Februar/März 79, 8 f.

Kindern zeigen, wo sie einst gelebt hatten. Es konnte auch sein, daß die Kinder selbst diesen Wunsch äußerten. Nicht wenige Immigranten, die mehr als nur einmal in das Land, aus dem sie vertrieben worden waren, reisten, wollen dies als rein funktional verstanden wissen. Zu solchen Reisegründen zählen sie vor allem den Besuch von Gräbern der Eltern oder anderer Verwandter, die Erledigung von Geschäften, eine ärztliche Behandlung oder eine Kur. Andere kamen im Rahmen offizieller Einladungen ihrer ehemaligen Heimatstädte. Viele traten ihre erste Reise erst in den sechziger Jahren und noch später an. Zum Teil hatte dies materielle Gründe, weil der Flug und die Lebenshaltungskosten in Deutschland oder Österreich selbst für jemanden, der es in Ecuador zu relativem Wohlstand gebracht hatte, sehr hoch waren und sind. Aber auch Unsicherheit über eigene Reaktionen bei der Begegnung mit dem Herkunftsland, Verbitterung und seelische Widerstände ließen einen solchen Schritt erst nach langer Zeit zu.[15]

Wie das Wiedersehen mit dem Herkunftsland auf den einzelnen wirkte, hing von sehr verschiedenen Faktoren ab. Am schwierigsten zu bewältigen, war es für jene, die lebensbedrohliche Verfolgung am eigenen Leib erlebt oder den größten Teil ihrer Angehörigen in den Gaskammern verloren hatten. Leichter als die ältere Generation hatten es in der Regel diejenigen, die als Kinder oder Jugendliche geflohen waren, weil sie weniger innere Bindungen an die alte Heimat hatten und sich im Exilland besser einleben konnten. Wer noch in den vierziger und zu Beginn der fünfziger Jahre nach Deutschland reiste, fand vielerorts eine Trümmerlandschaft vor, sah sich mit Wohnungsnot, Arbeitslosigkeit, Kriegsverletzten und Flüchtlingen konfrontiert. Wer später eine Stadt besuchte, die im Krieg zerbombt und inzwischen ganz anders wieder aufgebaut worden war, erkannte sein ehemaliges Wohnviertel nicht wieder und fühlte sich völlig fremd. Andere fanden noch eine ihnen vertraute und intakte Urbanität vor und empfanden durch diese Wiederbegegnung erst recht ihr Schicksal als Exilierte. Typisch war die Erfahrung, daß das, was man im Deutschen Heimat nennt, unwiederbringlich verloren war. Gerade besonders intensiv erlebte Augenblicke von Vertrautem konnten deutlich machen: Ich gehöre nicht mehr hierhin.

Die Besuche, die immer auch Suche nach eigener Geschichte und Identität waren, galten vor allem Häusern, Straßen, Plätzen und Gräbern, aber auch

15 Vgl. hierzu und zu den folgenden Ausführungen die Gespräche Dr. Gerhard und Anne Anker, Willi Bamberger, Erna Better, Hugo Deller, Kurt und Ilse Dorfzaun, Dr. Ilse Grossmann, Werner Gumpel, Käthe Kywi, Federico Leffmann, Dr. Martin Rosenthal, Edith und Frank Seelig, Dr. Ewald Schiller, Rolf Stern, Suse Tugendhat; Weilbauer, Ein weiter Weg, S. 57 f.; schriftliche Mitteilung Dr. Gertrud Tietz v. 21. 5. 92; vgl. auch Hannah Arendt, Besuch in Deutschland, Berlin 1993. Zum Vergleich siehe die Ergebnisse einer Befragung von deutschen Immigranten in Argentinien. Alternative Lateinamerika, S. 110 ff. (Levin). Zur ausführlichen Darlegung der Untersuchungsergebnisse vgl. Levin, Historias (hier S. 75 ff.).

kulturellen Ereignissen. Man wollte das genießen, was man in Ecuador am meisten vermißte: Oper, Operette und Theater auf internationalem Niveau. Die Besuche galten weniger Menschen, denn die, die man hätte wiedersehen wollen, lebten nicht mehr oder hatten in den verschiedensten Ländern Exil gefunden. Wer noch Freunde und Verwandte hatte, begrenzte den Kontakt weitgehend auf diesen Personenkreis. Im Extremfall betrat ein Immigrant das Land nur zum Grabbesuch, um sich dann anschließend, sozusagen auf neutralem Boden, mit den in Deutschland lebenden Freunden in einem Nachbarland zu treffen. Vornehmlich Menschen von einem bestimmten Alter an wollte man aus dem Weg gehen. Auf Schritt und Tritt den Mördern und ihren Helfershelfern zu begegnen, gehörte für viele zu den traumatischen Vorstellungen bei einem Besuch in Deutschland, aber auch in Österreich. Ganz normale Alltagserfahrungen konnten so als Ausdruck indirekter Schuldzugeständnisse oder als Beweis für das Weiterbestehen des Antisemitismus gewertet werden. War ein Deutscher höflich, so legte das den Verdacht nahe, das schlechte Gewissen stecke dahinter. War umgekehrt jemand unfreundlich oder rüpelhaft, konnte als Ursache hierfür vermutet werden, er habe sein Gegenüber als Juden identifiziert.

Wer mit Leuten ins Gespräch kam, stellte fest, daß das Interesse am Schicksal der Juden gering war. Wo nicht peinliches Schweigen eintrat, wurde eine ausgeglichene Bilanz aufgemacht zwischen dem Leiden der Deutschen und dem der Juden. Die Aufrechnung von Leid ohne die Frage nach Verursachern und Verantwortlichen, die Verdrängung und Verharmlosung des Geschehenen und die Flucht in die Geschäftigkeit des Wiederaufbaus waren für die deutsche Nachkriegsgeschichte kennzeichnend. So war es eher eine Ausnahme, wenn ein Exilierter bei seinem Deutschlandbesuch auf jemanden traf, der zugab, Nationalsozialist gewesen zu sein und sich mitschuldig fühlte.

3. Der Beitrag der Immigranten zur wirtschaftlichen Entwicklung des Gastlandes am Beispiel erfolgreicher Unternehmen

»Worüber wir uns immer wieder gewundert haben, ist, wie die Leute nach so vielen tragischen Erlebnissen sich doch eben hier emporgearbeitet haben.«[16] In der Erinnerung von Immigranten wie Ecuadorianern brachten die Flüchtlinge ein dynamisches Element in das wirtschaftliche Leben des Landes. Sie gaben ihm einen »stoßartigen Auftrieb«[17], indem sie mit ihrer Arbeitsauffassung, der höheren Bildung und besseren Ausbildung neue Ideen und Ferti-

---

16 Gespräch Dr. Isabel Robalino Bolle.
17 Vgl. Weilbauer, Die Deutschen, S. 64; die Gespräche Prof. Dr. Miguel A. Schwind, Erna Better, Hugo Deller, Ilse und Kurt Dorfzaun, Dr. Ilse Grossmann, Erwin Gumpel, Käthe Kywi, Nela Martínez, Dr. Ewald Schiller, Frank Seelig, Rolf Stern, Ovidio Wappenstein.

gungsmethoden verwirklichten und so die Qualität einheimischer Produkte verbesserten. Sie stellten neue Produkte her, die vorher unbekannt waren oder aber importiert werden mußten, und sie erschlossen neue Märkte im Ausland für Produkte, die bis dahin nicht oder nur sehr begrenzt ausgeführt wurden. Auch wenn die Zahl der Immigranten vergleichsweise gering war und viele ohne oder nur mit bescheidenen finanziellen Mitteln ins Land kamen, so bedeutete die Anlage der Vorzeigegelder in zahlreiche kleine Unternehmungen für ecuadorianische Verhältnisse dennoch eine beachtliche Investition.

Nach einer Überschlagsrechnung der Jüdischen Gemeinde in Quito hatten jüdische Flüchtlinge bis 1948 mindestens 20 Millionen Sucres in industrielle Unternehmen investiert. Das entsprach einer Summe von knapp 1,7 Millionen Dollar. 15 Exportfirmen und rund 140 »industrias«, wozu auch 15 Hotels und Pensionen zählten, beschäftigten ungefähr 2000 einheimische Arbeiter.[18] 1948 hatten die Immigranten zum zweitenmal Gelegenheit, ihr wirtschaftliches Schaffen auf einer Industrieausstellung in Quito einem größeren Publikum vorzustellen. Zwanzig Firmen, deren Gründer Mitglieder der Jüdischen Gemeinde waren, präsentierten ihre Produkte in einem eigenen Pavillon. Die Jüdische Gemeinde verbuchte die Ausstellung als Erfolg, insbesondere weil man hiermit die »produktiven Kräfte« der Immigranten hervorheben konnte.[19] Diesem Ziel diente auch eine Broschüre, die die Jüdische Gemeinde im selben Jahr in spanischer Sprache herausgab. Sie sollte dem einheimischen Leser sowohl die von Juden in Palästina geleistete Aufbauarbeit wie die der Juden in Ecuador verdeutlichen und war zugleich als Dank für die Unterstützung der Gründung des Staates Israel durch ecuadorianische Persönlichkeiten gedacht. Angesichts des Widerstandes gegen die kommerzielle Betätigung der Immigranten in der Bevölkerung war es ein besonderes Anliegen, den produktiven Anteil der Immigranten an der nationalen Volkswirtschaft hervorzuheben. Hierzu wurden auch die Exportgesellschaften gezählt, da diese dem Land neue Auslandsmärkte und damit Devisenquellen erschlossen. Die Förderung des Exports lag vor allem bei chemischen Produkten, Tierhäuten und Lederartikeln, Hartholz, Balsaholz, Schweineborsten und typischen Landesprodukten wie den feinen Strohhüten und folkloristischen Artikeln.

Von den genannten rund 140 »industrias« waren in einer Aufstellung 123 Unternehmen nach ihren Hauptprodukten zusammengefaßt oder nach der Art ihrer Dienstleistung aufgezählt. An der Spitze lagen solche Betriebe, die in den Bereich Textilien, Bekleidung, Leder- und Pelzverarbeitung gehören: Zehn Fabriken stellten Garne und Stoffe her, sechs Hemden und Arbeits-

---

18 Vgl. La Colonia, S. 53.
19 Vgl. H. D. Rothschild, 1. 1. 49, 4; vgl. 15. 8. 48, 2.

kleidung, fünf Konfektion, vier Schuhe, eine Handschuhe. Es gab zwei Seidenspinnereien und drei Teppichwebereien, vier Kürschnerbetriebe, zwei Gerbereien und fünf Betriebe, die Lederartikel herstellten. Ebenfalls fünf produzierten Regenmäntel und andere wasserundurchlässige Artikel. Einen zweiten Schwerpunkt bildete mit 15 Hotels und Pensionen das gastronomische Gewerbe. Zum lebensmittelproduzierenden Gewerbe zählten fünf Bäckereien; drei Fabriken stellten Wurst und Konserven her, zwei Milchprodukte, zwei Pralinen und eine alkoholische Getränke. In der Holzverarbeitung gab es zwei Sägewerke und sechs Möbelhersteller. In der Metallverarbeitung waren es fünf Betriebe. Aufgelistet sind ferner folgende Unternehmen: vier für dekorative Kunst, drei für chemische und pharmazeutische Produkte, eines für Chinin sowie eines für Färbemittel, zwei für Schmuck, ferner zwei Pinselfabriken sowie je eine Fabrik für Stahlrohrmöbel, Schleifsteine, Papiertüten, für feinen Karton, für Karton, für Steingut, für Leim, für Farben. Im Dienstleistungs- und Reparaturbereich finden sich fünf Radio- und zwei Optiker-Werkstätten, drei Färbereien und chemische Reinigungen, ein Desinfektionsunternehmen, ein Betrieb zur Galvanisierung und einer zur Runderneuerung von Reifen.[20]

Wie der letztgenannte existieren eine Reihe der Betriebe bis heute. Auch entstanden mit dem Heranwachsen der jüngeren Generation neue Firmen, teils als Ergebnis langjähriger Forschung und Experimente wie ein Unternehmen, das unter anderem durch seine Herstellung von Pestiziden auf der Grundlage von Pyrethrum von Bedeutung ist.[21] Aus einem kleinen, in der Aufstellung nicht genannten Betrieb für elektrische Installationen entstand im Laufe der Jahre die Ladenkette »Kywi« für elektrotechnische Artikel und den Handwerker- und Heimwerkerbedarf. Hervorzuheben sind auch die chemischen Reinigungen und Färbereien, die Buchhandlungen mit ihrem Angebot internationaler Literatur, die modernen Lebensmittelgeschäfte und nicht zuletzt die Pensionen und Hotels. Zwar boten die Pensionen in der ersten Zeit vorwiegend den Immigranten Unterkunft, doch nach und nach wurden sie auch von Ecuadorianern aufgesucht. Die an europäischem Standard orientierten Hotels zogen ausländische Gäste an und wurden zu einem Aushängeschild für den langsam anwachsenden Tourismus. Hier stiegen Künstler und Vertreter aus der Wirtschaft ab, und die Regierung brachte Staatsgäste unter. Zu den bekanntesten von Immigranten gegründeten bzw. geführten Hotels gehörten 1948 die Hotels »Cordillera«, »Savoy« und das damals noch kleine »Colón«, das heute das größte Hotel Ecuadors ist und in

20 Vgl. La Colonia, S. 54, siehe auch S. 51 ff. und die Anzeigen im hinteren Teil der Broschüre.
21 Vgl. Lilo Linke, Cuatro Peniques de Semillas, in: Américas, Vol. 11, No. 8, Agosto 1959, S. 3 – 8; dies., Así se fundó una industría agricola, in: La Hacienda, Año 55, No. 6, Junio 1960, S. 24 – 27. Pyrethrum Flowers. 1945 – 1972, ed. by R. H. Nelson, Minneapolis, Minnesota 1975, 3. Ed., hier: J. B.. Moore, L. W. Levy, Commercial Sources of Pyrethrum, S. 1 – 9.

Abb. 30: *Zum Trocknen aufgestelltes Balsaholz, um 1943*

das verschiedene nationale Finanzgruppen investiert haben. Seine Anfänge aber gehen auf einen Familienbetrieb zurück, der von Frieda und Hugo Deller in der Calle Pinzón eröffnet und nach und nach erweitert wurde. In den Bereich des Tourismus gehören auch jene Geschäfte, die folkloristische Artikel herstellen ließen und vermarkteten und als deren »Erfinderin« die Immigrantin Olga Fisch gilt.[22]

Für die Betriebe galt in der Regel: Wer in den Nachkriegsjahren in der Lage war, moderne Maschinen im Ausland zu kaufen, sei es aus eigenen Mitteln, mit Hilfe von Verwandten in den USA oder durch ausländische wie inländische Kapitalgeber, hatte gute Chancen, in Qualität und Preis mit den nun wieder zunehmend importierten Waren mitzuhalten, die Produktpalette zu erweitern und den Betrieb kontinuierlich auszubauen. Neben den bereits früher erwähnten Betrieben zur Herstellung von Verpackungsmaterial und zur Runderneuerung von Reifen ist die Farbenfirma »Condor« ein Beispiel hierfür, die heute neben einem weiteren von Immigranten gegründeten Betrieb der gleichen Branche zu den vier größten Farbenproduzenten im Land zählt. Wichtig war stets, selbst für ein gut funktionierendes Vertriebssystem zu sorgen. Wem es an Eigenmitteln und Fremdkapital fehlte, um die Produktion zu mechanisieren oder durch Einstellung von Fachkräften die Qualität zu verbessern, mußte aufgeben, wie dies zum Beispiel mit dem Keramik-

22 Vgl. Kap. VIII. 4.; Gespräch Hugo Deller; Juni 79, 9 f.

Abb. 31: *Ärztekongreß in der »LIFE«, 1942. 1. Reihe: Alberto Di Capua (2. v. l.), Oscar Taube (3. v. l.), 3. Reihe: Aldo Muggia (Mitte) neben Heinrich Tietz (r.)*

betrieb »Mayolica« der Fall war, der Geschenkartikel und Gebrauchsgeschirr in großer Vielfalt hergestellt hatte.[23]

Von besonderer Bedeutung für die ecuadorianische Wirtschaft waren die metallverarbeitenden Betriebe, die Produkte herstellten, die bislang fast ausschließlich importiert werden mußten. Die Firma »El Arco« stellte Stahlrohrmöbel her und gehörte mit 30 Arbeitern 1948 zu den größten von Immigranten gegründeten Unternehmen. Sie produzierte nicht nur für Privatkunden, sondern auch für öffentliche Einrichtungen. Die Firma »Ideal«, heute einer der größten Betriebe des Landes, stellte Drahtgewebe und Stacheldraht her. Der herausragendste unter den metallverarbeitenden Betrieben war die »Siderúrgica Ecuatoriana S.A.«, eine Aktiengesellschaft, die 1948 rund sechzig Arbeiter und zehn europäische Spezialisten beschäftigte. Ende 1947 hatte sie die erste Gießerei des Landes für Eisen, Bronze, Messing und Aluminium in Betrieb genommen und war somit der Beginn der ecuadorianischen Schwerindustrie. Der »Pionier« der eisenschaffenden Industrie Ecuadors, Hans Neustätter, war auch an der Gründung zahlreicher anderer Firmen im Metall- und Baugewerbe in Produktion und Handel beteiligt. Qualifikation und Erfahrung hierfür hatte er aus Deutschland mitgebracht und wohl auch

23 Vgl. Weilbauer, Ein weiter Weg, S. 34 ff. u. 48.

Abb. 32: *In der Verpackungsabteilung der »LIFE«, um 1950*
(vorne rechts: Carlos Alberto Ottolenghi)

Kapital, denn er gehörte zu den Früheinwanderern. Zu den Produkten der »Siderúrgica« zählten Eisenöfen der verschiedensten Größe und Art für Privathaushalte, für die Industrie, für Bäckereien, außerdem Tanks und Behälter für Flüssigkeiten, Sanitärausstattung für Arztpraxen und Hospitäler, Apparaturen und Installationen für Labore, maschinelle Ausrüstung verschiedenster Art, Schubkarren, Aluminiumgeschirr, Nummernschilder und gedrehte Teile aus Eisen, Bronze und Aluminium. Heute zählt das Unternehmen zu den fünf größten seiner Art in Ecuador.[24]

Auf einem ganz anderen Gebiet, nämlich dem pharmazeutisch-chemischen, waren die »Laboratorios Industriales Farmacéuticos Ecuatorianos« (»LIFE«) von besonderer Bedeutung für das Land und in den vierziger Jahren das größte von Immigranten gegründete Unternehmen. Bereits kurz nach der Gründung im Sommer 1940 beschäftigte die »LIFE« über hundert Personen, Anfang der fünfziger Jahre waren es über 500. Ausgangspunkt für diese Entwicklung war die Absicht der Junta Central de Asistencia Pública, einer staatlichen Einrichtung zur Betreuung der öffentlichen Krankenhäuser,

24 Vgl. die Annonce im Anzeigenteil der Broschüre La Colonia; *15 Días*, Nr. 27 v. 28. 2. 91, S. 36 f.; die Gespräche Frank Seelig und Bodo H.; Luis Fierro Carrión, Los Grupos Financieros en el Ecuador, Quito 1991, S. 130.

eigene pharmazeutische Laboratorien aufzubauen, um die Gesundheitsversorgung der Bevölkerung zu verbessern und die völlige Abhängigkeit von importierten Medikamenten abzubauen. Es gab bis dahin nur einige kleine Laboratorien, die wenige Medikamente herstellten. Schließlich standen 1937 Gelder zur Verfügung, um die notwendige Ausrüstung in Deutschland zu erwerben und den Chemiker und Pharmazeuten Heinrich Tietz, der aus rassischen Gründen von der Berliner Firma »HAGEDA« entlassen worden war, zu engagieren. Tietz kam im März 1938 in Ecuador an und installierte in mühsamer Kleinarbeit, fast nur auf sich allein gestellt, die aus Deutschland angekommene Ausrüstung und begann mit der Produktion einiger Medikamente. Er blieb bis zu seinem frühen Tod 1965 der verantwortliche Pharmazeut, dessen Hauptaufgabe auf dem Gebiet der Galenik lag, dem Prozeß, bei dem die Wirkstoffe in eine Form gebracht werden, die sie für den menschlichen Körper verwertbar machen.[25]

Parallel zu ihren Bemühungen in Deutschland hatte die Junta den italienischen Bakteriologen und Spezialisten für Kinderheilkunde Aldo Muggia nach Ecuador berufen. Mit ihm kam eine ganze Gruppe von Italienern vor allem aus Turin mit ihren Familien nach Ecuador, deren Mitglieder nicht nur über Fachwissen und Erfahrung verfügten, sondern auch über Kapital, unter ihnen die Chemiker Carlos Alberto Ottolenghi und Alberto Di Capua, die in Italien ebenso wie Muggia wegen ihrer jüdischen Abstammung Diskriminierungen ausgesetzt und aus ihren leitenden Stellungen vertrieben worden waren. Die Gruppe kam im Oktober 1939 bereits mit dem Plan nach Ecuador, die Laboratorien der Junta zu erwerben. Da es dieser an Geld wie an technischem Personal mangelte, um die Laboratorien voll in Betrieb nehmen zu können, begannen beide Seiten, miteinander zu verhandeln. Schließlich wurde die Transferierung der Laboratorien in das Eigentum einer Aktiengesellschaft beschlossen, an der die Junta mit 40,3 % beteiligt blieb. Geschäftsführer wurde Ottolenghi, 1957 folgte Di Capua. Di Capua gehörte auch zu den Gründern einer 1942 mit Hilfe der Rockefeller Stiftung errichteten Ausbildungsstätte für Krankenschwestern. Für Forschung und Entwicklung, Produktion, Ausrüstung, Verwaltung und Finanzen stellte die »LIFE« in der Folgezeit eine Reihe von Immigranten ein, auch nichtjüdische, die in ihrem jeweiligen Fachgebiet zum Erfolg des Unternehmens beitrugen. Zu ihnen

25 Vgl. das Gespräch Dr. Gertrud Tietz. Die Laborausrüstung konnte von der Junta zu sehr günstigen Bedingungen erworben werden. Zwischen der deutschen und der ecuadorianischen Regierung bestand ein Abkommen, das Ecuador einige Millionen aus gesperrtem Vermögen für Einkäufe auf dem deutschen Markt zur Disposition stellte. Im Gegenzug sicherte dies Deutschland die Ausbeutung von Petroleum und die Niederlassung der SEDTA, der deutschen Fluglinie. Vgl. Historia Testimonial de los Laboratorios »LIFE«, Edición conmemorativa del cincuentenario de la fundación de »LIFE« 1940 – 1990, Investigación y redacción Alfonso Ortiz Crespo, M. Dolores Ortiz Crespo, Quito 1990, S. 30 f. Zu den Verrechnungsabkommen mit lateinamerikanischen Staaten vgl. Pommerin, Das Dritte Reich, S. 86 f. u. 95 ff.

gehörten die Ärzte und Wissenschaftler Ilse Grossmann, Meth, Hermann Lewkowitz, Paul Engel, der Ingenieur Pablo Grab und der Fachmann für Rechnungswesen Oscar Taube. Auf dem Gebiet der Grundlagenforschung und Entwicklung von Impfstoffen und Medikamenten sind besonders Sigmund Auchhiesiger und Siegfried Fischl zu nennen.

Die Arbeit der »LIFE« setzte gezielt an der Bekämpfung der in Ecuador grassierenden Krankheiten an. Man erstellte ein Krankheitsprofil: Malaria, Amöbenruhr, Typhus, Tuberkulose und Grippe mit hoher Ansteckungsgefahr und oft tödlichem Ausgang waren kennzeichnend, einhergehend mit Unterernährung und Mangel an Vitaminen und Mineralstoffen. Bis zur Verbreitung synthetischer Malariamedikamente Ende der vierziger Jahre spielten die auf Chininbasis gewonnen Mittel in der Produktion der »LIFE« eine wichtige Rolle. Der Anteil der Malaria an der allgemeinen Sterblichkeitsrate konnte von 1941 bis 1945 auf die Hälfte gesenkt werden. Besondere Bedeutung hatten die Impfstoffe gegen Erkrankungen des Magen-Darmtraktes, gegen Diphtherie, Keuchhusten, Tuberkulose und Tetanus. 1943 brachte man die ersten penizillinhaltigen Medikamente auf den Markt. Schließlich widmete man sich auch der Vorsorge auf dem in Ecuador so gut wie unbekannten Gebiet der Tiermedizin, um häufigen Erkrankungen wie zum Beispiel dem Milzbrand der Rinder, dem Pferdemumps, der Schweinecholera und der Krankheit New Castle bei Hühnern vorzubeugen.

Die von der »LIFE« entwickelten und produzierten Impfstoffe und Medikamente konnten nicht nur in Ecuador erfolgreich angewandt werden, sie fanden auch im Ausland Nachfrage. 1943 exportierte man bereits in sieben lateinamerikanische Staaten. Und das obwohl man auf der Basis der vergleichsweise einfachen Einrichtung der Junta in manueller Weise arbeitete. Die Mechanisierung des Arbeitsprozesses erfolgte erst ab 1948, als man moderne Maschinen kaufen konnte. Bis 1956 waren neun Filialen bzw. Vertretungen in mittel- und südamerikanischen Staaten eingerichtet. Diese Entwicklung war möglich aufgrund der guten Qualität der Erzeugnisse und weil in den ersten Jahren der Nachkriegszeit nur wenig US-amerikanische und kaum europäische Medikamente auf diesen Markt gelangten. Langfristig war die »LIFE« der internationalen Konkurrenz jedoch nicht gewachsen. Zwar existiert sie bis heute als wichtiger Faktor der einheimischen Pharmaproduktion, doch ging 1965 die Aktienmehrheit an den US-Konzern Dow Chemical.[26]

26 Zur Geschichte der »LIFE« vgl. Historia testimonial; Eduardo Estrella, De la Farmacia Galénica a la Moderna Tecnología Farmacéutica, Edición conmemorativa del cincuentenario de la fundación de los laboratorios »LIFE« 1940 – 1990, Quito 1990; Enrique Garcés, Perfil de Aldo Muggia, in: Homenaje a Aldo Muggia, Volumen Jubilar, Quito 1966, S. 11 ff. Dietmar Felden, Diego Viga, Arzt und Schriftsteller, Leipzig 1987, S. 113 ff. u. 123 ff.; schriftliche Mitteilung von Prof. Dr. Paul Engel vom 15. 2. 90; die Gespräche Dr. Alberto und Dr. Constanza Di Capua, Dr. Ilse Grossmann, Dr. Gertrud Tietz; 15. 1. 68, 1; *El Comercio* v. 21. 3. 42; *El Día* v. 24. 3. 42.

Auch andere Unternehmen, die in den vierziger Jahren von Immigranten gegründet wurden und heute zu den größten und bedeutendsten in Ecuador gehören, sind inzwischen mit internationalem Kapital verflochten. Einige Familien zählen zu den finanzstarken Gruppen in Ecuador, die in Investmentgesellschaften, Banken und Wirtschaftsgremien einflußreiche Positionen einnehmen. Hierzu gehören die Bereiche: Stahlbauten und andere Metallprodukte, die Papierindustrie, die Farbenproduktion, die Textil- und Lebensmittelindustrie sowie der Einzelhandel.[27]

4. Künstlerisches und wissenschaftliches Schaffen, journalistisches und soziales Engagement einzelner Personen im öffentlichen Leben Ecuadors

Unter den nach Ecuador Geflüchteten befanden sich eine Reihe von künstlerisch begabten und akademisch gebildeten Menschen, die wie bereits dargestellt, durch ihr Engagement am Aufbau eines vielfältigen kulturellen Programms innerhalb der Immigrantenschaft mitwirkten. Darüber hinaus trugen sie durch ihre berufliche Tätigkeit, wenn auch meist mit nur bescheidenem wirtschaftlichen Erfolg, zum kulturellen Leben in der ecuadorianischen Öffentlichkeit bei. Von den Leistungen im Bereich des Theaters war bereits die Rede. Auf dem Gebiet der Musik nahmen Immigranten als Lehrer, Dirigenten und Orchestermitglieder Einfluß auf die Entwicklung des Konservatoriums und des Philharmonischen Orchesters. Durch Auftritte in Radiosendungen, bei öffentlichen Konzerten und auch bei kirchlichen Festen wurden sie einem größeren Publikum bekannt. Zu ihnen gehörten der Pianist Enrique Fenster, der Musikwissenschaftler Gerardo Gotthelf, der Sänger Hans Jacob und das »Trio Clásico« mit der Cellistin Nora Hahn, dem Pianisten Rudolf Mendel und dem Violinisten Victor Rosen. Auf dem Gebiet der Choreographie ist Erna Epstein-Preis hervorzuheben, die in Quito eine Tanzschule gründete, die *Academia Erna*, und im Teatro Sucre die Ergebnisse ihrer Arbeit mit einheimischen wie ausländischen Schülern vorstellte.[28]

Die bis heute in Ecuador und über die Landesgrenzen hinaus bekannteste Persönlichkeit unter den Immigranten ist die Malerin Olga Fisch-Anhalzer. Als sie im Dezember 1990 starb, erschienen in der Presse zahlreiche Nachrufe, die der »Pionierin der Rettung der nationalen Volkskunst« gedachten.[29] Olga Fisch-Anhalzer stammte aus Ungarn und hatte sich bereits in ihrer Jugend für Volkskunst interessiert. 1939 kam sie nach Ecuador und konnte bald für

27 Vgl. Fierro Carrión, Los Grupos, S. 123 f., 130, 132, 136 f., 139, 250 f., 306 f., 318, 326, 328, 343, 381, 401, 432, 449 f., 461 ff., 481 f.; Februar 45, 11, 15. 2. 60, 3, 15. 6. 60, 8, 1. 9. 63, 3, 1. 9. 64, 2, 1. 7. 67, 6, 15. 9. 68, 3; *Informemonos*, April 81, 1 f. *El Comercio* v. 7. 9. 67, 5. 1. 73.
28 Vgl. Mai 45, 21, 1. 2. 48, 2 u. 7, 1. 5. 48, 7; La Colonia, S. 55.
29 Vgl. *El Comercio* v. 3. 1. 91.

Abb. 33: *Die Malerin Olga Fisch-Anhalzer bei der Arbeit mit Angehörigen des Tsáchelas-Stammes, 50er Jahre*

ein kleines Gehalt an der Kunsthochschule unterrichten. Ihr besonderes Interesse galt den verschiedenen Indígena-Gruppen, aus deren »primitiver Kultur« sich für sie die stärksten Emotionen für einen »modernen Geist« herleiteten. In ihnen sah sie das Ursprüngliche der menschlichen Schöpfung repräsentiert.[30]

Die Landschaft und ihre Ureinwohner hielt sie in ihren Bildern fest und wurde durch Ausstellungen einer breiteren Öffentlichkeit bekannt. Olga Fisch-Anhalzer konnte sich als Künstlerin verwirklichen und zugleich eine überaus erfolgreiche Geschäftsfrau werden.

Während im Lande selbst all jene Gegenstände, die dem handwerklichen Können der Indígenas entsprangen und zugleich Gegenstände des täglichen

30 Vgl. *Ultimas Noticias* v. 21. 3. 42.

Gebrauchs wie religiöser Sitten waren, mißachtet wurden, begann sie mit deren Sammlung und eröffnete ein erstes kleines Geschäft in der Calle Chile. Unter Verwendung präkolumbianischer Themen entwarf sie Teppichmuster und ließ sie von den Indígenas knüpfen. Sie brachte ihnen eine bessere Knüpftechnik bei. Als der Direktor des *Museum of Modern Art* in New York einen Teppich bestellte und hierfür 300 Dollar zahlte, eröffnete sie gemeinsam mit ihrem Mann Bela Fisch das Geschäft »Folkore« in der Calle Tarqui und richtete eine eigene Werkstatt ein. In den USA bekannt geworden durch den Teppich für das Museum, begann der sehr rasche Aufstieg. In den fünfziger Jahren gingen große Aufträge ein, unter anderem von den Vereinten Nationen. Heute schmücken fünf Teppiche das UN-Gebäude, zwei davon als Geschenk der ecuadorianischen Regierung. Nicht nur Teppiche, sondern die verschiedensten folkloristischen Artikel, die heute in den Touristikläden verkauft werden, gehen auf Anregungen zurück, die Olga Fisch-Anhalzer durch die indianische Volkskunst erhielt und die sie ihrerseits zurückgab, indem sie die Einheimischen anlernte, ihr handwerkliches Geschick als wirtschaftliche Erwerbsquelle zu nutzen. Sie entwarf nach volkstümlichen Motiven das Design für Accessoires und Bekleidungsstücke und regte an, diese in Größen zu fertigen, die Europäern paßten. Die heute bei Touristen so beliebte naive Malerei mit Szenen aus dem Leben der Landbevölkerung geht auf die Sitte der Indígenas der Provinz Cotopaxi zurück, ihre Trommeln aus Schafbockleder zu bemalen. Fisch-Anhalzer leitete sie an, auch Bilder zu malen. Sie war auch die erste, die mit dem Verkauf der Brotteigfiguren begann, die in Calderón, einem Dorf unweit von Quito, ursprünglich an Allerseelen den Toten als Speise gebracht wurden. Aus dem religiösen Brauch wurde ein Wirtschaftszweig mit den verschiedensten Figuren, die das ganze Jahr über hergestellt werden. Einen ähnlichen Einfluß nahm Fisch-Anhalzer auf die Entwicklung der aus Balsaholz geschnitzten Tierfiguren. Sie war Mitbegründerin des in den sechziger Jahren entstandenen *Instituto Ecuatoriano de Folclor* und anderer Einrichtungen, die sich die Förderung und Wahrung der Volkskunst zur Aufgabe machten und Ausstellungen organisierten. Mehrfach wurde sie für ihre Arbeit mit nationalen Orden ausgezeichnet.[31]

Auch die gebürtige Berlinerin Trude Sojka, die das Konzentrationslager Auschwitz überlebte und 1946 nach Ecuador kam, sah in primitiver Kunst präkolumbianischer Zeit eine Quelle für ihr künstlerisches Schaffen. In ihren Zeichnungen, Gemälden und Skulpturen verarbeitete sie verschiedenste Materialien und wandte diverse Techniken an. Im Zement fand sie schließlich

---

31 Vgl. das Gespräch Olga Fisch-Anhalzer, dies., EL Folclor que yo viví. The folklore through my eyes, Quito 1985; Jaime Andrade, Olga Fisch u.a., Arte Popular del Ecuador, Tomo II, Quito 1970; 15. 3. 57, 2 f.; *Hoy* v. 31. 12. 90, 3. 1. 91, 13. 1. 91; *El Comercio* v. 12. 1. 91 und 13. 1. 91 (Suplemento Dominical); *Vistazo*, Año XXXV, Nr. 562 v. Januar 91.

das ihrem künstlerischen Anliegen adäquate Material. Ihre Arbeiten befinden sich in privaten Sammlungen in Ecuador, Europa und den USA.[32]

Auf dem Gebiet der Architektur machten sich Otto Glass, Oscar Etwanik und vor allem Carlos Kohn-Kagan einen Namen, der auch als Maler Anerkennung fand und in Ölgemälden, Kohlezeichnungen, Aquarellen und Lithographien sein vielfältiges künstlerisches Schaffen zum Ausdruck brachte. Kohn-Kagan war bereits vor seiner Ausreise nach Ecuador in Prag ein bekannter Architekt. Er lehrte in Quito an der Kunsthochschule, der *Universidad Central* sowie am *Colegio de Ingenieros Militares* und wirkte prägend auf eine neue Architektengeneration. Bereits zu Beginn der vierziger Jahre arbeitete er auch im Regierungsauftrag. Nicht alle seine Pläne wurden ausgeführt wie sein groß angelegter Entwurf für ein Parlamentsgebäude mit Gartenanlage, Häusern für die Ministerien und den Präsidentenpalast. Realisiert wurden zum Beispiel das Hochhaus für die Verwaltung der Staatsbahnen, die Banco de Descuento in Guayaquil wie Schulgebäude und Wohnhäuser. Mehrfach erhielt er städtische wie staatliche Auszeichnungen für seine Lehrtätigkeit und sein Wirken als Architekt. Nach der Erdbebenkatastrophe in der Gegend von Ambato 1949 wählte die Regierung seine Entwürfe für den Wiederaufbau der Region aus.[33] Andere Immigranten arbeiteten in verantwortlichen Positionen als Physiker, Chemiker, Geologen, Mathematiker und Ingenieure in Lehre und Forschung in staatlichen und öffentlichen Einrichtungen, unter ihnen Ernst Grossmann, Hans Sober und Walther Sauer, der sich auch durch geologische Werke über Ecuador verdient machte.[34]

Die Journalistin Lise-Lotte Linke Mickley, Tochter einer Engländerin und eines Deutschen, gehörte zu den wenigen Immigranten, die Deutschland aus politischen Gründen verlassen hatten. Zuletzt hatte sie dort in der Redaktion des *Deutschen Volkswirt* gearbeitet und war nach langjähriger Mitgliedschaft im *Reichsbund Demokratischer Jugend* der Sozialdemokratie beigetreten. 1933 ging sie nach England ins Exil und bereiste in der Folgezeit verschiedene europäische Länder, dann auch Südamerika. Ihre Erfahrungen legte sie in Reiseberichten und Romanen nieder, die teils autobiographische Züge tragen. Im August 1940 gelangte sie nach Ecuador, wo sie die Verbesserung der Lebensverhältnisse der Indígenas in das Zentrum ihres Schaffens rückte. Mit bemerkenswerter Hartnäckigkeit und mit Einfallsreichtum gewann sie die Bevölkerung zu aktiver Mitarbeit und setzte sich gegenüber den

---

32 Vgl. das Gespräch Dore A.; *El Comercio* v. 2. 2. 90.
33 Vgl. Juni 45, 6 f., 15. 9. 49, 15; *La Linea* v. 15. 1. 40; *El Comercio* v. 5. 4. 40, 21. 8. 66, 30. 8. 66, 1. 1. 67; *El Universo* v. 2. 7. 52; *El Telégrafo* v. 9. 10. 54; *El Tiempo* v. 11. 8. 66 u. 14. 8. 66; *Ultimas Noticias* v. 30. 8. 66.
34 Vgl. Heiman, Deutsche Einwanderung, S. 585; La Colonia, S. 56. Zu einzelnen Personen vgl. z.B. April 42, 3, 1. 4. 46, 2, 1. 9. 47, 6

Behörden für verschiedene Kampagnen ein, deren Schirmherrschaft sie meist selbst übernahm, so für Hygiene, Säuglingspflege, Impfungen, Alphabetisierung und Wiederaufforstung. Eines ihrer Anliegen galt der Errichtung von Radioschulen, in denen die Einwohner der entlegenen Dörfer mit einem schulischen Rundfunkprogramm versorgt wurden. In speziellen Zeitungskolumnen richtete sie sich in einfacher Sprache an bestimmte Bevölkerungsgruppen wie Arbeiter, Bauern und Frauen, um sie bei der Lösung von Problemen zu unterstützen. In den fünfziger Jahren bereiste sie im Auftrag der Tageszeitung *El Comercio,* zu derem festen Redaktionsstab sie nun gehörte, auch die entlegensten Landesteile. Auf diese Weise entstanden rund 2000 Artikel, mit denen sie die Ecuadorianer mit ihrem eigenen Land bekannt machte. Auch in der Jüdischen Gemeinde hielt sie einen Vortrag hierüber. Dort, wo sich andere nicht hinwagten, reiste sie, nahm die beschwerlichsten Wege und die primitivsten Bedingungen in Kauf. Auch Reisen über die Landesgrenzen hinaus standen auf dem Arbeitsprogramm Lilo Linkes. Das Ergebnis waren wiederum Bücher, so über die indianischen Bauern und Zinnminenarbeiter in Bolivien und über die Bewohner entlegener Amazonasregionen. Auf einer Europareise starb sie 1963 an Herzversagen.[35]

»Tausend Campesinos weinen um Lilo Linke« lautete die Überschrift eines Zeitungsartikels, in der eine der Schulen, die ihren Namen trug, Abschied nahm. »Ecuador hat eine große Bürgerin und Förderin des Fortschritts verloren«[36] schrieb *El Comercio* und stellte ihr journalistisches Schaffen in Verbindung mit sozialem Engagement als einzigartig in Ecuador dar. Lilo Linke hatte Bewunderer, Freunde und Förderer gefunden, vor allem unter ihren Berufskollegen, deren nationaler Journalistenunion sie angehörte, in intellektuellen und Künstlerkreisen, auch bei Politikern wie Galo Plaza Lasso. Ihren eigenen Lebensunterhalt, den sie zunächst vor allem durch Englischunterricht an verschiedenen Schulen bestritt, mußte sie sich jahrelang mühsam erkämpfen, und ihre Kritik an sozialen Mißständen brachte ihr nicht nur Sympathien ein. Als sie von einer Schule in Loja berichtete, daß dort die Wände so baufällig seien, daß man einen Bleistift durchstoßen könne, ließ der damalige Präsident Velasco Ibarra, der 1952 seine dritte Präsidentschaft angetreten hatte und diesmal mehr auf rechte, denn auf linke Bündnispartner setzte, durch Radio verkünden, diese »Fremde« solle man

35 Vgl. Karl Holl, Lilo Linke (1906 – 1963). Von der Weimarer Jungdemokratin zur Sozialreporterin in Lateinamerika. Materialien zu einer Biographie, in: Exilforschung. Ein Internationales Jahrbuch, Bd. 5 (1987), S. 68 – 89; Vgl. auch den Nachruf von Weinberg, 15. 5. 63, 7; 15. 8. 57, 2 u. 7, 15. 9. 65, 4. *El Comercio* v. 23. 10. 44, 24. 10. 44, 29. 10. 44, 21. 4. 57, 12. 7. 57, 9. 1. 60, 22. 12. 60, 30. 4. 63; Lilo Linke, 2 000 000 trees for Ecuador. Reforesting campaign catches on, in: Américas, Vol. 12, No. 7, July 1960, S. 2 – 7 sowie die in der Literaturliste angegebenen weiteren Veröffentlichungen von Lilo Linke.
36 Vgl. *El Comercio* v. 29. 4. 63, 2. 5. 63; *Aufbau* v. 2. 8. 63, S. 18.

aus dem Land werfen.[37] Lilo Linke war jedoch keine »Fremde« mehr, sie war seit 1945 naturalisierte Ecuadorianerin und gehörte wohl zu den wenigen Immigranten, die auf Europa ohne Haß und Sehnsucht zurückblicken konnten. Sie hatte eine neue Welt gewonnen. Ihre zahlreichen Bücher sind in Englisch und Spanisch abgefaßt. Ihr einziges Buch in deutscher Sprache erschien erst posthum. »Wo ist Fred?« ist ein Jugendbuch, das im Rahmen einer Abenteuergeschichte mit Land und Leuten, vor allem mit dem Leben, den Sitten und Gebräuchen der Indígenas bekannt macht.[38]

Zu denjenigen, die sich als Journalisten und Publizisten einen Namen machten, zählten auch Ghitman Beider in Guayaquil, Pedro Traubner, der für die Tageszeitung *El Día* in Quito schrieb sowie der mehrfach erwähnte Benno Weiser. Weiser hatte dieses Metier nicht gelernt, konnte aber bei seiner Ankunft in Ecuador bereits fließend Spanisch und verfügte über genügend Kenntnisse, um die Erwartungen der Tageszeitung *El Comercio* zu erfüllen, die jemanden suchte, der über die Vorgänge in Europa berichten konnte. Eine Sammlung seiner Kolumnen erschien 1941 als Buch. 1943 veröffentlichte er seinen autobiographisch geprägten Roman »Yo era Europeo«, in dem er vor allem die Entwicklung in Österreich bis zu seiner Ausreise nach Ecuador beschreibt.[39]

Ghitman Beider, der die »Jüdische Kulturstunde« in Guayaquil leitete, die sonntäglich über den Radiosender »Atalaya« ausgestrahlt wurde, war seit 1946 Direktor einer literarisch-wissenschaftlichen Monatsschrift *TEA* (Fackel) in Spanisch mit »jüdischer Note«, in der Beiträge von Autoren aus Ecuador wie aus anderen lateinamerikanischen Staaten abgedruckt wurden.[40] Eine weitere literarische Monatsschrift in Spanisch wurde von Wenzel Goldbaum geleitet. Die Zeitschrift war das Organ einer 1938 gegründeten literarischen Vereinigung *Ateneo*, der auch weitere Immigranten wie Julius Falck, Dora Barnas de Sauer und Walther Sauer angehörten. Goldbaum übersetzte Gedichte und Theaterstücke aus dem Deutschen ins Spanische und übertrug Texte ecuadorianischer Autoren ins Deutsche wie zum Beispiel klassische und moderne Gedichte. So erschien bereits 1941 eine Anthologie ecuadorianischer Lyrik. Goldbaum dürfte zu den wenigen Personen gehört haben, die schnell Eingang in die ecuadorianische Gesellschaft fanden. Er gehörte zu den Früheinwanderern, wurde Professor für Deutsch an der *Universidad Central* und Mitglied in der *Casa de la Cultura Ecuatoriana*. Seine frühere Spezialisierung auf Urheber-, Verlags-, Bühnen- und Filmrecht machte ihn

37   Gene Fried, in: *El Comercio* v. 29. 2. 76 (Suplemento Dominical).
38   Vgl. Lilo Linke, Wo ist Fred?, Hamburg 1963.
39   Vgl. Oktober 41, 8, September 44, 4, 1. 9. 45, 6; *El Comercio* v. 22. 8. 43; B. Weiser, Yo era Europeo; ders., Professions; ders., Si yo fuera Paraguayo; Die Zeit gibt die Bilder, S. 137.
40   Vgl. 1. 4. 46, 7, 15. 46, 6 sowie August 45, 10, 1. 11. 45, 7, 15. 11. 45, 9, 1. 6. 46, 7, 15. 11. 46, 6, 1. 2. 47, 6, 15. 5. 47, 6.

für die ecuadorianische Regierung interessant. 1946 ernannte sie ihn zu ihrem Repräsentanten auf der Internationalen Urheberrechtskonferenz in Washington. Über urheberrechtliche Fragen publizierte er in diversen Fachzeitschriften und Büchern. Zusammen mit Paul Benedick, dem Kulturreferenten der *Beneficencia* gründete er 1942 den Verlag »Biblioteca Propia«, in dessen Publikationen sowohl Immigranten, vor allem aber ecuadorianische Schriftsteller, Wissenschaftler und auch Politiker zu Wort kamen.[41] Als Verleger betätigte sich auch Carlos G. Liebmann, der aus einem bekannten Berliner Verlagshaus für Rechts- und Staatswissenschaft stammte. Er war selber im Verlagswesen und Buchhandel ausgebildet und juristisch gebildet. Liebmann begann mit der Herstellung von Stempeln, Schildern und Notizblöcken, er verkaufte Büroartikel, Schreibwaren und anderes mehr. Er kaufte Bücher auf und betrieb eine Leihbücherei, den *Victory Book Club*. Neben dem Verleih begann er auch zu verkaufen, in der Anfangszeit meist deutschsprachige Bücher aus zweiter Hand. 1942 gründete er den Verlag »Casa Editora Liebmann«, in der er die Tradition des väterlichen Verlagshauses fortsetzen wollte. Zu den ersten Publikationen zählte eine Reihe, die juristischen Themen gewidmet war, darunter die Abhandlungen des Rechtsanwalts Alfred Karger, die für den Laien verständlich Einheimische wie Immigranten mit der ecuadorianischen Rechtslage auf verschiedenen Gebieten bekannt machte. Kurze Zusammenfassungen in Deutsch im Anhang gaben den noch Sprachunkundigen Hilfestellung. Im Laufe der Zeit verlegte Liebmann auch ecuadorianische und Autoren aus anderen lateinamerikanischen Ländern. Der Arzt und Schriftsteller Paul Engel charakterisierte Liebmann als einen Fanatiker des Buches und seine Buchhandlung »Su Librería« als Kulturfaktor im Geistesleben der Stadt, die ihren Höhepunkt in den fünfziger und sechziger Jahren hatte. Er war Gründungsmitglied der Vereinigung der ecuadorianischen Buchhändler. Der Jüdischen Gemeinde galt Liebmann als Paradebeispiel für einen getauften und völlig assimiliert aufgewachsenen Juden, der, anders als viele »christliche« Juden, durch die Erfahrung von Verfolgung und Exil zum Judentum zurückfand und sich besonders intensiv in verschiedenen Funktionen um die Belange der Jüdischen Gemeinde kümmerte.[42] Neben Liebmann hatte auch Simon Goldberg an seine frühere Tätigkeit anknüpfen können, allerdings unter ungleich günstigeren Bedingungen als Liebmann. Er hatte einen umfänglichen Bestand aus seiner Goethebuchhandlung in Berlin nach Ecuador retten kön-

---

41 Vgl. Mai 41, 2, Oktober 41, 8, Februar 42, 6, März 43, 10, 15. 4. 48, 6, 1. 6. 60, 3; Ateneo. Revista Ecuatoriana, Año I, No. 2, Nov. – Dic. de 1941, Año II, No. 3, Febrero de 1942, Mayo de 1942, Año III, No. 7 – 9, Sept., Oct., Nov. de 1942; Revista Ateneo Ecuatoriano, Epoca II, No. 1, Agosto de 1949 und die Angaben zu Goldbaum und anderen Autoren im Literaturverzeichnis.

42 Vgl. Juni 42, 3, Dezember 42, 2, 15. 3. 60, 2 f., 1. 7. 60, 3, 1. 4. 65, 2, 15. 3. 70, 3.

nen. Sein als »Librería Internacional« geführtes Antiquariat geriet allerdings in den fünfziger Jahren in Zahlungsschwierigkeiten. Den hierdurch ausgelösten Skandal überlebte Goldberg nicht lange. Nicht vom Fach, aber dennoch erfolgreich im Buchhandel war der Schachmeister Bruno Moritz mit seiner »Librería Científica« in Guayaquil wie in Quito.[43]

Unter den Intellektuellen, die in Quito publizierten, ist nicht zuletzt Hanns Heiman zu nennen, der mit dem schon erwähnten Berthold Weinberg zu den beiden Gestalten unter den Immigranten zählte, die sich um die Tradierung europäischer Geisteswissenschaft in der Immigration bemühten. Ohne Namen zu nennen oder dies abwertend zu meinen, charakterisiert Egon Schwarz sie in seinen Erinnerungen als Stoffhuber (Heiman) und Sinnhuber (Weinberg), die mit selbstloser Begeisterung der interessierten Jugend geistige Nahrung gaben.[44] Weinberg und Heiman gehörten beide nicht zu denjenigen, die es in Ecuador zu materiellem Erfolg brachten. Heiman hatte aber seine größten Schätze, nämlich eine umfangreiche Privatbibliothek, nach Ecuador bringen können. Der gebürtige Breslauer hatte in Heidelberg Nationalökonomie studiert, war Syndikus großer Industrieunternehmen, Berater für Messe- und Ausstellungswesen und betätigte sich gleichzeitig als Theater- und Musikrezensent. In den ersten Jahren des Exils war er an verschiedenen Lehranstalten tätig, darunter an der *Universidad Central* und verdiente dabei »zu viel um zu sterben und zu wenig, um davon zu leben«[45]. Später arbeitete er bei der »LIFE«. Er hielt Vorträge in der *Beneficencia* wie in der *Casa de la Cultura Ecuatoriana*, die zum Teil veröffentlicht wurden. Hierzu gehören eine kleine Geschichte über die Immigration in Ecuador seit prähistorischer Zeit, mit deren Druck Carlos G. Liebmann 1942 sein Debut als Verleger in Quito gab, über Alexander von Humboldt »als Freund der Juden« und über Goethes Weltanschauung. 1957 erschien eine kleine Sammlung von Gedichten, in denen er sich mit dem Schicksal der Immigration auseinandersetzte. Anläßlich seines achtzigsten Geburtstages und für seinen Beitrag »Humboldt und Bolívar« zur Festschrift der 100. Wiederkehr des Todestages von Humboldt erhielt er 1959 das Bundesverdienstkreuz der Bundesrepublik Deutschland. Hierzu kommentierte er, daß er froh sei, daß der erste der diesen Orden in Quito erhalte, ein Jude sei, was aber keineswegs als Vergessen der Vergangenheit mißdeutet werden dürfe.[46] Heiman gehörte zu denjenigen, die eine Brücke schlugen zwischen den jüdischen und nichtjüdischen

43 Vgl. Huber, Raritätenjäger, S. 61 f., 89, 138, 207; schriftliche Mitteilung von Dr. Luis W. Levy vom 30. 1. 93.
44 Vgl. Schwarz, Keine Zeit, 232 f.
45 Hanns Heiman, 1. 1. 60, 2.
46 Ders., ebenda; siehe auch 1. 10. 45, 2, 1. 2. 49, 2, 15. 5. 47, 4, 1. 1. 60, 2, 1. 2. 64, 2, 15. 1. 65, 3 f. Zu den Veröffentlichungen Heimans vgl. das Literaturverzeichnis.

Abb. 34: *Hanns Heiman vor seiner Privatbibliothek, um 1945*

Verfolgten des Nazi-Regimes. Er war mit der Schauspielerin Huberta Reu-scher-Heiman verheiratet, einer Nichtjüdin.

Das umfangreichste publizierte Werk der Immigranten hinterläßt neben Lilo Linke der Wiener Arzt und Schriftsteller Paul Engel, der allerdings erst 1950 aus Kolumbien nach Ecuador kam. Wie Heiman arbeitete er bei der »LIFE« und lehrte an der *Universidad Central*, wo er 1969 eine ordentliche Professur für Biologie erhielt. Er machte sich in Ecuador vor allem als Endokrinologe einen Namen. In Deutsch, Spanisch und Englisch erschienen von ihm medizinische und naturwissenschaftliche wie philosophische Abhandlungen. Die *Casa de la Cultura Ecuatoriana* brachte mehrere seiner belletristischen Arbeiten heraus, darunter seine Romane »El Año Perdido« (Das verlorene Jahr) und »Las Paralelas se cortan« (Die Parallelen schneiden sich), die sich mit Verfolgung und Exil auseinandersetzen. Seine Erzählungen, Essays, Romane, auch Theaterstücke, veröffentlichte er in Anlehnung an die Namen zweier Berge in Kolumbien unter dem Pseudonym Diego Viga. Seine Erzählungen und Romane, die historische und aktuelle soziale und politische Probleme der Länder seines Exils und der Menschen reflektieren, wurden in Deutsch von Verlagen in der ehemaligen DDR herausgebracht. Engel gehört zu den wenigen Immigranten, die den Kontakt zur DDR suchten. Nicht zuletzt spielte hier seine Bekanntschaft mit dem Dichter Erich Arendt in Kolumbien eine Rolle, der in die DDR zurückging, sowie der sozialkritische Inhalt seiner Werke. Er gehörte der Freundschaftsgesellschaft Ecuador-DDR an, hielt in diesem Rahmen auch Vorträge über die DDR und wurde für seine Verdienste um die »Freundschaft zwischen den Völkern« mit Auszeichnungen bedacht.[47]

5. Ausblick

Zu einem denkwürdigen Erlebnis wurde für viele Immigranten in den fünfziger Jahren die Begegnung mit Walter Rauff. Er war SS-Obersturmbannführer und Leiter der Gruppe II D Technische Angelegenheiten im Amt II des Reichssicherheitshauptamtes in Berlin und unter anderem für den Einsatz der Gaswagen zuständig, in denen die Menschen auf qualvolle Weise mit den Auspuffgasen erstickt wurden. Diese »humanere« Art des Mordens wurde angewandt, um für die Erschießungskommandos die »seelischen und moralischen Belastungen«[48] zu mildern. Rauff hatte sich nach Quito abgesetzt und suchte bevorzugt den Kontakt zu jüdischen Immigranten. Mit ihnen verkehrte er geschäftlich, seine Frau kaufte in Läden jüdischer Immigranten ein, seine Kinder spielten mit deren Kindern. Er ließ sich von einem jüdischen Arzt behandeln und pflegte des sonntags mit seiner Familie im Hotel eines Immigranten zu speisen. Als liebenswürdiger, gefälliger, feiner Herr trat er hierbei auf. Er nannte sich Walter Raliff und setzte sich, bevor seine Identität im Zusammenhang mit dem Eichmann-Prozeß bekannt wurde, nach Chile ab. Seiner 1962 von der Bundesrepublik beantragten Auslieferung kam die chilenische Regierung nicht nach. Auch spätere Auslieferungsbemühungen verliefen ergebnislos. Rauff starb nach Angaben der Regierung Pinochet 1984.[49]

Begegnungen solcher Art wie die mit Deutschen, die sich ihrer Sympathie für den Nationalsozialismus nicht mehr erinnern konnten oder dessen Verbrechen verharmlosten, trugen dazu bei, daß vor allem jüdische Immigranten ihr Mißtrauen gegenüber Deutschen und Deutschland als nur zu berechtigt empfanden. In dem Maße, wie sich das Deutschlandbild ganz allmählich änderte, wozu die Beziehungen der Bundesrepublik zu Israel und die »Wiedergutmachung«, die als Ausdruck des guten Willens anerkannt wurde,

47 Vgl. Felden, Diego Viga; zu den Veröffentlichungen von Engel siehe das Literaturverzeichnis. Ferner: Descalzi, Historia Crítica, Vol. 6, S. 1812 ff.; *Hoy* v. 11. 8. 85; *El Comercio* v. 28. 10. 90 (Suplemento Familia). 1. 1. 60, 5, 15. 4. 60, 5, 1. 7. 60, 3, 15. 6. 63, 5, 15. 11. 63, 18 f., 1. 1. 65, 3 f.

48 Vgl. Ernst Klee, Willi Dreßen, Volker Rieß, »Schöne Zeiten«. Judenmord aus der Sicht der Täter und Gaffer, Frankfurt a.M. 1988, 4. Aufl., S. 71; Ernst Klee, »Euthanasie« im NS-Staat. Die »Vernichtung lebensunwerten Lebens«, Frankfurt a.M. 1986, S. 369 sowie S. 112 ff., 367 f.

49 Vgl. Klee, Dreßen, Rieß, »Schöne Zeiten«, S. 264. 1. 7. 66, 5; Karen Genschow, Techniker des Todes, in: Lateinamerika Nachrichten 252/253, Juni/Juli 1995, S. 55 f. und die Gespräche Josefine Barasch, Hugo Deller, Prof. Dr. Paul Engel, Federico Leffmann, Dr. Martin Rosenthal, Martha Z., David Z.

wesentlich beitrugen, fand auch eine Annäherung zwischen den beiden relativ getrennt lebenden Gruppen von Verfolgten des NS-Regimes statt. Mit Skepsis und Distanz begegneten jüdische Immigranten aber noch lange Zeit deutschen Einrichtungen wie der *Asociación Humboldt*, der Humboldt-Gesellschaft, die aus dem *Movimiento Alemán* bzw. der Asociación Alemana hervorgegangen war und alle Deutschsprachigen vereinen sollte. Als Vorsitzender der Vereinigung bemühte sich vor allem der Immigrant Arthur Weilbauer, die Gegensätze zwischen alteingesessenen Deutschen und Flüchtlingen abzubauen.[50]

Wenn es bis heute Immigranten gibt, die keine Veranstaltungen der Humboldt-Gesellschaft in Quito oder des *Centro Cultural Ecuatoriano Alemán* in Guayaquil aufsuchen, so kann dies, muß aber nicht Ausdruck einer bewußt aufrechterhaltenen Trennung sein. Es zeigt sich hierin auch, daß die Pflege deutscher Kultur im Leben der Betreffenden von untergeordneter Bedeutung ist. Hierin spiegelt sich eine Entwicklung, die bereits in den fünfziger Jahren Spuren im kulturellen Leben der Jüdischen Gemeinde hinterließ, indem sowohl das Interesse an spezifisch jüdischer Thematik wie an der Pflege der kulturellen Tradition überhaupt schwächer wurde. Viele aus der »alten Garde« verließen Ecuador oder starben.[51] Das Leben begann sich zu normalisieren, die nachfolgende Generation hatte andere Interessen als ihre Eltern. »Es gibt keine Kämpfer, keine Förderer, keine wahrhaft Interessierten mehr.«[52] So beschrieb Georg Anker die Situation in der 1959 noch 351 Mitglieder zählenden Jüdischen Gemeinde Quito. An die Stelle der Begeisterung für Gemeinschaftsinteressen, dem Eintreten für die »jüdische Sache« sei längst das ausschließliche Streben nach Verbesserung der eigenen materiellen Lage getreten. Die Journalistin Ruth Arielle Broyde, die jüdische Gemeinden Südamerikas bereiste und im Sommer 1964 auch nach Quito kam, bescheinigte der dortigen Gemeinde, verglichen mit anderen Lateinamerikas, zwar ein nach wie vor reichhaltiges und hohes Niveau an kulturellen Aktivitäten. Als wesentliches Merkmal konstatierte sie jedoch das »Fehlen von Jugend«[53]. Jugendliche von 18 Jahren an aufwärts gab es fast nicht. Sie studierten im Ausland, und viele von ihnen kamen nicht mehr auf Dauer nach Ecuador zurück. Kennzeichnend für die Familien war und ist die Zerstreuung ihrer Mitglieder über verschiedene Länder. Die Gemeinde litt an

50 Vgl. Weilbauer, Ein weiter Weg, S. 54, vgl. auch ebenda, S. 62; ders., Die Deutschen, S. 66 ff.
51 Vgl. Liebmann, 1. 10. 67, 1 f.
52 G. Anker, 15. 9. 59, 2; vgl. 1. 7. 51, 2, 15. 10. 59, 2, 15. 2. 62, 3 u. 8.
53 Vgl. 1. 8. 64, 2, 15. 11. 63, 24, 1. 1. 60, 5. Vgl. hierzu auch die von John Fried (USA) herausgegebenen 20 Kurzbiographien von in Ecuador geborenen oder aufgewachsenen Immigrantenkindern, von denen die meisten in den USA leben. Ecuadorean Echo, Vol. I , No. 1, June 1995. Das erste Exemplar dieses Zirkulars wurde mir von Gabriel E. Alexander (Jerusalem) zur Verfügung gestellt.

Überalterung, die einzelnen Organisationen hatten Nachwuchssorgen. 1964 hatte die Gemeinde 282 Mitglieder, die etwa 1000 Personen repräsentierten. 1966 repräsentierten 293 Mitglieder nur noch rund 700 Personen.[54] Heute zählt die Gemeinde in Quito rund 230 und die Gemeinde in Guayaquil rund 30 Mitglieder. In Cuenca leben noch vier Familien. Die Mehrheit der Familien besteht nach wie vor aus der Generation, die ab 1933 einwanderte bzw. aus deren Nachfahren und den Überlebenden des Holocaust, die in den ersten Nachkriegsjahren nach Ecuador kamen. Andere wanderten im Laufe der Zeit aus lateinamerikanischen Ländern ein oder sind aus Israel als Techniker, Ingenieure usw. vorübergehend im Land tätig. Vor allem Anfang der siebziger Jahre kamen im Zuge des beginnenden Ölbooms und erleichterter Einwanderungsbedingungen jüdische Familien aus anderen lateinamerikanischen Staaten. Als Folge der politischen Entwicklung unter der Präsidentschaft Salvador Allendes zog es eine Reihe von Familien vor, aus Chile auszureisen und sich in Ecuador niederzulassen.[55]

Als Einrichtungen der Jüdischen Gemeinde bestehen bis heute der Frauenverein, die Darlehenskasse, die Beerdigungsgesellschaft und die WIZO, deren Basar zu Chanukka heute zu den Höhepunkten im gesellschaftlichen Leben der Gemeinde zählt. Kulturelle Veranstaltungen gibt es schon seit Jahren fast nicht mehr. Als Vereinssprache setzte sich ab Mitte der sechziger Jahre Spanisch langsam durch.[56] Hört man heute in den Räumen der *Beneficencia* jemanden, der Deutsch spricht, so kann man sicher sein, daß es sich um einen alten Menschen handelt. Die Generation, die noch im Vorschulalter nach Ecuador kam, spricht noch Deutsch, betrachtet aber in der Regel Spanisch als ihre Primärsprache. Erst recht gilt dies für die dort Geborenen und für deren Kinder. Diese können häufig nur noch mangelhaft Deutsch resp. die Sprache des Herkunftslandes ihrer Großeltern. Während sie im allgemeinen als in die ecuadorianische Gesellschaft integriert gelten können, findet sich in ihrer Elterngeneration noch ein eher zwiespältiges Verhältnis, abhängig davon, wie stark sie im europäischen Sinne erzogen wurden und sich in ihrer Jugend durch gleichaltrige Ecuadorianer und das gesellschaftliche Umfeld akzeptiert erlebten oder nicht. Die Palette der subjektiven Zuordnung reicht vom Gefühl, zwar »verhiesigt« zu sein, aber weder im Herkunftsland noch in Ecuador richtig zu Hause zu sein, nicht »ganz« Ecuadorianer zu sein, bis hin zu dem Bewußtsein völliger Integration.[57]

54 Vgl. 15. 12. 64, 5, 1. 8. 64, 2, 1. 12. 66, 2.
55 Vgl. Comunidades Judias (1971 – 1972), S. 142; Elkin, Jews, S. 236.
56 Vgl. 15. 1. 63, 5, November 78, 3 f. sowie die Berichte über die Generalversammlungen der *Beneficencia*.
57 Vgl. die Gespräche Anne Anker, Erna Better, Willi Bamberger, Dr. Alberto und Dr. Constanza Di Capua, Hugo Deller, Ilse und Kurt Dorfzaun, Dr. Ilse Grossmann, Alice Kalhöfer, Käthe Kywi, Federico Leffmann, Helen Rothschild, Suse Tugendhat, Dr. Helmut Wellisch. Zu den

Für diejenigen, die als Erwachsene nach Ecuador kamen, gilt in aller Regel bis heute, daß sie vorwiegend unter sich bleiben, ihre Muttersprache sprechen und sich von einheimischer Seite, auch als langjährig Naturalisierte nicht voll akzeptiert fühlen. Die Gründe hierfür werden individuell sehr unterschiedlich gesehen. Ist es für die einen mehr die Haltung der Einheimischen, für die ein »Gringo« immer ein »Gringo« bleibt, ist es für andere mehr die eigene Prägung, die sie, trotz Anpassung an Normen und Verhaltensweisen des Landes, nicht heimisch werden läßt. Oder es sind sozusagen die Spätfolgen anfänglicher Berührungsängste, Überheblichkeit oder Bequemlichkeit, die dazu führten, daß man den sozialen Anschluß verpaßte. Als spezifisches Problem der jüdischen Immigranten tritt das »Gespenst der ›Assimilierung‹, das uns von Kindheit an vor Augen gehalten wurde«, hinzu wie die doppelte Loyalität gegenüber Israel und Ecuador, die als »Verlegenheitslösung« zwar akzeptiert ist, aber immer auch eine Distanz schafft zu dem Land, in dem man lebt.[58]

Grenzen der Akkulturation in anderen lateinamerikanischen Ländern vgl. Wojak, Exil in Chile, S. 198 ff.; Europäische Juden, (Merkx, Quarles, S. 178 ff., Rattner, S. 347 ff.); Alternative Lateinamerika, (Levin, S. 110 ff.).

58 Vgl. G. Anker, 15. 11. 63, 12; vgl. auch 15. 4. 60, 7 f., 15. 5. 60, 2, 30. 4. 64, 2, 15. 5. 65, 3 f., Dezember 78, 4.

Zusammenfassung

Der Flüchtlingsstrom nach Ecuador setzte 1938 ein und erreichte 1939 seinen Höhepunkt. Die Mehrzahl der Immigranten kam aus Deutschland und hatte erst nach der Pogromnacht im November 1938 die letzte Hoffnung aufgegeben, doch noch in ihrer alten Heimat bleiben zu können. Die Flüchtlinge kamen nach Ecuador, weil sie keine Chance sahen, in einem anderen Land Asyl zu finden. Dies galt auch für diejenigen, die ein bereits zuvor gewähltes Exilland aufgrund der Kriegsentwicklung wieder verlassen mußten oder deren Visa für andere Länder sich als gefälscht erwiesen. Eine Reihe nahm Ecuador als Zwischenaufenthalt in Kauf, bis ihre Visa für die USA zuteilungsreif wurden. Für die meisten war Ecuador somit ein Exilland zweiter Wahl.

Wie in anderen lateinamerikanischen Ländern waren auch in Ecuador die Einwanderungsbedingungen 1938 erschwert worden. Arbeit in der Landwirtschaft oder eine industrielle Tätigkeit gehörte nun zu den Auflagen. Das Vorzeige- und Landungsgeld betrug zunächst 1000 Dollar für den Familienvorstand, wurde aber schon bald auf 400 Dollar verringert. Da es sich um einen Mindestbetrag handelte, hatten die Konsuln allerdings einen Ermessensspielraum, den sie entsprechend ihrer persönlichen Integrität und politischen Einstellung unterschiedlich nutzten. Einzelne betrachteten die Vergabe von Visa als private Einkommensquelle, verlangten Schmiergelder, stellten Visa aus, obwohl die Antragsteller die geforderten beruflichen Voraussetzungen für die gesetzlich vorgeschriebene Betätigung im Land nicht erfüllten. Nicht immer war jedoch ein solches Vorgehen von der Absicht persönlicher Bereicherung diktiert. Obwohl wie in anderen lateinamerikanischen Staaten die Immigranten nicht als Flüchtlinge betrachtet wurden, sondern als Einwanderer, die den Interessen des Landes zu dienen hatten, waren in der Praxis auch humanitäre Gründe ausschlaggebend sowohl bei einzelnen Konsuln wie bei den zuständigen Behörden in Quito. Nicht zuletzt war dies das Verdienst des bereits lange in Ecuador lebenden Julius Rosenstock, auf dessen Initiative hin 1938 ein jüdischer Hilfsverein gegründet und von der Regierung als Verhandlungspartner anerkannt worden war. Daneben spielten auch private Kontakte zu Verwandten und Bekannten, die dort bereits lebten, eine Rolle.

Wer vor dem deutschen Überfall auf Polen am 1. September 1939 die aufreibende und entwürdigende Prozedur zur Erlangung der Ausreiseformalitäten überstanden hatte und ausreisen konnte, kam in der Regel nach einer reibungslos verlaufenden Überfahrt von drei bis fünf Wochen in Ecuador an.

Eine typische Reiseroute verlief über Curaçao, Panama und Buenaventura in Kolumbien oder über Cuba, Panama und Buenaventura, eine andere über Buenos Aires, von dort mit dem Zug nach Valparaiso in Chile und weiter mit dem Schiff nach Ecuador. Mit zunehmender Kriegsdauer änderten sich die Fluchtwege und verschlechterten sich die Reisemöglichkeiten und -bedingungen drastisch. Für viele begann nun eine Odyssee bis zur Ankunft in Ecuador.

Bis 1942 hatten 3500 bis 4000 Menschen Asyl gefunden. Sie kamen aus Deutschland, Österreich, Ungarn, der Tschechoslowakei, Italien, Polen, den Baltischen Staaten, der Sowjetunion und Rumänien. Vor allem die west- und mitteleuropäischen Immigranten stammten aus größeren europäischen Städten und gehörten dort der Mittelschicht an. Aufgrund der relativ späten Auswanderung kamen viele ohne nennenswerte finanzielle Mittel. Allerdings gelang es einer ganzen Reihe, Mobiliar wie andere Ausrüstungsgegenstände mitzubringen. Eine kleine Gruppe von Tschechen und Italienern konnte mit erheblichen Kapitalien einreisen.

Ein Teil der Immigranten ließ sich in Guayaquil, der größten Stadt des Landes, nieder, einer Handelsstadt in tropischem Klima. Die überwiegende Mehrzahl zog die in den Anden auf über 2800 m gelegene Hauptstadt Quito vor. Wenige siedelten sich in Kleinstädten der Andenkette oder in tropischer Urwaldregion an. In Guayaquil wie in Quito konzentrierten sie sich in bestimmten Straßenzügen des Stadtzentrums oder nicht weit davon entfernt. Gemessen an europäischen Verhältnissen war ihre Wohnsituation in den ersten Jahren primitiv und beengt. Ansteckende Krankheiten gepaart mit mangelnder Infrastruktur und fehlender Hygiene stellten ein erhöhtes Gesundheitsrisiko dar. Erschwerend kamen die klimatischen Bedingungen hinzu.

Die wenigsten Immigranten hatten Kenntnisse über Ecuador oder sprachen Spanisch. Sie fanden eine Gesellschaft vor, deren Struktur und Mentalität ihnen sehr fremd waren. Sie sahen sich jedoch im allgemeinen durch die einheimische Bevölkerung neugierig-freundlich aufgenommen. Der Aufbau einer eigenen Existenz stellte zunächst alle anderen Anpassungsprobleme in den Schatten. Für viele bedeutete dies, sich in einem bislang unbekannten Berufsfeld den Lebensunterhalt zu beschaffen. Aber wo es nur immer ging, versuchte man, an die frühere oder an eine verwandte Tätigkeit anzuknüpfen. Da das Vorzeigegeld in der Regel sofort ausbezahlt wurde, gelang es den meisten Immigranten, wirtschaftlich Fuß zu fassen, wenn auch auf sehr bescheidener Stufe. Die ständig gestiegenen Ausgaben der Jüdischen Gemeinde für Bedürftige zeigen, daß jedoch ein Teil von ihnen nicht in der Lage war, sich selbst zu versorgen.

Während auf der einen Seite bereits 1942 einzelne Betriebe eine für ecuadorianische Verhältnisse beachtliche Größe erreichten, bewegte sich die

Mehrheit der gegründeten Unternehmungen in den ersten Jahren bei harter Arbeit aller erwachsenen und jugendlichen Familienmitglieder am Rande des Existenzminimums. Viele versuchten sich in diversen Tätigkeiten und der Herstellung verschiedenster Produkte, bis sie nach Jahren etwas gefunden hatten, was langfristig eine sichere Grundlage für den Lebensunterhalt bot. Erfolgreich konnten vor allem diejenigen sein, die in eine Marktlücke vorstießen, indem sie bislang im Lande nicht vorhandene Dienstleistungen und Waren anboten oder solche, die durch den Krieg nicht mehr aus dem Ausland auf den einheimischen Markt gelangten. Im Bereich der Dienstleistungen nahm das Gastgewerbe eine herausragende Rolle ein in Gestalt von Pensionen und Hotels. Ein erheblicher Teil der Immigranten betätigte sich auf händlerischem Gebiet, angefangen von der »Klopperei« über ein kleines Geschäft bis hin zum Großhandel. Nur eine Minderheit arbeitete in der Landwirtschaft als Verwalter oder selbständiger Landwirt. Aufgrund der schwierigen Lebens- und Arbeitsbedingungen auf dem Land und der Unkenntnis in Landwirtschaft wurden über kurz oder lang solche Versuche der Existenzgründung wieder aufgegeben. Daß sich viele nicht, wie vorgeschrieben, landwirtschaftlich oder industriell, das hieß produktiv, betätigten, war möglich, weil die zuständige Behörde die Einhaltung der gesetzlichen Forderung in der Regel nicht überprüfte. Dieser Umstand erleichterte den Immigranten das Leben, führte aber schon bald zu öffentlicher Kritik und Anfeindungen seitens Einheimischer.

Während die Präsidenten Carlos Arroyo del Rio (1940 – 44) und José Maria Velasco Ibarra (1944 – 47) der Einwanderung von NS-Verfolgten positiv gegenüberstanden, wuchs in Teilen der Bevölkerung die Ablehnung gegenüber den Immigranten und schürten wirtschaftlich und politisch interessierte Kreise, nicht zuletzt mit Hilfe einer von Deutschland unterstützten Presse, Vorurteile gegenüber Juden. Zwar hatte es bis zur Ankunft der Flüchtlinge fast keine Juden in Ecuador gegeben, dennoch existierte in der Bevölkerung ein diffuser Antisemitismus aus christlicher Wurzel. Das negative Echo in der publizistischen Öffentlichkeit auf die mögliche Ansiedlung einer größeren Anzahl von Flüchtlingen Mitte der dreißiger Jahre und die Verschärfung der Einwanderungsgesetzgebung 1938 hatten bereits gezeigt, daß es in Teilen der Bevölkerung Widerstände und in bestimmten Kreisen offenen Antisemitismus gab. Dennoch sind die sich seit 1942 mehrenden Anfeindungen gegenüber den Immigranten eher als Ausdruck einer allgemeinen Xenophobie zu betrachten, die sich in der politischen und wirtschaftlichen Krisensituation jener Jahre stärker bemerkbar machte. Die Anfeindungen wurden von Vertretern der Jüdischen Gemeinde in Quito immerhin als so gravierend eingeschätzt, daß sie versuchten, wenn auch letztlich ergebnislos, eine berufliche Umorientierung der Mitglieder zu erreichen.

Furcht vor wirtschaftlicher Konkurrenz und antisemitische bzw. fremden-feindliche Vorurteile hatten nicht zuletzt ihre Ursache in objektiven sozialen und kulturellen Schranken, die einer Annäherung von Einheimischen und Flüchtlingen im Wege standen. Eine Mittelschicht im europäischen Sinne gab es nicht, die Masse der ungebildeten indianischen und mestizischen Bevölkerung kam für die Immigranten als sozialer Partner nicht in Frage. Die dünne, meist weiße Oberschicht hatte ihrerseits Vorbehalte gegenüber einem gesellschaftlichen Umgang mit den Immigranten. Wertesystem, Le-bens-, Arbeitsauffassung und die Umgangsformen von Einheimischen und Immigranten differierten erheblich. Durch Sprache, Aussehen und Verhal-tensweisen fielen die Immigranten stets als Fremde auf, denen man zunächst mit Neugierde und Respekt begegnete, weil man sie als Angehörige von wirt-schaftlich und kulturell weit entwickelten Völkern identifizierte. Diese Hal-tung konnte aber schnell in ihr Gegenteil umschlagen, wenn europäisches Überlegenheitsgefühl herablassend gegenüber Einheimischen an den Tag gelegt und die geringe Wertschätzung des Landes kundgetan wurde. Durch eine rasche Konzentration der Immigranten auf ein überschaubares Gebiet wurden sie mehr als Gruppe wahrgenommen und negatives Verhalten ein-zelner verführte zum Rückschluß auf kollektive Eigenschaften. Innerhalb dieser einschränkenden politischen und sozialen Rahmenbedingungen konnten sich die Immigranten relativ frei bewegen. Sie wurden weder in ihrer Religionsausübung, noch in der Gründung von Vereinigungen behin-dert. Gesetzlich untersagt war allerdings eine politische Betätigung im Sinne einer Einmischung in die inneren wie äußeren Angelegenheiten des Landes.

Die größte Gruppe unter den Flüchtlingen bildete die Jüdische Gemeinde in Quito. Die Keimzelle der Jüdischen Gemeinde war die 1938 gegründe-te Hilfsorganisation *Hicem*. Im gleichen Jahr entstand die *Asociación de Be-neficencia Israelita*, die 1945 mit weit über 500 Mitgliedern ihren Höchststand erreichte. Anders als in den meisten Ländern des lateinamerikanischen Exils, in denen neben den Gemeinden gesonderte Hilfsvereine für die soziale Für-sorge entstanden, war die *Beneficencia* Synagogengemeinde, Kulturverein und Wohlfahrtsverband zugleich. Ebenfalls im Unterschied zur Entwick-lung in den übrigen Ländern, in denen sich die Gemeinden in der Regel nach Herkunftsländern zusammensetzten, vereinigte sie in ihren Reihen Juden aus West-, Mittel- und Osteuropa. Diese Entwicklung der Gemeinde wurde möglich, weil man in ein »jüdisches Niemandsland« gekommen war, der Anteil derer, die kein Deutsch sprachen, relativ gering war, aber auch, weil angesichts der Verfolgung durch den Nationalsozialismus die traditionellen Trennungen absurd erschienen.

Zwar gab es auch religiös motivierte Abspaltungen und immer wiederkeh-rende Konflikte und Reibungsflächen, doch blieben diese von nachgeordneter Bedeutung. Während in Guayaquil die Auseinandersetzungen um den Zionismus mehr Zündstoff für Spannungen und Spaltungstendenzen lieferten als in Quito, war es in der Frage der Pflege des Kultus genau umgekehrt. In Guayaquil war es gerade die *Comunidad de Culto*, die mit 140 Mitgliedern stärkste Organisation, die das verbindende Glied zwischen der 1939/ 40 gegründeten *Sociedad de Beneficencia Israelita* und dem seit 1944 hiervon abgespaltenen *Centro Israelita* darstellte, die beide um die gesellschaftliche und kulturelle Einbindung der Immigranten konkurrierten. Kam es in Quito unter dem Eindruck der Gründung des Staates Israel zu einer Vereinigung aller Organisationen unter dem Dach der *Beneficencia*, sollte es in Guayaquil noch fast zwanzig Jahre dauern, bis dieser auch dort vielfach vorgetragene Appell in die Wirklichkeit umgesetzt wurde.

Mit Beginn ihres Bestehens entfaltete die *Beneficencia* Quito eine rege Tätigkeit, um für ihre Mitglieder ein Zentrum religiösen, geselligen und kulturellen Lebens zu schaffen und Kontakte zu einheimischen Persönlichkeiten aus Kultur, Wissenschaft und Politik aufzubauen. Eine eigene Zeitung, vorrangig in deutscher Sprache abgefaßt, informierte über das Gemeindeleben, das Asylland und das internationale Zeitgeschehen. Die Fülle und Verschiedenartigkeit der Anforderungen führte zur Herausbildung von Abteilungen, die für die Regelung der jeweiligen religiösen, erzieherischen, sozialen und kulturellen Bereiche zuständig waren, einschließlich eines Schiedsgerichts. Unabhängig hiervon entwickelten sich Organisationen mit eigenen Statuten und eigenem Kassenwesen, die aber in personeller wie sachlicher Hinsicht mit der *Beneficencia* verbunden waren und diese als Dachorganisation aller jüdischen Einrichtungen betrachteten. Es entstanden ein Frauenverein, eine Kreditkooperative, ein Sportverein, eine Jugendorganisation sowie zionistische Vereinigungen. Die letzte der Vereinigungen, die nach dem Vorbild der Organisationen in den europäischen Heimatländern gegründet wurde, bildete 1946 die Logenbruderschaft.

Obwohl zionistische Organisationen nur zögernd und auf erheblichen Einfluß ausländischer Emissäre hin entstanden, gehörten die WIZO wie die *Federación Sionista* in Quito und mehr noch in Guayaquil zu den aktivsten Organisationen, die das gesellschaftliche und kulturelle Leben in den Gemeinden ab 1943 entscheidend prägten. Entsprechend nahmen zionistische Themen breiten Raum im Veranstaltungskalender ein, ebenso wie zahlreiche Kampagnen, bei denen Gelder für den Aufbau in Palästina gesammelt wurden. Angesichts knapper Finanzen lag hierin ein Konfliktpotential. Es war umstritten, für welchen Personenkreis bzw. welchen Zweck in erster Linie zu sammeln sei: für die Behebung sozialer Not und für Einrichtungen in der Gemeinde, für die Unterstützung notleidender Juden in Europa oder für die nicht nur ideelle, sondern die materielle Zuwendung für in Palästina lebende Juden, um so Voraussetzungen für einen künftigen Staat Israel zu schaffen.

Die Fülle der Organisationen brachte nicht nur Vielfalt in das Leben der Gemeinden, sondern erzeugte eine Konkurrenzsituation um Mitglieder und Beiträge, die angesichts der relativ kleinen Zahl von Immigranten vor allem mit Beginn der Abwanderung nach 1945 zu einem Problem für die Lebensfähigkeit der einzelnen Vereinigungen wurde. Für die *Beneficencia* in Quito ergaben sich zusätzliche finanzielle Probleme, als nach dem Krieg eine größere Zahl von Überlebenden des Holocaust mittellos in Ecuador eintraf.

Zu den Problemen der Akkulturation gehörte für die Immigranten nicht nur die Anpassung an die neue Umwelt, sondern auch die Anpassung aneinander unter den vorgegebenen Rahmenbedingungen. Abgesehen von den Unterschieden der nationalen Herkunft stellte die aus Deutschland stammende Mehrheit eine komplexe soziale Gruppe dar. Die Palette reichte von denjenigen, die im Heimatland keine Beziehung mehr zu jüdischer Religion und Tradition gehabt hatten, bis zu denjenigen, die sich streng religiös und jüdisch-national definierten. So stellt sich das Verhalten der Immigranten recht widersprüchlich dar: Auf der einen Seite erbrachten sie eine erstaunliche Aufbauleistung und entwickelten einen zähen Willen zum Zusammenhalt über die aus den Heimatländern mitgebrachten Grenzen der sprachlichen, sozialen, kulturellen, religiösen und politischen Unterschiede hinweg. Auf der anderen Seite scheinen sich Konflikte, die in jeder sozialen Gemeinschaft entstehen, überproportional entladen zu haben. Ihre Ursachen müssen in eben jenen trennenden Faktoren und in der Exilsituation selbst gesucht werden, die außergewöhnliche Belastungen mit sich brachte und die angesichts des gemeinsamen Schicksals gebotene Solidarität immer wieder zu sprengen drohte. Menschen, die sich unter anderen Bedingungen nie zusammengeschlossen hätten, lebten nun auf engem Raum miteinander und teilten Alltag und Freizeit in einer Umgebung, die ihnen fremd war. Kulturschock, Entwurzelung, Verlust des seelischen Gleichgewichts und Urteilsstörung sind Stichworte für die Erklärung von Überreaktionen, die sich aggressiv gegen die eigenen Schicksalsgenossen richteten. Sie zeigten sich in Richtungskämpfen und Fehden auf der Ebene von Gruppen und Organisationen und in Feindseligkeit und Mißgunst zwischen einzelnen Personen innerhalb der Judenschaft. Nicht zuletzt waren auch die Abgrenzung zwischen jüdischen und nichtjüdischen Immigranten und die Auseinandersetzungen um politische Ziele Teil einer durch das Exil verursachten Identitätskrise.

Im Mittelpunkt dieser Streitfragen standen die Haltung gegenüber Deutschland und gegenüber dem Zionismus. Für die Mehrheit der aus Westeuropa stammenden Juden war das Thema Zionismus neu. Sie besaßen kaum Kenntnisse hierüber und keine emotionale Bindung wie Juden aus osteuropäischen Ländern, in denen der Zionismus tiefer verwurzelt war. Dennoch waren aus Deutschland und Österreich stammende Immigranten entschiedenste Verfechter des Zionismus in Ecuador, denen es auch gelang, Persönlichkeiten aus Politik, Wissenschaft und Kultur des Gastlandes für die Ziele des Zionismus zu gewinnen. Innerhalb der Immigrantenschaft verlief die Grenze der Befürworter eines jüdischen Staates zwischen denen, die darin die einzige Möglichkeit zur Lösung der »Judenfrage« schlechthin sahen und alle Juden auf einen Auszug aus der Diaspora verpflichten wollten und denjenigen, die aus verschiedenen Gründen ein Nebeneinander von Diaspora und jüdischem Staat befürworteten.

Im Zusammenhang mit dieser Debatte stand die Frage, ob es ein »anderes« Deutschland gebe, das über eine demokratische und fortschrittliche Tradition verfüge, an die nach dem Sieg über den Nationalsozialismus angeknüpft werden könne. Ein Teil der Immigranten lehnte solche Diskussionen gänzlich ab, andere zeigten ein lebhaftes Interesse hieran, besonders ab 1942, als sich nach dem Bruch Ecuadors mit den Achsenmächten nach Herkunftsländern zusammengesetzte Organisationen bildeten, die sich als Teil einer antifaschistischen Bewegung verstanden. Aus streng zionistischer Sicht hatten Juden in solchen Organisationen nichts zu suchen, schon gar nicht in einer deutschen Vereinigung. Wer seine Identität in erster Linie als Jude sah, blieb solchen Vereinigungen fern. So waren die Mitglieder des *Movimiento Alemán Pro Democracia y Libertad* in ihrer Mehrzahl zwar jüdischer Herkunft, aber keine Angehörigen der Jüdischen Gemeinde. Sie waren zu christlichen Religionen konvertiert oder lebten mit einem christlichen Ehepartner zusammen. Die Entstehung von politischen Vereinigungen hatte nicht zuletzt den Effekt, daß sich Immigranten aus anderen Ländern von den aus Deutschland stammenden Flüchtlingen als diejenigen absetzten, die qua Herkunft nichts mit der nationalsozialistischen Barbarei zu tun hatten, während die deutschen Immigranten mit ihrem Verein in den Geruch gerieten, einer Deutschtümelei und längst obsolet gewordenen Assimilation Vorschub zu leisten.

Solchem Verdacht setzten sich auch die Immigranten aus, die Kontakte zu alteingesessenen Deutschen hatten. Dies traf freilich nur auf eine Minderheit zu, zumal sich ein Teil der Auslandsdeutschen offen als Nazis zu erkennen gab. Zwar orientierte sich ihr Deutschlandbild eher am Kaiserreich, was jedoch nicht ausschloß, daß sie das »Dritte Reich« als dessen würdigen Nachfolger betrachteten, da Hitler in ihren Augen den legitimen Anspruch Deutschlands auf nationale Größe und Weltgeltung wiederherstellte. Auch auf der ecuadorianischen Seite war die weitverbreitete Sympathie, die das Deutsche Reich, der zweitgrößte Handelspartner des Landes, genoß, auf das

»Dritte Reich« übertragen worden. Über die wirklichen Verhältnisse dort und über die Ziele des Nationalsozialismus waren die wenigsten unterrichtet. Durch verschiedene Einrichtungen, ein »Deutsches Haus«, eine Schule, eine Fluglinie, eine Nachrichtenagentur und über eine Reihe von Pro-Achse-Blättern hatte die NSDAP ein Forum für ihre Auslandspropaganda. Hierin erschien Deutschland als ein Arbeiterparadies und als Aggressionsobjekt verbrecherischer Staaten und Finanzkräfte, darunter die Juden.

In der ecuadorianischen Öffentlichkeit formierten sich allmählich die Kräfte, die den Kampf gegen die Achsenmächte auf ihre Fahnen schrieben und sich Ende 1941 zu einer antifaschistischen Bewegung zusammenschlossen, an der sich auch Vertreter der politischen Vereinigungen von Immigranten beteiligten. Diese entstanden unter Einwirkung eines *Comité Interaliado*, das mit Billigung der ecuadorianischen Regierung die Bildung von politischen Vereinigungen der im Lande lebenden Ausländer zum Ziel hatte. Gründer dieser Vereinigungen, wenn auch nicht alle Mitglieder, waren durchweg Flüchtlinge. Neben ihrer politischen Zielsetzung, die ecuadorianische Bevölkerung über den Faschismus aufzuklären und die Alliierten in ihrem Kampf gegen den Aggressor zu unterstützen und für eine an den Idealen von Freiheit und Demokratie orientierte Nachkriegsordnung einzutreten, hatten diese Vereinigungen eine gesellschaftliche Funktion. Sie dienten der Pflege kultureller Traditionen des jeweiligen Herkunftslandes. Da vielen Immigranten ein politisches Engagement fremd war, ebbte die Politisierung mit dem Kriegsende wieder ab, während der gesellige und kulturelle Charakter der Vereinigungen noch länger erhalten blieb.

Schon bald nach der Gründung im November 1942 machten sich im *Movimiento Alemán Pro Democracia y Libertad* Richtungskämpfe bemerkbar. Diese fanden auch in anderen Ländern in Anlehnung an die beiden bedeutendsten Vereinigungen des lateinamerikanischen Exils, die Bewegung *Freies Deutschland* in Mexiko und *Das Andere Deutschland* in Buenos Aires, statt. Die Auseinandersetzungen um den Anschluß an die Mexiko-Richtung führten 1944 dazu, daß die Befürworter eine eigene Organisation, das *Komitee Freies Deutschland*, gründeten. Eine Zusammenarbeit im Sinne der antifaschistischen Zielsetzung gab es zwischen den beiden Organisationen nicht. Auch bei den übrigen Vereinigungen der Österreicher, Polen, Tschechen und Italiener finden sich nur wenige Hinweise auf gemeinsame Aktivitäten und in nur seltenen Fällen kam es zu einer Zusammenarbeit zwischen der Jüdischen Gemeinde in Quito und den politischen Vereinigungen, wenn auch durch einzelne Personen eine Verbindung bestand. Um politischen Streit aus dem Gemeindeleben herauszuhalten, beschloß der Vorstand der *Beneficencia* im Sommer 1945, politischen Veranstaltungen kein Forum mehr zu bieten und nur noch »jüdische« Themen zuzulassen.

Eine besondere Erwähnung verdient das kulturelle Leben, das für die Immigranten eine bedeutende Rolle spielte. Die Organisationen der Immigranten, die zunächst die einfachsten Kommunikationsbedürfnisse befriedigten, aus Isolation befreiten und Orientierung und Hilfestellung im Alltag boten, entwickelten sich rasch zum Ersatz für eine verlorene Lebenswelt kultureller Traditionen. Die Pflege des kulturellen Erbes in einer fremden Umwelt war identitätsstiftend für den einzelnen, wirkte gemeinschaftsbildend und als Mittler zwischen unterschiedlichen Kulturkreisen der west- und osteuropäischen Immigranten. Andererseits war sie aber angesichts der heterogenen Zusammensetzung der Immigranten auch Gegenstand von Auseinandersetzung über das, was als kulturelles Erbe für Juden zu gelten hatte.

Aus dem Bedürfnis nach Unterhaltung und Information, schöngeistiger Erbauung und Bildung entstand nach bescheidenen Anfängen ein vielfältiges und abwechslungsreiches Kulturprogramm. Hierzu gehörten in der Jüdischen Gemeinde Gottesdienste, religiöse Feste, Trauer- und Gedenkfeiern, wissenschaftliche und literarische Vorträge, musikalische Darbietungen ebenso wie rein vergnügliche Veranstaltungen und humoristische Einlagen, in denen das Zusammenleben der Immigranten untereinander persifliert und die Probleme der Anpassung an die Gegebenheiten des Exillandes karikiert wurden. Gleichzeitig bedeutete die starke Rückbesinnung auf das eigene kulturelle Erbe eine Abkapselung gegenüber dem Exilland. Dies spiegelte sich in der geringen Resonanz wider, die die Versuche fanden, durch Einbeziehung von Ecuadorianern in das Kulturprogramm Einheimische und Immigranten einander näherzubringen.

Das Theater gehörte zu jenen europäischen Kulturgütern, die die Immigranten besonders schmerzlich vermißten. So wundert es nicht, daß in fast allen Ländern des lateinamerikanischen Exils Theaterinitiativen deutschsprachiger Immigranten entstanden, wenn auch die meisten Bühnen über das Niveau eines Liebhabertheaters nicht hinauskamen. Sowohl die Vereinigung der Deutschen, aber auch die der Tschechen sowie die Jüdische Gemeinde in Guayaquil führten Theaterstücke auf oder brachten zumindest einzelne Szenen zur Vorstellung. Über das Niveau eines sogenannten Dilettantentheaters hinaus entwickelten sich unter der Leitung des Regisseurs Karl Löwenberg in Quito die *Kammerspiele*. Von Ende 1943 bis Mai 1948, als man begann, moderne zeitgenössische Stücke zu spielen, hatten die *Kammerspiele* rund 35 Werke aufgeführt, wobei Lustspiele und Komödien den größten Anteil ausmachten. Keinen Eingang in den regulären Spielplan fanden Aufführungen mit explizit aktuell-politischem Inhalt. Sie blieben Sondervorstellungen vorbehalten und hatten den Charakter von Lesungen mit verteilten Rollen. Zu den besonderen Leistungen Löwenbergs darf sein Versuch gerechnet werden, ein Theater europäischen Stils in Spanisch für das einheimische Publikum aufzubauen. Neben dem Theater gelang es Immigranten, auch in anderen Bereichen in der ecuadorianischen Öffentlichkeit Anerkennung zu finden und zum kulturellen Leben des Landes beizutragen. Beispiele hierfür gibt es in der Musik, der Malerei, dem Kunsthandwerk, der Architektur, der Literatur, der Publizistik und dem Verlagswesens.

Wesentlich leichter aber als der gesellschaftliche Zugang auf öffentlicher und vor allem auf privater Ebene war für die überwiegende Mehrheit der Immigranten die wirtschaftliche Eingliederung. Es gelang ihnen, sich den Rahmenbedingungen des Landes insoweit anzupassen, als sie sich eine Existenz aufbauen konnten, die ihnen nach und nach einen über dem Landesdurchschnitt liegenden Lebensstandard ermöglichte. Mit ihrer Arbeitsauffassung, der höheren Bildung und besseren Ausbildung brachten die Immigranten ein dynamisches Element in das einheimische Wirtschaftsleben. Auf dem Gebiet der Lebensmittel- und Textilproduktion, der Metallverarbeitung, der chemisch-pharmazeutischen Produktion, im Dienstleistungssektor, im Gastgewerbe und im Handel konnten sie innovativ tätig werden. Ein Teil der von Immigranten gegründeten Unternehmen zählt heute zu den bedeutendsten des Landes.

Auf der anderen Seite saßen viele bei Kriegsende auf gepackten Koffern. So fluchtartig wie sie das Land betreten hatten, wollten sie es wieder verlassen. Die restriktive Einwanderungspolitik vieler Länder und das Ausmaß an Zerstörung und Not in Europa begrenzten ihre Möglichkeiten. Dennoch gelang es einer großen Zahl in den ersten Nachkriegsjahren, Ecuador gegen ein anderes Land, vor allem die USA, einzutauschen. Andere verließen Ecuador erst nach langen Jahren des Abwartens. Nur eine Minderheit der aus Deutschland stammenden Juden ging in ihr Herkunftsland zurück. Neben psychologischen Motiven, die zum Bleiben oder Weggehen bewegten und die Wahl des Ziellandes beeinflußten, bestimmten häufig pragmatische Gründe die jeweilige Entscheidung.

Die Abwanderungstendenz setzte sich auch in den nachfolgenden Generationen fort. Wer aber blieb bzw. nach einem Auslandsstudium zurückkehrte, kann heute als nicht nur wirtschaftlich, sondern auch sozial integriert gelten. Für die ältere Generation gilt aber weiterhin, daß sie vorwiegend unter sich lebt, die Muttersprache spricht und sich abseits der ecuadorianischen Gesellschaft sieht, die ihr im Grunde bis heute fremd geblieben ist, auch wenn sie sich in gewisser Weise als »verhiesigt« betrachtet und im Gegensatz zu früher mehr positive Seiten des Lebens in Ecuador wahrnimmt, die sie nicht mehr missen möchte. Durch Abwanderung, Tod und durch zunehmende Integration der nachfolgenden Generationen verloren die Vereinigungen der Immigranten ihre zentrale Funktion als Orte der Wahrung sozialer und kultureller Identität. Die kleinen Jüdischen Gemeinden in Ambato und Cuenca lösten sich wegen Mitgliederschwund auf, die Gemeinden in Quito und Guayaquil sind heute in erster Linie Religionsgemeinschaften, während die Nachfolgeorganisation des *Movimiento Alemán Pro Democracia y Libertad* die Rolle eines deutsch-ecuadorianischen Kulturzentrums übernommen hat.

Danksagung

Mein Dank gilt ganz besonders allen Zeitzeugen, die zu Gesprächen bereit waren und Materialien zur Verfügung stellten und so entscheidend zum Gelingen dieser Arbeit beitrugen.

Er gilt auch Frau Prof. Dr. Stefi Jersch-Wenzel und Herrn Prof. Dr. Wolfgang Benz, die die Arbeit mit Kritik und Anregungen begleiteten. Prof. Dr. Wolfgang Benz danke ich für seine Unterstützung bei der Veröffentlichung der Studie.

Danken möchte ich allen Freundinnen Freunden und Wissenschaftler/innen, die mir wertvolle Hinweise gaben und bei der Überarbeitung des Manuskripts durch ihre kritischen Anmerkungen behilflich waren.

Berlin, im Herbst 1995
Maria-Luise Kreuter

Quellen- und Literaturverzeichnis

Archivalien, ungedruckte Quellen

Archive

Archiv der sozialen Demokratie/Friedrich-Ebert-Stiftung, Bonn: Material-sammlung Lateinamerika-Exil/Ecuador.

Archivo del Congreso de la República del Ecuador: Registro Oficial Núm. 207 de 24 de Julio de 1932 (Ley de extranjería, extradición, naturalisación y sus reformas).

Bundesarchiv-Koblenz: R 43 II: Reichskanzlei, Nr. 1471

Zwischenarchiv Dahlwitz-Hoppegarten: Sicherheitshauptamt, ZA I, Nr. 7358 A1; ZB I, Nr. 101.

Politisches Archiv des Auswärtigen Amtes, Bonn: Pol. IX: Ecuador-Juden-fragen. Inland II A/B: (83 – 75) Deutsche Emigrantentätigkeit im Ausland, Bde. 7 und 17. Inland II A/B: (83 – 21A) Auswanderung der Juden aus Deutschland, Bde. 1 und 1a.

Stadtarchiv Hettstedt: Akte 2233.

Autobiographien, ungedruckt

Werner und Gert Aron, Der Heiligenschein des Urwalds. Ein Auswanderer-schicksal unter Vielen. Mit einer Ergänzung von Margot Aron, (hekt.) Quito 1975.

Sergio Solon, Naraciones de un Sobreviviente del Holocausto, um 1960 in Quito geschrieben.

Arthur Weilbauer, Ein weiter Weg. Lebenserinnerungen eines Hitlerflücht-lings, (hekt.) Quito 1975.

Dokumente zu Verfolgung, Emigration und Niederlassung in Ecuador; Gedichte, Vorträge usw. aus persönlichen Nachlässen

Marie Bamberg

Herbert Gedalius

Berthold Weinberg

Julius und Gustav Zanders

Werner Aron, Und dennoch ... Ein Roman, Puyo 1946.

Ders., Vorträge über Bismarck, v.u.z. Stein, Friedrich d. Gr.

Arthur Weilbauer, Vorträge über Thomas Mann.

Mitteilungen der B'nai B'rith Loge Quito, Nr. 3, 1948.

Interviews und schriftliche Mitteilungen

Dore A., Quito, 1. 2. 90 *)
Otto A., Quito, 24. 1. 90 *)
Alfredo Abrahamson, Quito, 12. 8. 91
Anne Anker, Quito, 24. 4. 90
Dr. Gerhard Anker, Quito, 19. 2. 90
Willi Bamberger, Quito, 8. 8./19. 8. 91
Josefine Barasch, Quito, 14. 2./20. 2. 90
Erna Better, Quito, 14. 2. 91
Minne Mampoteng de Bodenhorst, Quito, 15. 5. 90
Heinz Caminer, Guayaquil, 20. 9. 91
Marianne Chrambach, Quito **)
Hugo Deller, Quito, 12. 6./4. 9. 90
Dr. Constanza Di Capua, Quito, 16. 10./28. 10. 91
Dr. Alberto Di Capua, Quito, 16. 10./28. 10. 91
Frieda Divicek, Quito, 21. 2. 91
Ilse Dorfzaun, Cuenca, 21. 10. 90
Kurt Dorfzaun, Cuenca, 21. 10. 90
Josefine Engel, Quito, 15. 2. 90
Prof. Dr. Paul Engel, Quito, 15. 2. 90
Olga Fisch-Anhalzer, Quito, 29. 8. 90
Kurt Ginsberg, New York, 14. 12. 92/11. 2. 93 ***)
Dr. Ernst Grossmann, Quito, 17. 1./31. 1./6. 2. 90
Dr. Ilse Grossmann, Quito, 17. 1. 31. 1./6. 2. 90
Werner Gumpel, Guayaquil, 2. 2. 92
Bodo H., Quito, 24. 9./1. 11. 90 *)
Charly Hirtz, Quito, 23. 8. 91
Salomon Isacovici, Quito, 21. 2. 92
Georg K., Quito, 1. 9. 90 *)
Alice Kalhöfer, Bad Honnef, 11. 8. 92
Vera Kohn-Kagan, Quito, 23. 2. 91
Käthe Kywi, Quito, 1. 11./3. 12. 90
Federico Leffmann, Quito, 27. 4. 90
Ernesto Lehmann, Quito, 21. 1. 92
Dr. Luis Werner Levy, Quito, **); 22. 6. 91/30. 1. 93 ***)
Nela Martínez, Quito, 25. 3. 91
Rosmarie Prutchi, Quito, 26. 10. 91
Simon Prutchi, Quito, 26. 10. 91
Dr. Isabel Robalino Bolle, Quito, 27. 2. 91
Dr. Martin Rosenthal, Quito, 26. 1./15. 2. 90

Helen Rothschild, Quito, 30. 4. 90
Dr. Ewald Schiller, Quito, 2. 11. 90
Prof. Dr. Miguel A. Schwind, New York, 26. 3. 92
Edith Seelig, Quito, 15. 12. 90/24. 1. 91
Frank Seelig, Quito, 28. 11. 90
Maria Seidl, Quito, 1. 12. 90
Sergio Solon, Quito, 26. 10. 91/14. 1. 92
Rolf Stern, Quito. 4. 10./22. 10. 91
Dr. Gertrud Tietz, Quito, 15. 8. 91; 21. 5. 92 ***)
Suse Tugendhat, Quito, 11. 6. 90
Ovidio Wappenstein, Quito, 11. 9./8. 11. 90
Dr. Helmut Wellisch, Guayaquil, 3. 2. 92
Dr. Arthur Weilbauer, Quito **)
Gustav Zanders, Esmeraldas, 6. 12./7. 12. 90/27. 3. 91
Martha Z., Quito, 28. 8./14. 9. 90 *)
David Z., Quito, 28. 8./14. 9. 90 *)

*)   Name wurde auf Wunsch der Gesprächspartnerin bzw. des Gesprächs-
      partners geändert.
**)   Mehrere informative Gespräche, die auf Wunsch nicht auf Tonband
      aufgenommen bzw. schriftlich protokolliert wurden.
***) Schriftliche Mitteilung.

Gedruckte Quellen

Zeitungen und Zeitschriften : (Verschiedene Ausgaben)
Ateneo. Revista Ecuatoriana.
Antinazi.
Aufbau, New York.
El Comercio.
El Debate.
El Día.
Freies Deutschland, México.
Hoy.
Informaciones para los Inmigrantes Israelitas
      (und Nachfolge-Zeitungen), Mai 1940 – Oktober/November 1981.
Jüdisches Nachrichtenblatt, Berlin.
Pariser Tageszeitung, Paris.
Ultimas Noticias.
Vistazo.

Voz Obrera.
sowie Einzelausgaben verschiedener Zeitungen/Zeitschriften.

Sonstiges
Theater- und Veranstaltungsprogramme, Flugblätter.

Von Ecuador-Immigranten nach 1938 verfaßte oder mitverfaßte Literatur: wissenschaftliche Werke, Reiseberichte, Romane u.a.m. (unvollständig)

Jaime Andrade, Olga Fisch u.a., Arte Popular del Ecuador, Tomo II, Quito 1970.

Elisabeth Bamberger, Von Berlin nach Ekuador über Rußland und Japan, in: Erinnerungen deutsch-jüdischer Frauen 1900 – 1990, hrsg. v. Andreas Lixl-Purcell, Leipzig 1992, S. 216 – 235.

Dora Barnas de Sauer, Fantasias para Chicos y Grandes, Quito 1945.

Dies., La Sonata de Ansia Eterna, Quito 1943.

Arturo Eichler, Nieve y Selva en Ecuador, Guayaquil 1952.

Ders.: Ecuador. Un País, un Pueblo, una Cultura, Quito 1982.

Olga Fisch, El folclor que yo viví. The folklore through my eyes. Memorias, Quito 1985.

Wenzel Goldbaum, Convención de Washington sobre el Derecho de Autor Panamericano, Quito 1954.

Ders., Lateinamerikanische urheberrechtliche Gesetzgebung. Eine rechtsvergleichende Darstellung (Schriftenreihe der UFITA, Heft 12), München 1960.

Ders., (eingeführt und ins Deutsche übertragen) Über der Steppe die Palme. Sammlung Hispanoamerikanischer Lyrik seit der Conquista bis auf die Gegenwart, Berlin 1947.

Ders., (eingeleitet und übersetzt) Juan Ruiz. Aus dem Buch der guten Liebe. Altspanische Gedichte über die Liebe, München 1960.

Alfred Graf, Die zwölf Rauhnächte, Nürnberg 1955.

Ders., Das Haus am Tor, Nürnberg 1963.

Hanns Heiman, Inmigrantes en el Ecuador. Un estudio histórico, Quito 1942.

Ders., Deutsche Einwanderung und Kulturarbeit in Ekuador, in: Südamerika.»Sudamérica«. Revista Bimestral, VI. Jg, Nr. 6, v. Mai/Juni 1956, S. 577 – 585.

Ders., Gedichte eines Emigranten, Quito 1957.

Ders., Humboldt und Bolivar. Begegnung zweier Welten in zwei Männern, Berlin 1959.

Ders., Alexander von Humboldt. Freund der Juden. Vortrag gehalten am 7. Mai 1959 in der B'nai B'rith Loge Quito, Quito 1959.

Ders., Goethe y su Concepto de Dios y lo Divino, in: *Casa de la Cultura Ecuatoriana*. Revista, Tomo XII, No 21, Enero-Diciembre 1959, S. 89 – 116.

Armin O. Huber, Raritätenjäger. Aus dem abenteuerlichen Leben eines Sammlers, Gütersloh 1966.

Salomon Isacovici y Juan Manuel Rodríguez, A 7393. Hombre de Cenizas, México 1990.

Alfred Karger, Folgenreiche Übersetzung von Bibelworten, Vortrag gehalten in der B'nai B'rith Loge Quito am 25. Mai 1961, Quito 1961.

Ders., Ecuador. Einführung der Adoption. Sonderdruck aus: Zeitschrift für ausländisches und internationales Privatrecht, 15. Jg. (1949), Heft 3/4.

Ders., La numismatica ecuatoriana, in: Numisma, Año VII, No 25, Marzo-Avril 1957.

Elsa Katz, Una Muchacha como Tú, Quito 1963.

Dies., Eran Dos Hermanos, Quito 1963.

La Colonia Israelita en el Ecuador, editado por las Organisaciones Israelitas en el Ecuador, Quito 1948.

L. Werner Levy, J. B. Moore, Commercial Sources of Pyrethrum, in: Pyrethrum Flowers. Third Edition 1945 – 1972, ed. by v. R. H. Nelson, Minneapolis, Minnesota 1975, S. 1 – 9.

Lilo Linke, Viaje por una Revolución, Quito 1956.

Dies., Ecuador. Country of Contrasts, London, New York, Toronto 1960. 3° Ed.

Dies., People of the Amazon, London 1963.

Dies., Wo ist Fred?, Hamburg 1963.

Dies., Quito, ! Presente!, in: Américas, Vol. 11, No 11, Noviember 1959, S. 9 – 14.

Dies., Cuatro peniques de semillas, ebenda, Vol. 11, No 8, Agosto 1959, S. 3 – 8.

Dies., Novelista del pueblo. En la obra de Alfredo Diezcanseco alienta el Ecuador, ebenda, Vol. 8, No 12, Diciembre 1956, S. 7 – 11.

Dies., Guayaquil resurge, ebenda, Vol. 9, No 7, Julio 1957, S. 3 – 8.

Dies., 2 000 000 trees for Ecuador. Reforestation campaign catches on, ebenda, Vol. 12, No 7, Julio 1960, S. 2 – 7.

Dies., Así se fundó una industria agrícola, in: La Hacienda, Año 55, No 6, Julio 1960, S. 24 – 27.

Martin Rosenthal, Der Menschenfresserkomplex. Eine medizinisch- naturwissenschaftliche Studie zum Komplex der Aggressivität, München 1979.

Egon Schwarz, Keine Zeit für Eichendorff, Frankfurt a.M. 1992 (erw. Neuauflage von 1979).

Walther Sauer, Contribuciones para el conocimiento del Cuartenario en el Ecuador. Primer Parte, Quito 1950.

Ders.: Los Terremotos de la Provincia de Imbabura, tomado del Boletín de Informaciones Científicas Nationales No 71, Agosto y Septiembre 1955, Quito 1955.

Ders., El Mapa del Ecuador, Quito 1957.

Ders., Geología del Ecuador. Primera edición castellana, Quito 1965.

Ders., Alejandro de Humboldt en el Ecuador, in: *Casa de la Cultura Ecuatoriana*. Revista, Tomo X, No 90, 1959, S. 274 – 291.

Diego Viga (Paul Engel), Der Freiheitsritter, Leipzig 1955.

Ders., Die Indianer, Leipzig 1960.

Ders., Waffen und Kakao, Leipzig 1961.

Ders., Die sonderbare Reise der Seemöwe, Leipzig 1964.

Ders., Die Parallelen schneiden sich, Leipzig 1974. 2. Aufl.

Ders., Das verlorene Jahr, Halle, Leipzig 1980, 2. Aufl.

Ders., Ankläger des Sokrates. Roman aus dem alten Athen, Leipzig 1987, 2. Aufl.

Arthur Weilbauer, Die Deutschen in Ekuador. Historische Studie, hrsg. von der Deutschen Schule Quito, Quito 1975.

Ders., Die Deutschen in Ekuador. in: Hartmut Fröschle (Hrsg.), Die Deutschen in Lateinamerika. Schicksal und Leistung, Tübingen, Basel 1979, S. 373 – 408.

Ders., Vida y Obra de Thomas Mann, in: Letras del Ecuador, Año XX, No 132, Septiembre – Diciembre de 1965, S. 17 – 23.

Ders., Guía para Excursiones en Automóvil a través del Ecuador, Quito 1985.

Berthold Weinberg, Deutung des politischen Geschehens unserer Zeit, entwickelt aus einer Wesensbetrachtung der Völker und der allgemeinen Bewegung der Zeit. Mit einem Geleitwort von Thomas Mann, New York 1951.

Benno Weiser Varon, Yo era Europeo. Novela de una Generación, Quito 1943.

Ders., Don Quijote ayudó a los Judíos, in: Cuadernos, No 99, Agosto 1965, S. 22 – 26.

Ders., Si yo fuera Paraguayo. Artículos apericidos y charlas pronunciadas en el Paraguay, Asunción 1972.

Ders., My Brilliant Career, in: Midstream, Juni/Juli 1988.

Ders., Professions of a Lucky Jew, New York, London, Toronto 1992.

Stella Wilchek, Ararat, New York 1962.

Sekundärliteratur

Salomon Adler Rudel, The Evian Conference on the Refugee Question, Leo Baeck Institute Yearbook XIII (1968), S. 235 – 273.

Ders., Jüdische Selbsthilfe unter dem Naziregime 1933 – 1939 im Spiegel der Reichsvertretung der Juden in Deutschland, Tübingen 1974.

Armando Abad Franco, Parteiensystem und Oligarchie in Ecuador (Biblioteca Ibero-Americano Bd. 19), Berlin 1974.

Richard Albrecht, Exil-Forschung. Studien zur deutschsprachigen Emigration nach 1933, Frankfurt a. M., Bern, New York, Paris 1988.

Alternative Lateinamerika. Das deutsche Exil in der Zeit des Nationalsozialismus, hrsg. v. Karl Kohut u. Patrik von zur Mühlen, Frankfurt a.m. 1994.

Max Apt, Konstruktive Auswanderungspolitik. Ein Beitrag zur jüdischen Überseekolonisation, Berlin 1936.

Atlas del Ecuador, bajo la dirección de Anne Collin Delavaud, presentación de Claudio Malo González, Ministro de Educación y Cultura, Paris 1982.

Hannah Arendt, Besuch in Deutschland, Berlin 1993.

Dies., Die Krise des Zionismus. Essays & Kommentare 2, hrsg. v. Eike Geisel und Klaus Bittermann, Berlin 1989.

Haim Avni, Latin America and the Jewish Refugees: Two Encounters, in: The Jewish Presence in Latin America, ed. by Judith Laikin Elkin, Gilbert W. Merkx, London, Sydney, Wellington 1987, S. 45 – 68.

Ders., Argentina y la Historia de la Inmigración Judía (1810 – 1950), Jerusalem, Buenos Aires 1983.

Ders., Argentina and the Jews. A History of Jewish Immigration, Tuscaloosa, London 1991.

Klaus J. Bade, Migration und Migrationsforschung. Vom Kaiserreich bis zur Bundesrepublik, in: Westfälische Forschungen 39/1989. Sonderdruck, hrsg. v. Karl Teppe, S. 393 – 407.

Ders., Homo Migrans. Wanderungen aus und nach Deutschland. Erfahrungen und Fragen, Essen 1994.

Avraham Barkai, Vom Boykott zur »Entjudung«. Der wirtschaftliche Existenzkampf der Juden im Dritten Reich 1933 – 1945, Frankfurt a.M. 1988.

Hanno Beck, Germania in Pacifico, Wiesbaden 1970.

Ludwig Bemelmans, The Donkey Inside, New York 1943, 4° Ed.

Wolfgang Benz, Marion Neiss (Hrsg.), Deutsch-jüdisches Exil: das Ende der Assimilation? Identitätsprobleme deutscher Juden in der Emigration, Berlin 1994.

Wolfgang Benz (Hrsg.), Die Juden in Deutschland 1933 – 1945. Leben unter nationalsozialistischer Herrschaft, München 1993, 3. Aufl.

Ders. (Hrsg), Das Exil der kleinen Leute. Alltagserfahrung deutscher Juden in der Emigration, München 1991.

Biographisches Handbuch der deutschsprachigen Emigration nach 1933, hrsg. v. Werner Röder und Herbert A. Strauss, 3 Bde., München, New York, London, Paris 1980 ff.

Otto F. Best, Mameloschen. Jiddisch – eine Sprache und ihre Literatur, Frankfurt a.M. 1988, 2. Aufl.

August Buckeley, Auswanderung nach Südamerika, München 1947.

Bulletin der Gesellschaft für Historische Migrationsforschung e.V., Nr. 1 v. Februar 1994, S. 19 – 36.

Heinz Cohn, Erich Gotthelf, Auswanderungsvorschriften für Juden in Deutschland, Berlin 1938.

Martin A. Cohen (Ed.), The Jewish Experience in Latin America, Vol. I, II, New York 1971.

Comunidades Judías de Latinoamérica. 1966, Publicación de la Oficina Latinoamericana del Comité Judío Americano, Instituto de Relaciones Humanas, Buenos Aires 1966.

Comunidades Judías de Latinoamérica. 1971 – 1972, Publicación de la Oficina Sudamericana del Comité Judío Americano, Instituto de Relaciones Humanas, Buenos Aires 1974.

Ivan Cruz Cevallos, Matthias Abram (Ed.), Viajeros, Científicos, Maestros. Misiones alemanas en el Ecuador, Quito 1989.

Das Manifest der 60. Deutschland und die Einwanderung, hrsg. v. Klaus J. Bade, München 1994.

Sergio DellaPergola, Demographic Trends of Latin American Jewry, in: The Jewish Presence in Latin America, ed. by Judith Laikin Elkin, Gilbert W. Merkx, Boston, London, Sydney, Wellington 1987, S. 85 – 134.

Ricardo Descalzi, Historia Crítica del Teatro Ecuatoriano, 6 Vols., Quito 1968.

Die deutsche Exilliteratur 1933 – 1945, hrsg. v. Manfred Durzak, Stuttgart 1973.

Die Zeit gibt die Bilder. Schriftsteller, die Österreich zur Heimat hatten, hrsg. v. Ursula Seeber, Zirkular, Sondernummer 30, Wien, Mai 1992.

Dario Donoso Samaniego, Diccionario Arquitectónico de Quito. Arquitectura Colonial, Ediciones Museos del Banco Central del Ecuador, Quito o.J.

Ecuador: Reiche Regierung, armes Volk. in: Lateinamerika anders, Nr. 4, 1977, S. 19 – 41.

Ecuadorean Echo, Vol. I, No. 1, June 1995.

Oscar Efren Reyes, Breve Historia General del Ecuador, Tomo I, Tomos II – III, Quito o. J., 15° Ed.

Judith Laikin Elkin, Jews of the Latin American Republics. Chapel Hill 1980.

Encyclopaedia Judaica, Vol. 6, Jerusalem 1971.

Eduardo Estrella, De la Farmacia Galenica a la Moderna Tecnología Farmacéutica. Edición Conmemorativa del Cincuentenario de la Fundación de los Laboratorios »LIFE« 1940 – 1990, Quito 1990.

Europäische Juden in Lateinamerika, hrsg. v. Achim Schrader u. Karl Heinrich Rengstorf, St. Ingbert 1989.

Exil in Brasilien. Die deutschsprachige Emigration 1933 – 1945, Leipzig, Frankfurt a. M., Berlin 1994.

Henry L. Feingold, The Politics of Rescue. The Roosevelt Administration and the Holocaust, 1938 – 1945, New Brunswick N. J. 1970.

Dietmar Felden, Diego Viga. Arzt und Schriftsteller, Leipzig 1987.

Luis Fierro Carrión, Los Grupos Financieros en el Ecuador, Quito 1991.

Simcha Flapan, Die Geburt Israels. Mythos und Wirklichkeit, München 1988.

Wolfgang Frühwald, Wolfgang Schieder, Gegenwärtige Probleme der Exilforschung, in: Leben im Exil. Probleme der Integration deutscher Flüchtlinge im Ausland 1933 – 1945, hrsg. von Wolfgang Frühwald u. Wolfgang Schieder, Hamburg 1979, S. 9 – 27.

Hajo Funke, Die andere Erinnerung. Gespräche mit jüdischen Wissenschaftlern im Exil, Frankfurt a.M. 1989.

Enrique Garcés, Perfil de Aldo Muggia, in: Homenaje a Aldo Muggia. Volumen Jubilar, Quito 1966, S. 11 – 16.

Helmut Genschel, Die Verdrängung der Juden aus der Wirtschaft im Dritten Reich, Göttingen, Berlin, Frankfurt a. M., Zürich 1966.

Karen Genschow, Techniker des Todes, in: Lateinamerika Nachrichten 252/253, Juni/Juli 1995, S. 55 f.

Geschichte der Juden in der Bukowina, II. Ein Sammelwerk, hrsg. v. Hugo Gold, Tel Aviv 1962.

Geschlossene Gesellschaft. Der Jüdische Kulturbund in Deutschland 1933 – 1941, hrsg. v. der Akademie der Künste, Berlin 1992.

Nahum Goldmann, Das jüdische Paradox. Zionismus und Judentum nach Hitler, Hamburg 1992.

Franz Goldner, Die österreichische Emigration 1938 bis 1945, Wien, München 1977, 2. erw. Aufl.

Alec Golodetz, Report on the Possibilities of Jewish Settlement in Ecuador, London 1936.

Kurt Grossmann, Emigration. Geschichte der Hitler-Flüchtlinge 1933 – 1945, Frankfurt a.M. 1969.

Friedrich Heckmann, Ethnische Minderheiten, Volk und Nation. Soziologie inter-ethnischer Beziehungen, Stuttgart 1992.

Arthur Hertzberg, Shalom, Amerika! Die Geschichte der Juden in der Neuen Welt, Frankfurt a.M. 1992.

Raul Hilberg, Täter, Opfer, Zuschauer. Die Vernichtung der Juden 1933 – 1945, Frankfurt a.M. 1992.

Historia Testimonial de los Laboratorios »LIFE«, Edición conmemorativa del cincuentenario de la fundación de »LIFE« 1940 – 1990, investigación y redacción Alfonso Ortiz Crespo, M. Dolores Ortiz Crespo, Quito 1990.

Karl Holl, Lilo Linke (1906 – 1963). Von der Weimarer Jungdemokratin zur Sozialreporterin in Lateinamerika. Materialien zu einer Biographie, in: Exilforschung. Ein Internationales Jahrbuch, Bd. 5 (1987), S. 68 – 89.

Jorge Icaza, Huasipungo. Unser kleines Stückchen Erde, Bornheim-Merten 1981.

Wilma Iggers (Hrsg.), Die Juden in Böhmen und Mähren. Ein historisches Lesebuch, München 1986.

Rolf Italiaander, Juden in Lateinamerika, Tel Aviv 1971.

Carlota Jackisch, El Nazismo y los Refugiados Alemanes en la Argentina 1933 – 1945, Buenos Aires 1989.

Wolfgang Jacobmeyer, Jüdische Überlebende als »Displaced Persons«. Untersuchungen zur Besatzungspolitik in den deutschen Westzonen und zur Zuwanderung osteuropäischer Juden 1945 – 1947, in: Geschichte und Gesellschaft. Zeitschrift für historische Sozialwissenschaft, Heft 3, 9. Jg. (1983), S. 421 – 452.

Hans Adolf Jacobsen, Nationalsozialistische Außenpolitik 1933 – 1938, Frankfurt a. M., Berlin 1968.

Judaica Latinoamericana. Estudios Histórico-Sociales, ed. por AMILAT, Jerusalem 1988.

Juden in Deutschland zwischen Assimilation und Verfolgung, in: Geschichte und Gesellschaft, Heft 3, 9. Jg. (1983), hrsg. v. Reinhard Rürup.

Jüdische Auswanderung. Korrespondenzblatt für Auswanderungs- und Siedlungswesen, hrsg. vom Hilfsverein der Juden in Deutschland e.V., Berlin 1936 u. 1938.

Jüdische Auswanderung nach Südamerika, hrsg. vom Hilfsverein der Juden in Deutschland e.V., Berlin 1939.

Siegfried Kätsch, Elke-Maria Kätsch unter Mitarbeit von Henry P. David, Sosua – Verheissenes Land? Eine Dokumentation zu Adaptionsproblemen deutsch-jüdischer Siedler in der Dominikanischen Republik (Arbeitsunterlage 38/39 zur Lateinamerikaforschung), Dortmund 1970.

Friedrich Katz, Einige Grundzüge der Politik des deutschen Imperialismus in Lateinamerika 1898 bis 1941, in: Der deutsche Faschismus in Lateinamerika 1933 – 1943, Berlin (DDR) 1966, S. 7 – 70.

Kennzeichen J. Bilder, Dokumente, Berichte zur Verfolgung und Vernichtung der deutschen Juden 1933 – 1945, Frankfurt a.M. 1979.

Wolfgang Kießling, Exil in Lateinamerika. Kunst und Literatur im antifaschistischen Exil 1933 – 1945, Bd. 4, Frankfurt a.M. 1981.

Ders., Alemania Libre in Mexiko, Bd. 1: Ein Beitrag zur Geschichte des antifaschistischen Exils (1941 – 1946), Bd. 2: Texte und Dokumente zur Geschichte des antifaschistischen Exils, (1941 – 1946), Berlin (DDR) 1974.

Ernst Klee, Willi Dreßen, Volker Rieß (Hrsg.),»Schöne Zeiten«. Judenmord aus der Sicht der Täter und Gaffer, Frankfurt a.M. 1988.

Ernst Klee,»Euthanasie« im NS-Staat. Die»Vernichtung lebensunwerten Lebens«, Frankfurt a.M. 1985.

Angelika Königseder, Juliane Wetzel, Lebensmut im Wartesaal. Die jüdischen DPs (Displaced Persons) im Nachkriegsdeutschland, Frankfurt a.M. 1994.

Michael Krupp, Zionismus und Staat Israel. Ein geschichtlicher Abriß, Gütersloh 1992, 3. erw. Aufl.

Leo Lambert, Tragedia y Problemas de los Refugiados, in: El Libro Negro del Terror Nazi en Europa. Testimonios de Escritores y Artistas de 16 Naciones, México D. F. 1943, S. 119 – 229.

Hans Georg Lehmann, Wiedereinbürgerung, Rehabilitation und Wiedergutmachung nach 1945, in: Exilforschung. Ein Internationales Jahrbuch, Bd. 9 (1991), S. 90 – 103.

Elena Levin, Historias de una Emigración (1933 – 1945), Alemanes Judíos an la Argentina, Buenos Aires 1991.

Ernst Loewy, Zum Paradigmenwechsel in der Exilliteraturforschung, in: Exilforschung. Ein Internationales Jahrbuch, Bd. 9 (1981), S. 208 – 217.

Gerardo Luzuriaga, La generación del 60 y el teatro, in: Caravelle. Cahiers du Monde Hispanique et Luso-Brésilien, No 34 (1980), S. 157 – 169.

Lieselotte Maas, Handbuch der deutschen Exilpresse 1933 – 1945, hrsg. v. Eberhard Lämmert, Bde. 1 bis 4, München, Wien 1976, 1978, 1981, 1990.

Dies., Deutsche Exilpresse in Lateinamerika, Frankfurt a.M. 1978.

Raymond Mériguet Cousségal, Antinazismo en Ecuador. Años 1941 – 1944, Quito 1988.

Patricio Moncayo, Anleitung zur Lektüre der ecuatorianischen Geschichte, in: Zeitschrift für Lateinamerika Nr. 12, 1977, S. 129 – 135.

Patrik von zur Mühlen, Fluchtziel Lateinamerika. Die deutsche Emigration 1933 – 1945: politische Aktivitäten und soziokulturelle Integration, Bonn 1988.

Ders., Fluchtweg Spanien-Portugal. Die deutsche Emigration und der Exodus aus Europa 1933 – 1945, Bonn 1992.

Ders., Jüdische und deutsche Identität von Lateinamerika-Emigranten, in: Exilforschung. Ein Internationales Jahrbuch, Bd. 5 (1987), S. 55 – 67.

Ders., Der »Gegen-Führer« im Exil. Die Otto-Strasser-Bewegung in Lateinamerika, in: Exilforschung. Ein Internationales Jahrbuch, Bd. 3 (1985), S. 143 – 157.

Conor Cruise O'Brien, Belagerungszustand. Die Geschichte des Zionismus und des Staates Israel, München 1991.

Sven Papcke, Fragen an die Exilforschung heute, in: Exilforschung. Ein Internationales Jahrbuch, Bd. 6 (1988), S. 13 – 27.

Ders., Exil und Remigration als öffentliches Ärgernis. Zur Soziologie eines Tabus, in: Exilforschung. Ein Internationales Jahrbuch, Bd. 9 (1991), S. 9 – 24.

Alfredo Pareja Diezcanseco, Historia del Ecuador, Vol. I, Quito 1952, 2° Ed.

Ders., De la Prehistoria a la Conquista Española, Quito 1979.

Ders., Ecuador. La República de 1830 hasta Nuestros Días, Quito 1979, 6° Ed.

Helmut Peitsch, »Deutschlands Gedächtnis an seine dunkelste Zeit«. Zur Funktion der Autobiographik in den Westzonen Deutschlands und den Westsektoren von Berlin 1945 – 1949, Berlin 1990.

Edmundo Pérez Guerrero, Colonización e Inmigración en el Ecuador, ed. por Casa de la Cultura Ecuatoriana, Quito 1954.

Rodolfo Pérez Pimentel, Nuestro Guayaquil Antiguo, Guayaquil 1987.

Fritz Pohle, Das Mexikanische Exil. Ein Beitrag zur Geschichte der politisch-kulturellen Emigration aus Deutschland (1937 – 1946), Stuttgart 1986.

Ders., Emigrationstheater in Südamerika abseits der »Freien Deutschen Bühne«, Buenos Aires. Mit Beiträgen von Hermann P. Gebhardt und Willy Keller, Hamburg 1989.

Reiner Pommerin, Das Dritte Reich und Lateinamerika. Die deutsche Politik gegenüber Süd- und Mittelamerika 1939 – 1942, Düsseldorf 1977.

Rassismus und Migration in Europa. Beiträge des Kongresses »Migration und Rassismus in Europa«, Hamburg, 26. bis 30. September 1990, hrsg. v. Institut für Migrations- und Rassismusforschung e.V., Hamburg, Hamburg 1992.

Isabel Robalino Bolle, Itinerario de una vida, Quito 1990.

Olga Elaine Rojer, Exile in Argentina 1933 – 1945. A Historical and Literary Introduction, New York, Bern, Frankfurt a. M., Paris 1989.

Werner Röder, Zur Situation der Exilforschung in der BRD, in: Exil und innere Emigration. II. Internationale Tagung in St. Louis, hrsg. v. Peter Uwe Hohendahl u. Egon Schwarz, Frankfurt a.M. 1973, S. 141 – 153.

Gerhard Roloff, Exil und Exilliteratur in der deutschen Presse 1945 – 1949 – Ein Beitrag zur Rezeptionsgeschichte –, Worms 1976.

Arnold Spitta, Paul Zech im südamerikanischen Exil 1933 – 1945. Ein Beitrag zur deutschen Emigration in Argentinien, Berlin 1978.

Theo Stammen, Exil und Emigration – Versuch einer Theoretisierung, in: Exilforschung. Ein Internationales Jahrbuch, Bd. 5 (1987), S. 11 – 27.

Statistik des Auslandes. Länderbericht Ecuador 1986, hrsg. v. Statistischen Bundesamt Wiesbaden, Stuttgart, Mainz 1986.

Wilhelm Sternfeld, Eva Tiedemann, Deutsche Exil-Literatur. Eine Bio-Bibliographie. Mit einem Vorwort von Hanns W. Eppelheimer, Heidelberg 1970, 2. verb. u. stark erw. Aufl.

Herbert A. Strauss, Zur sozialen und organisatorischen Akkulturation deutsch-jüdischer Einwanderer der NS-Zeit in den USA, in: Leben im Exil. Probleme der Integration deutscher Flüchtlinge im Ausland 1933 – 1945, hrsg. von Wolfgang Frühwald u. Wolfgang Schieder, Hamburg 1979, S. 235 – 259.

Ders., The Immigration and Acculturation of the German Jews in the United States of America, Leo Baeck Institute Yearbook XVI (1971), S. 63 – 94.

Ders., Jewish Emigration from Germany – Nazi Policies and Jewish Responses, Part I: Leo Baeck Institute Yearbook XXV (1980), S. 313 – 361, Part II: Leo Baeck Institute Yearbook XXVI (1981), S. 343 – 409.

Raul Tamayo R., Armando Endara C., Recopilación de Leyes, Reglamentos, Acuerdos, Resoluciones, etc., etc., vigentes sobre Inmigración Extranjera, Pasaportes, Turismo y materias afines, Quito 1952.

Hans Tanner, Südamerika, Bd. 1: Andenstaaten, Bern, Braunschweig 1978, S. 139 – 161.

Leon Trahtemberg Siederer, La Inmigración Judía al Perú 1848 – 1948. Una historia documentada de la inmigración de los judiós de habla alemana, Lima 1987.

Michael Traub, Die jüdische Auswanderung aus Deutschland. Westeuropa, Übersee, Palästina, Berlin 1936.

Enzo Traveso, Die Juden in Deutschland. Auschwitz und die »Jüdisch-Deutsche Symbiose«, Berlin 1993.

John Treherne, Verloren im Paradies. Die Galápagos-Affäre, Roman, Reinbek bei Hamburg 1989.

Hans-Christof Wächter, Theater im Exil. Sozialgeschichte des deutschen Exiltheaters 1933 – 1945. Mit einem Beitrag von Louis Naef, München 1973.

Hans-Albert Walter, Deutsche Exil-Literatur 1933 – 1950, Bd. 1: Bedrohung und Verfolgung bis 1933, Bd. 2: Asylpraxis und Lebensbedingungen in Europa, Darmstadt, Neuwied 1972 (Taschenbuchausgabe).

Ders., Deutsche Exilliteratur 1933 – 1950, Bd. 2: Europäisches Appeasement und überseeische Asylpraxis, Stuttgart 1984. Bd. 3: Internierung,

Flucht und Lebensbedingungen im Zweiten Weltkrieg, 1988. Bd. 4: Exilpresse, 1978.

Ders., »... wo ich im Elend bin« oder »Gib dem Herrn die Hand, er ist ein
Flüchtling«. Ein Essay, Frankfurt a.M. 1992.

Ralph Weingarten, Die Hilfeleistung der westlichen Welt bei der Endlösung
der deutschen Judenfrage. Das »Intergovernmental Committee on Political Refugees« (IGC) 1938 – 1939, Bern, Frankfurt a. M., Las Vegas 1981.

Michael Winkler, Exilliteratur – als Teil der deutschen Literaturgeschichte
betrachtet. Thesen zur Forschung, in: Exilforschung. Ein Internationales
Jahrbuch, Bd. 1 (1983), S. 359 – 366.

Mark Wischnitzer, Die Juden in der Welt. Gegenwart und Geschichte des Judentums in allen Ländern, Berlin 1935.

Magret Wittmer, Postlagernd Floreana. Eine moderne Robinsonade auf den
Galápagos-Inseln, Frankfurt a.M. 1983.

Irmtrud Wojak, Exil in Chile. Die deutsch-jüdische und politische Emigration während des Nationalsozialismus 1933 – 1945, Berlin 1994.

Dies., Deutsch-jüdisches Exil in Uruguay. Einwanderungspolitik, öffentliche Meinung und Antisemitismuserfahrung deutsch-jüdischer Flüchtlinge 1933 – 1945, in: Zeitschrift für Geschichtswissenschaft, 43, 1995,
Heft 11, S. 1009 – 1031.

Mark Zborowski, Elisabeth Herzog, Das Schtetl. Die untergegangene Welt
der osteuropäischen Juden, München 1991.

Zehn Jahre Aufbauarbeit in Südamerika/Díez Años de Obra Constructiva en
América del Sud, hrsg. anläßlich des zehnjährigen Bestehens der Asociación Filantrópica Israelita 1933 – 1943, Buenos Aires 1943.